analisi e diritto

serie teorica

108

La collana "Analisi e diritto", diretta fin dalla sua fondazione da Paolo Comanducci e Riccardo Guastini, adotta una politica di scelta dei volumi da pubblicare basata sul metodo del *peer review*. I contributi devono essere inviati per posta elettronica a uno di questi due indirizzi comanducci@unige.it oppure guastini@unige.it in formato Word, accompagnati da una breve informazione sull'autore e da un *abstract* di non più di 4.000 caratteri. Se il tema del contributo rientra tra quelli di interesse per la collana, il contributo, in forma anonima, verrà sottoposto ad un processo di doppia valutazione esterna da parte di pari.

The books published in the "Analisi e diritto" series, edited by Paolo Comanducci and Riccardo Guastini, are selected on the basis of the peer-review method. The files of the books ought to be sent by e-mail to one of the following adresses: comanducci@unige.it or guastini@unige.it in Word format. A short memo about the author and a short abstract of the book offered for publication (4.000 characters) should be enclosed. If the subject matter meets the scope of the series, the book will be submitted to a double external peer-review process.

riccardo guastini

filosofia del diritto positivo

lezioni

a cura di
vito velluzzi

IUSTITIAM COLIMUS

g. giappichelli editore

VIA PO, 21 – TEL. 011-81.53.111 – FAX 011-81.25.100
http://www.giappichelli.it

ISBN/EAN 978-88-921-1014-4

Stampa: Stampatre s.r.l. - Torino

Indice

II.
Disposizioni e norme

III.
Norme

IV.
Varietà di norme e norme sulla produzione giuridica

V.
Principi

VI.
Situazioni giuridiche soggettive

VII.
Diritti

III.
Validità, esistenza, efficacia

IV.
Conflitti tra norme e modi di soluzione

V.
Lacune

Parte Terza
Fonti, legge, costituzione

I.
Fonti legali

II.
La legge

III.
Costituzione

IV.
La "costituzionalizzazione" dell'ordinamento

V.
I poteri dello stato: separati o bilanciati?

VI.
Il potere giurisdizionale nello stato di diritto

Parte Quarta
Interpretazione e applicazione

I.
Ermeneutici e analitici

II.
Interpretare, costruire, argomentare

III.
L'applicazione del diritto

IV.
Applicare principi costituzionali

V.
L'etica del giudice nel diritto costituzionale vigente

VI.
Interpretazione giudiziale e creazione di diritto

Nota del curatore

Esordisco con parole sincere di gratitudine rivolte a Riccardo Guastini: lo ringrazio per aver assecondato il mio desiderio di raccogliere in un volume alcuni suoi saggi pubblicati in differenti sedi editoriali [1]; per avermi aiutato a migliorare la proposta iniziale; per avermi affidato la cura del libro.

Mi preme indicare al lettore l'origine di questa raccolta.

I lavori di Riccardo Guastini sono, com'è ben noto, eccellenti strumenti per la didattica, oltre che per la ricerca. Mi è capitato spesso di usare durante le lezioni i saggi del filosofo del diritto genovese, pescando in vari luoghi della sua sconfinata produzione. In particolare, nell'anno accademico (2016-2017) ho costruito un pezzo cospicuo del corso di *Filosofia del diritto* seguendo questa scansione: l'analisi filosofico giuridica come filosofia del diritto positivo; lo studio dei principali concetti giuridici (norma, principio, fonte del diritto e diritto soggettivo su tutti); la teoria dell'ordinamento; il ragionamento giuridico e l'interpretazione [2]. Rispetto al percorso delineato e ai temi trattati, le riflessioni di Riccardo Guastini si sono rivelate davvero utili a fini didattici, straordinariamente efficaci per gli studenti. Ho deciso, allora, di elaborare l'indice di un ipotetico libro basandomi sui materiali utilizzati e l'ho proposto all'Autore. La

[1] Principalmente: *Il diritto come linguaggio. Lezioni*, Torino, 2001; *Lezioni di teoria del diritto e dello Stato*, Torino, 2006; *La sintassi del diritto*, Torino, 2011 e II ed. 2014; *Distinguendo ancora*, Madrid, 2013; un capitolo ('Varietà di norme e norme sulla produzione giuridica') è l'esito della fusione di due saggi provenienti dai libri del 2001 e del 2011; i capitoli 'Ermeneutici e analitici' e 'Interpretare, costruire, argomentare' sono stati originariamente editi su rivista, il primo con titolo differente.

[2] Un'altra parte delle lezioni l'ho dedicata alle concezioni del diritto.

risposta è stata immediata e positiva: in poco tempo, anche sulla base della preziosa collaborazione dello stesso Riccardo Guastini, queste lezioni di filosofia del diritto positivo non sono più state l'ipotesi di un libro, bensì sono divenute un libro.

Proprio in ragione di quel che ho appena riferito, risulta agevole comprendere l'articolazione del volume. Esso si compone di una introduzione e di quattro parti, ogni parte è divisa in capitoli (ventiquattro è il numero complessivo dei capitoli). L'introduzione delinea, emblematicamente, due diversi e complementari approcci alla filosofia del diritto positivo. Le quattro parti riguardano, nell'ordine: linguaggio, diritto, norme; il diritto come ordinamento; fonti, legge e costituzione; interpretazione e applicazione.

Come ho già detto, che gli scritti di Riccardo Guastini siano strumenti fecondi per la ricerca e per la didattica è risaputo; le ragioni sono molte e anch'esse ampiamente conosciute, intendo comunque ribadirne due: la chiarezza stilistica e il rigore concettuale. Questo libro costituisce l'ennesima conferma delle qualità appena ricordate e spero che risulti un ulteriore riferimento per colleghi e discenti. Verso le tesi del filosofo del diritto genovese si può maturare consenso o dissenso, ma confrontarsi con esse fa sempre bene: ogni volta che leggo Riccardo Guastini, infatti, penso che egli abbia tenuto fede alle parole di Arthur Schopenhauer: «ciò che è pensato in modo chiaro trova facilmente l'espressione adeguata. Ciò che un uomo riesce a pensare si lascia sempre esprimere in parole chiare, comprensibili e non ambigue»[3].

La cura del libro ha richiesto soltanto alcuni interventi di entità minima, ossia uniformare i criteri di citazione nelle note e rimuovere, inserire o modificare i rimandi interni, sia nel corpo del testo, sia nelle note.

Vito Velluzzi

---

[3] A. Schopenhauer, *Sul mestiere dello scrittore e sullo stile*, trad. it. Milano, 1993, p. 55.

Introduzione
Due approcci alla filosofia del diritto (positivo)

SOMMARIO: 1. Diritto e giurisprudenza. – 2. Gli strumenti della filosofia del diritto. – 3. La filosofia del diritto come filosofia della giurisprudenza. – 4. La filosofia del diritto come laboratorio concettuale.

1. *Diritto e giurisprudenza*

Si può caratterizzare succintamente la filosofia del diritto positivo [1] mostrandone le relazioni:

(a) da un lato, con il diritto stesso,
(b) dall'altro, con la giurisprudenza.

Si può convenire che il diritto, almeno ad uno sguardo superficiale, sia null'altro che l'insieme di quei documenti normativi che si dicono volgarmente "leggi": cioè, grosso modo, le leggi in senso tecnico (atti del potere legislativo), la costituzione (atto del potere costituente), i regolamenti (atti del potere esecutivo).

Nell'uso comune, si chiama "giurisprudenza" l'insieme delle decisioni dei giudici [2]. In questo contesto, tuttavia, uso il voca-

---

[1] P. Chiassoni, *L'indirizzo analitico nella filosofia del diritto. I. Da Bentham a Kelsen*, Torino, 2009, p. 2 ss.

[2] Nel linguaggio comune dei giuristi, il termine "giurisprudenza" designa l'insieme delle decisioni giurisdizionali. Ciò è particolarmente chiaro in quei contesti di discorso in cui, ad esempio, si distingue la "giurisprudenza" dalla "dottrina". Espressioni del tipo "la giurisprudenza della Cassazione", "la giurisprudenza dei giudici di merito", "la giurisprudenza del Consiglio di Stato", e simili, sono usate per riferirsi agli orientamenti interpretativi dell'uno o dell'altro organo giurisdizionale. L'espressione "fare giurisprudenza" si usa per intendere

bolo "giurisprudenza" nel senso originario di "juris prudentia" o "sapientia juris", sapienza giuridica, scienza del diritto: la disciplina praticata (tipicamente e prevalentemente) dai giuristi accademici (professori di diritto) e dai giudici.

Orbene: quali relazioni intercorrono tra il diritto, la giurisprudenza, e la filosofia del diritto positivo?

Questa domanda ammette due risposte interessanti, che corrispondono a due modi diversi di concepire e praticare la filosofia del diritto:

(a) la filosofia del diritto (positivo) come metagiurisprudenza, e

(b) la filosofia del diritto (positivo) come laboratorio concettuale (costruzione di concetti).

Due modi diversi, si badi, ma niente affatto incompatibili, giacché nulla vieta di combinarli virtuosamente (come di fatto per lo più accade) [3]. Vi torneremo tra un momento.

---

che un certo indirizzo interpretativo di un certo organo giurisdizionale – ad esempio, della Cassazione – si è consolidato ed ha esercitato una profonda influenza sui rimanenti organi giurisdizionali (come precedente autorevole e persuasivo). Talvolta, peraltro, si impiega lo stesso termine "giurisprudenza" anche per riferirsi agli indirizzi interpretativi di organi non giurisdizionali. Infine, il termine "giurisprudenza" è usato occasionalmente nel suo significato risalente di sapienza giuridica (conoscenza giuridica, scienza del diritto): ciò accade specialmente in contesti di teoria del diritto (ad esempio, quando si distingue tra "giurisprudenza" e "meta-giurisprudenza"). È in questa ultima accezione che il termine viene usato in questa introduzione.

[3] Essi hanno in comune una certa idea della filosofia in generale, espressa – meglio che da chiunque altro – da Ludwig Wittgenstein, nel *Tractatus Logico-Philosophicus* (1921, Torino, 1964, spec. pp. 27 e 21): scopo della filosofia è non già la conoscenza del mondo (questo è compito delle diverse scienze), ma, più modestamente, «la chiarificazione logica dei pensieri»; la filosofia è, dunque, non una scienza o una dottrina, ma un'attività; la filosofia è «critica del linguaggio»; il suo posto è non «accanto» alle scienze, ma «sopra» di esse dal punto di vista logico, e forse «sotto» di esse dal punto di vista assiologico. Da questo punto di vista, la filosofia non è che una pratica, o forse un metodo: l'analisi logica del linguaggio. La filosofia del diritto, come diremo, non è che l'analisi del linguaggio giuridico (dei legislatori, dei giudici, dei giuristi).

2. *Gli strumenti della filosofia del diritto*

In entrambe le sue varianti la filosofia del diritto si avvale di alcuni strumenti di analisi, tipici e ricorrenti, tra i quali rivestono una speciale importanza i seguenti [4].

(1) *La definizione.*

Si dice "definizione" – e, paradossalmente, così dicendo sto facendo precisamente una definizione – l'enunciato mediante il quale si determina il significato di un termine o di una espressione composta (sintagma).

La forma standard di una definizione è un enunciato del tipo: "'x' significa 'y'". Si dice *definiendum* l'espressione (vocabolo o sintagma) definita ("x"), *definiens* l'espressione usata per definirla ("y"). Ad esempio: "'Democrazia' significa governo del popolo", "Si dicono 'stati di diritto' gli ordinamenti giuridici del tipo così-e-così", etc. [5].

Vi sono fondamentalmente due tipi di definizioni:

(i) le definizioni informative, le quali descrivono in qual modo l'espressione definita è effettivamente usata da qualcuno (tipico esempio, le definizioni lessicali contenute nei dizionari di una lingua, le quali descrivono in qual modo una parola è comunemente usata da coloro che parlano la lingua in questione);

(ii) le definizioni stipulative, le quali (a) propongono di usare un termine o sintagma preesistente in modo nuovo o (b) in modo più preciso rispetto all'uso comune, ovvero (c) stabiliscono come usare un termine o sintagma di nuovo conio; in particolare, le definizioni che propongono di usare una espressione (già in uso) in modo più preciso rispetto all'uso comune si dicono "ridefinizioni" [6].

---

[4] M. Jori, "Filosofia del diritto", in M. Jori, A. Pintore, *Manuale di teoria generale del diritto*, II ed., Torino, 1995, p. 113 ss.

[5] Una teoria esauriente della definizione si legge in U. Scarpelli, *Contributo alla semantica del linguaggio normativo* (1959), nuova ed. Milano, 1985, capp. I e II.

[6] Quasi sempre le definizioni stipulative sono, propriamente, ridefinizioni. È ben raro che si attribuisca un significato interamente nuovo ad un vocabolo

Riguardo alle definizioni è importante capire due cose.

La prima: le definizioni informative possono essere vere o false (a seconda che descrivano veridicamente, o no, l'uso linguistico effettivo). Le definizioni stipulative, per contro, non sono né vere né false.

La seconda: le definizioni vertono non su cose, ma su parole: non descrivono oggetti, ma modellano concetti. La definizione di "democrazia", per fare un esempio a caso, non trasmette informazioni sulla forma di stato democratica: si riferisce esclusivamente al vocabolo "democrazia", determinandone il significato (o il concetto che dir si voglia).

(2) *La distinzione tra enunciati empirici ed enunciati analitici.*

(i) Si dice empirico [7] un enunciato che
    (a) verte su fatti,
    (b) può essere vero o falso, e
    (c) è vero o falso in virtù della sua relazione con il mondo: è vero se corrisponde ai fatti ("La neve è bianca"), falso se non corrisponde ai fatti ("La neve è blu").

(ii) Si dice analitico un enunciato che
    (a) non verte su fatti,
    (b) è necessariamente vero o necessariamente falso [8], e
    (c) è necessariamente vero o falso, non in virtù della sua relazione con il mondo, con i fatti, ma esclusivamente in virtù:
        (c1) della sua struttura logica ("Tizio è o vivo o non vivo", "Caio è vivo e morto", "La tale proposizione è vera o falsa", etc.); ovvero
        (c2) del significato (che si suppone condiviso) dei termini che entrano a comporlo ("Nessuno scapolo è sposato", "Gli scapoli sono sposati", se si conviene che "scapolo" significa "non sposato").

---

o sintagma in uso, ed è anche raro che si introduca nel discorso un vocabolo nuovo. Accade però di introdurre nel discorso un nuovo sintagma, del quale occorre ovviamente determinare *ex novo* il significato.

[7] "Empirico" significa, grosso modo, fondato sull'esperienza.

[8] Necessariamente: cioè, appunto, indipendentemente dai fatti, per ragioni puramente logiche o concettuali.

Gli enunciati analitici: o sono tautologici ("Nessuno scapolo è sposato"), e allora sono necessariamente veri; o sono autocontraddittori ("Caio è vivo e morto"), e allora sono necessariamente falsi. In entrambi i casi, non trasmettono alcuna informazione sui fatti [9].

(3) *La distinzione tra linguaggio e metalinguaggio.*

Normalmente le parole parlano di "cose", cioè di oggetti non-linguistici o extralinguistici (che stanno fuori del linguaggio), come i gatti, poniamo. Ma accade anche che le parole parlino di altre parole. Ad esempio, mentre l'enunciato "I gatti hanno quattro zampe" parla dei gatti, l'enunciato "La parola 'gatto' ha cinque lettere" non parla dei gatti, ma della parola "gatto". Nel primo caso, la parola "gatto" è *usata*, nel secondo è solo *menzionata* (tra virgolette).

Insomma, non sempre il linguaggio ha ad oggetto i fatti, la realtà extra-linguistica. Le definizioni ad esempio ("Per 'scapolo' si intende maschio non sposato") non vertono su fatti, ma su (il significato di) parole; una norma abrogatrice ("È abrogata la norma che proibisce l'adulterio") non è una norma di condotta: a differenza della norma abrogata, non verte sull'adulterio, ma verte su un'altra norma, cioè sopra un altro enunciato delle fonti del diritto.

Orbene, quando il linguaggio in cui ci esprimiamo ha ad oggetto non cose extra-linguistiche, ma un altro linguaggio:

---

[9] Nel testo ho introdotto la nozione di enunciato analitico in senso stretto. Talvolta, però, si dicono analitiche (in senso lato) anche le definizioni (stipulative), del tipo: "Per 'diritto' io intenderò questo-e-questo", "Per 'norma giuridica' si deve intendere la tale cosa", etc. Una definizione (stipulativa) è un enunciato che determina il significato di un termine (come "diritto"), o di un sintagma (come "norma giuridica"). Ma le definizioni (stipulative, che sono poi le definizioni per antonomasia), come ho detto, non sono né vere, né false. Esse sono analitiche non nel senso che siano necessariamente vere (o necessariamente false), ma nel senso che – come gli enunciati analitici in senso stretto – non dicono nulla sui fatti, perché vertono (non su fatti, ma) su parole (o sul significato di parole, cioè su concetti).

(a) si usa chiamare “meta-linguaggio” il linguaggio *in cui* ci esprimiamo (ad esempio, è formulato in meta-linguaggio l’enunciato “La parola ‘gatto’ ha cinque lettere”); e

(b) si usa chiamare “linguaggio-oggetto” il linguaggio *di cui* parliamo (la parola “gatto” nell’esempio precedente) [10].

Si usa anche dire che un meta-linguaggio ed il suo linguaggio-oggetto si collocano su due distinti *livelli* di linguaggio: il meta-linguaggio sta “sopra” il linguaggio-oggetto, nel senso che *verte su* di esso.

(4) *La distinzione tra enunciati descrittivi ed enunciati prescrittivi.*

Descrittivo è un enunciato che formula e trasmette informazioni sul mondo (“La neve è bianca”, “La neve è blu”).

Prescrittivo è un enunciato diretto a modificare il comportamento di uomini (“Non uccidere”, “Proibito fumare”, etc.) [11].

Descrittivo è il linguaggio della scienza, prescrittivo quello del diritto (e della morale).

Tra enunciati descrittivi e prescrittivi corre una differenza davvero importante: gli enunciati descrittivi hanno valori di verità (cioè possono essere veri o falsi), gli enunciati prescrittivi ne sono privi (cioè non possono essere né veri né falsi).

La distinzione tra questi due tipi di enunciati è connessa alla distinzione tra due tipi di controversie: controversie relative a fatti (come stanno le cose?) e controversie relative a norme e/o valori (che cosa si deve fare? che cosa è bene?). Le controversie intorno a fatti, in linea di principio, possono sempre essere risolte, e la soluzione va cercata nell’estensione o nell’approfondimento delle conoscenze. Le controversie normative o di valore non sempre possono essere risolte, e comunque la soluzione, se mai è possibile, dipende dall’argomentazione e dalla persuasione.

---

[10] Le espressioni del linguaggio-oggetto si scrivono tra virgolette.

[11] La distinzione descrittivo v. prescrittivo, qui appena accennata, sarà approfondita in un prossimo capitolo (parte prima, cap. I).

(5) *La distinzione tra motivi e ragioni.*

I motivi sono stati (o eventi) mentali, psichici: sono gli impulsi, le emozioni, gli atteggiamenti, i sentimenti, etc. che inducono ad avere una credenza, a sostenere una tesi, o a prendere una decisione.

Le ragioni sono invece enunciati in lingua che si adducono pubblicamente a sostegno o giustificazione di una tesi o di una decisione: sono, in altre parole, premesse di un ragionamento. Un ragionamento è, per l'appunto, una sequenza di enunciati, entro la quale almeno un enunciato funge da conclusione (tesi o decisione) mentre i rimanenti fungono da premesse, argomenti, o ragioni a sostegno di quella conclusione.

La distinzione è resa necessaria dal fatto che tra motivi e ragioni non necessariamente vi è corrispondenza [12].

Il punto può essere facilmente illustrato con l'esempio delle decisioni giudiziali [13]. È possibile – secondo alcuni, anzi, molto probabile – che un giudice pervenga alla sua decisione ("Tizio è condannato alla pena di mesi sei e giorni due di reclusione", "Caio è assolto") in modo del tutto "irrazionale", spinto da emozioni, preferenze morali, interessi, ideologie politiche: spinto, insomma, dai suoi privati sentimenti di giustizia. Ma, generalmente parlando, negli ordinamenti giuridici moderni, egli non può addurre in motivazione [14] della sentenza tali sentimenti: deve mostrare che la sua decisione è fondata su (deducibile da)

---

[12] Questa distinzione è spesso tematizzata in termini di "scoperta" v. "giustificazione" (ma anche in termini di psicologia v. logica). In questo contesto, si intende per "scoperta" il processo psicologico attraverso il quale un soggetto perviene ad una conclusione (una credenza, una decisione, etc.). Per "giustificazione" si intende invece il ragionamento – l'insieme di ragioni o argomenti – attraverso il quale lo stesso soggetto per l'appunto giustifica (sostiene) la conclusione cui è pervenuto.

[13] Per una discussione in proposito vedi T. Mazzarese, *Forme di razionalità delle decisioni giudiziali*, Torino, 1996, p. 105 ss.

[14] Questo vocabolo, "motivazione", di uso comune per denotare una delle due parti costitutive di qualunque sentenza (l'altra essendo il "dispositivo", ossia la decisione in senso stretto), può risultare fuorviante. Si presti attenzione: "motivazione" significa esposizione non di "motivi" (come pure si usa dire), ma di "ragioni". La motivazione è, cioè, un ragionamento.

norme giuridiche positive. Ecco dunque che il suo ragionamento – la giustificazione pubblica della sua decisione – non assumerà la forma, che so?, "Tizio è un grandissimo mascalzone ed è giusto sbatterlo in galera", bensì una forma del tipo: "I ladri devono essere puniti. Tizio ha commesso furto. Pertanto Tizio deve essere punito".

3. *La filosofia del diritto come filosofia della giurisprudenza*

La prima possibile risposta alla domanda circa i rapporti tra diritto, giurisprudenza, e filosofia del diritto suona così: diritto, giurisprudenza, e filosofia del diritto si dispongono su tre diversi livelli di linguaggio [15].

Il diritto altro non è, per ipotesi, che il linguaggio – o il discorso, se così si preferisce dire – delle autorità normative (i padri costituenti, il legislatore, le autorità regolamentari), cioè un insieme di testi o documenti normativi (leggi, costituzione, regolamenti).

La giurisprudenza, dal canto suo, è un metalinguaggio – un linguaggio di secondo grado o livello – il cui linguaggio-oggetto è precisamente il diritto. In altre parole, essa consiste nell'analisi del linguaggio del diritto.

La filosofia del diritto è, a sua volta, un meta-metalinguaggio – un linguaggio di terzo grado – il cui linguaggio oggetto è il linguaggio della giurisprudenza.

In altri termini: se la dottrina consiste nell'analisi del discorso "del legislatore" (in senso materiale) [16], la filosofia del diritto

---

[15] Tracce di questa concezione si trovano in A. Ross, *On Law and Justice*, London, 1958; G. Tarello, "Riforma, dipartimenti, e discipline filosofiche", in *Politica del diritto*, I, 1970; G. Tarello, "Filosofia del diritto", in S. Cassese (ed.), *Guida alla Facoltà di Giurisprudenza*, Bologna, 1978.

[16] Cfr. N. Bobbio, "Scienza del diritto e analisi del linguaggio" (1950), ora in U. Scarpelli (ed.), *Diritto e analisi del linguaggio*, Milano, 1976. Si dice (genericamente) "legge in senso materiale" qualunque testo (sia esso una legge in senso tecnico, la costituzione, un regolamento) che produca o

consiste a sua volta nell'analisi del discorso dei giuristi [17].

Così intesa, la filosofia del diritto è un ramo della filosofia della scienza (latamente intesa) [18].

4. *La filosofia del diritto come laboratorio concettuale*

La seconda possibile risposta alla domanda circa i rapporti tra diritto, giurisprudenza, e filosofia del diritto suona così:

(i) la giurisprudenza è un lavoro (interpretativo e costruttivo), che risponde a questioni "di diritto" (che cosa dispone il diritto? qual è il contenuto normativo dell'ordinamento?);

(ii) la filosofia del diritto è un'impresa eminentemente e meramente concettuale, che risponde a problemi di formulazione e organizzazione della conoscenza.

Naturalmente, ciò richiede qualche parola di spiegazione.

Dicendo che la filosofia del diritto è un'impresa meramente concettuale, intendo dire che essa consiste nel modellare (non il diritto, ma) i concetti atti a descriverlo. E i concetti si modellano mediante definizioni stipulative o mediante ridefinizioni. In

---

esprima norme giuridiche. Analogamente si parla talvolta di "legislatore in senso materiale" per riferirsi alle autorità normative in genere (non solo il legislatore in senso stretto, ma altresì i padri costituenti, così come le autorità regolamentari).

[17] Da questo punto di vista, la filosofia del diritto è, per usare una felice espressione di Bobbio, "metagiurisprudenza", ossia descrizione e analisi dei discorsi e delle operazioni pratiche dei giuristi e dei giudici. Cfr. N. Bobbio, "Essere e dover essere nella scienza giuridica" (1967), ora in N. Bobbio, *Studi per una teoria generale del diritto*, Torino, 1970.

[18] Peraltro, la configurazione delle relazioni tra diritto e giurisprudenza in termini di linguaggio-oggetto e metalinguaggio va presa con cautela. Perché, come avremo occasione di vedere, tra il linguaggio del diritto (delle "fonti") e il linguaggio dei giuristi non sussiste una barriera logica insuperabile. I giuristi non si limitano ad analizzare il discorso delle fonti: lo plasmano, lo modellano. Da un lato, lo modellano per via di interpretazione, ricavando significati (ossia norme: la norma tale invece della norma talaltra) dai testi normativi. Dall'altro, lo modellano e lo arricchiscono per via di "costruzione", cioè aggiungendo ad esso norme inespresse.

altre parole, offrire soluzioni diverse ad un problema filosofico-giuridico incide sul modo di *descrivere* il diritto, ma non incide in alcun modo sulla identificazione del contenuto del diritto stesso, il quale per ipotesi, quando si discetta di filosofia del diritto, non è in discussione.

Le diverse soluzioni ad un problema giurisprudenziale – dottrinale o dogmatico, che dir si voglia – hanno invece rilevanti conseguenze sul contenuto del diritto, giacché un problema giurisprudenziale consiste precisamente in questo: nell'identificare le norme giuridiche valide o esistenti. Adottare una data tesi induce a concludere per l'esistenza di certe norme; adottare una tesi diversa induce a concludere per l'esistenza di norme diverse.

Facciamo un esempio a caso: secondo una certa tesi giurisprudenziale le disposizioni costituzionali che ascrivono diritti soggettivi ai cittadini possono essere applicate solo dal giudice costituzionale nelle controversie relative alla legittimità costituzionale di leggi; secondo un diverso modo di vedere, al contrario, le stesse disposizioni costituzionali possono essere applicate anche dai giudici civili nei rapporti "interprivati".

Sicché accade questo: secondo una certa dottrina, l'ordinamento giuridico (per esempio, il diritto italiano) include una certa norma N1 (le disposizioni costituzionali che ascrivono diritti soggettivi possono essere applicate solo dal giudice costituzionale); secondo una diversa dottrina, l'ordinamento include invece la norma N2 (le disposizioni costituzionali che ascrivono diritti soggettivi possono essere applicate anche dai giudici civili). E sicuramente vi sarà un'altra dottrina ancora, secondo cui l'ordinamento include non la norma N1 né la norma N2, ma invece la norma N3, ancora diversa.

Per contro, adottare una tesi filosofico-giuridica a preferenza di un'altra *non* induce a concludere per l'esistenza di norme giuridiche che, secondo una tesi diversa, non esisterebbero affatto.

Di nuovo, facciamo un esempio. Da tempo immemorabile si discute se l'ordinamento internazionale (l'insieme di norme che regolano i reciproci rapporti tra gli stati) sia, propriamente parlando, un ordinamento giuridico, o se invece le norme internazionali siano semplicemente norme morali [19]. Si vuol sapere insomma se convenga includere l'ordinamento internazionale nella classe degli ordinamenti giuridici, al pari degli ordinamenti statali (dai quali pure è molto differente), o invece nella classe degli ordinamenti (*lato sensu*) morali: il cosiddetto diritto internazionale è "vero" diritto, o non è piuttosto una sorta di "morale positiva"? Tuttavia, nessuna delle due possibili risposte mette in discussione il contenuto normativo dell'ordinamento internazionale, sul quale nessuno dei contendenti dissente [20]. Ciò di cui si discute è non il contenuto dell'ordinamento internazionale, ma (solo) il concetto di "diritto".

Oppure, altro esempio, si discute se le sentenze con cui la Corte costituzionale dichiara la illegittimità costituzionale di una (disposizione di) legge siano, o no, "fonti del diritto" [21]. Si vuol sapere, insomma, se nella enumerazione delle fonti del diritto vigente (la costituzione, le leggi, etc.), si debbano includere, o no, anche le suddette sentenze del giudice costituzionale. Tut-

---

[19] G. Williams, "La controversia a proposito della parola 'diritto'" (1945), in U. Scarpelli (ed.), *Diritto e analisi del linguaggio*, cit. In altre parole: la controversia non ha ad oggetto un problema empirico o fattuale, cioè relativo ai fatti (sia pure a quei "fatti" di natura molto speciale che sono le norme giuridiche); ha ad oggetto, invece, un problema concettuale, relativo al significato di parole (della parola "diritto", in questo caso). Mentre i problemi empirici non possono essere risolti se non con l'osservazione della realtà, i problemi concettuali dipendono dai diversi usi delle parole, ossia dai concetti impiegati (e/o tacitamente presupposti) da chi parla.

[20] Diciamo così: se decidiamo di ascrivere le norme internazionali alla classe delle norme giuridiche, allora parleremo dell'ordinamento internazionale nei trattati di diritto pubblico; se decidiamo di ascriverle alla classe delle norme morali, allora ne parleremo nei trattati di etica (pubblica) normativa. Ma in entrambi i casi il contenuto normativo dell'ordinamento internazionale non cambia: si tratta sempre delle stesse norme, identificate nel loro contenuto indipendentemente dalla questione se abbiano natura giuridica o morale. Ben altra cosa è domandarsi, poniamo, se l'ordinamento internazionale permetta o proibisca la guerra: questo, sì, è un problema (non filosofico-giuridico, ma giurisprudenziale) di identificazione del contenuto delle norme internazionali.

[21] A. Pizzorusso, *Fonti del diritto*, II ed., Zanichelli-Il Foro Italiano, Bologna-Roma, 2011.

tavia, gli effetti di tali sentenze non sono in discussione: su di essi tutti concordano. Ciò di cui si discute è non il regime giuridico delle sentenze costituzionali, ma (solo) il concetto di "fonte del diritto".

Parte Prima

Linguaggio, diritto, norme

I.

Il linguaggio del diritto

SOMMARIO: 1. Il diritto come discorso. – 2. Pragmatica del linguaggio prescrittivo. – 3. Sintassi del linguaggio prescrittivo. – 4. Semantica del linguaggio prescrittivo. – 5. Il diritto come discorso prescrittivo.

1. *Il diritto come discorso*

Dicevamo sopra: ad uno sguardo non troppo sofisticato, ciò che chiamiamo "diritto" (in senso oggettivo) si presenta, banalmente, come l'insieme delle "leggi" (in senso generico o "materiale"): la costituzione, le leggi in senso tecnico (nell'ordinamento vigente: leggi costituzionali, leggi ordinarie statali, leggi regionali [1]), i regolamenti, e via discorrendo. Ad uno sguardo appena più sofisticato, forse, il diritto si presenterà non proprio come l'insieme delle leggi, ma piuttosto come il *contenuto normativo o prescrittivo* delle leggi: ciò che le leggi dicono, il loro significato [2] (su questo punto ritorneremo a tempo debito [3]).

Ma, in entrambi casi, quale che sia il grado di sofisticazione concettuale con il quale ci accostiamo al diritto, una cosa è abbastanza chiara: il diritto – o, almeno, il diritto moderno – è (essenzialmente) un fenomeno linguistico [4]. Per dirla con semplici-

[1] Per tacere delle leggi provinciali delle province di Trento e Bolzano.

[2] Il quale, come avremo modo di vedere, è una variabile dipendente dell'interpretazione.

[3] Soprattutto nella parte quarta.

[4] Con la (trascurabile) eccezione, ovviamente, del diritto consuetudinario, il quale non è un fenomeno linguistico, giacché la consuetudine è muta: le norme consuetudinarie sono di per sé prive di formulazione linguistica.

tà: il diritto è un *discorso*, il discorso delle autorità normative o, come si usa dire, il discorso del "legislatore"[5]. Ebbene: che tipo di discorso è?

Un discorso è una sequenza di enunciati. Un enunciato, a sua volta, è una sequenza di parole dotata di forma sintattica e di senso compiuti. Gli enunciati di cui è composto il diritto sono enunciati in *linguaggio normativo*, o *prescrittivo*, o, ancora, *direttivo*.

Un modo assai comune di caratterizzare il linguaggio normativo o prescrittivo consiste nel metterlo in opposizione paradigmatica al linguaggio conoscitivo o descrittivo, giacché dalla contrapposizione risultano con chiarezza le sue peculiarità[6].

La distinzione tra linguaggio descrittivo e linguaggio prescrittivo può essere analizzata da tre angoli visuali: quello pragmatico, quello sintattico, e quello semantico.

2. *Pragmatica del linguaggio prescrittivo*

Linguaggio descrittivo e linguaggio prescrittivo si differenziano anzitutto sotto il profilo pragmatico: dal punto di vista, cioè, dell'azione che si compie proferendo un enunciato. Parlare, infatti, è agire: proferire un enunciato è compiere un atto, e precisamente un atto linguistico, un atto di linguaggio.

Si devono distinguere due tipi di atti umani: gli atti linguistici e gli atti non-linguistici.

---

[5] In questo contesto, per "legislatore" deve intendersi il "legislatore in senso (generico o) materiale", ossia qualunque soggetto cui sia conferito potere normativo: il potere di emanare (e abrogare) norme. Cfr. N. Bobbio, "Scienza del diritto e analisi del linguaggio" (1950), ora, con il titolo "Scienza giuridica", in N. Bobbio, *Contributi ad un dizionario giuridico*, Torino, 1994, p. 335 ss.

[6] Cfr. ad es. R.M. Hare, *The Language of Morals*, Oxford, 1952; A. Ross, *Directives and Norms*, London, 1968; G. Tarello, *Diritto, enunciati, usi. Studi di teoria e metateoria del diritto*, Bologna, 1974, parte II; B. Celano, *Dialettica della giustificazione pratica. Saggio sulla legge di Hume*, Torino, 1994. Tuttavia, i concetti di linguaggio descrittivo e linguaggio prescrittivo non sono congiuntamente esaustivi: il descrivere e il prescrivere, cioè, non esauriscono gli usi del linguaggio. Cfr. J.R. Searle, *Speech Acts. An Essay in the Philosophy of Language*, Cambridge, 1969.

(i) Sono non-linguistici tutti quegli atti – come, poniamo, il mangiare o il passeggiare – che non si possono compiere "a parole", ossia mediante il linguaggio. Gli atti non-linguistici sono atti di cui il linguaggio può discorrere, ma che non può eseguire: dire "Io passeggio" non è fare una passeggiata; dire "Io mangio" non nutre e non toglie la fame.

(ii) Sono linguistici, per contro, tutti quegli atti che si compiono appunto mediante il linguaggio, che si eseguono "a parole": più precisamente, proferendo (pronunciando) enunciati.

Così, ad esempio, chi dice (in circostanze appropriate) "Io comando che ..." non parla di un comando, ma *lo compie*: dire "Io comando che ..." *è* comandare. Lo stesso si può dire per enunciati del tipo "Io prometto che ...", "Io scommetto che ...", "Io giuro che ...", e via enumerando[7].

Ebbene, descrivere (affermare, asserire, constatare) e, rispettivamente, prescrivere (comandare, ordinare, ma anche consigliare, raccomandare ...) sono, molto semplicemente, *atti di linguaggio* diversi. Sono diversi sotto il profilo funzionale: l'atto di descrivere adempie la funzione di formulare e trasmettere credenze, informazioni, conoscenze; l'atto di prescrivere adempie la funzione di dirigere, influenzare, modificare la condotta umana.

Si osservi, però: uno stesso enunciato – ad esempio: "L'omicidio è punito con la reclusione" – può essere usato indifferentemente sia da un legislatore per compiere un atto linguistico di prescrizione (per prescrivere una condotta), sia da un giurista per compiere un atto linguistico di descrizione (per descrivere il diritto vigente). Un medesimo enunciato, ma due diversi atti di linguaggio: il legislatore *comanda* che l'omicidio sia punito; il

---

[7] Beninteso, per compiere un atto di comando o prescrizione non è strettamente necessario usare una voce dei verbi "comandare" o "prescrivere"; per eseguire l'atto di promettere non è strettamente necessario usare una voce del verbo "promettere"; e così avanti. Ad esempio, per comandare di non uccidere, non è necessario dire "Comando che non si uccida": è sufficiente dire "Non uccidere", oppure "È vietato uccidere" o, ancora, "Non si deve uccidere", etc. Allo stesso modo, per promettere eterna fedeltà non occorre dire "Prometto che sarò eternamente fedele": è sufficiente dire "Sarò eternamente fedele".

giurista *constata* che il legislatore ha comandato che l'omicidio sia punito [8].

Ciò è quanto dire che un enunciato è prescrittivo solo in quanto sia effettivamente usato per compiere l'atto di prescrivere; e un enunciato è descrittivo solo in quanto sia effettivamente usato per compiere l'atto di descrivere. Propriamente parlando, si dovrebbe dire: descrittivo o prescrittivo è non l'*enunciato* in quanto tale, ma la sua concreta *enunciazione* – il suo proferimento – da parte di qualcuno in circostanze date.

Nel seguito, per semplicità, continuerò a parlare di enunciati descrittivi e prescrittivi. Ma deve essere chiaro che, a rigor di termini, si dovrebbe parlare non di enunciati, bensì di concrete enunciazioni [9].

3. *Sintassi del linguaggio prescrittivo*

Apparentemente, linguaggio descrittivo e linguaggio prescrittivo si differenziano anche sotto il profilo lessicale e sintattico, dal punto di vista cioè delle parole usate e della struttura degli enunciati (del modo in cui le parole sono concatenate).

Molto semplicemente: gli enunciati descrittivi hanno tipi-

---

[8] Generalmente parlando, ogni enunciato può essere parafrasato in forma "performativa", ossia mediante l'uso di un verbo che denota precisamente l'atto (linguistico) che si sta compiendo (J.L. Austin, *How to Do Things with Words*, Oxford, 1962). Così, ad esempio, un enunciato (per ipotesi) descrittivo, del tipo "Gli assassini sono puniti" può essere parafrasato nell'enunciato performativo, "Affermo (asserisco, constato) che gli assassini sono puniti". E un enunciato (per ipotesi) prescrittivo "Gli assassini devono essere puniti" può a sua volta essere parafrasato nell'enunciato performativo "Comando (prescrivo, ordino) che gli assassini siano puniti". Questa parafrasi è intesa a mettere in luce che gli enunciati in questione sono usati per compiere atti linguistici diversi: l'atto compiuto è reso evidente dall'uso del verbo che lo denota.

[9] Un enunciato è una *classe* di espressioni in lingua di forma compiuta; una enunciazione è una *istanza* di tale classe (i.e. una espressione in lingua effettivamente usata o proferita da qualcuno in una circostanza spazio-temporalmente determinata). Cfr. G. Tarello, *Diritto, enunciati, usi*, cit., p. 144 ss.

camente forma verbale indicativa ("Gli assassini sono puniti"); gli enunciati prescrittivi hanno tipicamente forma verbale imperativa ("Punisci gli assassini!") o forma deontica ("Gli assassini devono essere puniti"). Si dicono "deontici" – come suggerisce l'ètimo greco della parola – gli enunciati in termini di "dovere" o in termini equivalenti ("obbligatorio", "vietato", etc.).

Tuttavia, la forma indicativa è sì tipica, ma niente affatto necessaria agli enunciati descrittivi; e le forme imperativa e deontica sono sì tipiche, ma per nulla necessarie agli enunciati prescrittivi: tanto è vero che ben raramente si incontrano nelle formulazioni di norme giuridiche.

Per un verso, il legislatore impiega abitualmente enunciati sintatticamente indicativi ("L'omicidio è punito con la reclusione"), la cui funzione, tuttavia, è ovviamente prescrittiva.

Per un altro verso, può ben accadere che i giuristi impieghino enunciati sintatticamente deontici ("L'omicidio deve essere punito con la reclusione"), la cui funzione, tuttavia, è non già prescrivere alcunché, ma descrivere il contenuto di prescrizioni legislative preesistenti [10].

Dunque gli enunciati indicativi non sono, per ciò stesso, descrittivi. E gli enunciati deontici, dal canto loro, non sono, per ciò solo, prescrittivi. Insomma, non vi è alcuna corrispondenza biunivoca tra la forma sintattica degli enunciati e la loro funzione, rispettivamente, descrittiva o prescrittiva.

Pertanto, la forma sintattica dell'enunciato è – per così dire – solo una spia o un indizio, ma non una prova conclusiva per decidere del suo carattere descrittivo o prescrittivo.

---

[10] È anzi tesi diffusa in teoria del diritto (a partire da Kelsen) che gli enunciati deontici siano la (sola) forma appropriata per descrivere il contenuto di norme: che cioè, per descrivere, poniamo, la norma secondo cui gli assassini devono essere puniti, non vi sia altro modo che *riecheggiare* la norma stessa, dicendo appunto "Gli assassini devono essere puniti". Dicendo "Il legislatore ha comandato di punire gli assassini", secondo Kelsen, si descriverebbe non una norma, ma un atto di comando.

4. *Semantica del linguaggio prescrittivo*

Linguaggio descrittivo e linguaggio prescrittivo si differenziano inoltre sotto il profilo semantico, cioè dal punto di vista del significato [11].

Si prendano i due enunciati seguenti: "Gli assassini sono puniti", per ipotesi descrittivo (usato per descrivere), e "Gli assassini devono essere puniti", per ipotesi prescrittivo (usato per prescrivere). Il primo, descrittivo, può essere parafrasato (senza perdita di significato) nell'enunciato "È un fatto (è vero) che gli assassini sono puniti". Il secondo, prescrittivo, può a sua volta essere parafrasato (senza perdita di significato) nell'enunciato "È obbligatorio che gli assassini siano puniti" [12]. Questa parafrasi presenta il vantaggio di mostrare con chiarezza sia ciò che i due enunciati hanno in comune, sia ciò che li differenzia.

Da un lato, la parafrasi mostra che i due enunciati, all'evidenza, hanno un medesimo *riferimento*: si riferiscono cioè ad un medesimo comportamento, la punizione degli assassini, o (da un diverso punto di vista) ad un medesimo "stato di cose", lo stato di cose in cui gli assassini sono puniti [13]. Ciò è quanto dire che anche gli enunciati prescrittivi sono provvisti di riferimento semantico. Anche gli enunciati prescrittivi, infatti, devono pur riferirsi quanto meno ad una certa condotta (la condotta di cui si richiede l'esecuzione). Se così non fosse, non si potrebbe nep-

---

[11] Più precisamente: vi sono almeno due modi alquanto diversi di raffigurare la semantica di un enunciato. (a) Talvolta si parla della semantica di un enunciato per intendere che a tale enunciato convengono, o non convengono, i valori di verità (vero, falso). (b) Talaltra si parla della semantica di un enunciato per intendere che i vocaboli impiegati nella formulazione di tale enunciato sono, o non sono, provvisti di riferimento. Come vedremo subito, tra enunciati descrittivi e prescrittivi vi è una differenza semantica radicale nel primo senso (gli enunciati descrittivi hanno valori di verità, gli enunciati prescrittivi ne sono sprovvisti), mentre non vi è differenza semantica nel secondo senso (anche negli enunciati prescrittivi si impiegano vocaboli dotati di riferimento).

[12] R.M. Hare, *The Language of Morals*, cit.

[13] Cfr. U. Scarpelli, *Contributo alla semantica del linguaggio normativo*, 1959, rist. Milano, 1985, p. 99 ss.; U. Scarpelli, *Semantica, morale, diritto*, Torino, 1969, p. 93 ss.

pure parlare di obbedienza e di violazione di una prescrizione. Un enunciato del tutto sprovvisto di riferimento (e che non si riferisse, in ultima istanza, ad un qualche comportamento umano) non potrebbe adempiere alcuna funzione prescrittiva [14].

Dall'altro lato, la parafrasi mostra anche che gli enunciati in questione hanno però un diverso *senso*, giacché si riferiscono al medesimo stato di cose in modi radicalmente diversi.

Del primo enunciato, descrittivo, si può dire se corrisponda, o no, ai fatti: cioè se sia vero o falso. Del secondo enunciato, prescrittivo, non si può dire la stessa cosa: esso non può dirsi né vero né falso.

L'enunciato "È un fatto che gli assassini sono puniti" esprime, come si usa dire, una *proposizione*. Mentre l'enunciato "È obbligatorio che gli assassini siano puniti" esprime una *prescrizione*, un *comando*, una *direttiva*, o una *norma*.

I due enunciati in questione richiedono a chi ascolta (o legge) un diverso tipo di reazione. Il primo enunciato, descrittivo, richiede una reazione, diciamo così, di tipo teorico e cognitivo: *credere vera* (o falsa) la proposizione che gli assassini sono puniti. Per contro, il secondo enunciato, prescrittivo, richiede una reazione di tipo pratico: *obbedire* (o disobbedire) alla prescrizione di punire gli assassini.

Insomma, gli enunciati descrittivi pretendono, per così dire, di adattarsi al mondo; gli enunciati prescrittivi pretendono piuttosto che il mondo si adatti ad essi [15].

Pertanto, gli enunciati del linguaggio descrittivo (proposizioni) *possono essere veri o falsi*. Gli enunciati del linguaggio prescrittivo (prescrizioni, comandi, norme, ma anche consigli, raccomandazioni, suggerimenti, etc.), per contro, sono *privi di valori di verità* (cioè non possono dirsi né veri né falsi): le prescrizioni possono solo essere obbedite o trasgredite. Si dice vera una pro-

---

[14] La parte referenziale di un enunciato prescrittivo si riferisce a soggetti, comportamenti, circostanze: determina insomma che cosa è prescritto a chi in quali circostanze. La parte non referenziale di un enunciato prescrittivo (ad esempio, le voci del verbo "dovere", espressioni del tipo "è obbligatorio che", etc.) svolge la funzione pragmatica di rendere esplicito l'atto linguistico compiuto dal parlante.

[15] J.R. Searle, *Expression and Meaning. Studies in the Theory of Speech Acts*, Cambridge, 1979, p. 3 ss.

posizione che corrisponde ai fatti, al mondo, "alla realtà". La proposizione che gli assassini sono puniti è vera, se e solo se gli assassini sono effettivamente puniti; è falsa se gli assassini non sono puniti. Ma le prescrizioni non corrispondono ad alcun fatto, non parlano del mondo *com'è*: al contrario, sono usate per (cercare di) *cambiarlo*. Dire vera o falsa una prescrizione è semplicemente privo di senso (come dire, che so?, che il numero tre è verde).

5. *Il diritto come discorso prescrittivo*

Il diritto (in senso oggettivo) si presenta come una sterminata sequenza di enunciati. Tale sequenza, come abbiamo detto, costituisce un *discorso prescrittivo*. Con ciò tuttavia non si vuol dire che sia prescrittivo in senso stretto ciascuno degli enunciati che lo compongono, isolatamente preso. Il diritto costituisce un discorso prescrittivo nel senso che:

(a) almeno *alcuni* degli enunciati che lo compongono sono prescrittivi in senso stretto (se così non fosse, non sarebbe il caso di parlare di "discorso prescrittivo");
(b) mentre gli enunciati *rimanenti*, pur non essendo strettamente prescrittivi, sono tuttavia funzionalmente dipendenti dalle prescrizioni (nel senso e nei modi che vedremo).

In seno al discorso del diritto conviene dunque distinguere due classi di enunciati:

(i) la classe degli enunciati prescrittivi in senso stretto;
(ii) la classe di tutti gli enunciati rimanenti.

Secondo il comune modo di esprimersi dei giuristi, tutti questi enunciati sono e/o esprimono "norme". Questo modo di dire è comodo, innocuo, e non vi è ragione di abbandonarlo. Tuttavia, è importante capire che la classe delle "norme", così intese, comprende, come avremo occasione di dire[16], norme in senso stretto e norme in senso ampio o generico.

---

[16] *Infra*, cap. III.

II.

Disposizioni e norme

SOMMARIO: 1. La norma come significato. – 2. Disposizioni esprimenti più norme. – 3. Disposizioni ambigue. – 4. Disposizioni sinonime. – 5. Disposizioni senza norme. – 6. Norme prive di disposizione.

1. *La norma come significato*

Nel linguaggio dei giuristi (e anche nel linguaggio delle fonti del diritto), il vocabolo 'norma' è largamente usato in riferimento *sia* agli enunciati che si incontrano nelle fonti del diritto, *sia* ai loro significati. Talvolta, si dicono norme gli enunciati prescrittivi; talaltra, si dicono norme i significati – i contenuti di senso – di tali enunciati [1].

Nondimeno, le due cose – l'enunciato e il significato – vanno tenute accuratamente distinte (per la ragione che diremo tra un momento). Allo scopo di distinguerle, conveniamo senz'altro di adottare due termini distinti. D'ora in avanti:

(i) chiameremo "disposizione" ogni enunciato prescrittivo contenuto in una fonte del diritto;

(ii) chiameremo "norma" non l'enunciato stesso, ma il suo significato.

L'operazione intellettuale che conduce dall'enunciato al significato – o, se si preferisce, l'operazione di identificazione del significato – si chiama *interpretazione* [2].

---

[1] Cfr. cap. III di questa parte.

[2] Cfr. *infra*, parte quarta.

La *disposizione* è dunque l'*oggetto* dell'interpretazione, la *norma* è il suo *risultato*.

Orbene, tra la disposizione e la norma – tra l'enunciato ed il significato – è necessario distinguere poiché tra le due cose non si dà corrispondenza biunivoca. È falso, cioè, che ad ogni disposizione corrisponda una, ed una sola norma; come è falso che ad una norma corrisponda una, ed una sola, disposizione.

2. *Disposizioni esprimenti più norme*

In primo luogo, molte disposizioni – forse: tutte le disposizioni – hanno un contenuto di significato complesso: esprimono non già una sola norma, bensì una molteplicità di norme congiunte. In tal senso, ad una sola disposizione corrispondono più norme congiuntamente.

Così, ad esempio, la disposizione dell'art. 1417 cod. civ. («La prova per testimoni della simulazione è ammissibile senza limiti, se la domanda è proposta da creditori o da terzi e, qualora sia diretta a far valere l'illiceità del contratto dissimulato, anche se è proposta dalle parti») esprime almeno tre, se non quattro, norme distinte: (a) se la domanda è proposta da creditori, allora la prova per testimoni è ammissibile; (b) se la domanda è proposta da terzi, allora la prova per testimoni è ammissibile; (c) se la domanda è proposta dalle parti, e se è diretta a far valere l'illiceità del contratto dissimulato, allora la prova per testimoni è ammissibile; e forse (d) se la domanda è proposta dalle parti, e non è diretta a far valere l'illiceità del contratto dissimulato, allora la prova per testimoni non è ammissibile.

3. *Disposizioni ambigue*

In secondo luogo, molte disposizioni sono ambigue, talché possono essere interpretate in modo diversi. Ad ogni interpretazione corrisponde un diverso significato e, pertanto, una diversa norma. In questi casi, ad una sola disposizione corrisponde non già una sola norma, bensì una molteplicità di norme disgiunte. Una sola disposizione esprime più norme disgiuntamente: l'una o l'altra norma, a seconda delle diverse possibili interpretazioni.

Ecco un semplice esempio. L'art. 31, legge 352/1970, stabilisce che «non può essere depositata richiesta di referendum [abrogativo, ai sensi dell'art. 75 cost.] nell'anno anteriore alla scadenza di una delle due Camere». Questa disposizione può essere intesa alternativamente: sia nel senso che la richiesta di referendum non può essere depositata nell'*anno solare* anteriore alla scadenza di una Camera; sia nel senso che la richiesta di referendum non può essere depositata nei *365 giorni* antecedenti la scadenza.

4. *Disposizioni sinonime*

In terzo luogo, può accadere che due disposizioni siano perfettamente sinonime, abbiano il medesimo significato: che l'una, insomma, sia mera iterazione, ripetizione, dell'altra. In questi casi, a due disposizioni corrisponde una sola norma.

Un esempio scelto a caso: l'art. 1, legge 131/2003 («Costituiscono vincoli alla potestà legislativa dello Stato e delle Regioni, ai sensi dell'art. 117, primo comma, della Costituzione, quelli derivanti dalle norme di diritto internazionale generalmente riconosciute, di cui all'articolo 10 della Costituzione, da accordi di reciproca limitazione della sovranità, di cui all'articolo 11 della Costituzione, dall'ordinamento comunitario e dai trattati internazionali»), almeno all'apparenza, non fa che iterare una serie di norme già espresse in diverse disposizioni costituzionali.

Come pure può accadere (e ciò è più frequente) che due disposizioni siano non perfettamente, ma, per così dire, parzialmente sinonime. Nel senso che esse esprimono due insiemi di norme che si sovrappongono in parte; ovvero ciascuna di esse esprime una pluralità di norme, tale che una o più norme espresse dalla prima disposizione siano anche espresse (ridondantemente) dalla seconda.

Per esempio, si può ritenere che la norma secondo cui i regolamenti dell'esecutivo sono gerarchicamente subordinati alla legge (nel senso che la conformità alla legge è condizione di validità dei regolamenti) sia espressa o implicata – insieme ad altre norme – sia dall'art. 4, comma 1, disp. prel. cod. civ., sia dall'art. 5, legge 20 marzo 1865, all. E, sul contenzioso amministrativo, sia dall'art. 77, comma 1, cost. La norma secondo cui gli atti governativi che hanno valore o forza di legge devono essere controfirmati dal Presidente del Consiglio è espressa – insieme ad altre norme – sia dall'art. 89, comma 2, cost., sia dall'art. 5, comma 1, lettera d, della legge 400/1988.

5. *Disposizioni senza norme*

In quarto luogo, può accadere che una disposizione non esprima alcuna norma. In che senso?

Ebbene, può dirsi che una disposizione non esprima alcuna norma per intendere che è completamente priva di qualsivoglia significato normativo (esempi: «un'invocazione alla divinità, una formula dedicatoria, un'enunciazione di motivi, una dichiarazione didascalica ed esortativa» [3]) o che il suo contenuto normativo, se mai sussiste, è tuttavia incomprensibile, non è suscettibile di identificazione in sede interpretativa.

6. *Norme prive di disposizione*

In quinto luogo, l'ordinamento giuridico (ogni ordinamento) non consta delle sole norme che possono trarsi, mediante interpretazione, dalle disposizioni contenute nelle fonti: esso è affollato altresì di norme prive di disposizione.

Intanto, sono prive di disposizione le norme di fonte consuetudinaria (diritto non scritto). Ma, soprattutto, è priva di disposizione ogni norma che non può essere riferita ad una precisa disposizione come suo significato, essendo meramente implicita o inespressa.

---

[3] Gli esempi sono di V. Crisafulli, "Fonti del diritto (diritto costituzionale)", in *Enciclopedia del diritto*, XVII, Milano, 1968, pp. 928-929.

È espressa ogni norma che possa essere imputata ad una precisa disposizione come suo significato. È inespressa ogni norma di cui *non* si possa dire che costituisce il significato di una determinata disposizione.

Ogni norma inespressa è ricavata da una o più norme espresse mediante un ragionamento, nel quale, per l'appunto, le norme espresse costituiscono *premesse* e la norma inespressa costituisce *conclusione*[4].

Ma, se ogni norma inespressa è frutto di un ragionamento, occorre tuttavia distinguere quattro tipi di ragionamento la cui conclusione è una norma inespressa. O, detto altrimenti, occorre distinguere quattro tipi di norme inespresse, a ciascuno dei quali corrisponde un diverso tipo di ragionamento.

(1) In primo luogo, vi sono norme inespresse che sono ricavate a partire da norme espresse mediante ragionamenti logicamente validi (ossia deduttivi), in cui non compaiono premesse che non siano norme espresse.

Ad esempio, data una norma espressa N1 che statuisce "I maggiorenni hanno diritto di voto", e un'altra norma espressa N2 che statuisce "I diciottenni sono maggiorenni", si può deduttivamente inferire la norma inespressa N3: "I diciottenni hanno diritto di voto".

(2) In secondo luogo, vi sono norme inespresse che sono ricavate da norme espresse mediante ragionamenti logicamente validi, in cui compaiono premesse che non sono affatto norme espresse, ma sono enunciati interpretativi: per esempio, definizioni di termini usati nella formulazione di norme espresse.

Ad esempio, una norma espressa statuisce che «Contro gli atti della pubblica amministrazione è sempre ammessa la tutela giurisdizionale dei diritti e degli interessi legittimi dinanzi agli organi di giurisdizione ordinaria o amministrativa» (art. 113, comma 1, cost.). Ebbene, chi, da questa norma, volesse trarre la conclusione che è ammessa tutela giurisdizionale non solo contro i provvedimenti (singolari e concreti) della pubblica ammi-

[4] Cfr. *infra*, parte quarta, cap. II.

nistrazione, ma anche contro i regolamenti, dovrebbe aggiungere la premessa che per 'atti amministrativi' deve intendersi qualunque atto (anche normativo) proveniente dalla pubblica amministrazione. Siffatta premessa costituisce ovviamente interpretazione del sintagma 'atti amministrativi': essa è dunque un enunciato interpretativo. Chi per contro, da quella stessa norma, volesse trarre la conclusione che si può impugnare di fronte ad una qualche giurisdizione ordinaria o amministrativa non solo (letteralmente) gli atti provenienti dalla pubblica amministrazione, ma anche le cosiddette leggi-provvedimento, dovrebbe aggiungere la premessa che per 'atti amministrativi' deve intendersi non (solo) atti "soggettivamente" amministrativi, ma (anche) atti "sostanzialmente" amministrativi (aventi cioè contenuto singolare e concreto, sebbene adottati non dalla pubblica amministrazione, ma dal legislatore). Questa ulteriore premessa, di nuovo, sarebbe frutto di interpretazione del sintagma 'atti amministrativi'.

(3) In terzo luogo, vi sono norme inespresse che sono frutto di ragionamenti (validi o invalidi, qui poco importa) tra le cui premesse figurano enunciati che non sono affatto norme espresse, ma sono piuttosto tesi dogmatiche costruite previamente e indipendentemente dall'interpretazione di qualsivoglia specifico enunciato normativo.

Per esempio: la costituzione esige che il Governo abbia la fiducia delle Camere (art. 94, comma 1, cost.); la costituzione dunque ha instaurato un governo parlamentare; nel governo parlamentare il Capo dello stato non ha poteri di indirizzo politico, ma solo funzioni di garanzia costituzionale; pertanto il Capo dello stato non può rifiutare l'emanazione degli atti deliberati dal Governo se non quando si tratti di atti palesemente incostituzionali.

O ancora: l'ordinamento comunitario e gli ordinamenti interni degli stati membri costituiscono «sistemi autonomi e distinti, ancorché coordinati» [5]; pertanto il regolamento comunitario «non può abrogare, modificare o derogare le confliggenti norme nazionali, né invalidarne le statuizioni» [6].

---

[5] Corte cost. 183/1973.

[6] Corte cost. 170/1984.

(4) In quarto luogo, vi sono norme inespresse che sono ricavate, più o meno, persuasivamente a partire da norme espresse secondo schemi di ragionamento non deduttivi, logicamente invalidi (ad esempio, un entimema, una congettura sulla *ratio legis*, l'argomento analogico, l'argomento *a contrario*, etc.).

Un esempio tra mille: "La salute è un diritto fondamentale dell'individuo" (trattasi, in ipotesi, di una norma espressa: art. 32, comma 1, cost.); "Il danno alla salute costituisce violazione di un diritto fondamentale"; "Pertanto, il danno alla salute deve essere risarcito" [7]. O ancora: una certa disposizione di legge conferisce un diritto (es. art. 48, comma 1, cost.) o impone un obbligo (es. art. 52, comma 2, cost.) ai "cittadini"; argomentando *a contrario*, si può sostenere, che la disposizione in questione – poiché conferisce un diritto o impone un obbligo ai cittadini, e ad essi soli – così facendo positivamente esclude gli stranieri e gli apolidi dalla titolarità di tale diritto o dalla soggezione a tale obbligo (contiene cioè anche la norma inespressa secondo cui stranieri ed apolidi non sono titolari del diritto o non sono soggetti all'obbligo in questione) [8].

Le norme inespresse del primo tipo possono essere considerate implicite in senso stretto (cioè in senso logico), e quindi, per così dire, "positive", sebbene non formulate. Esse sono frutto di attività genuinamente cognitiva. Per contro, le norme inespresse dei tipi rimanenti sono frutto di attività (più o meno marcatamente) "nomopoietiche", ossia normative, produttive di norme.

---

[7] Assai più complessa, beninteso, è l'argomentazione contenuta in Trib. Genova, 25 maggio 1974 (in *Giurisprudenza italiana*, 1975, I, 2, coll. 54 ss.) e in Corte cost. 184/1986. Vedi in proposito E. Diciotti, *Interpretazione della legge e discorso razionale*, Torino, 1999, cap. 7.

[8] Così ragiona, ad es., chi interpreta l'art. 48, comma 1, cost., nel senso che il diritto di voto non può essere esteso agli immigrati. In modo opposto ragiona Corte cost. 172/1999 nell'interpretare l'art. 52, comma 2, cost.: «deve ritenersi esistere uno spazio vuoto di diritto costituzionale nel quale il legislatore può far uso del proprio potere discrezionale nell'apprezzare ragioni che inducano ad estendere la cerchia dei soggetti chiamati alla prestazione del servizio militare».

Le norme del secondo tipo sono il prodotto di un lavoro di interpretazione; nascono, più precisamente, da una combinazione di deduzione logica e interpretazione. Le norme del terzo e del quarto tipo, poi, sono frutto di evidente creazione di diritto – "legislazione interstiziale", come si usa dire – da parte degli interpreti. Quelle del terzo tipo, in particolare, sono il prodotto di un lavoro di "costruzione giuridica": nascono insomma da una combinazione di interpretazione e dogmatica [9].

[9] Generalmente parlando, sono norme inespresse del terzo tipo i cosiddetti "principi generali" dell'ordinamento giuridico (art. 12, comma 2, disp. prel. cod. civ.), o gran parte di essi. Ad esempio: il principio di tutela, il principio di ragionevolezza, il principio di conservazione dei documenti normativi, il principio del giusto procedimento, e via esemplificando. Impliciti o inespressi sono anche molti dei "principi fondamentali" (art. 117, comma 3, cost.) dell'una o dell'altra materia affidata alla competenza legislativa delle regioni: quanto meno, sono impliciti quelli relativi a materie per le quali non sia stata adottata una apposita legge-cornice (si veda in proposito l'art. 1, comma 3, legge 131/2003).

III.

Norme

SOMMARIO: 1. "Norma giuridica" nell'uso comune. – 2. La norma come prescrizione. – 3. La norma come prescrizione a struttura condizionale. – 4. La norma come prescrizione generale. – 5. La norma come prescrizione astratta. – 6. Disporre v. provvedere.

1. *"Norma giuridica" nell'uso comune*

Nel linguaggio comune dei giuristi, si usa chiamare "norma giuridica" *qualsivoglia* enunciato che si incontri nelle fonti del diritto [1].

Questo modo di esprimersi, come ho detto, è comodo, innocuo, e non vi è ragione di abbandonarlo. Nondimeno, è bene capire che la classe delle norme giuridiche, intese in questo senso lato, comprende due sottoclassi ben distinte: la sottoclasse delle

---

[1] Più precisamente, nel linguaggio comune dei giuristi, il vocabolo "norma" è usato con un significato che oscilla attorno a tre assi.

(1) In primo luogo, "norma" è usato:
- (i) ora, in senso stretto, per fare riferimento a prescrizioni (comandi e divieti);
- (ii) ora (molto più spesso), in senso lato, per fare riferimento a qualsivoglia enunciato che si incontri nelle fonti del diritto.

(2) In secondo luogo, "norma" è usato:
- (i) talvolta, in senso stretto, per denotare prescrizioni generali e astratte;
- (ii) talaltra, in senso lato, per denotare (anche) prescrizioni singolari e concrete.

(3) In terzo luogo, "norma" è usato:
- (i) a volte, per riferirsi agli enunciati del discorso delle fonti;
- (ii) altre volte, per riferirsi non a questi stessi enunciati, ma al loro contenuto di senso, al loro significato;
- (iii) altre volte ancora, per riferirsi alle due cose indistintamente.

norme in senso stretto, e la sottoclasse delle norme in senso ampio o generico [2].

Per norma giuridica in senso stretto conviene intendere:

(a) una prescrizione (un comando di fare o di omettere),
(b) dotata di struttura condizionale, e
(c) a contenuto generale e astratto.

Delle norme in senso ampio o generico diremo nel prossimo capitolo.

2. *La norma come prescrizione*

Una norma è dunque una prescrizione, un comando. Il vocabolo "prescrizione", tuttavia, può designare indistintamente almeno tre cose diverse [3], che conviene invece tenere ben distinte: un atto, un enunciato, e un significato.

(1) *La prescrizione in quanto atto*. In primo luogo, si dice "prescrizione" l'*atto* di prescrivere. Trattasi, come già abbiamo visto, di un atto linguistico inteso a guidare, dirigere, influenzare, modificare la condotta umana.

(2) *La prescrizione in quanto enunciato*. In secondo luogo, si dice "prescrizione" l'*enunciato prescrittivo* mediante il quale si compie l'atto linguistico in questione.

Un enunciato prescrittivo è un enunciato che
(a) verte su una condotta (un'azione o un'omissione) [4], e

---

[2] Come vedremo tra poco (cap. V), in seno alle norme giuridiche si usa distinguere tra (norme che sono) "regole" e (norme che sono) "principi". Il presente capitolo è dedicato alle *regole*. Parlo tuttavia di norme (e non di regole) perché così suggerisce l'uso corrente dei giuristi: il termine "regola" è comunemente usato, specie in sede di teoria generale, solo nei contesti in cui, per l'appunto, si distingue tra regole e principi.

[3] Tralascio l'uso tecnico-giuridico del vocabolo in questione (art. 2934 e ss. cod. civ.).

[4] Beninteso: non qualunque azione può essere oggetto di un comando. Non possono essere oggetto di comandi le azioni impossibili e le azioni neces-

(b) la qualifica come obbligatoria o doverosa.

L'enunciato che qualifica obbligatoria un'azione si dice "comando" (in senso stretto). L'enunciato che qualifica obbligatoria un'omissione si dice "proibizione" o "divieto". L'obbedienza ad un comando si dice "esecuzione". L'obbedienza ad un divieto si dice "osservanza".

Gli enunciati prescrittivi, ed essi soli, esprimono prescrizioni. Le prescrizioni, ed esse sole, dirigono la condotta dei destinatari, giacché dicono che cosa si debba fare od omettere. Le prescrizioni, ed esse sole, sono suscettibili di obbedienza e violazione [5].

I rimanenti enunciati del discorso delle fonti, non esprimendo prescrizioni, non dirigono la condotta dei destinatari (almeno, non direttamente). E, per questa ragione, sono norme in senso generico, non suscettibili di obbedienza né di violazione [6].

(3) *La prescrizione in quanto significato.* In terzo luogo, si dice "prescrizione" ciò che è prescritto: ossia il "contenuto" dell'atto di prescrizione, il significato dell'enunciato prescrittivo, quale risulta dall'interpretazione dell'enunciato stesso.

Ebbene, a stretto rigore, le norme sono prescrizioni nel terzo senso: non atti linguistici, dunque, ma il risultato, il prodotto, di atti linguistici; e neppure enunciati, ma il contenuto di senso, il significato, di enunciati.

L'atto di prescrizione – la prescrizione in quanto atto lingui-

---

sarie. Come si usa dire, "dovere" implica "potere": "potere", beninteso, in senso fattuale (inglese *can*), non in senso normativo (inglese *may*). Non può essere doverosa un'azione che sia impossibile compiere, né un'azione che sia impossibile non compiere.

[5] Pertanto, si potrebbe aggiungere: gli enunciati prescrittivi, ed essi soli, sono enunciati "normativi" in senso stretto; le prescrizioni, ed esse sole, sono "norme" strettamente intese.

[6] Gli enunciati che non esprimono prescrizioni sono "normativi" in senso lato: "normativi" non perché esprimano norme (strettamente intese), ma perché appartengono, come suol dirsi, ad un "ordinamento normativo della condotta", ossia ad un insieme di enunciati alcuni dei quali sono norme in senso stretto. Un insieme di enunciati, nessuno dei quali fosse una prescrizione, non si direbbe un "ordinamento normativo".

stico – è non una norma, ma piuttosto un *atto normativo* [7].

L'enunciato prescrittivo – la prescrizione in quanto enunciato – è non una norma, ma la formulazione di una norma (una formulazione normativa) o, come suol dirsi, una *disposizione normativa*.

Le norme, dunque, devono essere tenute distinte dagli atti linguistici che le pongono in essere, come pure dagli enunciati che le esprimono.

Ma d'altro canto – si noti bene – non si danno norme senza atti di prescrizione [8], né si danno norme senza enunciati prescrittivi [9].

3. *La norma come prescrizione a struttura condizionale*

Generalmente parlando, una norma giuridica – quale che sia la sua effettiva formulazione – può essere ricostruita [10] come un enunciato condizionale, il quale statuisce che cosa si debba fare od omettere *se si verificano certe circostanze* [11].

In altre parole, le norme giuridiche sono non già prescrizioni categoriche (ossia incondizionate), del tipo "È vietato uccidere", "È vietato provocare danni ingiusti", etc., bensì pre-

---

[7] Un "atto normativo", si noti, in un senso di questa espressione alquanto diverso da quello che essa comunemente assume nel linguaggio dei giuristi, dove "atto normativo" significa: talora, *procedimento* per la produzione di norme; talaltra, e più spesso, testo o *documento* esprimente norme. Ma sul concetto di atto normativo vedi G.U. Rescigno, *L'atto normativo*, Bologna, 1998.

[8] H. Kelsen, "Diritto e logica" (1965), trad. it. in P. Comanducci, R. Guastini (eds.), *L'analisi del ragionamento giuridico. Materiali ad uso degli studenti*, vol. II, Torino, 1989.

[9] Con l'eccezione (apparente) delle norme consuetudinarie.

[10] Cioè identificata nella sua "forma logica", eventualmente latente.

[11] Vedi tra i molti: A. Ross, *On Law and Justice*, London, 1958, p. 32 s.; C.E. Alchourrón, E. Bulygin, *Normative Systems*, Wien-New York, 1971; D. Mendonça, *Exploraciones normativas. Hacia una teoría general de las normas*, México, 1995; C.E. Alchourrón, E. Bulygin, "Norma giuridica", in E. Bulygin, *Il positivismo giuridico*, Milano, 2007, p. 217 ss.; W. Twining, D. Miers, *How to Do Things with Rules*, II ed., London, 1982.

scrizioni condizionali o ipotetiche del tipo “Se qualcuno ha causato la morte di un uomo, allora deve essere punito”, “Se qualcuno ha causato un danno ingiusto, allora deve risarcirlo”, e così avanti [12].

Un enunciato condizionale o ipotetico può essere analizzato in due elementi componenti:

(a) un antecedente, o pròtasi, cioè la parte dell’enunciato che determina la condizione (“Se ...”);
(b) un conseguente, o apòdosi, cioè la parte dell’enunciato che statuisce la conseguenza (“... allora ...”).

Ogni norma giuridica, pertanto, presenta – talora in modo evidente, più spesso allo stato latente – una struttura sintattica (una forma logica) condizionale del tipo: “*Se* F, *allora* G”. In questa formula:

(i) l’antecedente (“F”) si riferisce ad una classe di circostanze di fatto (ad esempio, che due soggetti abbiano stipulato un contratto, che un soggetto abbia cagionato un danno ad un altro soggetto, etc.);
(ii) il conseguente (“G”) si riferisce ad una classe di conseguenze giuridiche (del tipo: obbligo di adempiere le obbligazioni

[12] In questo contesto si sta parlando delle prescrizioni, ossia delle norme giuridiche strettamente intese. Ma, fatte salve poche eccezioni (le norme abrogatrici, le norme di interpretazione autentica, le norme definitorie, e forse poche altre), questo discorso può essere esteso senza difficoltà alle norme in senso generico (di cui tra poco diremo). Così, ad esempio, la norma permissiva che conferisce ai cittadini la libertà di riunione (art. 17, comma 1, cost.) può essere ricostruita in questa forma (schematica): “Se cittadino, allora diritto di riunione”. La norma che determina il conseguimento della maggiore età al compimento del diciottesimo anno (art. 2, comma 1, cod. civ.) può essere ricostruita in questa forma: “Se diciottenne, allora maggiorenne”. La norma sui conflitti tra norme che statuisce il principio cosiddetto “lex posterior derogat legi priori” (art. 15 disp. prel. cod. civ.) può essere ricostruita in questa forma: “Se due norme emanate in momenti differenti sono in conflitto, allora la norma meno recente è abrogata”. E così avanti. Ecco dunque che, data una qualsivoglia disposizione, il primo (necessario) passo del lavoro interpretativo, per costruire la norma, consiste precisamente nell’identificarne la forma logica, ossia nel distinguere, in seno alla norma, l’antecedente dal conseguente, la fattispecie disciplinata dalla conseguenza giuridica connessa a tale fattispecie.

previste nel contratto, obbligo di risarcire il danneggiato, etc.) [13].

L'antecedente – che si usa chiamare "fattispecie" – è l'*oggetto* di disciplina: risponde alla domanda "*Che cosa* è disciplinato?".

Il conseguente, a sua volta, è *il modo* di disciplina: risponde alla domanda "*Come* è disciplinato?".

4. *La norma come prescrizione generale*

Una norma è una prescrizione generale o, come anche si dice, una "regola di condotta" [14].

Il concetto di generalità si comprende facilmente in opposizione a quello di singolarità, guardando alle fattispecie cui si riferisce l'antecedente della prescrizione.

Si dice "singolare" una prescrizione (un "precetto", potremmo dire) che abbia ad oggetto una *singola* fattispecie, una fattispecie *concreta* come suol dirsi: ad esempio, l'omicidio di Tizio ad opera di Caio, il contratto fra Mevio e Sempronio, etc.

Si dice "generale" una prescrizione che abbia invece ad oggetto *una classe* di fattispecie, una fattispecie *astratta* come si usa dire: non l'omicidio di Tizio ad opera di Caio, ma, ad esempio, tutti gli omicidi da chiunque contro chiunque commessi; non il contratto fra Mevio e Sempronio, ma i contratti, ad esempio di compravendita, fra chiunque stipulati; e così avanti [15].

---

[13] Nelle norme in senso stretto (prescrizioni), di cui stiamo parlando, il conseguente non può che essere la qualificazione deontica di un comportamento (il comportamento x è obbligatorio, il comportamento y è proibito). Nelle norme in senso generico, di cui diremo, che non sono prescrizioni, il conseguente può assumere i contenuti più vari: l'acquisizione di uno status (maggiorenne, cittadino, etc.), l'ascrizione di una situazione giuridica soggettiva vantaggiosa (una pretesa, una competenza, una libertà, etc.), la validità o l'invalidità di un atto, etc.

[14] La generalità è un tratto definitorio del concetto comune di regola. Non sarebbe appropriato chiamare "regola" una prescrizione singolare.

[15] Si osservi: una prescrizione generale ha necessariamente carattere condizionale o ipotetico. Necessariamente, cioè per ragioni logiche, attinenti alla stessa struttura logica dell'enunciato che la esprime. L'enunciato "Chiunque commette omicidio deve essere punito", infatti, è logicamente equivalente all'e-

5. *La norma come prescrizione astratta*

Una norma è, inoltre, una prescrizione astratta. Ma in che senso esattamente? Il vocabolo "astratto" è ambiguo.

Pare ovvio che una prescrizione debba dirsi "astratta" allorché *fa astrazione* – prescinde, se così vogliamo dire – da qualsivoglia fattispecie *concreta*. Ma l'ambiguità nasce dal fatto che vi sono due modi abbastanza diversi in cui una prescrizione può *non* fare astrazione da fattispecie concrete, e dunque *non* essere astratta.

Da un lato, una prescrizione *non* è astratta allorché si riferisce ad una *singola* fattispecie concreta – Il contratto fra Tizio e Caio, l'assassinio di Mevio ad opera di Sempronio – e non ad una classe di fattispecie. Ed è apparentemente questo il concetto di astrattezza comunemente (e tacitamente) adottato [16].

Dall'altro lato, una prescrizione *non* è astratta allorché si riferisce a fattispecie – una singola fattispecie o una classe di fattispecie, poco importa – *passate*, già verificatesi, e quindi previamente identificate, o comunque identificabili ("Sui redditi prodotti lo scorso anno è dovuta la tale imposta", "Poiché il comune di Montelusa ha subito danni da terremoto, deve essere finanziato").

---

nunciato "*Se* qualcuno commette omicidio, *allora* deve essere punito". Una prescrizione generale può sempre essere fraseggiata nella forma condizionale: "Se ..., allora ...". D'altra parte, non ha senso discorrere di generalità in relazione a talune norme in senso generico (ad es., norme abrogatrici, norme di interpretazione autentica, norme definitorie) che non si prestano ad essere ricostruite in forma condizionale.

[16] È dominante in letteratura un modo di modellare i concetti di generalità e astrattezza assai diverso da quello presentato nel testo. In linea di principio, infatti, tali concetti sono variabili dipendenti dei diversi modi di concepire le norme giuridiche. Ora, molti autori concepiscono le norme giuridiche come enunciati (non ipotetici) del tipo "I soggetti S devono tenere la condotta C". Costoro sono così indotti a definire la generalità in relazione ai soggetti destinatari (è generale una norma che sia rivolta ad una classe di soggetti), e l'astrattezza in relazione alla condotta prescritta (è astratta una norma che prescriva una classe di azioni). Vedi ad es. N. Bobbio, *Teoria generale del diritto*, Torino, 1993, p. 148; N. Bobbio, *Studi per una teoria generale del diritto*, Torino, 1970, p. 11 s.; 148; N. Bobbio, *Contributi ad un dizionario giuridico*, Torino, 1994, p. 222 ss.; G.U. Rescigno, *L'atto normativo*, cit., p. 13 s.

Vi sono pertanto due concetti di astrattezza.

(a) In un primo senso, una prescrizione è astratta allorché è, banalmente, *generale*. In questo primo senso, insomma, generalità e astrattezza coincidono: due termini per un solo concetto.

Se si intende il vocabolo "astratto" in questo primo senso, come sinonimo di "generale", dire che le norme siano prescrizioni generali *e* astratte – come si usa fare – è un modo di esprimersi ovviamente ridondante; si dovrebbe se mai dire che le norme sono prescrizioni generali *o* astratte. Insomma, così intesa, l'astrattezza non è una proprietà interessante (coincide con la generalità).

(b) In un secondo senso, invece, una prescrizione è astratta allorché dispone per fattispecie future, ossia *non è retroattiva* [17]. Si dice infatti retroattiva una prescrizione la quale connetta una conseguenza giuridica ad un fatto accaduto prima che la prescrizione in questione venisse alla luce (i redditi prodotti lo scorso anno, i danni da terremoto già subiti dal comune di Montelusa) [18].

Solo se si intende il vocabolo "astratto" in questo secondo senso, come sinonimo di "non retroattivo", dire che le norme siano prescrizioni generali *e* astratte diviene perfettamente sensato. Ed è precisamente in questo secondo senso che le norme sono prescrizioni (generali e) astratte. Una norma, in altri termini, è una prescrizione non retroattiva.

6. *Disporre v. provvedere*

Il concetto di astrattezza – intesa nel secondo modo: come non retroattività – consente di distinguere il "disporre" *per il*

[17] Dice bene G. Zagrebelsky, *Il diritto mite. Legge, diritti, giustizia*, Torino, 1992, p. 33: «L'astrattezza [...] è nemica delle leggi retroattive, necessariamente "concrete"».

[18] Vedi *infra*, parte quarta, cap. VII.

futuro dal "provvedere" *per il passato* [19]: le norme dai provvedimenti [20].

Le norme sono prescrizioni generali e astratte (non retroattive). Un provvedimento, per contro, è una prescrizione – generale o singolare, secondo i casi – retroattiva. Del tipo: "Si deve erogare un finanziamento così-e-così ai comuni che hanno subito danni da terremoto il mese scorso".

Disporre significa statuire la conseguenza giuridica di una fattispecie generale ed astratta, ossia decidere *ex ante* in relazione ad una classe di fattispecie future, di cui per ciò stesso si *ipotizza* (e non: si constata) l'occorrenza.

Provvedere, per contro, significa statuire la conseguenza giuridica di una o più fattispecie concrete, ossia decidere *ex post facto* in relazione a precise circostanze già verificatesi.

Si prenda lo schema di ragionamento che è tipico (almeno così si suppone) di ogni organo dell'applicazione del diritto:

Se qualcuno uccide, allora deve essere punito.
Tizio ha ucciso Caio.
Quindi Tizio deve essere punito.

Ebbene: *dispone* chi statuisce la premessa normativa di questo ragionamento, "Se qualcuno uccide, allora deve essere punito"; per contro, *provvede* chi constata che "Tizio ha ucciso Caio" e pertanto conclude che "Tizio deve essere punito" ("Poi-

---

[19] Altro è il «disporre, in linea preventiva e generale, cioè il dare regola all'azione», altro è il «provvedere, caso per caso e in concreto»: V. Crisafulli, "Atto normativo", in *Enciclopedia del diritto*, vol. IV, Milano, 1959, p. 255.

[20] Naturalmente, anche i provvedimenti, in un senso, si riferiscono al futuro. Si sta parlando qui di prescrizioni – comandi di fare od omettere alcunché – e non si può sensatamente comandare un comportamento ... per il passato. Così, la prescrizione che dispone il pagamento di una certa imposta per i redditi prodotti lo scorso anno si riferisce, sì, ad eventi ormai accaduti, ma prescrive un comportamento (il pagamento dell'imposta) ovviamente futuro; e la prescrizione che dispone il finanziamento di un comune che ha subito danni da terremoto si riferisce, sì, ad un evento ormai accaduto, ma, di nuovo, prescrive una condotta (il finanziamento) da tenersi in futuro. In entrambi i casi, solo l'antecedente (*la fattispecie*) è, per così dire, "declinato" al passato: il conseguente non può che essere "declinato" al futuro.

ché Tizio ha ucciso Caio, allora Tizio deve essere punito").

Norme e provvedimenti hanno diversa struttura logica.

L'enunciato che esprime una norma ha struttura logica condizionale: è formulato, o può comunque essere ricostruito, come un enunciato condizionale ("Se ..., allora ..."). Per contro, un provvedimento è formulato, o può comunque essere ricostruito, in termini di "poiché". Una prescrizione retroattiva avrà sempre la struttura latente: "Poiché ..., allora ...".

Come si vede, l'antecedente di un provvedimento è non tanto una condizione del conseguente, quanto piuttosto la sua "motivazione". Insomma, l'antecedente di una norma verte su fatti futuri contingenti, mentre l'antecedente di un provvedimento verte su fatti già accaduti.

IV.

Varietà di norme e norme sulla produzione giuridica

SOMMARIO: 1. Norme in senso generico. – 2. Frammenti di norme. – 3. Norme costitutive. – 4. Norme e metanorme. – 5. Norme primarie e norme secondarie. – 6. Norme formulate e norme inespresse. – 7. Il diritto disciplina la propria creazione. – 8. Norme sulla produzione in senso stretto. – 9. Norme sulla produzione in senso lato.

1. *Norme in senso generico*

Il diritto è affollato di enunciati non prescrittivi [1]. Enunciati siffatti esprimono "norme" (giuridiche) non in senso stretto, ma in senso lato e generico, giacché in senso stretto una norma è appunto una prescrizione, un comando (di fare o di omettere), generale e astratto, dotato di struttura condizionale [2].

Senza pretesa di completezza, si possono censire almeno i tipi seguenti di norme in senso generico.

(i) Norme di competenza (o norme che conferiscono poteri): sono quelle norme che istituiscono autorità, ossia conferiscono ad un soggetto la competenza (l'autorità, il potere) di creare ed abrogare altre norme o, secondo i casi, di applicarle. Ne sono esempi gli artt. 70 e, rispettivamente, 102, comma 1, cost.

---

[1] E neppure descrittivi, beninteso. Vedi G. Carcaterra, *Le norme costitutive*, Milano, 1974; G. Carcaterra, *La forza costitutiva delle norme*, Roma, 1979.

[2] Una elaborata teoria generale delle norme si legge in R. Hernández Marín, *Introducción a la teoría de la norma jurídica*, Madrid, 1998.

(ii) Norme permissive: sono quelle norme che qualificano un certo comportamento come permesso, facoltativo, o libero (cioè permesso *e* facoltativo insieme). Se ne hanno buoni esempi negli artt. 17, 18, e 19, cost.

(iii) Norme definitorie: sono quelle norme che determinano il significato di un termine o di un sintagma usati nella formulazione di altre norme. Ne è un esempio l'art. 1321 cod. civ. (definizione di "contratto") [3].

(iv) Norme interpretative: sono quelle norme che determinano il significato di un enunciato usato nella formulazione di una norma precedente ("L'art. x della legge y deve essere inteso nel senso che ..."). Se ne trovano esempi in tutte le leggi cosiddette di "interpretazione autentica".

(v) Norme di rinvio: sono quelle norme che non disciplinano direttamente una fattispecie, ma indicano agli organi dell'applicazione (i giudici, la pubblica amministrazione) in quale altra fonte o disposizione cercare la disciplina della fattispecie in questione. Se ne hanno esempi nelle norme cosiddette di "diritto internazionale privato" (legge 218/1995).

(vi) Norme sull'efficacia di norme: sono quelle norme che circoscrivono – ad esempio, nel tempo o nello spazio – gli effetti giuridici di altre norme. Un esempio: il principio generale di irretroattività (art. 11, comma 1, disp. prel. cod. civ.), in virtù del quale le leggi producono effetti giuridici solo per il futuro.

(vii) Norme sui conflitti tra norme: sono quelle norme che, in presenza di due norme incompatibili, indicano agli organi dell'applicazione quale norma preferire ed applicare [4]. Ne è un esempio il principio "lex posterior derogat legi priori" (art. 15 disp. prel. cod. civ.).

(viii) Norme abrogatrici: sono quelle norme che, diciamo così (anche se non è del tutto preciso), "sopprimono" l'efficacia di

[3] Le definizioni legislative, ovviamente, sono definizioni stipulative.

[4] Ma naturalmente possono darsi conflitti (non solo tra prescrizioni, ma anche) tra norme in senso generico, quali quelle di cui stiamo discorrendo.

una norma preesistente (cioè privano una norma preesistente di effetti giuridici) [5]. Esempio: "È abrogato l'art. x della legge y".

2. *Frammenti di norme*

Occorre insistere che tutte le norme in senso generico che abbiamo menzionato, a differenza delle norme strettamente intese (comandi), non sono suscettibili di obbedienza né di violazione, sicché non dirigono il comportamento. A che servono dunque?

Ebbene, tutte le norme in senso generico sono *funzionalmente dipendenti* dalle prescrizioni [6]. In particolare:

(i) le norme di competenza conferiscono il potere di creare ed abrogare prescrizioni;

(ii) le norme permissive [7] svolgono, secondo i casi, la funzione
  (a) di abrogare o derogare (tacitamente) a prescrizioni preesistenti, oppure la funzione
  (b) di interdire la creazione di prescrizioni future (in particolare: proibizioni) da parte di autorità normative subordinate;

(iii) le norme definitorie svolgono la funzione di precisare il significato di altre prescrizioni nei quali sia impiegato il termine definito;

(iv) le norme interpretative svolgono la funzione di determinare il contenuto di prescrizioni preesistenti;

---

[5] Questo modo di dire non è preciso perché, generalmente parlando, in virtù del principio generale di irretroattività (art. 11, comma 1, disp. prel. cod. civ.), le norme abrogatrici non "sopprimono" interamente l'efficacia delle norme cui si riferiscono, ma la circoscrivono nel tempo: le norme abrogate conservano efficacia in relazione alle fattispecie sorte antecedentemente alla loro abrogazione.

[6] Cfr. U. Scarpelli, *L'etica senza verità*, Bologna, 1982, p. 235. Un insieme di "norme" in senso generico, che non includesse alcuna norma propriamente detta (alcuna prescrizione di fare o di omettere), non sarebbe riconoscibile come ordinamento giuridico (e neppure come ordinamento, anche non giuridico, della condotta).

[7] Si veda per tutti F. Poggi, *Norme permissive*, Torino, 2004, che contiene una bibliografia esauriente.

(v) le norme di rinvio indicano agli organi dell'applicazione quali prescrizioni debbano essere applicate;
(vi) le norme sull'efficacia di norme svolgono la funzione di determinare l'ambito di efficacia di prescrizioni;
(vii) le norme sui conflitti tra norme indicano agli organi dell'applicazione a quale prescrizione dare la preferenza in caso di conflitto tra più prescrizioni;
(viii) le norme abrogatrici svolgono la funzione di sopprimere l'efficacia di prescrizioni preesistenti.

Come si vede, tutte le norme non prescrittive, o norme in senso generico, svolgono una qualche funzione in relazione alle prescrizioni. Per questa ragione si usa dire che esse non sono norme "autonome" – dotate, cioè, di una funzione indipendente – ma sono invece "frammenti" delle prescrizioni cui si riferiscono. Così, ad esempio, una norma di competenza, in un certo senso, non è altro che un frammento di tutte le prescrizioni che saranno create dall'autorità da essa istituita; una norma definitoria non è altro che un frammento di tutte le prescrizioni nelle quali è impiegato il termine definito; e così avanti.

3. *Norme costitutive*

Le norme in senso generico (o la gran parte di esse) sono talvolta denominate "norme costitutive", in opposizione a "norme prescrittive" o norme in senso stretto.

Sono costitutive quelle norme che, per l'appunto, non prescrivono alcunché a chicchessia – e dunque sono prive di destinatari, e non sono suscettibili di obbedienza o di violazione – ma direttamente creano un qualche effetto giuridico[8] (che non sia la nascita di un obbligo[9]).

Se ne possono distinguere almeno due tipi.

[8] Cfr. ancora G. Carcaterra, *Le norme costitutive*, cit.; G. Carcaterra, *La forza costitutiva delle norme*, cit.

[9] Le norme, il cui effetto sia la nascita di un obbligo, sono ovviamente prescrizioni o norme in senso stretto.

(i) Sono costitutive anzitutto le norme che non paiono riconducibili alla forma standard di un enunciato condizionale, quali ad esempio: le norme definitorie, le norme abrogatrici, le norme di interpretazione autentica.

(ii) Sono costitutive, inoltre, le norme che, pur dotate di una struttura condizionale ("Se F, allora G"), a differenza delle norme propriamente dette – che contengono nel conseguente ("G") la qualificazione deontica di un comportamento (x è obbligatorio, y è vietato) – *non* hanno espressioni deontiche nel conseguente (non sono norme di condotta). Ad esempio: "I diciottenni sono maggiorenni", "Il Parlamento esercita la funzione legislativa", "I cittadini hanno diritto di associarsi", etc. [10].

4. *Norme e metanorme*

Il termine "metanorma" è soggetto a due usi [11].

(i) In senso stretto si dice "metanorma" ogni norma che abbia ad oggetto (non la condotta, ma)
(a) altre norme (esempio: il principio di irretroattività, art.

---

[10] G.U. Rescigno, *L'atto normativo*, Bologna, 1998, p. 38 ss. In altro senso si parla di "regole costitutive" (esempio paradigmatico le regole di un gioco) che non tanto o non solo disciplinano, ma piuttosto "creano" o "definiscono" nuove forme di comportamento. Tali forme di comportamento, la cui esistenza dipende da regole costitutive, sono dette "fatti istituzionali". Ad esempio, sono regole costitutive quelle che danno vita ad "istituzioni", quali la promessa, il matrimonio, la proprietà, la giurisdizione, la legislazione. "Legiferare" non sarebbe legiferare in assenza di quelle norme che conferiscono ad un certo comportamento umano il senso (il valore) di "legislazione". Senza tali norme, forse, lo stesso vocabolo "legiferare" non avrebbe alcun senso. Lo stesso può dirsi per "giudicare (in sede giurisdizionale)", "promettere", o "giocare a scacchi". Cfr. J.R. Searle, *Speech Acts. An Essay in the Philosophy of Language*, Cambridge, 1969. Vedi anche M. Atienza, J. Ruiz Manero, *Las piezas del derecho. Teoría de los enunciados jurídicos*, Barcelona, 1996, cap. II.

[11] Cfr. T. Mazzarese, "Metanorme e linguaggio deontico. Un'analisi logica", in *Materiali per una storia della cultura giuridica*, 1982; T. Mazzarese, "Metanorme. Rilievi su un concetto scomodo della teoria del diritto", in P. Comanducci, R. Guastini (eds.), *Struttura e dinamica dei sistemi giuridici*, Torino, 1996.

11, comma 1, disp. prel. cod. civ., che ha ad oggetto le norme di legge in generale), ovvero

(b) altre disposizioni (esempio: "È abrogato l'art. x della legge y", che ha ad oggetto la disposizione abrogata).

Inutile dire che le metanorme in questione, non avendo ad oggetto una condotta, non sono norme in senso stretto (prescrizioni), ma "frammenti" di norme.

(ii) In senso lato si dicono "metanorme" anche le norme che hanno ad oggetto non (propriamente altre norme o disposizioni, bensì)

(c) atti normativi (esempio: «La funzione legislativa è esercitata collettivamente dalle due Camere», art. 70 cost.).

5. *Norme primarie e norme secondarie*

(i) Si usa chiamare "primarie" le comuni norme di condotta, ossia le norme che attribuiscono o impongono situazioni giuridiche soggettive (diritti, obblighi, e quant'altro) ai comuni cittadini.

(ii) Si dicono invece "secondarie" le norme – metanorme in senso ampio – sulla produzione e l'applicazione del diritto, ossia quelle che conferiscono poteri ("legislativi" in senso generico, ossia normativi; esecutivi; giurisdizionali) e ne disciplinano l'esercizio [12].

In seno alle norme secondarie occupano un posto speciale – ed esigono una trattazione indipendente – le norme c.d. "sulla produzione giuridica": quelle cioè che conferiscono, e disciplinano l'esercizio di, competenze normative. Ne diremo tra poco.

6. *Norme formulate e norme inespresse*

Sono formulate – nonché "emanate" o "promulgate", ma in senso generico e atecnico – le norme che, per l'appunto, trovano

---

[12] H.L.A. Hart, *The Concept of Law*, Oxford, 1961; N. Bobbio, *Studi per una teoria generale del diritto*, Torino, 1970, p. 175 ss.; N. Bobbio, *Contributi ad un dizionario giuridico*, Torino, 1994, pp. 177 ss., 233 ss.

espressa enunciazione o formulazione in una qualche disposizione normativa (o in un frammento di disposizione normativa).

Sono inespresse, per contro, le norme ricavate dalle norme formulate (o da una combinazione di norme formulate, o da una combinazione di frammenti di norme formulate) mediante procedimenti argomentativi di varia natura, ora logici (i.e. deduttivi), ora pseudo-logici (ad esempio, per via di analogia).

Ogni norma inespressa, come avremo occasione di vedere, è frutto (non di promulgazione o emanazione, ma) di un ragionamento "costruttivo" degli interpreti.

7. *Il diritto disciplina la propria creazione*

Il diritto disciplina, tra le altre cose, anche la sua stessa creazione e applicazione. Esso include, cioè, accanto alle comuni norme di condotta rivolte ai cittadini, una lunga serie di norme che disciplinano la creazione e l'applicazione del diritto stesso da parte degli organi dello stato.

Si dicono 'norme sulla produzione giuridica' quelle metanorme che disciplinano precisamente la creazione di (altre) norme [13].

La classe delle norme sulla produzione giuridica include due sottoclassi tra le quali conviene tracciare una distinzione accurata.

(1) La prima sottoclasse – norme sulla produzione in senso stretto – comprende tutte quelle metanorme che stabiliscono *quale organo* sia competente a creare norme (per esempio, art. 70 cost.) e *con quali procedimenti* esso debba esercitare tale competenza (per esempio, art. 72 cost.).

(2) La seconda sottoclasse – norme sulla produzione in senso lato – comprende tutte quelle norme che, in vario modo, *limitano* o addirittura *predeterminano* il contenuto della normazione futura (per esempio, artt. 3, comma 1; 16, comma 1; 25, comma 2, cost.).

Si osservi, però, che in seno al "contenuto" di una norma ("Se F, allora G") si possono distinguere due diverse componenti:

---

[13] T. Perassi, *Introduzione alle scienze giuridiche*, Napoli, 1922.

(i) l'*oggetto* della disciplina, cioè la classe di fattispecie cui la norma si riferisce (l'antecedente "F"); e

(ii) il *modo* di disciplina, ossia il tipo di conseguenza giuridica connessa a quelle fattispecie (il conseguente "G") [14].

Le metanorme sulla produzione in senso stretto hanno carattere "formale", nel senso che *non* riguardano il contenuto della normazione futura. Le norme sulla produzione in senso lato, per contro, hanno carattere "materiale" o "sostanziale", giacché attengono precisamente al contenuto della normazione futura.

Per semplicità, circoscriviamo il discorso alle norme costituzionali concernenti (prevalentemente) la legislazione, le quali ovviamente non esauriscono il genere delle norme sulla produzione giuridica, ma ne costituiscono esempi paradigmatici.

8. *Norme sulla produzione in senso stretto*

La sottoclasse delle metanorme sulla produzione in senso stretto comprende:

(1) le norme che conferiscono competenze normative; e

(2) le norme che disciplinano l'esercizio di tali competenze.

(1) *Norme che conferiscono competenze normative*. Generalmente parlando, le norme che conferiscono competenze normative – "norme di competenza" in senso stretto – sono tutte quelle norme che attribuiscono ad un determinato organo un potere

---

[14] Detto altrimenti: se conveniamo che ogni norma sia ultimamente riducibile alla forma "Se F, allora G" – dove F rappresenta la fattispecie (astratta) e G la relativa conseguenza giuridica – allora possiamo dire che il contenuto di una norma possa essere limitato nella fattispecie o nella conseguenza giuridica. (a) Il contenuto di una data norma N è limitato da un'altra norma N1 allorché N1 predetermina la fattispecie di N, in modo tale che N non possa, ad esempio, disciplinare se non le fattispecie determinate da N1. (b) Il contenuto di una data norma N è limitato da un'altra norma N1 allorché N1 predetermina la conseguenza giuridica di N, in modo tale che N non possa, ad esempio, connettere alla fattispecie di cui trattasi altra conseguenza giuridica se non quella determinata da N1.

normativo, ossia il potere di creare norme giuridiche. L'organo in questione è dunque autorizzato ad emanare norme giuridiche.

È un esempio paradigmatico di norma di competenza l'art. 70 cost., il quale conferisce alle camere il potere legislativo a livello statale. Altri esempi sono: l'art. 138 cost., che conferisce ancora alle camere il potere di revisione costituzionale; l'art. 121, comma 2, cost., che conferisce ai consigli regionali il potere legislativo a livello regionale; l'art. 64, comma 1, cost., che conferisce a ciascuna camera il potere regolamentare interno; etc.

Peraltro, conviene sottolineare che, come emerge dagli esempi, nessuna norma di competenza conferisce un potere normativo *generico*: il potere di creare norme giuridiche non meglio specificate. Ciascuna norma di competenza conferisce invece il potere di creare *una specifica fonte del diritto*, ossia un documento normativo provvisto di un "nome proprio" (un *nomen juris*, come ad esempio "legge ordinaria statale", "legge costituzionale", "legge regionale", "regolamento parlamentare", etc.) e di un regime giuridico corrispondente [15].

Ora, le disposizioni del tipo "La competenza C è conferita all'organo O" sono comunemente intese nel senso che la competenza in questione è *riservata* a quel certo organo: *solo* all'organo O, e a nessun altro, è attribuita la competenza C.

Ad esempio, l'art. 70 cost., che attribuisce al parlamento la funzione "legislativa" – ossia il potere di fare "leggi" (statali) – sarà inteso nel senso che il potere di fare leggi sia conferito *solo* al parlamento, o, in altre parole, sia *riservato* al parlamento. Per conseguenza, nessun testo normativo che non sia stato approvato dal parlamento potrà mai meritare il nome di "legge".

Da questo punto di vista, l'art. 70 cost., non si limita ad *au-*

---

[15] Negli ordinamenti giuridici moderni, infatti, ogni norma giuridica si distingue per la fonte da cui promana. Ed ogni fonte si distingue, a sua volta, per il suo nome e per il regime giuridico che a tale nome corrisponde. Il regime giuridico di ogni fonte è determinato dall'insieme delle norme che, per tutte le fonti che portino quel certo nome, stabiliscono la "forza", il campo di applicazione, e così avanti. (Con il termine 'forza' si usa riferirsi alla peculiare collocazione di ogni fonte nella gerarchia materiale dell'ordinamento, cioè alla sua capacità di abrogare altre fonti, per ciò stesso inferiori, e di resistere all'abrogazione da parte di tali fonti).

torizzare il parlamento, ed esso solo, a fare “leggi”, ma al tempo stesso *definisce* – o, meglio, contribuisce a definire – anche la nozione di legge: per ‘legge’ deve intendersi precisamente un atto del parlamento. In virtù di siffatta definizione, gli atti di qualsivoglia organo che non sia il parlamento non sono “leggi”: non rispondono alla definizione di “legge”, e pertanto “non esistono” in quanto leggi, o, come si usa dire, sono leggi “inesistenti”.

Pertanto, generalmente parlando, ogni norma di competenza presenta un duplice aspetto:

(a) per un verso, *autorizza* un organo a creare un certo tipo di fonte;

(b) per un altro verso, *definisce* – o, meglio, contribuisce a definire – la fonte in questione.

(2) *Norme che disciplinano l'esercizio di una competenza normativa*. Sono norme che disciplinano le modalità di esercizio di una competenza normativa tutte quelle che determinano il *procedimento di formazione* del tipo di fonte cui si riferiscono.

Così, ad esempio, gli artt. 64, comma 3, e 72 cost. disciplinano il procedimento di formazione della legge ordinaria statale; l'art. 138 disciplina il procedimento di formazione delle leggi costituzionali; l'art. 64, comma 1, disciplina il procedimento di formazione dei regolamenti parlamentari; e così avanti.

Nuovamente, occorre dire che le disposizioni del tipo “La competenza C si esercita secondo il procedimento P” sono comunemente intese nel senso che la competenza in questione può essere esercitata *solo* attraverso il procedimento di cui trattasi.

Ad esempio, l'art. 72, che disciplina (in parte) il procedimento di formazione della legge ordinaria statale, sarà inteso nel senso che la legge non può essere creata *se non* attraverso quel dato procedimento.

Da questo punto di vista, l'art. 72 cost. non si limita a prescrivere alle camere di adottare un certo procedimento, ma al tempo stesso *definisce* – o, meglio, contribuisce a definire – anche la nozione di legge: per “legge” deve intendersi un atto del parlamento adottato con quel dato procedimento. Un atto del parlamento, che fosse adottato secondo un procedimento diverso, non risponderebbe alla definizione di 'legge', e pertanto non sarebbe affatto una "legge", ovvero sarebbe una legge "inesistente".

Anche le norme procedimentali, dunque, presentano un duplice aspetto:

(a) per un verso, *prescrivono* l'adozione di un determinato procedimento per la creazione di una determinata fonte;

(b) per un altro verso, *definiscono* – o, meglio, contribuiscono a definire – la fonte in questione.

9. *Norme sulla produzione in senso lato*

La sottoclasse delle norme sulla produzione in senso lato comprende:

(1) le norme relative all'*oggetto* di disciplina delle diverse fonti;
(2) le norme relative al *modo* di disciplina dei diversi oggetti.

(1) *Norme relative all'oggetto di disciplina.* Vi sono due tipi di norme che limitano l'oggetto di disciplina dell'una o dell'altra fonte (ciò che l'una o l'altra fonte è autorizzata a disciplinare).

(i) *Norme che circoscrivono l'oggetto di una competenza normativa.* Tali sono le norme che enumerano le "materie" – ossia l'insieme di rapporti o fattispecie – su cui una data fonte può dettare norme, e, così facendo, *circoscrivono* la competenza della fonte in questione alle materie enumerate (ad esclusione di ogni altra). Per conseguenza, la fonte in questione non può dettare norme al di fuori delle materie indicate.

Un buon esempio è costituito dall'art. 117, comma 1, cost., che enumera le materie sulle quali lo stato può emanare norme legislative (le materie rimanenti essendo o ripartite tra la competenza statale e quella regionale, o senz'altro riservate alla potestà legislativa regionale).

(ii) *Norme che riservano una competenza normativa.* Tali sono le norme che *riservano* una data materia ad una data fonte, talché nessuna altra fonte è autorizzata a disciplinare quella materia. Per esempio: l'art. 13, comma 2, cost. (riserva alla legge statale ordinaria), l'art. 71, comma 1, cost. (riserva alla legge costituzionale), etc. [16].

Se le norme del tipo precedente hanno l'effetto di circoscrivere il raggio d'azione della fonte cui si riferiscono, le norme "di riserva" hanno piuttosto l'effetto di circoscrivere il raggio d'azione non già della fonte cui si riferiscono, ma di tutte le altre. Così, ad esempio, riservare una data materia alla fonte "legge costituzionale" significa limitare l'ambito di competenza di ogni altra fonte, giacché – in virtù appunto della riserva – nessuna fonte diversa dalla legge costituzionale può disciplinare la materia in questione.

Ma, in verità, le disposizioni che riservano una competenza hanno, secondo l'interpretazione prevalente, un contenuto alquanto complesso. Prendiamo il caso di una riserva di legge (per esempio, l'art. 13, comma 2, cost., là dove dice «nei soli casi e modi previsti dalla legge»). Ebbene ogni disposizione costituzionale che riserva alla legge una data materia fa non una, ma almeno tre cose distinte:

(a) *permette* alla legge di disciplinare quella materia;

(b) *vieta* ad ogni altra fonte di disciplinare quella stessa materia; e infine

(c) *vieta* alla legge stessa di delegare ad altre fonti la disciplina della materia in questione.

Pertanto, una riserva di legge sarebbe violata: non solo da una fonte diversa dalla legge che pretendesse di disciplinare la materia riservata alla legge, e perciò sottratta al suo ambito ma-

---

[16] Una norma statuisce una "riserva" ogniqualvolta dispone che una certa fattispecie o classe di fattispecie (una certa "materia") può/deve essere disciplinata "solo" da una data fonte, cioè da quella fonte e da nessun'altra, sicché: (a) da un lato, la fonte indicata è autorizzata a disciplinare la fattispecie o classe di fattispecie in questione; (b) dall'altro lato, è vietato ad ogni altra fonte disciplinare la fattispecie o classe di fattispecie in questione. Si usa dire in questi casi che a favore della fonte indicata è stabilita una "riserva di competenza normativa", ovvero che tale fonte gode di una "competenza riservata". Generalmente parlando, in presenza di una competenza riservata, le norme provenienti dalla fonte titolare della riserva prevalgono, in caso di conflitto, su ogni norma proveniente da una fonte diversa: nel senso che ogni norma proveniente da una fonte diversa è invalida.

teriale di competenza; ma anche dalla legge stessa, qualora pretendesse di spogliarsi della competenza ad essa riservata in favore di una fonte diversa.

(2) *Norme relative al modo di disciplina.* Le norme in questione limitano non l'oggetto delle diverse fonti (ciò che l'una o l'altra fonte può disciplinare), bensì il modo in cui un certo oggetto può essere disciplinato [17]. I limiti in questione possono essere diretti o indiretti.

(i) *Limiti diretti.* Costituiscono limiti diretti tutte quelle norme che *predeterminano* senz'altro, in positivo (comandi) o in negativo (divieti), il contenuto della normazione futura.

Ad esempio, la costituzione rivolge al legislatore sia comandi, sia divieti, attinenti al modo di disciplina delle leggi future:

(a) sono *comandi* rivolti dalla costituzione al legislatore, per esempio, le numerose norme "programmatiche", in virtù delle quali il legislatore deve perseguire un certo programma di riforma economica o sociale (art. 3, comma 2; 30, comma 2; 31, commi 1 e 2; e via enumerando) [18];

(b) sono *divieti* rivolti dalla costituzione al legislatore, per esempio, il divieto di emanare leggi che discriminino tra i cittadini in ragione del sesso, della razza, etc. (art. 3, comma 1); il

---

[17] Diciamo così: in virtù di norme siffatte accade che una certa fonte possa sì disciplinare la fattispecie F, ma debba connettere ad essa proprio la conseguenza G, e nessun'altra, ovvero possa connettere ad essa qualunque conseguenza eccetto la conseguenza H.

[18] In verità, i "comandi" rivolti al legislatore – essenzialmente norme programmatiche – veri comandi non sono: sono piuttosto raccomandazioni. Ciò per il fatto che le norme in questione sono sprovviste di qualsivoglia sanzione, sicché il legislatore non può dirsi "obbligato" all'adempimento. L'inosservanza di un comando rivolto al legislatore consiste, banalmente, nella *omessa* adozione di una legge. Certo, la corte costituzionale può annullare per illegittimità costituzionale una legge che sia, in qualche modo, in contrasto con una norma programmatica. Ma, se il legislatore semplicemente si astiene dal legiferare in materia, allora *manca* una legge che possa essere sottoposta alla corte e da questa dichiarata invalida: la corte costituzionale non può annullare una legge... che non c'è. L'"annullamento", se così possiamo chiamarlo, non già di una legge, ma dell'assenza di una legge, non sarebbe cosa diversa dall'esercizio della funzione legislativa.

divieto di emanare leggi penali retroattive (art. 25, comma 2); etc.

(ii) *Limiti indiretti.* I limiti indiretti derivano dalla combinazione di due tipi di norme:

(a) per un verso, le norme con le quali una data fonte (per esempio, la costituzione) disciplina direttamente certe fattispecie (ad esempio, conferendo diritti ai cittadini);

(b) per un verso, le norme con le quali la stessa fonte (per esempio, la costituzione) stabilisce la sua propria superiorità gerarchica [19] sopra altre fonti (per esempio, la legge ordinaria) [20].

---

[19] Trattasi, come vedremo, di una gerarchia "materiale": una fonte A è "materialmente" subordinata ad un'altra fonte B, allorché alla fonte A è inibito creare norme in contrasto con le norme di B. Cfr. oltre, parte seconda, cap. II.

[20] Le norme di cui al punto (b) possono essere di almeno tre tipi distinti. Per esempio, una costituzione può stabilire la propria superiorità gerarchica sulla legge: (i) vietando alla legge di contenere norme in conflitto con le norme costituzionali; (ii) stabilendo un procedimento speciale di revisione costituzionale, distinto dal e più complesso del comune procedimento legislativo, in modo tale che la costituzione stessa non possa essere modificata dalla legge (ordinaria); (iii) conferendo ai giudici in genere il potere di negare applicazione a leggi incostituzionali, ovvero conferendo ad un apposito giudice costituzionale il potere di annullare le leggi incostituzionali.

Nell'ordinamento vigente, l'art. 138 cost., nel prevedere un procedimento di revisione costituzionale distinto dal comune procedimento legislativo, indirettamente dispone che la legge ordinaria non può modificare la costituzione; ne segue che la legge ordinaria non può contenere norme in contrasto con la costituzione. Gli artt. 134 e 136 cost., nonché l'art. 30 legge 87/1953, conferiscono alla corte costituzionale il potere di dichiarare la «illegittimità costituzionale» delle leggi e degli atti aventi forza di legge, cioè (grosso modo) di annullare le norme di legge che siano in contrasto con la costituzione (a rigore, non è che la corte costituzionale "annulli" le norme incostituzionali: essa si limita a dichiararne l'invalidità; l'effetto di annullamento consegue *ipso jure* alla dichiarazione della corte in virtù delle norme costituzionali e legislative che disciplinano, per l'appunto, gli effetti delle sentenze costituzionali). E ancora: l'art. 4, comma 1, disp. prel. cod. civ. stabilisce che «i regolamenti non possono contenere norme contrarie alle disposizioni delle leggi»; l'art. 26 r. d. 1054/1924 e l'art. 2 legge 1034/1971 conferiscono, rispettivamente, al consiglio di stato e ai tribunali amministrativi regionali il potere di annullare gli atti amministrativi (ivi inclusi i regolamenti) adottati in «violazione di legge»; l'art. 5 della legge 2248/1865, all. E, conferisce ai giudici ordinari il potere di disapplicare gli atti amministrativi (ivi inclusi i regolamenti) che non siano «conformi alle leggi»; e così avanti.

In virtù delle norme del secondo tipo, la fonte subordinata non può contenere norme che contraddicano le norme del primo tipo contenute nella fonte superiore. Per esempio, in regime di costituzione rigida[21], la legge – essendo gerarchicamente subordinata alla costituzione, in virtù delle norme del tipo (b) – non può contenere norme che contraddicano la costituzione, là dove questa – mediante norme del tipo (a) – disciplina direttamente certe fattispecie. Così, ad esempio, se la costituzione statuisce che "Se cittadino, allora diritto di associazione" (norma del primo tipo: art. 18, comma 1, cost.), la legge non può a sua volta disporre che "Se cittadino, allora non diritto di associazione", perché ciò le è inibito dalla rigidità della costituzione (derivante da norme del secondo tipo: artt. 134 ss. cost.)[22].

---

[21] Cfr. *infra*, parte terza, cap. III.

[22] Di limiti "indiretti" (formali e sostanziali) alla normazione futura si può parlare anche in un altro senso: la fonte A limita "indirettamente" la procedura di produzione o il contenuto della fonte B allorché impone alla fonte B di conformarsi alla fonte C. Così, ad esempio, la costituzione vigente limita la legislazione futura non già solo dettando direttamente norme rivolte al legislatore (o disciplinando senz'altro certe fattispecie), ma anche facendo *rinvio* a norme non-costituzionali, e comandando al legislatore di obbedire ad esse. In concreto: la costituzione (art. 72) comanda al parlamento di obbedire, nel procedimento di formazione della legge, non solo alla costituzione stessa, ma anche ai regolamenti parlamentari; la costituzione (art. 117, comma 3) comanda al legislatore regionale di conformarsi, nella disciplina di talune materie, non solo direttamente alla costituzione stessa, ma anche ai principi fondamentali delle diverse materie stabilite da leggi ordinarie statali; la costituzione (art. 76) comanda al legislatore delegato, ossia al governo, di adeguare la legislazione delegata non solo alla costituzione stessa, ma anche alla legge ordinaria che conferisce la delega; etc. Si usa dire in dottrina che le norme non costituzionali, cui la costituzione fa rinvio, giocano, nel giudizio di legittimità costituzionale, il ruolo di "norme interposte" tra la costituzione e la fonte (legge ordinaria statale, legge regionale, decreto legislativo delegato, etc.) di cui si tratta.

V.

Principi

SOMMARIO: 1. Regole v. principi. – 2. I principi in quanto norme fondamentali. – 3. I principi in quanto norme indeterminate. – 4. Classificazioni dei principi.

1. *Regole v. principi*

In dottrina – e ancor più in teoria generale del diritto – si usa dire che ogni sistema giuridico includa due tipi di norme: "regole" e "principi" [1]. Ma come distinguere tra principi e regole? La distinzione dipende molto semplicemente dai concetti impiegati: dal concetto di regola e dal concetto di principio.

Ora, si può convenire che una regola sia un enunciato condizionale che connette una qualunque conseguenza giuridica ad una classe di fatti: "Se F, allora G". La conseguenza giuridica in questione può essere una sanzione, la nascita di un obbligo o di un diritto, la validità o l'invalidità di un atto, etc.

Il concetto di principio è alquanto più complicato e, soprattutto, controverso [2]. Si può avanzare la congettura che i giuristi

---

[1] La distinzione, si noti, ha rilievo non solo teorico, ma anche dogmatico, a causa di numerose disposizioni di diritto positivo vigente che, per l'appunto, fanno riferimento ai principi in quanto cosa distinta dalle rimanenti norme. Vedi ad es. art. 117, comma 3, cost.; art. 1, comma 3, legge 131/2003; art. 12, comma 2, disp. prel. cod. civ.; etc.

[2] La letteratura in argomento è vastissima. Mi limito a segnalare pochi contributi che rivestono uno speciale interesse: R. Dworkin, *Taking Rights Seriously*, II ed., London, 1978; G.R. Carrió, "Principios jurídicos y positivismo jurídico", in G.R. Carrió, *Notas sobre Derecho y lenguaje*, IV ed.,

considerino principio ogni norma che presenti congiuntamente due caratteristiche:

(i) per un verso, abbia carattere fondamentale, e
(ii) per un altro verso, sia affetta da una particolare forma di indeterminatezza.

2. *I principi in quanto norme fondamentali*

La prima caratteristica riguarda la "posizione" delle norme in questione nell'ordinamento giuridico o in un suo sottosettore (un sottoinsieme di norme, come ad esempio il diritto costituzionale, il diritto civile, il diritto penale, il diritto amministrativo, o, ancora, il diritto dei contratti, il diritto elettorale, il diritto della locazione di immobili urbani ad uso abitativo, etc.).

Ogni complesso di norme – accomunate da uno stesso oggetto di disciplina – presuppone e sottintende dei valori, delle scelte politiche caratterizzanti, delle idee di giustizia: per esempio, l'eguaglianza tra i cittadini, la pace tra le nazioni, la cosiddetta certezza del diritto (ossia: prevedibilità delle conseguenze giuridiche delle proprie azioni e, insieme, stabilità dei rapporti esauriti), la libertà contrattuale (o autonomia privata), la tutela di chi agisce in buona fede, e così via esemplificando. Ebbene, dato un qualsivoglia complesso di norme (che può anche coincidere con l'intero ordinamento), si considerano principi quelle norme che incorporano tali valori, sentimenti di giustizia, decisioni politiche.

Ad esempio, il principio di tutela della buona fede fonda e giustifica le disposizioni sull'errore quale causa di annullamento del contratto (art. 1428 cod. civ.), le disposizioni sugli effetti della simulazione rispetto ai terzi ed ai creditori (artt. 1415 e

---

Buenos Aires, 1990, p. 197 ss.; R. Alexy, *Teoría de los derechos fundamentales* (1986), Madrid, 1993; L. Prieto Sanchís, *Sobre principios y normas. Problemas del razonamiento jurídico*, Madrid, 1992; M. Atienza, J. Ruiz Manero, *Las piezas del derecho. Teoría de los enunciados jurídicos*, Barcelona, 1996; G. Pino, *Diritti e interpretazione. Il ragionamento giuridico nello stato costituzionale*, Bologna, 2010, cap. III.

1416 cod. civ.), le disposizioni che limitano la opponibilità a terzi della modificazione o revoca della procura (art. 1396 cod. civ.), etc.

I principi sono insomma norme "fondamentali": in che senso?

(a) In primo luogo, sono norme fondamentali nel senso che danno fondamento e/o giustificazione assiologica (etico-politica) ad altre norme (solitamente, ogni principio costituisce fondamento assiologico di una molteplicità di altre norme).

(b) In secondo luogo, sono norme fondamentali nel senso che non hanno o non richiedono a loro volta alcun fondamento assiologico, alcuna giustificazione etico-politica, poiché sono percepite, nella cultura giuridica esistente, come norme evidentemente "giuste" o "corrette".

In altre parole, i principi sono norme che, agli occhi di chi parla, rivestono una speciale "importanza", ovvero appaiono come norme "caratterizzanti" dell'ordinamento o di una sua parte, essenziali alla sua identità o fisionomia assiologica. Si pensi, per esempio: in diritto costituzionale, al principio della separazione dei poteri; in diritto civile, al principio dell'autonomia privata; in diritto penale, al principio "nullum crimen, nulla poena sine lege"; nell'ordinamento giuridico complessivo, al principio "lex posterior derogat priori" o, ancora, al principio di irretroattività delle leggi.

3. *I principi in quanto norme indeterminate*

La seconda caratteristica riguarda non la posizione delle norme nell'ordinamento giuridico, ma il contenuto stesso delle norme e/o la loro struttura logica.

Un principio è una norma "indeterminata". Beninteso, come avremo occasione di vedere, qualunque norma giuridica è indeterminata, nel senso che ha un campo di applicazione non ben delimitato [3], ma qui si tratta di una indeterminatezza peculiare, che può assumere almeno tre forme distinte:

---

[3] *Infra*, parte sesta, cap. II.

(i) la fattispecie aperta,
(ii) la "defettibilità" (*defeasibility*) o "derogabilità", e
(iii) la genericità.

(i) *I principi in quanto norme a fattispecie aperta.* Le regole sono norme con antecedente [4] "chiuso" (a fattispecie chiusa), mentre i principi sono norme con antecedente "aperto" (a fattispecie aperta) [5], nel senso seguente.

L'antecedente (la fattispecie) di una norma è chiuso (chiusa), allorché la norma enumera esaustivamente i fatti in presenza dei quali si produce la conseguenza giuridica che essa stessa dispone. Per contro, l'antecedente (la fattispecie) è aperto (aperta), allorché la norma *non* enumera esaustivamente i fatti in presenza dei quali si produce la conseguenza giuridica corrispondente.

Insomma, l'antecedente di una norma è chiuso nello stesso senso in cui può dirsi chiusa una enumerazione esaustiva (o tassativa), aperto nello stesso senso in cui può dirsi aperta una enumerazione meramente esemplificativa [6].

(ii) *I principi in quanto norme "defettibili".* Le regole sono norme "indefettibili", mentre i principi sono norme "defettibili" o "derogabili" (*defeasible*) [7]. Mi spiego.

---

[4] Si sta parlando, ovviamente, dell'antecedente (o pròtasi) del condizionale "Se F, allora G".

[5] O addirittura, come pensano alcuni, senz'altro privi di fattispecie: una norma priva di fattispecie è una norma (non ipotetica, ma) categorica.

[6] Si noti però che, in genere, la decisione intorno al carattere aperto o chiuso di un elenco (ovvero della norma che lo contiene) ha carattere discrezionale, giacché dipende dall'interpretazione. Cfr. G. Tarello, *L'interpretazione della legge*, Milano, 1980, p. 139 ss. Un buon esempio (anche se riferito ad una disposizione che non sembra esprimere un principio) è il seguente: la giurisprudenza costituzionale, pur in assenza di qualsivoglia base testuale, considera meramente esemplificativo e non tassativo l'elenco di cause di esclusione del referendum abrogativo, contenuto nell'art. 75, comma 2, cost. (Corte cost. 16/1978). In altre parole, la Corte interpreta la disposizione in questione come una norma a fattispecie aperta.

[7] C.E. Alchourrón, "Sobre derecho y lógica" (1996), in *Isonomía*, 13, 2000, 24. Vedi anche M. Barberis, *Filosofia del diritto. Un'introduzione teorica*, III ed., Torino, 2008, p. 132 ss.

Una norma è indefettibile allorché non ammette eccezioni o, per meglio dire, non ammette altre eccezioni che quelle eventualmente stabilite in modo espresso nella norma stessa o in altre norme dello stesso ordinamento. Per contro, una norma è defettibile allorché ammette eccezioni implicite, non stabilite nella norma stessa né in alcuna altra norma dell'ordinamento, e pertanto totalmente indeterminate.

Una norma defettibile non può essere applicata mediante un semplice ragionamento deduttivo del tipo: "I cittadini devono pagare l'imposta sul reddito. Tizio è un cittadino. Pertanto Tizio deve pagare l'imposta sul reddito". Infatti, una norma che ammette eccezioni implicite non specificate *non* si applica a *tutti* i fatti cui si riferisce l'antecedente (per esempio: la norma in questione potrebbe non applicarsi a tutti i cittadini), sicché il verificarsi di uno dei fatti contemplati nell'antecedente (il fatto che Tizio sia un cittadino) *non* è condizione *sufficiente* perché segua la relativa conseguenza giuridica [8].

(iii) *I principi in quanto norme generiche.* Le regole sono norme (relativamente) "precise", circostanziate, mentre i principi sono norme "generiche", nel senso seguente.

Una norma "precisa" – e dunque una "regola" – è una norma immediatamente suscettibile di applicazione a casi concreti: una norma che può essere utilizzata come premessa maggiore nel sillogismo giurisdizionale ("Tutti gli assassini devono essere puniti. Tizio è un assassino. Quindi Tizio deve essere punito"). Una norma "generica" – e dunque un "principio" – è invece una norma che:

(a) per un verso, esige la formulazione di altre norme – che la "concretizzino", le diano "attuazione" o "esecuzione" – senza di che non sarebbe atta a risolvere casi concreti; ma

---

[8] Ad esempio, taluni ritengono che la norma costituzionale (art. 33, comma 1) che proclama solennemente la libertà della scienza e dell'arte incontri un limite nel "buon costume" e nel cosiddetto "ordine pubblico costituzionale": ritengono insomma che la libertà in questione non sia garantita senza eccezioni (implicite).

(b) per un altro verso, può essere attuata, eseguita, o concretizzata in molti modi diversi e alternativi[9].

4. *Classificazioni dei principi*

I principi costituiscono una categoria eterogenea sotto diversi profili.

(1) In primo luogo, occorre distinguere tra i principi *costituzionali* e quelli di rango semplicemente *legislativo*.

L'importanza della distinzione è ovvia: nell'ordinamento vigente, i principi costituzionali, essendo la costituzione rigida, e perciò sovraordinata alla legge, sono assolutamente vincolanti per il legislatore (un buon esempio è il principio di irretroattività in materia penale: art. 25, comma 2, cost.); mentre i principi legislativi possono essere, dalla legge stessa, derogati o abrogati (si veda il caso del principio di irretroattività fuori della materia penale: art. 11, comma 1, disp. prel. cod. civ.).

Peraltro, la Corte costituzionale ritiene che, nell'ambito dei principi costituzionali, ve ne siano alcuni, i cosiddetti principi "supremi" dell'ordinamento, che sono assolutamente immodificabili, sicché non possono essere derogati, abrogati, o sovvertiti in alcun modo (legittimo) – neppure da leggi di revisione costituzionale – e pertanto sono, in un certo senso, "sovra-costituzionali"[10].

---

[9] Per esempio: poniamo che una norma costituzionale statuisca che il capo dello stato è organo elettivo (così, implicitamente l'art. 1, comma 1, cost., nel disporre che l'Italia è una repubblica). Ebbene: in primo luogo, una norma siffatta non è applicabile in assenza di altre norme che determinino le modalità di elezione del capo dello stato; ma, in secondo luogo, le modalità di elezione del capo dello stato possono essere le più varie (senza che il principio sia violato). O ancora: prendiamo una norma costituzionale che conferisca un "diritto sociale", come il diritto al lavoro o il diritto alla salute; si tratta di una norma programmatica o teleologica, che raccomanda al legislatore il perseguimento di un certo scopo; ebbene una norma siffatta esige altre norme (legislative) che diano concretezza al diritto conferito, ma d'altra parte, evidentemente, il diritto in questione può essere concretizzato in molti modi diversi.

[10] Questa dottrina della Corte è altamente discutibile sotto almeno due pro-

(2) In secondo luogo, occorre distinguere tra i principi che abbracciano l'intero ordinamento e quelli che riguardano solo un suo specifico settore o, addirittura, una singola materia (come quelli previsti dall'art. 117, comma 3, cost., quali limiti alla potestà legislativa concorrente delle regioni). Possiamo chiamare gli uni "principi generali in senso stretto", e gli altri "principi settoriali".

I principi generali in senso stretto [11], per lo più, sono al tempo stesso principi costituzionali. Si possono menzionare quali esempi: l'eguaglianza (art. 3, comma 1, cost.), la libertà personale (art. 13, comma 1, cost.), il diritto agire in giudizio per la tutela dei propri diritti e interessi legittimi (art. 24, comma 1, cost.), la libertà d'impresa (art. 41, comma 1, cost.), e così avanti. Ma non mancano principi generali di rango semplicemente legislativo: ad esempio, il principio di irretroattività fuori della materia penale (art. 11, comma 1, disp. prel. cod. civ.), o il principio "lex posterior derogat priori" [12] (art. 15 disp. prel. cod. civ.).

---

fili. In primo luogo, è discutibile l'esistenza stessa di principi sovra-costituzionali assolutamente immodificabili, essendo priva di basi testuali in costituzione (fatta eccezione per i principi cui fa riferimento l'art. 139, conformemente al significato comune del vocabolo "repubblica": il principio di elettività del capo dello stato e il principio di temporaneità del suo mandato); in altre parole, è lecito dubitare che vi siano in costituzione limiti alla revisione costituzionale totalmente inespressi. In secondo luogo, è egualmente discutibile l'identificazione dei principi in questione, la tesi cioè che l'uno o l'altro principio appartenga al novero dei principi sovra-costituzionali. Come che sia, in diverse occasioni la corte ha qualificato come supremi o fondamentali, ad esempio: il principio di unità della giurisdizione (Corte cost. 30/1971); il diritto alla tutela giurisdizionale (Corte cost. 232/1989); il principio democratico (Corte cost. 30/1971); il principio di laicità dello stato (Corte cost. 203/1989); etc. Ma vi sono buone ragioni per pensare che, all'occasione, l'elenco sia destinato ad allungarsi. Taluni ritengono, ad esempio, che tra i principi supremi rientrino il principio di rigidità della costituzione, il principio della garanzia giurisdizionale della costituzione, il principio di unità e indivisibilità della repubblica, il principio della separazione dei poteri.

[11] Che non necessariamente coincidono con i "principi generali" cui si riferisce l'art. 12, comma 2, disp. prel. cod. civ.

[12] Il quale, peraltro, si può ritenere implicito in costituzione. Vedi R. Guastini, *Le fonti del diritto. Fondamenti teorici*, Milano, 2010, parte terza, cap. II.

Tra i principi settoriali – quelli cioè che caratterizzano un settore particolare dell'ordinamento: il diritto civile, il diritto amministrativo, il diritto processuale, il diritto penale, il diritto del lavoro, etc. – ve ne sono alcuni di rango costituzionale, altri di rango legislativo. Ad esempio: in diritto amministrativo, ha rango costituzionale il principio di buon andamento e imparzialità dell'amministrazione (art. 97, comma 1, cost.), mentre ha rango legislativo il principio del giusto procedimento; in diritto del lavoro, ha rango costituzionale il principio di parità (di diritti e di retribuzione) tra lavoratrici e lavoratori (art. 37, comma 1, cost.), mentre ha rango legislativo il principio cosiddetto del "favor" (art. 2077 cod. civ.); in diritto processuale, ha rango costituzionale il principio del "giudice naturale" (art. 25, comma 1, cost.), mentre ha rango legislativo il principio "dispositivo" (che si ricava dagli artt. 2907, comma 1, e 2697 cod. civ., dagli artt. 99 ss. cod. proc. civ., dalla disciplina della transazione, artt. 1965 ss. cod. civ., etc.).

(3) In terzo luogo, occorre distinguere tra i principi *espressi* e quelli *inespressi* o impliciti.

Principi espressi sono quelli che sono esplicitamente formulati in una apposita disposizione normativa (costituzionale o legislativa), dalla quale possono essere ricavati (come qualsiasi altra norma) mediante interpretazione [13].

---

[13] Si noti che, nell'ambito dei principi espressi, ve ne sono alcuni che sono esplicitamente qualificati come "principi" dalla stessa autorità normativa che li ha formulati. L'esempio più ovvio è costituito dagli articoli da 1 a 11 della costituzione, che per l'appunto si auto-denominano "Principi fondamentali". Ma gli esempi si possono agevolmente moltiplicare: la legge 382/1978 si intitola "Norme di principio sulla disciplina militare"; la legge 335/1979 si intitola "Principi fondamentali e norme di coordinamento in materia di bilancio e di contabilità delle Regioni"; l'art. 1 della legge 833/1978 ("Istituzione del servizio sanitario nazionale") porta in rubrica "I principi"; l'art. 22 della legge 93/1983 ("Legge-quadro sul pubblico impiego") porta in rubrica "Principi in tema di responsabilità, procedure, e sanzioni disciplinari"; e così via. Ovviamente, le disposizioni che esplicitamente si presentano come principi vanno tenute distinte dalle disposizioni che non esprimono esse stesse dei principi (almeno: non necessariamente), ma in vario modo fanno riferimento a principi. Ne sono esempi l'art. 117, comma 3, cost. e l'art. 12, comma 2, disp. prel. cod. civ.

Principi inespressi sono quelli «privi di disposizione» [14], ossia non esplicitamente formulati in alcuna disposizione normativa (costituzionale o legislativa), ma elaborati o "costruiti" dagli interpreti. S'intende che gli interpreti, allorché formulano un principio inespresso, non si atteggiano a legislatori, ma assumono che tale principio sia implicito, latente, nel discorso delle fonti. I principi inespressi, tuttavia, sono frutto non propriamente di interpretazione (in senso stretto, cioè ascrizione di senso a specifici testi normativi) ma di costruzione giuridica, ossia di integrazione del diritto ad opera degli interpreti. Essi sono desunti dagli operatori giuridici: ora da singole regole, ora da insiemi più o meno vasti di regole, talvolta dall'ordinamento giuridico nel suo complesso.

Generalmente parlando, da una o più regole si desume – o, per meglio dire, si costruisce – un principio inespresso mediante una congettura intorno alla *ratio*, alla ragion d'essere, allo scopo, delle regole in questione. Il principio così costruito altro non è che una norma teleologica – ossia una norma che prescrive il raggiungimento di un fine, del tipo: "Si deve tutelare chi agisce in buona fede nei rapporti contrattuali" – la quale costituisce giustificazione assiologica delle regole da cui si sono prese le mosse [15].

Ad esempio: in diritto civile, sono espressi il principio dell'autonomia privata (art. 1322 cod. civ.), il principio "neminem laedere" (art. 2043 cod. civ.), il principio di libertà delle forme negoziali (art. 1325 cod. civ.); mentre è inespresso il principio di tutela della buona fede, che, come si è accennato sopra, si desume da varie disposizioni del codice civile. Sono anche principi espressi nell'ordinamento vigente: il principio di eguaglianza (art. 3, comma 1, cost.); il principio di irretroattività della legge penale (art. 25, comma 2, cost.); il principio cosiddetto di stretta interpretazione della legge penale (art. 1 cod. pen. e art. 14 disp.

---

[14] L'espressione è di V. Crisafulli, *Lezioni di diritto costituzionale, II, L'ordinamento costituzionale italiano. Le fonti normative. La Corte costituzionale*, V ed., Padova, 1984.

[15] G. Tuzet, "L'abduzione dei principi", in *Ragion pratica*, 33, 2009, p. 517 ss.

prel. cod. civ.); il principio di legalità nella giurisdizione (art. 101, comma 2, cost.); e via enumerando.

Per contro, sono principi inespressi: il (già menzionato) principio di tutela della buona fede, il principio dispositivo nel processo civile, il principio di conservazione dei documenti normativi [16], il principio di separazione dei poteri, (forse) il principio di legalità nell'amministrazione, i cosiddetti principi dell'ordine pubblico, e così avanti.

---

[16] Spesso invocato dalla Corte costituzionale nel pronunciare sentenze interpretative di rigetto.

VI.

Situazioni giuridiche soggettive

SOMMARIO: 1. La “dimensione soggettiva” delle norme. – 2. Situazioni elementari istituite da norme di condotta. – 3. Situazioni elementari istituite da norme sulla produzione giuridica. – 4. Rapporti giuridici.

1. *La “dimensione soggettiva” delle norme*

Conviene partire dalla semplice constatazione che le norme giuridiche si prestano ad una grande varietà di formulazioni. Per esempio, una norma imperativa può essere formulata, indifferentemente: coniugando il verbo servile “dovere”; impiegando l’aggettivo “obbligatorio” quale predicato di un’azione (o di un’omissione); impiegando il sostantivo “obbligo” quale attributo ascritto ad un soggetto (o ad una classe di soggetti).

Come vi sono molti modi di formulare una norma, così vi sono molti modi di raffigurarne il contenuto. Per esempio, di una norma imperativa, si può dire indifferentemente che qualifica come obbligatorio un dato comportamento di un certo soggetto, ovvero che impone un obbligo al soggetto in questione. Nell’un caso, possiamo dire, si mette l’accento sulla “dimensione oggettiva” della norma (il comportamento cui la norma si riferisce); nell’altro caso, si mette l’accento sulla sua “dimensione soggettiva” (il soggetto cui la norma è rivolta, il suo destinatario).

Ebbene, si dice “situazione giuridica soggettiva” la dimensione soggettiva di una norma, cioè l’attributo ascritto da una norma ad un soggetto. I termini (innumerevoli) che denotano situazioni giuridiche soggettive – autorità, capacità, competenza, diritto (soggettivo), divieto, dovere, facoltà, immunità, incapacità, interesse legittimo, libertà, obbligazione, obbligo, onere, permesso, potere, potestà, prelazione, pretesa, privilegio, e così via enumerando – sono strumenti atti sia a formulare, sia a rappresentare il contenuto di norme giuridiche, riguardate appunto nella loro dimensione soggettiva.

Secondo un'analisi, ormai classica e insuperata [1], le situazioni giuridiche soggettive sono riducibili a diverse *combinazioni* o aggregati di *otto* – e otto soltanto – situazioni *elementari* o fondamentali che dir si voglia.

Le otto situazioni giuridiche elementari sono le seguenti: (1) pretesa, (2) obbligo, (3) libertà, (4) non-pretesa, (5) potere, (6) soggezione, (7) incompetenza, (8) immunità.

È appena il caso di osservare che i termini qui impiegati sono artificiali, nel duplice senso che: da un lato, alcuni di essi sono estranei all'uso comune; dall'altro, alcuni di essi sono definiti in modo difforme dall'uso comune.

Queste situazioni giuridiche sono "elementari", atomiche, in due sensi: in primo luogo, nel senso che ciascuna di esse non è ulteriormente scomponibile in situazioni più semplici; in secondo luogo, nel senso che esse possono essere tra loro variamente combinate in modo tale da dar luogo a situazioni giuridiche complesse.

È "complessa", molecolare, una situazione giuridica soggettiva che per l'appunto consta di una pluralità di situazioni elementari aggregate o combinate. Ad esempio, sono situazioni complesse molte di quelle che vanno sotto il nome di "diritto soggettivo" (soprattutto i diritti reali, ma anche i diritti costituzionali).

Le otto situazioni elementari possono essere utilmente disposte in due classi:

(1) la prima classe comprende quattro situazioni soggettive,

---

[1] Quanto dirò è modellato su W.N. Hohfeld, *Concetti giuridici fondamentali* (1919, 1923), Torino, 1969. Ma vedi anche A. Ross, *Diritto e giustizia* (1958), Torino, 1965, cap. V, nonché nella letteratura più recente G. Pino, *Diritti e interpretazione. Il ragionamento giuridico nello Stato costituzionale*, Bologna, 2010, cap. IV. Vedi inoltre A. White, *Rights*, Oxford, 1984; P. Comanducci, *Assaggi di metaetica*, Torino, 1992, p. 132 ss.

utili a raffigurare il contenuto di comuni norme di condotta (o "primarie", come si usa dire) [2], quelle cioè che disciplinano il comportamento dei cittadini: possiamo convenire di chiamarle "situazioni giuridiche primarie";

(2) la seconda classe include quattro situazioni soggettive, utili a raffigurare il contenuto di norme sulla produzione giuridica (o "secondarie"), quelle cioè che disciplinano le modalità per creare e modificare le stesse norme di condotta [3]: possiamo convenire di chiamarle "situazioni giuridiche secondarie".

Come le norme "secondarie" hanno ad oggetto (la creazione di) norme "primarie", così le situazioni giuridiche secondarie hanno ad oggetto situazioni giuridiche primarie.

2. *Situazioni elementari istituite da norme di condotta*

Sono situazioni soggettive che rappresentano il contenuto di norme di condotta: l'obbligo, la pretesa, la libertà (facoltà, assenza di obbligo), e la non-pretesa (assenza di pretesa).

(1) Si dice "obbligo" la situazione giuridica di un soggetto al quale sia rivolta una norma imperativa (un comando o un divieto).

(2) Si dice "pretesa" la situazione giuridica di un soggetto al quale una norma (autorizzatrice) consenta di esigere l'adempimento di un obbligo da parte di un altro soggetto.

(3) Si dice "libertà", sia (3.1) la situazione giuridica di un soggetto al quale una norma permissiva o facoltizzante consenta di tenere un dato comportamento, sia (3.2) la situazione giuridica di un soggetto al quale nessuna norma imperativa imponga di tenere un dato comportamento.

(4) Si dice "non-pretesa" (assenza di pretesa), sia (4.1) la situazione giuridica di un soggetto al quale una norma esplicitamente neghi o sottragga una pretesa (precedentemente conferi-

---

[2] Sopra, cap. VI.

[3] Vedi *retro*, cap. IV.

ta), sia (4.2) la situazione giuridica di un soggetto al quale nessuna norma esplicitamente attribuisca una pretesa.

Questa catena di definizioni (invero, alquanto sommarie) richiede qualche parola di commento.

In primo luogo, si osservi che la libertà e la non-pretesa sono situazioni, per così dire, prive di autonomia concettuale: nel senso che la libertà altro non è che l'assenza di obblighi, e la non-pretesa altro non è che l'assenza di pretese.

In secondo luogo, è importante capire che obblighi e pretese non esistono "in natura": sono *entità create dal diritto*. È precisamente per questa semplice ragione che i termini "libertà" e "non-pretesa" sono ambigui. Non sarà sfuggito, infatti, che "libertà" può essere usato sia per descrivere il contenuto di una norma positiva (tipicamente: una norma che libera da un obbligo preesistente, per esempio abrogando una norma imperativa precedente, ovvero una norma permissiva o facoltizzante, che espressamente conferisce una libertà), sia per descrivere semplicemente la mancanza di esplicite norme imperative. Analogamente, "non-pretesa" può essere usato sia per descrivere il contenuto di una norma positiva (ad esempio, la norma che priva un soggetto di una pretesa precedentemente conferita, o la norma che abroga una precedente norma attributiva di una pretesa), sia per descrivere l'assenza di norme che conferiscano pretese.

In terzo luogo, si noti che obbligo e pretesa sono concetti eterogenei sotto un profilo importante. Pretesa infatti – a differenza di obbligo – è un concetto relazionale: nel senso che denota una relazione tra due distinti soggetti (il titolare della pretesa e il soggetto su cui grava un obbligo corrispondente).

3. *Situazioni elementari istituite da norme sulla produzione giuridica*

Sono situazioni soggettive che rappresentano il contenuto di norme sulla produzione giuridica: il potere (o competenza), la soggezione, l'incompetenza (assenza di potere), e l'immunità (assenza di soggezione).

(1) Si dice "potere" la situazione giuridica – "secondaria" – di un soggetto al quale una norma (autorizzatrice, una norma di competenza) consenta di creare o modificare situazioni giuridiche "primarie" in capo a sé stesso e ad altri soggetti; in altre parole, si dice "potere" la situazione giuridica di un soggetto il quale sia autorizzato a creare, per sé e per altri, nuovi obblighi e pretese, come pure a privare sé ed altri di obblighi e pretese preesistenti.

(2) Si dice "soggezione" la situazione giuridica "secondaria" di un soggetto la cui situazione giuridica "primaria" possa essere modificata da un altro soggetto.

(3) Si dice "incompetenza" l'assenza di potere. Si noti però che l'assenza di potere in capo ad un soggetto può derivare sia (3.1) dall'esistenza di una norma che privi quel soggetto di un potere precedentemente conferitogli, sia, più semplicemente, (3.2) dall'assenza di qualsivoglia norma che gli conferisca potere.

(4) Si dice "immunità" l'assenza di soggezione. Ma, di nuovo, si osservi che l'assenza di soggezione in capo ad un soggetto può derivare sia (4.1) dall'esistenza di una norma che lo liberi da una precedente soggezione, sia, più semplicemente, (4.2) dall'assenza di qualsiasi norma che gli imponga una soggezione.

Anche qui è utile aggiungere qualche osservazione complementare.

In primo luogo, si può ripetere per l'incompetenza e l'immunità quanto si è detto per la libertà e la non-pretesa: tali situazioni giuridiche sono prive di autonomia concettuale, giacché l'incompetenza non è altra cosa dall'assenza di competenza (o di potere), e l'immunità, dal canto suo, non è altra cosa dall'assenza di soggezione.

In secondo luogo, i poteri e le soggezioni – come le pretese e gli obblighi – non esistono "in natura": sono *entità create dal diritto*. Per questa ragione anche i termini "incompetenza" e "immunità" (come "libertà" e "non-pretesa") sono ambigui. "Incompetenza" può indicare sia il contenuto di una norma positiva (tipicamente: una norma che revoca un potere precedentemente conferito, ad esempio abrogando una preesistente norma attributiva di potere), sia la mancanza di esplicite norme attributive di potere. Analogamente, "immunità" può indicare sia il contenuto di una norma positiva (ad esempio, la norma che libera da una precedente soggezione), sia l'assenza di norme che impongano una soggezione.

In terzo luogo, potere e soggezione sono entrambi concetti relazionali. L'uno e l'altro, infatti, denotano una relazione tra due distinti soggetti: quello al quale è conferito potere e quello al quale è imposta una soggezione.

4. *Rapporti giuridici*

Si dice "rapporto giuridico" ogni relazione tra due soggetti che sia disciplinata – o forse dovremmo dire: istituita – da norme giuridiche.

Generalmente parlando, il diritto regola o istituisce rapporti intersoggettivi essenzialmente conferendo ai soggetti che entrano in rapporto vantaggi e svantaggi correlati. Tali vantaggi e svantaggi conferiti dal diritto sono appunto le situazioni giuridiche soggettive di cui abbiamo detto.

I rapporti giuridici sono innumerevoli e di variabile complessità. Ma tutti (o almeno la maggior parte di essi) possono essere ricondotti a due tipi elementari o a diverse combinazioni di questi due tipi elementari.

(1) Il primo tipo di rapporto giuridico è quello istituito da comuni norme di condotta: esempio paradigmatico, un rapporto di credito. Si instaura un rapporto di credito tra due soggetti, Tizio e Caio, ogniqualvolta una prima norma imponga a Tizio l'*obbligo* di tenere una certa condotta, ed una seconda norma conferisca a Caio una *pretesa* corrispondente.

(2) Il secondo tipo di rapporto è quello istituito da norme sulla produzione giuridica, ossia da norme che disciplinano la produzione di norme di condotta, ovvero la creazione di obblighi e pretese. È quel che si dice un "rapporto di potere". Si instaura un rapporto di potere tra due soggetti, Sempronio e Mevio, ogniqualvolta una prima norma conferisca a Sempronio il *potere* (o la competenza) di creare obblighi e pretese in capo a Mevio, ed una seconda norma imponga a Mevio una *soggezione* corrispondente.

VII.

Diritti

SOMMARIO: 1. Ambiguità di "diritto". – 2. Ambiguità di "diritto soggettivo". – 3. Ambiguità degli enunciati su diritti (ascrivere, rivendicare, descrivere diritti). – 4. Il diritto soggettivo come libertà e come immunità. – 5. Il diritto soggettivo come pretesa. – 6. Il diritto soggettivo come potere. – 7. Il diritto soggettivo come situazione complessa. – 8. Diritti di "secondo grado". – 9. I diritti come situazioni soggettive tutelate. – 10. La fonte dei diritti. – 11. Diritti fondamentali. – 12. Appendice. L'interesse legittimo.

1. *Ambiguità di "diritto"*

Il vocabolo "diritto" può assumere, in diversi contesti, diversi significati. In particolare:

(a) in espressioni del tipo "Il diritto italiano tutela la proprietà privata", "Il diritto internazionale proibisce la guerra", etc., il vocabolo "diritto" si riferisce ad un insieme di regole o norme: il cosiddetto "diritto oggettivo";

(b) per contro, in espressioni del tipo "I cittadini hanno diritto di associarsi", "La salute è un diritto inviolabile", etc., il vocabolo "diritto" designa, per così dire, un "attributo" ascritto da una norma ad un soggetto o ad una classe di soggetti: come si usa dire, un "diritto soggettivo".

Gli attributi – diritti soggettivi, ma anche obblighi, poteri, e quant'altro – che il diritto oggettivo conferisce a soggetti, come ormai sappiamo, sono detti comunemente: situazioni giuridiche soggettive[1].

---

[1] Si noti bene: nel linguaggio delle fonti normative, il vocabolario delle si-

2. *Ambiguità di "diritto soggettivo"*

Generalmente parlando, in espressioni del tipo "Ho diritto di dire quello che penso", "Il diritto di proprietà è tutelato dalla costituzione", etc., il vocabolo "diritto" designa dunque non già un insieme di norme (un ordinamento giuridico o una sua parte), bensì una "situazione giuridica soggettiva", e precisamente una situazione giuridica *vantaggiosa*, detta comunemente "diritto soggettivo".

Senonché la locuzione "diritto soggettivo" è usata – tanto nel linguaggio comune, quanto nel linguaggio dei giuristi – per denotare una molteplicità di situazioni soggettive alquanto diverse tra loro, e dunque per esprimere o riferirsi a, secondo i casi, norme di diverso contenuto. Insomma, la locuzione in esame assume diversi significati in diversi contesti.

I contesti fondamentali (ma l'elenco che segue potrebbe essere incompleto) paiono essere i seguenti:

(i) talvolta il diritto di cui si parla ha ad oggetto un comportamento del suo stesso titolare: è il diritto di tenere un certo comportamento;

(ii) altre volte il diritto di cui si parla ha ad oggetto il comportamento di un altro soggetto: è il diritto di ottenere che altri tenga un certo comportamento;

(iii) altre volte ancora il diritto di cui si parla ha ad oggetto non comportamenti ma situazioni giuridiche proprie e altrui: è il diritto di creare, modificare, ed estinguere obblighi e diritti;

(iv) a volte, infine, il diritto di cui si parla ha ad oggetto non un comportamento, ma, almeno all'apparenza, una "cosa".

---

tuazioni giuridiche soggettive è privo di riferimento semantico (non vi sono nel mondo oggetti o proprietà cui corrispondano termini come "obbligo", "diritto soggettivo", etc.); è semplicemente uno strumento per formulare norme di condotta: per comandare, vietare, permettere. D'altra parte, nel linguaggio dei giuristi ("Secondo la legge, i soggetti così-e-così hanno l'obbligo tale, il potere talaltro, etc."), i termini in questione sono strumenti per descrivere il contenuto di norme; essi dunque hanno, sì, riferimento, ma si riferiscono (non a misteriose entità extra-linguistiche, ma banalmente) ad entità di linguaggio, quali sono appunto le norme.

Questi quattro tipi di diritti possono essere analizzati con l'ausilio dei concetti introdotti nel capitolo precedente. Vi torneremo tra un momento [2].

3. *Ambiguità degli enunciati su diritti (ascrivere, rivendicare, descrivere diritti)*

Un enunciato del tipo "I soggetti S hanno il diritto D" può essere usato per compiere atti linguistici diversi.

(i) Nel contesto di un documento normativo – un testo, dunque, formulato da un'autorità normativa (la costituzione, una legge, etc.) – l'enunciato "I soggetti S hanno il diritto D" è, ovviamente, un enunciato prescrittivo: esso esprime una norma, la quale positivamente *ascrive* (conferisce) un certo diritto ad una classe di soggetti.

(ii) Nel contesto di un documento politico – ad esempio, il programma politico di un partito o di altra associazione, le dichiarazioni programmatiche di un presidente del consiglio di fronte alle camere, etc. – lo stesso enunciato non ascrive, ma *rivendica* un diritto.

Gli enunciati che rivendicano diritti sono enunciati del discorso prescrittivo, che si riferiscono, secondo i casi:

(a) ad un diritto positivo (positivamente ascritto da una norma giuridica) di cui si lamenta la violazione e di cui si richiede il libero esercizio o la tutela (specie giurisdizionale: trattasi in tal caso di un discorso *de sententia ferenda*); oppure

(b) ad un diritto morale (o, come dicono alcuni, "naturale"), non positivo, di cui si richiede la "positivizzazione", ossia il riconoscimento e la tutela da parte dell'ordinamento giuridico positivo (trattasi in tal caso di un discorso *de lege ferenda*).

(iii) Nel contesto di un'opera dottrinale – ad esempio, un

---

[2] Nei paragrafi da 4 a 7.

manuale di diritto costituzionale – l'enunciato in questione *descrive* una norma ascrittiva di un diritto.

Quali siano le condizioni di verità di un enunciato siffatto è discutibile per la ragione seguente.

(a) Taluni ritengono che un diritto (soggettivo) possa dirsi "esistente" alla sola condizione che esista una norma – espressa o implicita – che lo conferisca [3]. Se ad esempio una norma statuisce che "Tutti hanno diritto alla felicità [4] (o alla salute, o al lavoro, etc.)", allora è *per ciò solo* vera la proposizione (normativa) [5] che tutti hanno diritto alla felicità (alla salute, al lavoro, etc.).

(b) Altri pensano che un diritto non possa dirsi esistente se non alla duplice condizione che esistano non solo una norma che lo conferisce, ma che esistano altresì una o più norme ulteriori che istituiscano meccanismi istituzionali atti ad assicurarne il godimento e a proteggerlo [6].

4. *Il diritto soggettivo come libertà e come immunità*

Quando si parla di un diritto soggettivo che ha ad oggetto un comportamento del suo stesso titolare, l'espressione "diritto sog-

---

[3] Un diritto è, infatti, una situazione soggettiva (vantaggiosa) conferita da una norma: non vi sono diritti senza norme che li conferiscano. Si può convenire che esistano non solo diritti legali ("giuridici", conferiti da norme giuridiche positive), ma anche diritti morali. Ma anche i diritti morali sono diritti conferiti da norme: morali, appunto (non giuridiche).

[4] Si allude alla Dichiarazione di indipendenza americana (1776): «tutti gli uomini [...] sono dal Creatore dotati di certi inalienabili diritti, tra cui la Vita, la Libertà, e il perseguimento della Felicità».

[5] Una proposizione normativa è una *proposizione* (come tale, vera o falsa) *che verte su una norma*.

[6] Banalmente: si può sostenere che "non esista" alcun diritto alla felicità (alla salute, al lavoro, etc.), pure in presenza di una disposizione normativa che solennemente lo proclami, in mancanza di un obbligo corrispondente in capo ad un qualche soggetto e/o in mancanza di rimedi giurisdizionali alla sua violazione. Vedi al riguardo la discussione contenuta in L. Ferrajoli (e altri), *Diritti fondamentali. Un dibattito teorico*, a cura di E. Vitale, Roma-Bari, 2001. Vedi anche oltre, paragrafo 9, a proposito di diritti come situazioni "tutelate".

gettivo" può essere usata per designare almeno due distinte situazioni soggettive.

(1) In primo luogo, l'espressione "diritto soggettivo" può essere usata per designare quella situazione soggettiva che abbiamo convenuto di chiamare "libertà" (ma che si chiama anche genericamente "facoltà" e/o "permesso"). Libertà è la situazione giuridica di un soggetto sul quale non gravi alcun obbligo (con riguardo ad una determinata azione).

Peraltro, in questo tipo di contesti, "diritto soggettivo" – proprio come "libertà" – conserva una ulteriore ambiguità, giacché può essere impiegato:

(a) per riferirsi alla situazione giuridica di un soggetto al quale una specifica norma permissiva e/o facoltizzante consenta di tenere un dato comportamento (libertà in senso forte); come anche

(b) per riferirsi alla situazione giuridica di un soggetto al quale nessuna norma imperativa comandi o proibisca di tenere quel comportamento (libertà in senso debole).

Nell'un caso, il diritto soggettivo è una situazione giuridica positivamente ascritta ad un soggetto da una norma, che gli consente di tenere un certo comportamento (per esempio: ai sensi dell'art. 21 cost., tutti hanno diritto di manifestare il proprio pensiero). Nell'altro, il diritto soggettivo è la situazione giuridica di un soggetto al quale, semplicemente, non è vietato tenere il comportamento in questione (nell'ordinamento vigente non è vietato a chicchessia coltivare insalata nell'orto di casa).

Naturalmente, i diritti soggettivi che hanno ad oggetto un comportamento dello stesso titolare possono essere agevolmente classificati a seconda che il comportamento in questione sia una azione (si parla in tal caso di "permessi") o una omissione (si parla allora di "facoltà") [7].

---

[7] A ben vedere, nel linguaggio corrente dei giuristi si possono riconoscere almeno cinque concetti di libertà, ciascuno dei quali pretende di descrivere un aspetto del (contenuto del) diritto vigente, ossia l'appartenenza o la non appartenenza di certe norme all'ordinamento. (i) *Permesso debole*. Un comporta-

(2) In secondo luogo, l'espressione "diritto soggettivo" può essere usata per designare quella situazione soggettiva che abbiamo convenuto di chiamare "immunità". Immunità è concetto relazionale, e significa assenza di soggezione di un soggetto nei confronti di un altro: Tizio è immune di fronte a Caio allorché Caio non ha alcun potere nei confronti di Tizio; Caio, in altre parole, non è autorizzato a modificare la situazione giuridica (i diritti, gli obblighi, etc.) di Tizio (diciamo per intenderci: non è autorizzato a rivolgergli norme di condotta).

Peraltro, anche in questo tipo di contesti, "diritto soggettivo" – proprio come "immunità" – conserva una ulteriore ambiguità, giacché può essere impiegato:

---

mento si dice comunemente "libero" quando è non proibito. In questo senso, la proposizione normativa "Secondo il diritto vigente, il comportamento x è libero" è vera in due diverse circostanze: (a) allorché l'ordinamento *non* include la norma "È proibito x"; (b) allorché l'ordinamento *sì* include una norma che abroga un divieto precedente ("La norma 'È proibito x' è abrogata"). (ii) *Permesso forte*. Un comportamento si dice altresì "libero" quando l'ordinamento include una norma permissiva del tipo "È permesso il comportamento x". (iii) *Libertà in senso pieno* (la chiamo così solo perché non trovo un termine migliore). Un comportamento si dice libero in senso pieno allorché è sia permesso, sia facoltativo: in altre parole, quando è permessa sia la sua commissione, sia la sua omissione. Ma, tenendo conto che sia la commissione, sia l'omissione di un comportamento possono essere tanto permesse in senso debole, quanto permesse in senso forte, si possono dare due situazioni normative distinte: (a) libertà in senso forte: l'ordinamento include sia una norma N1, che qualifica permesso il comportamento in questione ("Permesso x"), sia una norma N2 che qualifica facoltativo il medesimo comportamento ("Permesso non x"); (b) libertà in senso debole: l'ordinamento non include né una norma che qualifichi obbligatorio quel dato comportamento, né una norma che lo qualifichi proibito. Ma naturalmente è del tutto possibile che l'ordinamento qualifichi permessa la commissione di un certo comportamento, e non qualifichi in alcun modo la sua omissione, ovvero qualifichi permessa la sua omissione, nulla dicendo della sua commissione. (iv) *Libertà protetta del primo tipo*. Una libertà può dirsi protetta (in un primo senso) quando l'ordinamento includa: sia una norma che qualifica libero (i.e. permesso *e* facoltativo) un dato comportamento, sia una norma che proibisca ogni interferenza materiale con la sua commissione od omissione. (v) *Libertà protetta del secondo tipo*. Una libertà può dirsi protetta (in un secondo senso: "normativamente" protetta) quando l'ordinamento includa: sia una norma che qualifica libero (i.e. permesso *e* facoltativo) un dato comportamento, sia una norma che proibisca, se così si può dire, qualunque interferenza normativa con quel comportamento, ossia inibisca ai pubblici poteri di proibirne vuoi la commissione, vuoi la omissione.

(a) sia per riferirsi alla situazione giuridica di un soggetto al quale una norma positivamente conferisca una immunità (immunità in senso forte): ad esempio, ai sensi dell'art. 16 cost., i cittadini sono immuni da restrizioni della libertà di circolazione e soggiorno determinate da ragioni politiche; tutti sono immuni da norme penali statuite da fonti diverse dalla legge (art. 25 cost.); etc.;

(b) sia per riferirsi alla situazione giuridica di un soggetto al quale nessuna norma imponga una soggezione (immunità in senso debole): banalmente, chiunque è immune nei confronti di qualunque soggetto al quale nessuna norma conferisca un potere (il proprio compagno di banco, il panettiere sotto casa, il collega ...).

Nell'un caso, vi è diritto soggettivo in presenza e in virtù di una norma che positivamente conferisce una immunità; nell'altro, vi è diritto soggettivo in assenza di qualsivoglia norma che imponga una soggezione.

5. *Il diritto soggettivo come pretesa*

Quando si parla di un diritto soggettivo che ha ad oggetto il comportamento di un soggetto diverso dal suo stesso titolare, l'espressione "diritto soggettivo" designa solitamente quella situazione soggettiva che abbiamo convenuto di chiamare "pretesa". Esempio paradigmatico: il diritto di credito.

Il diritto soggettivo, in questo senso dell'espressione, è un concetto relazionale, giacché denota una relazione tra due distinti soggetti: il titolare della pretesa e il soggetto su cui grava un obbligo corrispondente. La norma che conferisce una pretesa ad un certo soggetto (ad esempio: il creditore) implica una norma che impone un obbligo ad un diverso soggetto (ad esempio: il debitore).

Naturalmente, anche i diritti soggettivi che hanno ad oggetto il comportamento di un soggetto diverso dal titolare possono essere agevolmente classificati a seconda che il comportamento in questione sia una azione o una omissione.

Si noti che vi è, come abbiamo visto, un senso debole di "libertà" e di "immunità", ma non vi è un senso debole di "pretesa": non si danno pretese – né obblighi – "in natura", non vi sono pretese in assenza di norme che le conferiscano, così come non vi sono obblighi in assenza di norme che li impongano. Una pretesa – come un obbligo – può solo essere creata da una norma[8].

6. *Il diritto soggettivo come potere*

Quando si parla di un diritto soggettivo che ha ad oggetto altre situazioni giuridiche (proprie o altrui), l'espressione "diritto soggettivo" è occasionalmente usata (alquanto impropriamente) per designare un "potere".

Potere è null'altro che la capacità giuridica – ossia conferita dal diritto oggettivo – di modificare la situazione giuridica propria o altrui, cioè la capacità di creare, modificare, od estinguere obblighi e diritti ("diritti" nell'uno o nell'altro dei vari sensi che stiamo esaminando, ivi incluso questo).

Le pretese sono correlate ad obblighi; il potere, per contro, è correlato non ad un obbligo, ma ad una "soggezione": soggezione ad un potere è la possibilità di subire una modificazione della propria situazione giuridica ad opera di altri. Ad esempio, ad opera del legislatore, o ad opera di un condomino che chieda la divisione di un bene indiviso (modificando così unilateralmente la situazione giuridica dei rimanenti condomini: si parla a questo riguardo di "diritto potestativo"), etc.

Si noti nuovamente: non vi è un senso debole di "potere". Non si danno poteri (giuridici) – o soggezioni – "in natura": non vi sono poteri in assenza di norme che li conferiscano, né soggezioni in assenza di norme che le impongano. Anche i poteri, come le pretese, gli obblighi, e le soggezioni, possono solo essere conferiti da norme[9].

---

[8] Per questa ragione, si può dire che una pretesa (o un obbligo) "non esista" in due diverse circostanze: (a) quando non vi sia alcuna norma che la statuisca; (b) quando vi sia una norma che la sopprime.

[9] Sicché, di nuovo: si può dire che un potere (o una soggezione) "non esi-

7. *Il diritto soggettivo come situazione complessa*

Quando si parla di un diritto soggettivo che ha ad oggetto non il comportamento di un qualche soggetto, bensì una cosa – si allude, ovviamente, ai cosiddetti "diritti reali" – l'espressione "diritto soggettivo" designa una situazione giuridica complessa ("molecolare"), che risulta dalla combinazione di una molteplicità di situazioni soggettive elementari ("atomiche").

Così, ad esempio, il cosiddetto diritto di proprietà non è, alla lettera, *un* diritto (atomico), ma è piuttosto l'insieme (molecolare) delle molteplici situazioni giuridiche soggettive del proprietario, e cioè – grosso modo – un insieme di diverse libertà (di agire, di omettere), di poteri (di disporre), di immunità (da atti di disposizione altrui), e di pretese (a comportamenti omissivi altrui).

Ma, in verità, quasi tutti i diritti soggettivi "nominati" sono situazioni giuridiche complesse. Ad esempio, tra le situazioni giuridiche complesse vanno certamente annoverati anche i diritti costituzionali di libertà (la libertà di riunione, la libertà di associazione, la libertà di manifestazione del pensiero, etc.). Le disposizioni costituzionali che conferiscono "diritti" di libertà, infatti: (a) autorizzano i cittadini a tenere un certo comportamento (diritto nel senso di libertà); (b) negano al legislatore il potere di vietare giuridicamente tale comportamento (diritto nel senso di immunità); e infine (c) conferiscono ai cittadini la pretesa ad una condotta omissiva da parte del potere esecutivo (il quale ha l'obbligo di non impedire materialmente il comportamento in questione).

8. *Diritti di "secondo grado"*

È importante notare che, tra i diritti, ve ne sono alcuni che sono funzionalmente connessi ad altri diritti. Per esempio:

(a) Il diritto costituzionale all'eguaglianza (art. 3, comma 1, cost.) – o, per meglio dire, il diritto ad un eguale trattamento

---

sta" in due diverse circostanze: (a) quando non vi sia alcuna norma che lo statuisca; (b) quando vi sia una norma che lo sopprime.

giuridico – ha ad oggetto una eguale distribuzione *dei diritti* (senza distinzioni di sesso, razza, lingua, religione, etc.).

(b) Il diritto d'azione – ossia il diritto di agire in giudizio – è funzionale alla tutela *di un altro diritto*, che si pretende violato (ad esempio, un diritto di credito).

(c) Il potere (ogni tipo di potere) consiste nella capacità di modificare *i diritti propri ed altrui*.

In questo senso il diritto all'eguale trattamento è un diritto "di secondo grado" rispetto ai diritti che ne sono oggetto: un meta-diritto, un diritto concernente diritti. Il diritto d'azione è, anch'esso, un diritto "di secondo grado" rispetto ai diritti alla cui tutela è funzionalmente predisposto. Il potere è un diritto "di secondo grado" rispetto ai diritti che mediante il suo esercizio possono essere modificati.

9. *I diritti come situazioni soggettive tutelate*

Tra le varie oscillazioni nell'uso dell'espressione "diritto soggettivo" ne va ancora segnalata una, che riveste un'importanza tutt'affatto speciale.

Nel linguaggio dottrinale si dice spesso che un soggetto "ha un diritto" per intendere che il soggetto in questione è titolare di una situazione soggettiva *tutelata*. In che senso?

Una situazione giuridica tutelata risulta dalla *congiunzione* di due distinte situazioni soggettive:

(a) da un lato, una qualsivoglia situazione soggettiva tra quelle enumerate precedentemente (libertà, immunità, pretesa, etc.);

(b) dall'altro, il diritto di azione, ossia il diritto (anzi: il meta-diritto) di rivolgersi ad un organo giurisdizionale per ottenere tutela della situazione soggettiva in questione e/o per ottenere riparazione alla sua violazione.

Pertanto, si può dire che un soggetto abbia "un diritto", in questo senso, solo a condizione che vi siano (non una, ma) due norme: una prima norma che gli conferisce un certo "diritto" (di per sé non tutelato), ed una seconda norma che gli conferisce l'ulteriore "diritto" – il meta-diritto – di agire in giudizio per la tutela del primo.

Questo modo di esprimersi sottende l'idea che i diritti non tutelati siano non "veri" diritti, ma, per così dire, diritti "di carta".

10. *La fonte dei diritti*

I diritti possono essere utilmente distinti secondo il tipo di fonte da cui promanano. Ad esempio, potremmo dire:

(a) sono diritti "costituzionali" quelli conferiti dalla costituzione;

(b) sono diritti "legali" quelli conferiti dalla legge;

(c) sono infine diritti "contrattuali" quelli che nascono da contratti (o da consimili atti di autonomia privata).

Generalmente parlando, i diritti costituzionali sono conferiti agli individui principalmente nei confronti dello stato ("contro lo stato"), e in questo senso sono diritti soggettivi "pubblici". Nondimeno, nell'ordinamento vigente, secondo giurisprudenza costituzionale ormai costante, anche i diritti costituzionali possono essere fatti valere *erga omnes*, ossia anche nei confronti dei privati cittadini. I diritti contrattuali, dal canto loro, sono diritti conferiti ad un individuo nei confronti di un altro privato individuo, e in tal senso possiamo chiamarli diritti soggettivi "privati".

È appena il caso di sottolineare, peraltro, che la distinzione tra diritti costituzionali e diritti legali non ha ragion d'essere in quegli ordinamenti giuridici che sono retti da una costituzione flessibile: giacché in sistemi siffatti, come vedremo [10], la costituzione non è gerarchicamente sovraordinata alla legge (ordinaria) e pertanto può, dalla legge (ordinaria), essere modificata, derogata, sospesa, o abrogata; sicché i diritti costituzionali non godono di alcuna speciale protezione o garanzia nei confronti del legislatore.

Per contro, la distinzione tra diritti legali e diritti costituzionali riveste una importanza cruciale negli ordinamenti giuridici a costi-

---

[10] Parte terza, cap. III.

tuzione rigida. Giacché, se la costituzione è rigida, la legge ordinaria è gerarchicamente subordinata ad essa, e pertanto non è autorizzata a toccare in alcun modo le norme costituzionali. In tali circostanze, un diritto soggettivo conferito dalla costituzione non può essere limitato, sospeso, modificato, o soppresso dalle leggi ordinarie (le quali invece possono ben sopprimere un diritto legale).

In altri termini, negli ordinamenti a costituzione rigida, i diritti soggettivi conferiti dalla costituzione (o da una legge formalmente costituzionale) sono caratterizzati da una particolare capacità di "resistenza", da una protezione tutt'affatto speciale. Sono diritti che il legislatore ordinario (in quanto distinto dall'autorità costituente, come pure dal potere di revisione costituzionale) non è autorizzato a limitare, sospendere, modificare, o sopprimere [11].

Si osservi: altro è conferire un diritto, altro è garantirlo (proteggerlo). Per conferire un diritto è sufficiente una norma fraseggiata, appunto, come norma attributiva di diritti (ad esempio: "Tutti hanno diritto di professare la propria fede religiosa"). Per garantire un diritto non è sufficiente attribuirlo: occorre altresì disporre dei congegni atti a proteggerlo [12]. La garanzia di un diritto non può essere disposta da quella stessa norma che lo conferisce. Può solo essere disposta da un'altra norma ("secondaria", come talvolta si dice), la quale istituisca meccanismi atti a prevenire la violazione della prima, ovvero preveda rimedi per il caso che la prima sia comunque violata.

11. *Diritti fondamentali*

Nel linguaggio corrente della dottrina si usa chiamare "diritti fondamentali" i diritti conferiti dalla costituzione.

---

[11] Peraltro, secondo la giurisprudenza costituzionale (Corte cost. 1146/1988), almeno alcuni dei diritti conferiti dalla costituzione ("inviolabili" ai sensi dell'art. 2) sono – al pari dei principi supremi, di cui abbiamo detto (sopra, cap. 7) – assolutamente intangibili, cioè non possono essere oggetto neppure di revisione costituzionale.

[12] L. Ferrajoli, *Diritti fondamentali*, Roma-Bari, 2001.

Generalmente parlando, tali diritti sono diritti dei privati cittadini nei confronti (principalmente, sebbene non esclusivamente, come abbiamo detto) "dello stato" – diritti "pubblici soggettivi", secondo un modo di esprimersi risalente alla dottrina pubblicistica tedesca dell'Ottocento, e ora pressoché desueto – ossia concretamente nei confronti degli organi che esercitano le diverse funzioni statali (legislativa, esecutiva, giurisdizionale).

Nell'ambito dei diritti di fonte costituzionale è opportuno introdurre almeno due distinzioni.

(1) La prima distinzione attiene al contenuto dei diritti. Sotto questo profilo, i diritti conferiti dalla costituzione si distinguono principalmente in (i) diritti di libertà e (ii) diritti sociali [13].

(i) *Diritti di libertà.* Come abbiamo accennato, un diritto costituzionale di libertà – ad esempio, il diritto di associazione (art. 18 cost.), il diritto di riunione (art. 17 cost.), etc. – non è, propriamente parlando, *un* "diritto" (atomico), ma piuttosto una combinazione (molecolare) di "diritti" distinti: libertà di tenere un certo comportamento, immunità da divieti del legislatore, pretesa che l'esecutivo ometta di impedire materialmente il comportamento in questione.

(ii) *Diritti sociali.* I diritti sociali – ad esempio, il diritto al lavoro (art. 4, comma 1), il diritto alla salute (art. 32, comma 1), etc. – possono essere configurati come altrettante pretese, cui corrisponde un obbligo dello stato: l'obbligo di adottare leggi [14], atti amministrativi, e comportamenti materiali, idonei a soddisfare tali pretese.

Si noti che l'obbligo di adottare leggi, che incombe ovviamente sul legislatore, è un obbligo la cui violazione è, di fatto, priva di sanzione (in tutti gli ordinamenti esistenti, credo) [15]: non

---

[13] Vedi però E. Diciotti, *Il mercato delle libertà*, Bologna, 2006, cap. II, dove questa distinzione tradizionale è contestata con dovizia di argomenti.

[14] Sostiene che l'ordinamento è lacunoso fino a che tale obbligo del legislatore non sia adempiuto L. Ferrajoli, *Principia juris, Teoria del diritto e della democrazia*, vol. I, *Teoria del diritto*, Roma-Bari, 2007.

[15] Sicché la norma che lo statuisce non è propriamente un comando, ma piuttosto una raccomandazione.

vi sono rimedi efficienti all'eventuale inadempimento del legislatore. Anche se la costituzione è garantita dal controllo di legittimità costituzionale sulle leggi, il giudice costituzionale può sì annullare una legge esistente, ma non può annullare una legge inesistente, o l'inesistenza di una legge (il che equivarrebbe a *fare* la legge in questione). In questo senso i diritti sociali sono diritti "di carta".

(2) La seconda distinzione attiene alla titolarità dei diritti. Sotto questo profilo, i diritti conferiti dalla costituzione si distinguono in (i) diritti dell'uomo e (ii) diritti del cittadino.

(i) *Diritti dell'uomo*. Così si dicono i diritti che la costituzione conferisce indistintamente a tutti gli uomini, indipendentemente dalla cittadinanza. Ad esempio, nella costituzione vigente: il diritto di professare la propria fede religiosa (art. 19), il diritto di manifestare il proprio pensiero (art. 21, comma 1), il diritto di agire in giudizio per la tutela dei propri diritti e interessi legittimi (art. 24, comma 1), etc. [16].

(ii) *Diritti del cittadino*. Così si dicono i diritti che la costituzione conferisce ai cittadini e ad essi soli, quali ad esempio: il diritto all'eguale trattamento (art. 3, comma 1), il diritto di riunione (art. 17, comma 1), il diritto di associazione (art. 18, comma 1), il diritto di voto (art. 48, comma 1).

12. *Appendice. L'interesse legittimo*

Secondo la dottrina amministrativistica [17], nel diritto amministrativo si incontra una situazione giuridica soggettiva, detta "interesse legittimo", che, a prima vista, non pare riducibile a quelle fin qui esaminate.

In effetti, l'espressione "interesse legittimo" si riferisce, nel-

---

[16] Nel linguaggio corrente si dicono comunemente "diritti umani" certi diritti – "naturali" – di cui, si suppone, ogni essere umano è titolare (per il solo fatto di essere, appunto, umano) del tutto indipendentemente da quanto dispone l'uno o l'altro ordinamento giuridico positivo.

[17] Vedi ad es. M. Nigro, *Giustizia amministrativa*, Bologna, 1976.

l'uso comune, ad (almeno) *due* situazioni giuridiche soggettive dei privati cittadini nei confronti della pubblica amministrazione: due situazioni diverse e alquanto eterogenee [18]. Grosso modo:

(a) da un lato – cosiddetto "interesse occasionalmente protetto" o "interesse pretensivo" – la situazione di colui che *non* vanta una pretesa ad un atto amministrativo a lui favorevole (ad esempio, una concessione, una nomina, un sussidio, la vittoria in un concorso, etc.), *ma* vanta la pretesa che l'amministrazione, nell'eventualmente negarglielo, agisca conformemente alla legge, nonché la ulteriore pretesa, qualora l'amministrazione abbia violato la legge, che l'atto amministrativo a lui sfavorevole (la mancata concessione, la mancata nomina, etc.) sia annullato e l'eventuale danno risarcito;

(b) dall'altro – cosiddetto "diritto affievolito" (o "degradato") o "interesse oppositivo" – la situazione di chi, essendo (o, forse si dovrebbe dire, essendo stato) titolare di un diritto soggettivo (per esempio, un diritto di proprietà) sacrificato da un atto amministrativo illegittimo (un esproprio), vanta, nuovamente, la pretesa che l'atto in questione sia annullato e il danno risarcito [19].

Ora, la nozione di interesse legittimo – caratteristica della dottrina amministrativistica italiana – è sconosciuta alla teoria generale del diritto contemporanea. La quale conosce – come abbiamo visto – quattro, e solo quattro, situazioni giuridiche soggettive vantaggiose elementari: (a) la pretesa, correlata ad un obbligo; (b) la libertà, correlata alla mancanza di obblighi; (c) il potere, correlato alla soggezione; (d) l'immunità, correlata alla

---

[18] Il punto è chiarito molto bene da D. Sorace, *Diritto delle amministrazioni pubbliche. Una introduzione*, Bologna, 2000, p. 345 ss.

[19] Sia detto di passaggio, "interesse legittimo" è una nozione ideologica, frutto di una dottrina politica illiberale, secondo la quale: (a) l'interesse pubblico è comunque preminente sull'interesse privato; (b) l'interesse privato è tutelato nei confronti della pubblica amministrazione – "mediatamente ed eventualmente" – solo se, "occasionalmente" come si suol dire, coincide con l'interesse pubblico; (c) sicché, in ultima analisi, nei confronti della pubblica amministrazione non si hanno diritti soggettivi (pieni e non effimeri, per così dire) ma, al più, solo "interessi".

mancanza di potere. Nel linguaggio giuridico corrente accade, come abbiamo detto, che tutte e quattro tali situazioni siano denominate genericamente "diritti" senza troppo sottilizzare.

È pacifico, peraltro, che queste quattro situazioni elementari, "atomiche", possano variamente combinarsi dando luogo a situazioni complesse, "molecolari", quali il diritto di proprietà o le libertà costituzionali.

È importante capire, d'altro canto, che sovente (come abbiamo detto) le situazioni giuridiche soggettive sono, per così dire, strutturate o stratificate: nel senso che accade che una situazione soggettiva abbia ad oggetto un'altra situazione soggettiva, o sia ad essa funzionalmente connessa. Sicché accanto ai diritti "primari" vi sono diritti "secondari" o meta-diritti, e talora, accanto a questi, dei diritti di terzo livello, dei meta-meta-diritti [20].

Qual è dunque il posto – se mai ve n'è uno – dell'interesse legittimo in questa griglia concettuale? È abbastanza chiaro che "interesse legittimo" può solo essere il nome di un peculiare diritto soggettivo, latamente inteso [21].

Secondo alcuni, si tratta del diritto alla legalità, o legittimità, dell'atto amministrativo [22]; secondo altri, si tratta piuttosto del

---

[20] Così, ad esempio, il diritto all'eguale trattamento ha ad oggetto l'eguale distribuzione dei diritti; il diritto di agire in giudizio è funzionalmente connesso ai diritti alla cui tutela è preordinato; il diritto al risarcimento del danno ingiusto (posto che si consideri ingiusto ogni danno derivante da un atto lesivo di "diritti" in senso generico) è funzionalmente connesso al diritto leso; etc. Esemplare in tal senso l'art. 24, comma 1, cost.: «Tutti possono [i.e., hanno il diritto di] agire in giudizio per la tutela dei propri diritti [...]».

[21] A. Orsi Battaglini, *Alla ricerca dello Stato di diritto. Per una giustizia "non-amministrativa" (Sonntagsgedanken)*, Milano, 2005, pp. 137, 179: «diritti soggettivi e interessi legittimi hanno la stessa natura giuridica di forme di protezione esclusiva dell'interesse individuale»; l'interesse legittimo non è che «una *species* del diritto stesso che trova la sua identità [...] nell'essere "nomenclatura" di una diversa forma di tutela affidata ad un'altra giurisdizione» (il giudice amministrativo invece del giudice ordinario). Che l'interesse legittimo sia una specie del genere diritti soggettivi è ormai confermato, se pure involontariamente, dalla giurisprudenza civile che ne ammette il risarcimento ai sensi dell'art. 2043 cod. civ.: vedi Cass. S.U. (civili) 500/1999.

[22] A. Orsi Battaglini, *Alla ricerca dello Stato di diritto*, cit., p. 169.

diritto all'annullamento dell'atto amministrativo illegittimo[23]. Ma nessuna di queste due tesi è persuasiva.

Teniamo distinti gli "interessi occasionalmente protetti" dai "diritti affievoliti". Ebbene, a prima vista, le cose stanno nel modo che segue.

(1) *Interessi occasionalmente protetti.* L'interesse cosiddetto "occasionalmente protetto" è una situazione giuridica complessa (molecolare), un aggregato di situazioni elementari (atomiche), che include:

(a) la pretesa alla legalità dell'atto amministrativo (la pretesa, cioè, che l'amministrazione sia rispettosa della legge),
(b) la pretesa all'annullamento dell'atto amministrativo illegittimo (non conforme alla legge), e
(c) la pretesa al risarcimento del danno ingiusto eventualmente causato dall'atto illegittimo[24].

Non sfuggirà che la seconda e la terza pretesa sono funzionalmente connesse alla prima. Tanto la pretesa all'annullamento dell'atto amministrativo quanto la pretesa al risarcimento sono, per così dire, "meta-pretese" (pretese secondarie) dirette a rimediare al mancato soddisfacimento della pretesa (primaria) alla legittimità dell'atto[25]. E, del resto, non avrebbero ragion d'essere se quella pretesa primaria non sussistesse.

(2) *Diritti affievoliti.* Il cosiddetto "diritto affievolito" è, anch'esso, una situazione giuridica complessa che include:

(a) l'immunità da atti amministrativi illegittimi,

---

[23] G.U. Rescigno, "La tutela dei diritti soggettivi e degli interessi legittimi secondo la Costituzione italiana", in *Diritto pubblico*, 2006, 1, p. 91 ss.

[24] Conformemente ad una risalente tradizione dottrinale, terrei distinto da queste posizioni sostanziali il duplice diritto di agire in giudizio per ottenere l'annullamento dell'atto illegittimo e il risarcimento del danno. Peraltro, qui trascuro per semplicità il diritto di partecipare alla formazione degli atti.

[25] Si osservi: il diritto di agire in giudizio è, a sua volta, un diritto (più precisamente un potere) "di terzo livello", un meta-meta-diritto, a tutela delle pretese secondarie menzionate nel testo.

(b) la pretesa all'annullamento dell'atto amministrativo illegittimo, e

(c) la pretesa al risarcimento del danno ingiusto eventualmente patito a causa dell'atto illegittimo [26].

Anche in questo caso, i "diritti" atomici in questione sono strutturati: la pretesa all'annullamento dell'atto amministrativo illegittimo come pure la pretesa al risarcimento del danno sono meta-pretese, secondarie rispetto all'immunità da atti illegittimi, che è il "diritto" primario. E anche qui è il caso di ripetere che siffatte pretese non avrebbero senso se non sussistesse l'immunità.

Forse è opportuno precisare che la stessa immunità da atti amministrativi illegittimi può, a sua volta, essere ricostruita come un meta-diritto a tutela di un diritto primario (ad esempio, il diritto di proprietà) eventualmente leso da un atto illegittimo [27].

---

[26] Nuovamente, conviene tenere distinto, da queste posizioni sostanziali, il duplice diritto d'azione.

[27] Un meta-diritto – si noti bene – che non si sostituisce al diritto primario alla cui tutela è predisposto, ma lo accompagna. Non lo sostituisce per la banale ragione che non c'è nulla da sostituire: l'idea che il diritto primario scompaia, si "degradi", o si "affievolisca" non ha alcun plausibile fondamento (che non sia l'ideologia illiberale della schiacciante preminenza dell'interesse pubblico sui diritti individuali). Vedi G.U. Rescigno, "La tutela dei diritti soggettivi e degli interessi legittimi secondo la Costituzione italiana", cit., p. 123.

Parte Seconda

Il diritto come ordinamento

I.

L'ordinamento giuridico

SOMMARIO: 0. Introduzione. – 1. L'ordinamento giuridico come insieme di norme. – 2. Quale criterio di appartenenza? – 3. Gli ordinamenti giuridici come insiemi dinamici. – 4. Varietà di relazioni gerarchiche. – 5. Gli ordinamenti giuridici come sistemi.

0. *Introduzione*

Scopo di questo capitolo è discutere alcune questioni connesse al concetto di "ordinamento giuridico", e alla struttura degli ordinamenti.

Secondo il modo di vedere corrente:

(a) Un ordinamento giuridico non è che un insieme di norme o regole.

(b) Il criterio di appartenenza delle norme all'ordinamento è la validità; per conseguenza, gli elementi componenti di ogni ordinamento sono norme valide.

(c) Gli ordinamenti giuridici sono insiemi di norme dinamici. Ciò significa che il criterio di appartenenza o validità delle norme è un criterio puramente "formale": la conformità di ogni norma alle norme che disciplinano la creazione del diritto [1].

(d) Ogni ordinamento ha una struttura gerarchizzata.

(e) Ogni ordinamento è un sistema, ossia un insieme coerente, privo di contraddizioni.

Tutte queste idee appaiono criticabili.

---

[1] Cfr. sopra, parte prima, cap. IV.

1. *L'ordinamento giuridico come insieme di norme*

La tesi secondo cui ogni ordinamento è un insieme di norme – malgrado la sua apparente ovvietà – solleva due problemi. Il primo riguarda il concetto di "insieme", il secondo il concetto di "norma".

(1) Per ciò che attiene al concetto di insieme, il problema è il seguente[2]. Qualunque insieme può essere identificato estensionalmente, cioè per semplice enumerazione degli elementi che lo compongono. Ma questo implica che, dal punto di vista estensionale, l'insieme in questione perde la sua identità – diventa un insieme diverso – ogniqualvolta venga mutato uno degli elementi componenti.

Ora, ogni ordinamento giuridico muta ogniqualvolta: (a) una nuova norma venga emanata; (b) una vecchia norma venga abrogata; (c) una vecchia norma venga sostituita (la sostituzione è una combinazione di emanazione e abrogazione). Tuttavia, nessuno direbbe che l'ordinamento perda la sua identità ogniqualvolta una nuova legge è emanata o una vecchia legge è abrogata o sostituita.

Ciò vuol dire che, propriamente parlando, un ordinamento giuridico non è, alla lettera, "un" insieme: se non dal punto di vista sincronico, ossia guardando ad esso in un momento determinato della sua esistenza storica. Mentre, dal punto di vista diacronico, un ordinamento è non un insieme di norme, ma piuttosto un insieme di insiemi: in particolare, una sequenza diacronica di insiemi sincronici.

(2) Per quanto attiene al concetto di norma, il problema è il seguente[3]. In che senso stiamo parlando di norme in questo contesto? Nel pensiero giuridico comune – tuttora dominato da una concezione formalista (o neo-formalista) dell'interpreta-

---

[2] Cfr. J. Raz, *The Concept of a Legal System*, Oxford, 1973, cap. VIII; C.E. Alchourrón, E. Bulygin, "Sobre el concepto de orden jurídico", in C.E. Alchourrón, E. Bulygin, *Análisis lógico y Derecho*, Madrid, 1991, p. 393 ss.

[3] Cfr. R. Guastini, *Teoria e dogmatica delle fonti*, Milano, 1998, cap. II.

zione[4] – non si usa distinguere tra i testi giuridici (ad esempio, le leggi) prima dell'interpretazione ed il loro contenuto di significato, che è appunto il risultato dell'interpretazione. Che cos'è dunque una norma? Un testo, un enunciato? O invece il suo significato? Insomma: dobbiamo pensare che gli ordinamenti siano insiemi di enunciati (disposizioni) o insiemi di significati (norme propriamente dette)?[5]

Se usiamo il vocabolo "norma" per riferirci alle disposizioni, nessun problema. Salvo che, in questo caso, prendere conoscenza di un ordinamento consiste semplicemente nel prendere conoscenza di un insieme di testi, il cui significato resta tuttavia ignoto. Sicché non si ha alcuna idea di quale sia il contenuto normativo dell'ordinamento in questione.

Se al contrario usiamo il vocabolo "norma" per riferirci ai significati delle disposizioni, allora nasce qualche problema, giacché nessuna disposizione ha un significato determinato se non dopo l'interpretazione (e come risultato dell'interpretazione).

(i) In primo luogo, i significati, ossia le norme in senso stretto, derivano non dalle fonti ufficiali del diritto, ma dall'interpretazione, o dagli interpreti (soprattutto dai giudici, e in particolare dai giudici di ultima istanza). Di conseguenza, o le cosiddette fonti del diritto non sono affatto fonti di norme (ma solo fonti di testi), o l'interpretazione deve essere inclusa nel novero delle fonti: forse anzi deve essere concepita come l'unica "vera" fonte del diritto.

(ii) In secondo luogo, l'ordinamento, inteso come insieme di significati, ha un contenuto e pertanto un'identità inafferrabili, dal momento che ogni testo è suscettibile di interpretazioni: (a) da un lato, sincronicamente diverse e confliggenti; (b) dall'altro lato, diacronicamente mutevoli.

---

[4] Cfr. R. Guastini, "Interpretive Statements", in E. Garzón Valdés *et al.*, *Normative Systems in Legal and Moral Theory. Festschrift for Carlos E. Alchourrón and Eugenio Bulygin*, Berlin, 1997, p. 279 ss. Cfr. parte quarta, capp. I e VI.

[5] Cfr. sopra, parte prima, cap. II.

2. *Quale criterio di appartenenza?*

Qual è il criterio di appartenenza delle norme all'ordinamento? La risposta standard è: la validità, naturalmente [6]. Anzi, comunemente, validità e appartenenza sono senz'altro identificate [7]. Questa tesi, tuttavia, solleva due problemi.

(1) In primo luogo, se si accetta questo criterio di appartenenza, si deve poi concludere che, paradossalmente, nessun ordinamento include la sua propria costituzione: che la costituzione (in senso formale o materiale, poco importa) non appartiene all'ordinamento di cui è costituzione. La ragione di questa conclusione paradossale è molto semplice.

La validità è la duplice relazione di una norma con altre norme: per un verso, quelle che ne governano la creazione; per un altro verso, quelle che sono ad essa gerarchicamente sovraordinate nel sistema delle fonti [8]. Disgraziatamente, però, in nessun ordinamento vi sono norme che regolino la creazione della costituzione e/o norme che siano sovraordinate alla costituzione.

Questa è una conseguenza del concetto stesso di costituzione. Una costituzione – o, per meglio dire, una "prima" costituzione – è il prodotto del cosiddetto "potere costituente", ossia di un potere "extra ordinem", non disciplinato da alcuna norma preesistente (diversamente, sarebbe un potere non costituente, ma costituito). Al tempo stesso, una costituzione è la fonte "suprema" dell'ordinamento, e dunque non vi sono, nella gerarchia delle fonti, norme ad essa sovraordinate. Per conseguenza, il concetto di validità è semplicemente inapplicabile alle costituzioni. Ogni costituzione è né valida, né invalida [9].

---

[6] Cfr., per es., G.H. von Wright, *Norm and Action. A Logical Enquiry*, London, 1963; E. Bulygin, *Norme, validità, sistemi normativi*, Torino, 1995.

[7] Cfr. cap. III di questa parte.

[8] Cfr. cap. II di questa parte.

[9] Cfr. R. Guastini, "Sur la validité de la constitution du point de vue du positivisme juridique", in M. Troper, L. Jaume (eds.), *1789 et l'invention de la constitution*, Bruxelles-Paris, 1994, p. 216 ss.

Dobbiamo concluderne che ogni ordinamento è composto non solo di norme valide, ma anche di norme supreme, né valide né invalide [10].

(2) In secondo luogo, se accettiamo la validità come criterio di appartenenza, dobbiamo poi concludere che le leggi incostituzionali e i regolamenti illegali non appartengono all'ordinamento di cui si tratta. Tuttavia, in quasi tutti gli ordinamenti vi sono molte leggi incostituzionali e regolamenti "contra legem" che sono, anche per lungo tempo, applicati da giudici e funzionari amministrativi, fino a che il giudice competente (il giudice costituzionale per le leggi, il giudice amministrativo per i regolamenti) non ne riconosca l'invalidità.

Dobbiamo concludere che le norme in questione erano valide prima che la loro invalidità fosse dichiarata dal giudice competente? O dobbiamo invece dire che le norme in questione non appartenevano affatto all'ordinamento, malgrado fossero applicate dai giudici e dalla pubblica amministrazione?

La prima risposta – erano valide, la dichiarazione di invalidità ha valore costitutivo – sembra non distinguere tra validità e "convalidazione". Si tratta di due cose abbastanza diverse. La validità è una relazione "oggettiva" (ossia non dipendente da un atto di chicchessia) tra una norma e certe altre norme: per un verso, le norme che ne disciplinano la creazione [11]; per un altro verso, le norme sovraordinate nella gerarchia delle fonti [12]. Ciò che, in mancanza di meglio, chiamo "convalidazione", per contro, è il risultato di un atto "soggettivo" di qualcuno: l'atto di riconoscere validità ad una norma.

La seconda risposta – non appartenevano all'ordinamento anche prima di essere dichiarate invalide – non può spiegare il fenomeno dell'applicazione di una norma non appartenente all'ordinamento.

Ebbene, la soluzione più semplice è riconoscere che un ordi-

---

[10] Cfr. R. Caracciolo, *El sistema jurídico. Problemas Actuales*, Madrid, 1988.

[11] Cfr. sopra, parte prima, cap. IV.

[12] Cfr. cap. II di questa parte.

namento è composto non solo da norme valide, ma anche da norme invalide: norme la cui invalidità può essere riconosciuta e dichiarata dal giudice competente.

Dunque, la validità non è il criterio di appartenenza. Tale criterio sembra essere piuttosto la semplice "esistenza", cioè l'avvenuta emanazione da parte di un'autorità normativa "prima facie" competente [13].

3. *Gli ordinamenti giuridici come insiemi dinamici*

Gli ordinamenti giuridici sono insiemi dinamici: è innegabile. Tuttavia, occorre qualche cautela. È vero che ogni ordinamento ha carattere dinamico, ma è falso che ogni ordinamento evoluto sia "puramente" dinamico [14].

Un ordinamento è puramente o strettamente dinamico se, e solo se, in esso esistono solo criteri "formali" di validità. La validità, pertanto, non dipende dal contenuto delle norme: ogni norma emanata dall'autorità competente secondo le procedure stabilite è valida, quale che sia il suo contenuto. Ebbene, la maggior parte degli ordinamenti contemporanei non possono essere considerati puramente dinamici per due ragioni [15].

(1) In primo luogo, in ogni ordinamento evoluto vi sono criteri sostanziali o materiali di invalidità: criteri che attengono al contenuto delle norme, e che possono determinare l'invalidità di una norma malgrado la sua validità formale.

È ciò che accade in quegli ordinamenti, nei quali una norma è considerata invalida quando è incompatibile con una norma superiore nella gerarchia delle fonti [16]. Tale norma è, appunto, invalida anche se validamente emanata. Il fenomeno è partico-

---

[13] Cfr. R. Guastini, *Teoria e dogmatica delle fonti*, cit., p. 129 ss.

[14] Cfr. M. Troper, *Pour une théorie juridique de l'Etat*, Paris, 1994, p. 175.

[15] Cfr. R. Guastini, *Teoria e dogmatica delle fonti*, p. 144 ss.

[16] Cfr. cap. II di questa parte.

larmente evidente negli ordinamenti governati da una costituzione rigida [17].

(2) In secondo luogo, in ogni ordinamento vi sono anche criteri sostanziali o materiali di validità: talune norme sono ritenute valide in virtù del loro contenuto, indipendentemente da ogni valida emanazione. Insomma, sono considerate valide sebbene non siano state validamente emanate da alcuna autorità competente. Si allude qui alle norme "implicite", inespresse, elaborate da giudici e giuristi. Ve ne sono di tre tipi.

(a) Norme ricavate a partire dalle norme esplicite secondo schemi di ragionamento logicamente validi (ossia deduttivi) e senza l'aggiunta di ulteriori premesse (cioè senza l'impiego di premesse che non siano norme esplicite).

(b) Norme ricavate dalle norme esplicite secondo schemi di ragionamento logicamente validi, ma con l'aggiunta di premesse ulteriori: di premesse, cioè, che non costituiscono a loro volta norme esplicite (ad esempio, definizioni dottrinali di termini usati nella formulazione di norme esplicite).

(c) Norme ricavate persuasivamente a partire dalle norme esplicite secondo schemi di ragionamento non deduttivi e logicamente invalidi (ad esempio, un entimema, una congettura sulla *ratio legis*, l'argomento analogico, etc.).

Le norme inespresse del primo tipo possono essere considerate "implicite" in senso stretto (cioè in senso logico: sempre che si ammetta una logica del discorso normativo), e pertanto "positive", cioè "poste", emanate da un'autorità competente, anche se non formulate. Le norme del secondo tipo, per contro, sono il prodotto di un lavoro di interpretazione e "costruzione"; nascono, più precisamente, da una combinazione di deduzione logica e interpretazione. Le norme del terzo tipo, infine, sono frutto di legislazione "interstiziale" di giudici e giuristi.

---

[17] Cfr. parte terza, cap. III.

4. *Varietà di relazioni gerarchiche*

È pacifico che ogni ordinamento abbia una struttura gerarchica. Ma di quale tipo di gerarchia stiamo parlando? [18]

Secondo Kelsen [19], vi è un solo tipo di gerarchia: quella che intercorre tra le norme sulla produzione giuridica e le norme prodotte in accordo con esse. In questo senso, ad esempio, le norme costituzionali sulla legislazione sono sovraordinate alla legislazione stessa, anche se la costituzione è flessibile.

Secondo Merkl [20], tuttavia, vi è un secondo tipo di gerarchia (accanto alla precedente): la relazione che intercorre tra due norme allorché una di esse non può validamente essere contraddetta, derogata, o abrogata dall'altra. Si noti che, per quanto riguarda i rapporti tra costituzione e legislazione, tale relazione sussiste solo se la costituzione è rigida.

D'altra parte, la relazione tra norme sulla produzione giuridica e norme prodotte in accordo con esse è spesso riguardata come una relazione logica: quel tipo di relazione che sussiste tra due livelli di linguaggio (un meta-linguaggio ed il suo linguaggio-oggetto). Questo modo di vedere, tuttavia, confonde tra questa relazione ed una relazione del tutto diversa: quella che sussiste tra due norme allorché l'una verte sull'altra, "parla" dell'altra (ad esempio, la relazione tra una norma abrogatrice e quella da essa abrogata).

Inoltre, tutti sembrano pensare che le relazioni gerarchiche preesistano all'interpretazione, sicché gli interpreti non possano fare altro che prenderne atto. Ma le cose non sono così semplici. È abbastanza chiaro che talune relazioni gerarchiche sono non già "trovate", ma create dagli interpreti. È questo il caso, ad esempio, della relazione assiologica che sussiste tra principi fondamentali o generali e norme specifiche. È questo il caso, ancora, della relazione tra la costituzione e certi principi "sovra-costituzionali" che, secondo la giurisprudenza di molti tribunali costituzionali, non possono essere derogati o modificati in alcun

---

[18] Cfr. cap. II di questa parte.

[19] Cfr. H. Kelsen, *Théorie pure du droit*, Paris, 1962, titre V.

[20] Cfr. A. Merkl, "Prolegomeni ad una teoria della costruzione a gradi del diritto", in A. Merkl, *Il duplice volto del diritto*, Milano, 1987, p. 37 ss.

modo: neppure con il procedimento di revisione costituzionale.

La conclusione è che non esiste una singola struttura gerarchica negli ordinamenti contemporanei: ve ne sono quattro[21].

(1) Gerarchia formale: tra norme sulla produzione e norme prodotte in conformità ad esse.

(2) Gerarchia sostanziale: una prima norma A è sovraordinata ad una seconda norma B, allorché una terza norma C stabilisce che B non può contraddire A. Una costituzione flessibile è sovraordinata alla legislazione solo in senso formale, mentre una costituzione rigida è sovraordinata alla legislazione anche in senso sostanziale.

(3) Gerarchia logica: tra norme e meta-norme. Per esempio: norme abrogatrici e norme abrogate; definizioni legislative e norme nella cui formulazione è impiegato il termine definito.

(4) Gerarchia assiologica (ossia concernente il "valore" delle norme di cui trattasi): ad esempio, tra norme e principi. Ma una gerarchia di questo tipo può essere istituita (dagli interpreti) anche tra un principio e l'altro: la soluzione dei conflitti tra principi costituzionali (ad esempio: tra libertà di stampa e *privacy*) esige precisamente che si postuli una gerarchia assiologica tra i principi in questione[22].

5. *Gli ordinamenti giuridici come sistemi*

L'espressione "ordinamento giuridico" è talora usata in modo innocente e irriflesso, senza alcuna "arrière pensée": come sinonimo di "diritto" (in senso oggettivo). Spesso, tuttavia, dicendo che il diritto è un "ordinamento", si vuol dire che il diritto è un insieme di norme "ordinato": un sistema, cioè una unità coerente e coesa[23].

---

[21] Cfr. R. Guastini, "Gerarchie normative", in *Materiali per una storia della cultura giuridica*, 1997, p. 463 ss. Cfr. cap. II di questa parte.

[22] Cfr. R. Alexy, *Teoría de los derechos fundamentales*, Madrid, 1993, p. 89 ss.

[23] Cfr. G. Tarello, *Cultura giuridica e politica del diritto*, Bologna, 1988, p. 173 ss.

(1) La coesione ("coherence") esige che tutte le norme appartenenti al sistema possano essere ricondotte: (a) dal punto di vista formale, ad un comune fondamento di validità, cioè ad una singola norma ultima e suprema; (b) dal punto di vista assiologico, ad un unico principio o ad un'unica costellazione di principi coerenti tra loro [24]. Due osservazioni sono opportune.

(i) Primo, come abbiamo visto, è falso che tutte le norme che compongono un ordinamento siano riconducibili ad un comune fondamento di validità: ogni ordinamento include, accanto alle norme valide, anche norme invalide, come pure norme né valide né invalide.

(ii) Secondo, la tesi che tutte le norme esistenti condividano un comune fondamento assiologico [25] è chiaramente falsa. Ogni ordinamento è il risultato di una gran varietà di dottrine politiche e di politiche del diritto. E ciò è vero anche a livello costituzionale (sebbene la costituzione non sia che un unico testo normativo): diversamente, i conflitti tra principi costituzionali sarebbero inesplicabili.

(2) La coerenza ("consistency") esige qualcosa di meno della coesione: consiste semplicemente nella mancanza di antinomie tra norme. Nondimeno:

(i) Primo, le norme esistenti in un ordinamento sono state emanate in tempi diversi, in diverse circostanze, da varie autorità normative, ciascuna delle quali perseguiva la sua propria politica del diritto (eventualmente confliggente con quelle di altre autorità). Tali norme non sono coerenti, né potrebbero esserlo. Pertanto, in ogni ordinamento vi sono antinomie (e ciò spiega l'esistenza di quei criteri sostanziali di validità, di cui si diceva).

(ii) Secondo, queste antinomie esigono, certo, soluzione (per il principio di eguaglianza e per il principio di certezza del diritto). Ed è per questo che ogni ordinamento include dei criteri di soluzione delle antinomie, quali "lex posterior" e "lex

---

[24] Cfr. N. MacCormick, "Coherence in Legal Justification", in A. Peczenick *et al.*, *Theory of Legal Science*, Dordrecht, 1984.

[25] È questa l'idea dworkiniana, da cui discende la tesi "one right answer": cfr. R. Dworkin, *A Matter of Principle*, London, 1985, p. 119 ss.

superior"[26]. Ma l'esistenza di tali criteri non implica che l'ordinamento sia coerente: implica che possa essere coerentizzato, "sistematizzato". Assenza di antinomie e possibilità di risolverle sono cose del tutto diverse: il "sistema", infatti, appare non un dato di fatto, precostituito alla dogmatica (all'interpretazione), ma il risultato del lavoro dogmatico[27].

(iii) Terzo, i criteri di soluzione delle antinomie non sono suscettibili di un'applicazione "meccanica".

In primo luogo, essi richiedono interpretazione dei testi normativi in questione, poiché è solo l'interpretazione che può identificare le antinomie: non vi sono antinomie prima dell'interpretazione[28]. È noto che l'interpretazione può evitare le antinomie (è il caso, ad esempio, dell'interpretazione adeguatrice). Ma, se l'interpretazione può evitare le antinomie, allora può anche crearle[29].

In secondo luogo, delle antinomie di secondo grado possono sorgere tra gli stessi criteri di soluzione (ad esempio, tra "lex posterior" e "lex specialis"). Tuttavia, non esiste alcun meta-criterio positivo per risolvere le antinomie di questo tipo[30].

In terzo luogo, non vi sono criteri precostituiti per la soluzione di antinomie tra principi costituzionali[31].

(iv) Quarto, il "sistema" giuridico, per conseguenza, non è altro che il frutto delle attività sistematorie dei giuristi.

D'altra parte, spesso si parla di sistema giuridico per riferirsi all'ordinamento tutto intero. Sfortunatamente, però, un sistema giuridico siffatto semplicemente non esiste, dal momento che nessun giurista mai ha neppure cercato di sistematizzare l'intero ordinamento. Ogni giurista si occupa solo di insiemi di norme

---

[26] Cfr. cap. IV di questa parte.

[27] Cfr. E. Bulygin, "Legal Dogmatics and the Systematization of Law", in *Rechtstheorie*, Beiheft 10, Berlin, 1986.

[28] Cfr. *infra*, parte quarta, cap. II.

[29] Cfr. R. Guastini, *Teoria e dogmatica delle fonti*, cit., p. 220 ss.

[30] Cfr. N. Bobbio, "Des critères pour résoudre les antinomies", in *Dialectica*, 1964, p. 237 ss.

[31] Cfr. G. Zagrebelsky, *Il diritto mite. Legge, diritti, giustizia*, Torino, 1992. Cfr. sopra, parte quarta, cap. IV.

assai più piccoli, "ritagliati", entro un insieme sincronico, secondo i suoi interessi scientifici, pratici, o didattici[32]. L'ordinamento giuridico tutto intero è oggetto di speculazione per i filosofi del diritto, ma è privo di ogni interesse per il lavoro dei giuristi.

---

[32] Cfr. C.E. Alchourrón, E. Bulygin, *Normative Systems*, Wien, 1971, p. 9 ss.

II.

“Lex superior”. Per una teoria delle gerarchie normative

SOMMARIO: 1. Metateoria delle gerarchie normative – 2. Teoria delle gerarchie normative. – 3. Due classi di gerarchie normative. – 4. Gerarchie normative e validità. – 5. Intermezzo: sul cosiddetto principio gerarchico. – 6. Sul concetto di metanorma. – 7. Applicazioni (I): autovincoli del legislatore? – 8. Applicazioni (II): il regime giuridico delle leggi costituzionali nel diritto vigente.

1. *Metateoria delle gerarchie normative*

Per cominciare, darò conto di alcune raffigurazioni delle relazioni gerarchiche tra norme che si incontrano in letteratura.

(1) *Kelsen.* La costruzione a gradi – o, detto altrimenti, la struttura gerarchica – degli ordinamenti giuridici è tema ricorrente nella dottrina pura del diritto. Peraltro, a ben vedere, Kelsen riconosce un solo tipo di relazione gerarchica tra norme: quella che intercorre tra due norme allorché l’una trova fondamento (dinamico) di validità nell’altra[1]. «La norma che costituisce il fondamento di validità di un’altra norma – dice Kelsen

[1] H. Kelsen, *La dottrina pura del diritto* (1960), trad. it. Torino, 1966, p. 217. Cfr. anche N. Bobbio, *Teoria generale del diritto*, Torino, 1993, p. 182 ss. È questa la gerarchia normativa problematizzata da R. Carré de Malberg, *Confrontation de la théorie de la formation du droit par degrés avec les idées et les institutions consacrées par le droit positif français relativement à sa formation*, Paris, 1933, e da D. de Béchillon, *Hiérarchie des normes et hiérarchie des fonctions normatives de l’Etat*, Paris, 1996.

è una norma superiore nei riguardi di quest'ultima»[2].

In altre parole, vi è una relazione gerarchica tra norme allorché una di esse (per ciò stesso superiore) disciplina la creazione dell'altra (per ciò stesso inferiore). La gerarchia di cui parla Kelsen è insomma quella che intercorre tra le norme sulla produzione giuridica e le norme prodotte conformemente a queste: «il rapporto fra la norma che regola la produzione di un'altra e la norma prodotta conformemente alla prescrizione si può rappresentare con l'immagine spaziale della sovraordinazione e della subordinazione. Superiore è la norma che regola la produzione, inferiore è la norma prodotta conformemente alla prescrizione»[3].

In questo senso, una costituzione – sia essa rigida o flessibile – è *comunque* sovraordinata alla legislazione, poiché disciplina la creazione della legge. Vi è, insomma, subordinazione gerarchica delle leggi alla costituzione anche se questa è flessibile, e dunque derogabile dalle leggi.

(2) *Merkl.* Il tema della costruzione a gradi dell'ordinamento ritorna in diversi saggi di A. Merkl. Il quale, tuttavia, concettualizza due diversi tipi di relazioni gerarchiche.

(i) Anzitutto, Merkl distingue tra «norme giuridiche determinanti» e «norme giuridiche determinate»: le une sono le norme che «delineano la forma e il contenuto di altre norme giuridiche sicché queste norme derivate non possano e non debbano venire in essere in maniera diversa da quella delineata»; le altre sono le norme che trovano nelle prime il loro fondamento di validità[4]. Le norme determinanti sono gerarchicamente e logicamente superiori alle norme determinate.

---

[2] H. Kelsen, *La dottrina pura*, cit., p. 218.

[3] H. Kelsen, *La dottrina pura*, cit., pp. 251-252. Va detto che, tra le norme sulla produzione giuridica, Kelsen include non solo quelle che conferiscono competenze normative e disciplinano i modi di formazione delle altre norme, ma anche quelle che eventualmente predeterminano il contenuto delle norme da produrre.

[4] A. Merkl, "Prolegomeni ad una teoria della costruzione a gradi del diritto" (1931), trad. it. in Id., *Il duplice volto del diritto*, Milano, 1987, p. 37.

Qui di nuovo, come in Kelsen, si tratta della relazione tra una fonte qualsivoglia e le norme sulla produzione giuridica che la riguardano.

(ii) Merkl aggiunge però che questo tipo di gerarchia non sempre coincide con quella che risulta «quando si adotta il principio ordinatorio della forza giuridica delle norme poste a confronto»: giacché «un atto determinante, e quindi in un certo senso sovraordinato all'atto determinato, può in pari tempo essere sotto altro aspetto subordinato all'atto determinato», e ciò avviene quando quest'ultimo abbia «forza derogatrice nei confronti di quello, mentre tale forza può mancare nell'atto determinante nei confronti dell'atto determinato» [5]. Può accadere insomma che una «determinata forma di normazione» stia «quanto a forza giuridica su un grado diverso da quello che le spetterebbe» secondo un diverso criterio gerarchico [6].

Palesemente, qui Merkl allude a quella che si suole chiamare gerarchia delle fonti senza ulteriori specificazioni: quel fenomeno per cui una data fonte non è autorizzata a derogare ad un'altra, ed è in questo senso inferiore ad essa, del tutto indipendentemente dai rapporti di sovraordinazione e subordinazione del primo tipo.

La dissociazione tra i due tipi di gerarchia consente di comprendere, ad esempio, come possa accadere (in regime di costituzione flessibile) che la costituzione sia sovraordinata alla legge secondo un certo criterio, e tuttavia pariordinata ad essa secondo un altro criterio. In regime di costituzione flessibile, la costituzione è superiore alla legge dal momento che (nel senso che) contiene norme sulla legislazione, ma al tempo stesso la legge è pariordinata alla costituzione dal momento che (nel senso che) è autorizzata a derogare ad essa.

(3) *Hart*. Il tema delle gerarchie normative si affaccia anche in un noto libro di Hart, ma in modo del tutto diverso.

Hart distingue, in seno ad ogni ordinamento giuridico evolu-

---

[5] A. Merkl, "Prolegomeni", cit., p. 42.

[6] A. Merkl, "Prolegomeni", cit., p. 51.

to, due «livelli» [7] di norme: il livello delle «norme primarie» che impongono obblighi, e il livello delle «norme secondarie» che conferiscono poteri. Queste ultime sono su un «livello diverso» da quelle perché – nel senso che – «vertono *su* di esse» [8], si riferiscono ad esse [9].

Hart chiama «primarie» le comuni norme di condotta, e chiama «secondarie» le norme che disciplinano la produzione (*rules of change*) e l'applicazione (*rules of adjudication*) delle norme primarie [10]. Sicché, a suo dire, «mentre le norme primarie riguardano le azioni che gli individui devono o non devono compiere, queste norme secondarie riguardano, tutte, le norme primarie stesse» [11].

I «livelli» di cui parla Hart sono, dunque, livelli logici (almeno, così possiamo chiamarli), e più precisamente livelli di linguaggio: le norme secondarie sono formulate in un metalinguaggio di cui le norme primarie costituiscono linguaggio-oggetto [12].

Si noti però che, a rigore, le «norme secondarie» cui si riferisce Hart vertono non propriamente sulle norme primarie (allo stesso modo in cui, ad esempio, una norma abrogatrice verte sulla norma da essa abrogata), bensì sugli *atti* di produzione e applicazione delle norme primarie. Sono, insomma, non norme su norme, strettamente intese, ma norme su atti (*lato sensu*) normativi.

(4) *Pizzorusso*. Pizzorusso, in un noto volume sulle fonti del diritto, distingue due tipi di relazioni gerarchiche tra norme: gerarchia «delle fonti (o delle norme)», senza ulteriori specificazioni, e gerarchia «strumentale» [13].

---

[7] Il termine 'gerarchia' è però estraneo al lessico di Hart.

[8] H.L.A. Hart, *The Concept of Law*, Oxford, 1961, p. 92.

[9] N. Bobbio, *Studi per una teoria generale del diritto*, Torino, 1970, p. 180 ss.

[10] G. Gavazzi, *Norme primarie e norme secondarie*, Torino, 1967, cap. II.

[11] H.L.A. Hart, *The Concept of Law*, cit., p. 92.

[12] N. Bobbio, *Contributi ad un dizionario giuridico*, Torino, 1994, p. 235.

[13] A. Pizzorusso, *Delle fonti del diritto*, Bologna-Roma, 1977, p. 6 ss.

(i) La gerarchia tra le fonti è, naturalmente, la gerarchia normativa per antonomasia [14]: quella che «deriva essenzialmente dalla diversa efficacia normativa che è propria delle diverse fonti» [15]. Secondo Pizzorusso, la «diversa intensità di efficacia normativa che assiste le diverse manifestazioni di volontà dello Stato [...] risulta da una sorta di cristallizzazione della maggiore o minore forza politica da cui tali manifestazioni erano assistite nel momento storico in cui si sono realizzate» [16].

(ii) La gerarchia strumentale, per contro, è la relazione che intercorre tra una fonte qualsivoglia e (tutte) le norme che ad essa si riferiscono: è, insomma, la relazione tra *fonti di* produzione e *norme sulla* produzione, nell'assunto che queste presentino un carattere «strumentale» – di «strumentalità logica» [17] – rispetto a quelle [18].

La distinzione tra questa gerarchia e la precedente è importante, tra l'altro, per il fatto che «le norme sulla produzione giuridica possono regolare fatti o atti normativi che occupano nella gerarchia delle fonti una posizione superiore a quella delle fonti da cui esse provengono» [19].

Come dire, ad esempio, che la costituzione vigente è fonte sovraordinata alle disposizioni preliminari al codice civile, ma l'art. 12 disp. prel. cod. civ. [20] – se assumiamo che disciplini

---

[14] A. Pizzorusso, *Delle fonti*, cit., p. 103 ss.

[15] A. Pizzorusso, *Delle fonti*, cit., p. 9. Pizzorusso richiama in proposito Kelsen. Il richiamo, tuttavia, non è appropriato, giacché, come si è detto, non è questo il tipo di gerarchia cui si riferisce Kelsen.

[16] A. Pizzorusso, *Delle fonti*, cit., p. 10. Forse, così dicendo, Pizzorusso intende dire che il grado gerarchico di una fonte può essere identificato in modo indipendente dalle norme che risolvono i conflitti tra la fonte in questione e le rimanenti. Come vedremo, così non è.

[17] A. Pizzorusso, *Delle fonti*, cit., p. 11.

[18] A. Pizzorusso, *Delle fonti*, cit., p. 7 ss.

[19] A. Pizzorusso, *Delle fonti*, cit., p. 9. La distinzione è anche importante perché, come osserva Pizzorusso, la gerarchia delle fonti si riscontra solo negli ordinamenti a costituzione rigida, mentre la gerarchia strumentale è riscontrabile anche negli ordinamenti a costituzione flessibile (A. Pizzorusso, *Delle fonti*, cit., p. 10). Peraltro, anche negli ordinamenti a costituzione flessibile, pure in assenza di gerarchia tra costituzione e legge, è normale la sovraordinazione gerarchica della legge al regolamento dell'esecutivo.

[20] Che Pizzorusso, come vedremo subito, considera norma sulla produzione.

l'interpretazione non solo della «legge», ma anche del documento costituzionale – è strumentalmente sovraordinato alla costituzione. Oppure che la legge (ordinaria) 352/1970 è fonte subordinata alla legge costituzionale, ma strumentalmente sovraordinata ad essa nella parte in cui disciplina il referendum previsto dall'art. 138, comma 2, cost. O, ancora, che la legge 400/1988, benché fonte pariordinata ai decreti governativi aventi forza di legge, è strumentalmente sovraordinata ad essi là dove ne disciplina la formazione e, sotto certi, aspetti il possibile contenuto [21].

Tra le norme sulla produzione giuridica – o «norme di secondo grado» – peraltro Pizzorusso include: le «norme che regolano la fase integrativa dell'efficacia degli atti normativi», «quelle sull'abrogazione», «le norme regolatrici della fase costitutiva del procedimento di formazione degli atti normativi», «quelle che regolano taluni tipi di conflitti tra norme (come quelli che danno luogo ad incostituzionalità delle norme primarie oppure ad illegittimità di quelle secondarie)», nonché le «norme sull'interpretazione» [22].

Si può osservare che la classe delle norme sulla produzione giuridica, così tratteggiata, è troppo ampia: almeno alcune delle

---

[21] Sorrentino osserva che «di gerarchia tra le fonti [...] si può parlare in due sensi, l'uno sostanziale e l'altro formale». Nel primo senso (sostanziale), abbiamo a che fare con «un rapporto tra condizionante e condizionato per cui la fonte superiore condiziona con le sue norme la validità delle norme prodotte da quella di grado inferiore (così le norme legislative condizionano la validità di quelle regolamentari)». Nel secondo senso (formale), «la gerarchia attiene direttamente al rapporto tra le fonti, in quanto si ricollega al potere di una fonte di dettare norme relative al procedimento di formazione di altre fonti (così la costituzione detta norme sulla formazione delle leggi)» (F. Sorrentino, *Le fonti del diritto*, Genova, 1991, p. 12). Insomma, la gerarchia sostanziale è una relazione che intercorre tra norme; la gerarchia formale è una relazione che intercorre tra fonti. La distinzione ha ragion d'essere per il fatto che, «mentre la gerarchia sostanziale delle norme comporta il divieto (pena l'invalidità) per le norme [...] inferiori di disporre in contrasto con quelle [...] sopraordinate», quando si tratti di gerarchie formali «la fonte condizionante non necessariamente si pone su un piano materialmente superiore a quella condizionata» (F. Sorrentino, *Le fonti del diritto*, Genova, 1985, p. 13: trattasi di una ed. precedente del medesimo vol. cit. sopra).

[22] A. Pizzorusso, *Delle fonti*, cit., p. 7.

norme enumerate da Pizzorusso sembrano avere ad oggetto non propriamente la "produzione giuridica" – ossia i procedimenti di produzione delle norme – bensì le norme (o le disposizioni) ormai prodotte[23]. Insomma, tutte le norme sulla produzione giuridica sono in qualche senso norme "di secondo grado", ma non tutte le norme di secondo grado sono norme sulla produzione giuridica[24]. Ad esempio, il principio generale di irretroattività delle leggi (art. 11, comma 2, disp. prel. cod. civ.), poiché verte sulle leggi, è norma di secondo grado rispetto alle leggi tutte, ma non è una norma sulla produzione giuridica[25].

Pizzorusso sembra sovrapporre due tipi di relazioni: per un verso, la relazione che intercorre tra le norme sulla produzione giuridica e le norme la cui produzione è da queste regolata; per un altro verso, la relazione che intercorre tra una metanorma e le sue norme-oggetto.

(5) *Tarello*. In un saggio del 1977[26], poi rifuso in un volume del 1980[27], Tarello distingue tre tipi di gerarchie normative: gerarchie di fonti, gerarchie strutturali o strumentali (tra norme dello stesso livello), e gerarchie di competenza.

(i) Tarello non definisce espressamente il concetto di gerarchia tra le fonti, ma è ovvio che egli stia parlando delle gerarchie normative per antonomasia[28]. «La prospettazione di una

---

[23] Quanto all'art. 12 disp. prel. cod. civ., si può dire che esso disciplini la produzione giuridica solo a patto di sostenere (espressamente, in sede di teoria dell'interpretazione) che l'interpretazione costituisce produzione di diritto.

[24] Anche N. Bobbio, *Contributi ad un dizionario giuridico*, cit., p. 240, impiega una nozione di norme sulla produzione giuridica troppo estesa, includendo tra le norme sulla produzione giuridica: quelle che regolano le procedure per la formazione delle norme, quelle che fissano i limiti di validità delle norme, e quelle che fissano un ordine gerarchico tra le varie fonti.

[25] A meno di intenderlo come norma non sulla (efficacia nel tempo della) legge, ma sulla legislazione.

[26] G. Tarello, "Gerarchie normative e interpretazione dei documenti normativi", in *Politica del diritto*, 1977, p. 499 ss.

[27] G. Tarello, *L'interpretazione della legge*, Milano, 1980, cap. VII.

[28] Quelle stesse di cui parla, ad es., V. Crisafulli, "Gerarchia e competenza nel sistema costituzionale delle fonti", in *Rivista trimestrale di diritto pubblico*, 1960, p. 775 ss.

gerarchia tra leggi fu funzionale all'elaborazione di un particolare criterio per superare il problema pratico costituito dai conflitti di leggi (o "antinomie giuridiche"), e precisamente all'elaborazione del criterio secondo cui "lex superior derogat inferiori"» [29]. Una gerarchia tra fonti è dunque quel tipo di rapporto in virtù del quale la fonte inferiore è invalida qualora sia in conflitto con una fonte superiore [30].

(ii) Tarello sottolinea che le gerarchie di fonti «non sono *un prodotto* dell'attività interpretativa» [31]. Ciò è quanto dire che tali relazioni gerarchiche preesistono all'interpretazione, condizionandola in vario modo (sono, insomma, cose di cui l'interprete può solo prendere atto [32]). Per contro, le gerarchie strutturali o strumentali (tra norme dello stesso livello) non preesistono all'interpretazione, ma sono anzi determinate «dalle stesse attività interpretative», allorché gli operatori giuridici assegnano a talune leggi «una funzione particolare, e cioè [quella] di reggere le attribuzioni di significato ad altre leggi» [33].

Ad esempio, «si prospettano come sovraordinati [...] gli enunciati che esprimono, o si pretende esprimano, quei principi la cui modificazione potrebbe portare ad una trasformazione di entità chiamate "regime politico esistente" o – più insidiosamente – "costituzione materiale". Come è evidente, qui ci si trova di fronte ad una gerarchia strutturale [...] che costituisce il prodotto di un'attività interpretativa svolta alla luce di una qualche particolare ideologia e funzionale a qualche particolare politica del diritto, e che viene utilizzata (o ci si propone di

---

[29] G. Tarello, "Gerarchie normative", cit., p. 499.

[30] V. Crisafulli, "Gerarchia e competenza", cit., p. 777, chiarisce il concetto in termini di «differenziazione di *forza* od efficacia delle diverse fonti, e quindi delle norme rispettivamente prodotte».

[31] G. Tarello, "Gerarchie normative", cit., p. 504.

[32] G. Tarello, "Gerarchie normative", cit., p. 508. Una diversa opinione può leggersi in M. Troper, "Il problema dell'interpretazione e la teoria della sovralegalità costituzionale", in P. Comanducci, R. Guastini (eds.), *L'analisi del ragionamento giuridico. Materiali ad uso degli studenti*, II, Torino, 1989, p. 215 ss., secondo il quale anche le gerarchie di fonti sono frutto di interpretazione.

[33] G. Tarello, "Gerarchie normative", cit., p. 504.

utilizzare) in sede di – ulteriori – attività interpretative»[34].

Talvolta, aggiunge Tarello, «la instaurazione di una gerarchia di leggi dello stesso livello è suggerita [...] dallo stesso legislatore [...]. Ciò si verifica allorquando si producono le cosiddette "norme su norme", o "norme di secondo grado", cioè enunciati tra i cui termini ricorrono leggi: come nel caso delle norme [...] sull'applicazione, sull'interpretazione, sui fini, sui modi e tempi delle entrate in vigore, sulla modificabilità di altre "norme"»[35].

Tarello sembra qui sovrapporre due diversi tipi di relazioni gerarchiche. Per un verso, le relazioni – puramente logiche, e dunque del tutto indipendenti dall'interpretazione – che intercorrono tra una metanorma (o norma su norme) e le norme su cui questa verte. Per un altro verso, le relazioni assiologiche, cioè di valore, istituite – esse sì – dagli interpreti, quando assumono ad esempio che, entro uno stesso documento normativo, talune disposizioni esprimano "principi" (fondamentali, o addirittura supremi) ai quali le rimanenti disposizioni sono assiologicamente subordinate[36].

(iii) Quanto alle gerarchie di competenza, Tarello introduce il concetto in questo modo: «Casi di gerarchie di competenza sono quelli in cui un organo [...] può produrre nome disciplinanti una determinata materia, secondo una competenza attribuitagli in via generale ovvero con delega particolare, entro il quadro di una normazione previgente e senza confliggere con norme riservate ad organi sovraordinati o diversi»[37].

Par di capire che una gerarchia di competenza sia quella che intercorre tra le norme prodotte da due distinti poteri normativi allorché l'uno trae legittimità dall'altro: quel tipo di rapporto che intercorre tra la costituzione – rigida o flessibile che sia – e la legge[38].

---

[34] G. Tarello, "Gerarchie normative", cit., p. 505.

[35] G. Tarello, "Gerarchie normative", cit., p. 505.

[36] Sicché queste devono essere interpretate in conformità a quelli (interpretazione adeguatrice).

[37] G. Tarello, "Gerarchie normative", cit., p. 506.

[38] Tuttavia, Tarello esemplifica menzionando: per un verso, il rapporto che

2. *Teoria delle gerarchie normative*

Nessuna delle teorie menzionate nel paragrafo precedente appare soddisfacente.

In tutti gli ordinamenti giuridici evoluti le norme sono legate tra di loro da molteplici vincoli di gerarchia. Se ne possono distinguere non meno di quattro tipi.

(1) *Gerarchie strutturali o formali*, attinenti cioè non al contenuto delle norme, ma alla struttura dell'ordinamento: sono quelle che intercorrono tra le norme sulla produzione giuridica (in senso stretto) e le norme la cui produzione è da quelle disciplinata[39]. In altre parole: due norme, N1 e N2, intrattengono tra di loro una relazione gerarchica strutturale o formale, allorché una di esse è una norma che disciplina la produzione dell'altra[40]. Dunque, se N1 è una norma sulla produzione giuridica, e N2 è una delle norme la cui produzione è regolata da N1, diremo che N1 è strutturalmente o formalmente superiore a N2.

Ad esempio: anche in regime di costituzione flessibile, le norme costituzionali sono strutturalmente sovraordinate alle norme legislative, dal momento che il potere legislativo è conferito e, normalmente, disciplinato nelle sue modalità di esercizio dalla costituzione. Analogamente, le norme di una legge delegante sono strutturalmente sovraordinate alle norme del relativo decreto delegato.

---

intercorre tra legge delega e decreto legislativo delegato; per un altro verso, quello che intercorre tra legge statale di principio e legge regionale di dettaglio. Questo secondo esempio desta perplessità, perché tra legge statale di principio e legge regionale non corre la medesima relazione che vi è tra legge delega e decreto delegato: la competenza ad adottare decreti con forza di legge è conferita al Governo dalla legge delega (art. 77, comma 1, e 76 cost.); per contro, la competenza legislativa è conferita alle Regioni non già dalla legge statale di principio, bensì direttamente dalla costituzione (art. 117, comma 1).

[39] Queste e quelle – si noti – sono emanazione di due diversi poteri normativi, uno dei quali trae la sua fonte di legittimità dall'altro.

[40] In questo contesto, mi riferisco alle norme sulla produzione giuridica in senso stretto, ossia alle norme che conferiscono una competenza normativa e alle norme che disciplinano le modalità procedimentali di esercizio di una competenza normativa.

Come si vede, in casi del genere, la gerarchia sussiste non perché qualcuno abbia stabilito che N1 è in qualche senso superiore a N2, ma in virtù del contenuto stesso di N1.

D'altro canto, si tratta di una gerarchia "formale" nel senso che non influisce in alcun modo sul contenuto della norma inferiore. Ad esempio, le norme costituzionali che conferiscono alle camere la funzione legislativa e quelle che disciplinano il procedimento di formazione delle leggi nulla dicono intorno al contenuto delle leggi future.

(2) *Gerarchie materiali o sostanziali*, attinenti cioè al contenuto delle norme: sono quelle che intercorrono tra due norme allorché una terza norma statuisce che una delle prime due è invalida qualora confligga con l'altra. In altre parole: due norme, N1 e N2, intrattengono tra di loro una relazione gerarchica materiale allorché una terza norma positiva, N3, statuisce che N2 è invalida qualora sia in conflitto con N1. In questi casi, diremo che N1 è materialmente superiore a N2.

Beninteso, una norma sul tipo di N3 può assumere le forme più diverse. Può darsi, ad esempio, che N3 disponga che una certa fonte, F2, non può contenere norme in contrasto con un'altra fonte, F1. Oppure può darsi che N3 autorizzi un organo giurisdizionale a disapplicare o addirittura ad annullare le norme provenienti dalla fonte F2 quando siano in contrasto con le norme provenienti da F1. O, ancora, può darsi che N3 stabilisca che la fonte F1 non può essere modificata se non con un procedimento speciale, diverso da (più complesso di) quello richiesto per la produzione di F2.

Come si vede, la gerarchia sussiste non in virtù del contenuto di N1 (o, tanto meno, di N2), ma in virtù di N3: essa è istituita da N3.

La gerarchia in questione ha carattere "materiale", ossia "contenutistico", dal momento che influisce sul contenuto della norma inferiore. Anzi, essa consiste precisamente in questo, che la norma inferiore non può assumere un contenuto confliggente (antinomico) con quella della norma superiore.

Ad esempio: in regime di costituzione rigida (ma non in regime di costituzione flessibile) le norme costituzionali sono materialmente sovraordinate alle norme legislative ordinarie[41]; in genere, le norme di rango legislativo sono materialmente sovraordinate alle norme di rango regolamentare.

Normalmente, ogni gerarchia materiale riflette una gerarchia formale, ma non ogni gerarchia formale si risolve in una gerarchia materiale. Ad esempio, in regime di costituzione flessibile le norme di rango legislativo sono strutturalmente, ma non materialmente, subordinate a quelle costituzionali[42].

(3) *Gerarchie logiche o linguistiche*, attinenti cioè al linguaggio, sono quelle che intercorrono tra due norme allorché l'una verte (metalinguisticamente) sull'altra. In altri termini: due norme, N1 e N2, intrattengono tra di loro una relazione gerarchica logica o linguistica, allorché una di esse menziona l'altra. Così, se N1 menziona N2, diremo che N1 è logicamente o linguisticamente superiore a N2: "superiore" nel senso che, banalmente, si colloca ad un livello di linguaggio più alto. N1 è formulata in un metalinguaggio rispetto a N2, la quale costituisce il suo linguaggio-oggetto. N1 è, come si usa dire, una *metanorma* rispetto a N2[43].

Sono esempi paradigmatici di norme che menzionano altre norme: le norme di abrogazione espressa nominata ("È abrogato l'articolo x della legge y"), le norme di interpretazione autentica, le norme di rinvio. Ma appartengono al genere delle metanorme anche le norme sanzionatrici (le quali sono logicamente sovraordinate alle norme di condotta la cui violazione sanzionano), le definizioni legislative (le quali sono logicamente sovraordinate alle norme contenenti il termine definito), le norme

---

[41] Nel senso che, se così non fosse, non diremmo rigida la costituzione di cui si tratta.

[42] Questa è, direi, la definizione stessa di costituzione flessibile. Nel senso che, se la legge fosse invalida qualora confliggesse con la costituzione, sarebbe materialmente subordinata ad essa, sicché saremmo per ciò stesso in regime di costituzione rigida.

[43] Si parla di "meta-linguaggio" per riferirsi ad ogni discorso il quale abbia ad oggetto (non entità extra-linguistiche, ma) altre entità linguistiche (vocaboli, sintagmi, enunciati); e si parla di "linguaggio-oggetto" per riferirsi a queste ultime.

che determinano l'ambito di efficacia di altre norme (le quali sono logicamente sovraordinate a queste ultime).

Anche in questi casi, come nel caso delle gerarchie formali, la gerarchia sussiste non perché qualcuno abbia stabilito che N1 è in qualche senso superiore a N2, ma in virtù del contenuto stesso di N1.

(4) *Gerarchie assiologiche*, attinenti cioè ai valori: sono quelle che intercorrono tra due norme allorché l'interprete attribuisce ad una di esse un valore superiore a quello dell'altra. In altre parole, due norme, N1 e N2, intrattengono tra di loro una relazione gerarchica assiologica allorché l'interprete, mediante un suo giudizio di valore, V, ascrive a N1 un valore superiore rispetto al valore di N2.

Il giudizio di valore dell'interprete, beninteso, può assumere forme diverse. L'interprete può dire, ad esempio, che N1 costituisce un "principio" dell'ordinamento, mentre N2 è una banale norma di dettaglio. Oppure può dire che N2 non può essere in contrasto con N1, il che può implicare, secondo i casi, che N2 deve essere interpretata in conformità a N1, ovvero che in caso di conflitto N1 prevale su N2.

Dunque, la relazione gerarchica assiologica sussiste solo in virtù di un giudizio di valore dell'interprete. Si osservi: la gerarchia dipende dal contenuto di N1, ma non nel senso che sia direttamente desumibile da N1, bensì nel senso che N1 è, dall'interprete, giudicata superiore a N2 precisamente in virtù del suo contenuto.

In questo senso, i principi costituzionali supremi sono sovraordinati alle "comuni" norme costituzionali [44]; i principi fondamentali di una data materia sono sovraordinati alle relative norme di dettaglio [45].

Talora le gerarchie assiologiche si riflettono in altrettante ge-

---

[44] Alludo alla giurisprudenza costituzionale in tema di limiti alla revisione costituzionale e di "controlimiti" all'ingresso del diritto comunitario nel diritto interno.

[45] Alludo alla relazione tra leggi statali di principio e leggi regionali di dettaglio come configurata dall'art. 117, comma 1, cost.

rarchie materiali (ciò accade, ad esempio, quando i principi di cui si parla siano contenuti in una costituzione rigida). Ma non sempre una gerarchia assiologica è altresì una gerarchia materiale (nell'ordinamento italiano, ad esempio, non vi è gerarchia materiale tra il principio generale di irretroattività delle leggi, statuito da una norma di rango legislativo, l'art. 11, comma 1, disp. prel. cod. civ., e le leggi stesse).

3. *Due classi di gerarchie normative*

Le molteplici relazioni gerarchiche fin qui esaminate possono essere convenientemente disposte in due classi, ciascuna delle quali include a sua volta due sottoclassi.

(1) *Gerarchie necessarie*. La prima classe è quella delle gerarchie che possiamo chiamare "necessarie". Uso questo termine per intendere che le relazioni gerarchiche in questione non dipendono – diciamo così – da un contingente atto di "gerarchizzazione" che qualcuno abbia contingentemente compiuto (ma che avrebbe anche potuto non compiere affatto). Esse dipendono esclusivamente dal contenuto concettuale delle due norme coinvolte, e anzi, più precisamente, dal contenuto di una delle due norme coinvolte.

Le gerarchie strutturali (o formali) e quelle logiche (o linguistiche) sono necessarie in questo senso.

(2) *Gerarchie contingenti*. La seconda classe è quella delle gerarchie che possiamo chiamare "contingenti" – o "positive", cioè "poste" – per intendere che esse dipendono non dal contenuto concettuale delle due norme coinvolte, ma – per così dire – da un atto di "gerarchizzazione": un atto contingentemente compiuto da qualcuno (che avrebbe anche potuto non compierlo).

Ora, l'atto da cui dipende la sussistenza di una gerarchia contingente tra due norme può essere:

(a) un atto normativo (il quale ponga in essere una terza norma), oppure

(b) un atto interpretativo, compiuto cioè dall'interprete (atto "interpretativo" in quanto compiuto dall'interprete, ma non atto "di interpretazione", giacché esso consiste non nella ascrizione di significato ad una disposizione, ma in un giudizio di valore).

Le gerarchie materiali e quelle assiologiche sono contingenti in questo senso: le une dipendono da un atto normativo, le altre da un atto interpretativo.

4. *Gerarchie normative e validità*

Le gerarchie formali e le gerarchie materiali sono direttamente connesse alla validità: nel senso che è invalida ogni norma la quale non sia stata prodotta in conformità alle norme ad essa formalmente sovraordinate (quelle, cioè, che ne disciplinano la produzione) e/o sia in contrasto con norme materialmente sovraordinate.

Così, ad esempio, anche in regime di costituzione flessibile è invalida la legge che sia stata creata in modo difforme da quanto prescritto in costituzione (essendo la legge formalmente, benché non materialmente, subordinata alla costituzione). In regime di costituzione rigida è altresì invalida la legge il cui contenuto sia in contrasto con norme costituzionali (essendo la legge subordinata anche materialmente alla costituzione).

Per contro, non vi è alcuna relazione necessaria tra la validità e le gerarchie logiche[46] ed assiologiche (sebbene le gerarchie assiologiche siano talora trattate come altrettante gerarchie materiali[47]).

Così, ad esempio, non si vede come una legge di interpretazione autentica potrebbe incidere sulla validità della legge interpretata (pur essendo questa logicamente subordinata a quella). Il principio di irretroattività della legge in genere, statuito

---

[46] A meno di non includere tra le gerarchie logiche anche la relazione che intercorre tra norme sulla produzione giuridica e norme la cui produzione è da queste disciplinata.

[47] Di nuovo, alludo alla giurisprudenza costituzionale in tema di principi costituzionali supremi.

dall'art. 11, comma 1, disp. prel. cod. civ., non incide sulla validità delle leggi (pur essendo logicamente ed assiologicamente sovraordinato ad esse), nel senso che – al di fuori della materia penale, dove il principio di irretroattività ha rango costituzionale (art. 25, comma 2, cost.) – una legge retroattiva non è, per ciò stesso, invalida.

5. *Intermezzo: sul cosiddetto principio gerarchico*

Per illustrare il criterio gerarchico, si usa dire: "lex superior derogat inferiori", la norma superiore prevale su (nel senso che rende invalida) quella inferiore.

Ma quale norma è superiore e quale inferiore? In altre parole: come identificare il "grado" gerarchico delle diverse fonti? Giacché l'applicazione del criterio gerarchico nei conflitti tra norme provenienti da diverse fonti suppone, ovviamente, la previa identificazione delle relazioni gerarchiche tra le fonti in questione: per sapere quale fonte debba prevalere occorre sapere quale fonte sia superiore all'altra.

Nondimeno, conviene osservare che nell'ordinamento vigente (e probabilmente in molti altri ordinamenti moderni) non vi sono altre norme che istituiscano relazioni gerarchiche tra fonti, se non precisamente quelle che dispongono – con una varietà di formulazioni[48] – che, *in caso di conflitto, una fonte prevale sull'altra*[49].

---

[48] Ad esempio: (a) stabilendo che una data fonte A non può disporre in contrasto con un'altra fonte B, ovvero (b) autorizzando una qualche autorità giurisdizionale a disapplicare, o senz'altro ad annullare, la fonte A qualora confligga con la fonte B.

[49] Certo, si può sostenere che l'art. 1 disp. prel cod. civ., nell'elencare talune fonti del diritto, implicitamente ne indichi anche il grado gerarchico. Ma, a rigore, un elenco non è perciò stesso una scala gerarchica. Così, ad esempio, che la legge sia materialmente superiore al regolamento si inferisce non dall'art. 1, ma piuttosto dall'art. 4, comma 1, disp. prel. cod. civ. (nonché dall'art. 5, legge 2248/1865, all. E; dall'art. 26, comma 1, R.D. 1054/1924, T. U. delle leggi sul Consiglio di Stato; e dall'art. 2, legge 1034/1971, Istituzione dei T.A.R.). D'altro canto, non vi sono norme che espressamente attribuiscano

Sicché la formulazione del criterio in questione deve essere rovesciata: diversamente, si riduce ad una banale tautologia. Non "la norma superiore prevale su quella inferiore", ma al contrario "la norma che prevale è, per ciò stesso, superiore".

Non possiamo dire: la fonte B, in quanto superiore, prevale sulla fonte A, in quanto inferiore [50], dal momento che il "grado" gerarchico delle due fonti in questione non può essere identificato in modo indipendente dalla "prevalenza" dell'una sull'altra. Dobbiamo dire: la fonte B, in quanto prevale sulla fonte A, è superiore ad essa.

In altre parole, non è che l'invalidità di una fonte si inferisca dalla sua inferiorità gerarchica, previamente accertata, ma al contrario la inferiorità gerarchica di una fonte si inferisce dal fatto che essa è destinata a soccombere quando entra in conflitto con un'altra fonte [51].

6. *Sul concetto di metanorma*

Prima facie, una metanorma è una norma che verte, a livello di metalinguaggio, su di un'altra norma [52].

Tuttavia, spesso, si dice "metanorma" ogni norma che disci-

---

un qualsivoglia grado gerarchico alla costituzione: che la costituzione sia materialmente superiore alla legge si inferisce dagli artt. 134, 136, comma 1, e 138 cost. Analogamente, la superiorità delle leggi statali di principio sulle leggi regionali si desume dall'art. 117, comma 1, cost. E via esemplificando.

[50] Ciò equivarrebbe a dire: la fonte B, in quanto prevale sulla fonte A, prevale sulla fonte A. Il che è assolutamente tautologico.

[51] Diversa sembra l'opinione di A. Pizzorusso, *Delle fonti*, cit., p. 104 s., il quale distingue due usi del criterio gerarchico: talora, egli dice, tale criterio viene «utilizzato al fine di applicare il principio generale di "preferenza" della fonte di grado superiore»; talaltra, «per stabilire se un determinato atto normativo derivante da una fonte inferiore possa esercitare gli effetti suoi propri ovvero debba essere annullato, disapplicato, ecc.». Pare a me che il primo uso del criterio, tra quelli menzionati da Pizzorusso, presupponga il secondo.

[52] In proposito: T. Mazzarese, "Metanorme e linguaggio deontico. Un'analisi logica", in *Materiali per una storia della cultura giuridica*, 1982; Id., "Metanorme. Rilievi su un concetto scomodo della teoria del diritto", in P. Comanducci, R. Guastini (eds.), *Struttura e dinamica dei sistemi giuridici*, Torino, 1996.

plini la creazione del diritto, ossia la produzione di altre norme. Questo modo di esprimersi è criticabile.

A rigore, le norme che disciplinano la produzione del diritto non vertono su altre *norme*: hanno ad oggetto *atti* normativi[53]. Ad esempio, le norme costituzionali sulla legislazione non vertono direttamente sulle leggi: vertono sull'atto legislativo. Tra queste norme e le leggi sussiste non una relazione logica o linguistica, ma una gerarchia strutturale o formale.

Il concetto di metanorma, pertanto, dovrebbe essere usato esclusivamente per riferirsi alle norme che menzionano altre norme. Ho già ricordato una serie di esempi in tal senso.

D'altra parte, occorre distinguere tra le disposizioni giuridiche (frammenti di testi normativi) e le norme che tali disposizioni esprimono (il contenuto di senso delle disposizioni). Ci si accorge allora che, propriamente parlando, la maggior parte delle metanorme vertono non su altre norme, *stricto sensu*, ma su disposizioni.

Per esempio, una norma di abrogazione espressa verte direttamente sulla disposizione abrogata, e solo indirettamente sulle norme che tale disposizione esprime. Una legge d'interpretazione autentica, allo stesso modo, verte sul testo interpretato, e non sulle norme che tale testo esprime.

7. *Applicazioni (I): autovincoli del legislatore?*

In un ordinamento a costituzione flessibile (è il caso, ad esempio, del Regno Unito), può ben accadere che il procedimento legislativo sia disciplinato da una "comune" legge (in regime di costituzione flessibile, leggi "costituzionali" non si danno)[54]. Ebbene: una legge siffatta è, o no, vincolante per il legislatore futuro?

---

[53] Intendo per 'atto normativo' non un documento esprimente norme (come comunemente si intende), ma un'azione produttiva di norme.

[54] Nel nostro ordinamento, a costituzione rigida, accade un fenomeno in tutto analogo: accade che atti non propriamente legislativi, ma aventi tuttavia "forza di legge" (decreti-legge *ex* art. 77 cost., e decreti legislativi delegati *ex* art. 76 cost.), siano per qualche aspetto disciplinati da una legge (la legge 400/1988), ossia da un atto equiparato nella gerarchia delle fonti.

Immaginiamo dunque una legge L1 che disciplina (non importa come) il procedimento legislativo, e un'altra legge L2 che disciplina a sua volta una qualsivoglia altra materia. Ora, in ipotesi, L2 è stata approvata *non* secondo il procedimento previsto da L1, ma secondo un procedimento diverso. Possiamo allora dire che L2 sia invalida per ragioni formali? O dobbiamo invece dire che L1 è stata tacitamente derogata, o addirittura abrogata, da L2?

La risposta intuitiva è che no, L2 non può essere invalida. Abbiamo a che fare con due leggi: due testi, dunque, che si trovano sullo stesso livello nella gerarchia delle fonti del diritto; tra due leggi non sussiste evidentemente alcuna relazione gerarchica. In caso di antinomia tra due leggi, è il principio cronologico, "lex posterior", che si deve applicare[55]. Sicché si deve ritenere che la nuova legge, L2, abbia tacitamente abrogato la legge precedente, L1.

Questa risposta, tuttavia, non è persuasiva.

In primo luogo, occorre distinguere l'*abrogazione* di una norma dalla sua *violazione*. Certo, tra due leggi non sussiste alcuna relazione gerarchica (materiale), sicché il legislatore ha il diritto di *abrogare* una legge precedente. Ma la questione è sapere se abbia anche il diritto di *violare* una legge precedente a lui rivolta (senza prima averla, espressamente o tacitamente, abrogata)[56].

---

[55] «La legge anteriore non può sottrarsi alla forza abrogativa delle leggi successive»: così G. Zagrebelsky, *Manuale di diritto costituzionale*, I. *Il sistema delle fonti del diritto*, Torino, 1991, p. 40. In tal senso Corte cost. 14/1964, 4/1972, 6/1975. In proposito cfr. anche A. Pace, "Leggi di incentivazione e vincoli sul futuro legislatore", in *Giurisprudenza costituzionale*, 1983, p. 2348 ss.

[56] V. Crisafulli, *Lezioni di diritto costituzionale*, II. *L'ordinamento costituzionale italiano. Le fonti normative. La Corte costituzionale*, V ed., Padova, 1984, p. 258: «Una legge sorta in violazione delle norme che stabiliscono come debbano farsi le leggi non può che essere una legge invalida, anche in ordinamenti a costituzione flessibile. Certo, in tali ordinamenti, la legge (ordinaria) è in grado di liberamente modificare le regole, pur se scritte nei testi costituzionali, disciplinanti la formazione delle leggi, ma nessuna legge può trasgredirle in un singolo caso, poiché altro è mutare il diritto vigente, nelle forme da questo prescritte, altro non ottemperare a quanto esso attualmente dispone».

In secondo luogo, l'abrogazione tacita è un fenomeno che si produce allorché due norme regolano la stessa fattispecie in due modi incompatibili. Ma nel nostro caso non vi è alcuna incompatibilità tra L1 e L2: L1 disciplina il procedimento legislativo, mentre L2 disciplina una materia affatto diversa. Ciò che "contraddice" L1 è non il contenuto di L2, ma il suo procedimento di approvazione, ossia un comportamento (il comportamento dell'organo legislativo): un comportamento contrario a quanto stabilito da L1. Ebbene, è difficile comprendere come un comportamento possa mai abrogare la norma che lo disciplina (un assassinio ovviamente non abroga la norma che vieta l'assassinio, ma la viola).

In terzo luogo, è falso che non sussista alcuna relazione gerarchica tra L1 e L2. Certo, non vi è, tra esse, gerarchia materiale. Ma L1 è formalmente o strutturalmente superiore a L2. Per conseguenza, L2 deve essere considerata formalmente invalida. Può accadere che non vi sia, nell'ordinamento, alcuna sanzione positiva per questa invalidità, che non vi sia alcun organo competente a riconoscerla e ad annullare L2. Ma ciò non cambia i dati della questione. Mediante L1 il legislatore ha vincolato il legislatore futuro (o, se preferite, ha vincolato se stesso). Siffatto vincolo può certo essere abrogato da una legge successiva, ma, finché sussiste, non può essere semplicemente violato dal comportamento del legislatore.

8. *Applicazioni (II): il regime giuridico delle leggi costituzionali nel diritto vigente*

Nella costituzione italiana (simile sotto questo aspetto alla costituzione francese vigente: art. 89) si trovano: (a) una norma che disciplina il procedimento di revisione costituzionale (art. 138); (b) una norma che vieta la revisione costituzionale della forma repubblicana dello stato (art. 139). Qual è dunque il regime delle leggi di revisione costituzionale (LRC) nell'ordinamento vigente?

(i) *La gerarchia strutturale*. Il potere di revisione costituzionale non è un potere originario: è altra cosa dal potere costituente. È un potere "costituito", ossia derivato, creato dalla costituzione. La LRC è dunque una fonte che non preesiste alla costituzione: trova in costituzione il suo fondamento. Pertanto, la LRC è strutturalmente subordinata alla costituzione, in particolare alle norme costituzionali che disciplinano la revisione: sia alla norma sul procedimento di revisione, sia a quella che vieta un certo tipo di revisione.

(ii) *La gerarchia materiale*. Tuttavia, la LRC è abilitata a modificare la costituzione. Sicché essa è materialmente sullo stesso livello delle norme costituzionali [57]: ad eccezione, beninteso, delle norme che non è autorizzata a toccare. La norma che vieta la revisione della forma repubblicana, infatti, pone dei limiti materiali alla LRC, e, così facendo, subordina materialmente la LRC a quelle norme costituzionali – che occorre identificare per via di interpretazione – che determinano la forma repubblicana dello stato.

(iii) *La gerarchia assiologica*. Secondo gran parte della dottrina e, ciò che più conta, secondo la giurisprudenza della Corte costituzionale [58], le norme costituzionali non hanno tutte lo stesso "valore". Talune norme sono più importanti delle altre: si tratta dei principi costituzionali "supremi", che sono sovraordinati alle rimanenti norme costituzionali e dunque, *a fortiori*, alle LRC. La discutibile conseguenza è che le LRC non possono toccare i principi in questione [59]. Il che equivale a trasformare una gerarchia puramente assiologica – una gerarchia non già

---

[57] Se così non fosse, una legge costituzionale che disponesse diversamente dalla costituzione (come accade per ogni legge di revisione costituzionale), lungi dal modificare la costituzione stessa, sarebbe anzi costituzionalmente illegittima.

[58] Corte cost. 175/1971: «È da condividere l'assunto della sussistenza di una gerarchia fra norme e norme della stessa Costituzione, rispetto alla quale è individuabile (come del resto in ogni corpo di disposizioni ordinate in sistema) un ordine che conduce a conferire preminenza ad alcune di esse rispetto ad altre».

[59] Corte cost. 1146/1988.

stabilita dal diritto stesso, ma stipulata dagli interpreti – in una gerarchia materiale.

Per conseguenza:

(a) Le due norme sulla revisione (artt. 138 et 139) sono *strutturalmente* sovraordinate alle LRC. Ciò significa che tali norme non possono essere validamente violate dalle LRC. Sicché qualunque LRC adottata attraverso procedimenti diversi da quelli stabiliti dall'art. 138 sarebbe incostituzionale (per violazione dell'art. 138); così come sarebbe incostituzionale (per violazione dell'art. 139) qualunque LRC che pretendesse di modificare la forma repubblicana dello stato.

(b) Tuttavia, le due norme sulla revisione, sebbene strutturalmente sovraordinate alle LRC, *non* sono *materialmente* sovraordinate ad esse[60]. La conseguenza è che le norme in questione non possono essere violate fino a che siano in vigore; possono però essere modificate da una LRC. Pertanto, una LRC, adottata, beninteso, secondo il procedimento previsto dall'art. 138, che modificasse il medesimo art. 138 oppure l'art. 139, *non* sarebbe incostituzionale.

(c) In virtù dell'art. 139, talune norme costituzionali – quelle che identificano la forma repubblicana dello stato – non sono suscettibili di revisione costituzionale. Tali norme sono materialmente sovraordinate alle LRC. Sicché qualunque LRC che pretendesse di sovvertirle sarebbe incostituzionale: beninteso, fino a che, però, l'art. 139 non fosse a sua volta abrogato (giacché abbiamo ben visto che l'art. 139 *è* suscettibile di revisione costituzionale).

(d) Infine, se – e solo se – si accetta la tesi della supremazia assiologica dei principi supremi, accettando al tempo stesso di trattare questa gerarchia, puramente assiologica, come una gerarchia materiale, sarebbe incostituzionale qualunque LRC che pretendesse di sovvertire i principi supremi.

---

[60] Lo sarebbero solo se una ulteriore norma costituzionale disponesse che gli artt. 138 e/o 139 non sono soggetti a revisione costituzionale. Ma anche una norma siffatta, pur non potendo essere validamente violata (finché fosse in vigore), potrebbe però essere validamente modificata (o abrogata).

III.

Validità, esistenza, efficacia

SOMMARIO: 1. Validità. – 2. Validità formale e validità materiale. – 3. Esistenza. – 4. Efficacia. – 5. Interludio: l'efficacia delle norme nel tempo. – 6. Vizio. – 7. Invalidità. – 8. Inesistenza. – 9. Validità e invalidità di atti, disposizioni, e norme.

1. *Validità*

"Validità" è un predicato che conviene a norme, ad atti o procedimenti normativi (ad esempio: il procedimento adottato per l'esame e l'approvazione di un disegno di legge), a fonti di norme (o documenti normativi che dir si voglia: per esempio, leggi e regolamenti), a singole disposizioni normative, ad atti applicativi di norme (per esempio, atti amministrativi e decisioni giurisdizionali), ad atti di autonomia privata (per esempio, contratti, donazioni, testamenti), a singole clausole contrattuali o testamentarie, etc.

Nel seguito, peraltro, il discorso sarà circoscritto alle norme, alle disposizioni, e alle fonti (con particolare riguardo a quelle di rango legislativo).

Orbene, si dice valida ogni norma, disposizione, o fonte normativa la quale sia stata creata nell'osservanza di *tutte* le norme – formali e sostanziali – che ne disciplinano la creazione e ne circoscrivono il possibile contenuto, e che sia dunque (a) conforme alle norme sulla produzione giuridica ad essa strutturalmente sovraordinate e (b) compatibile con le norme ad essa materialmente sovraordinate [1].

---

[1] Sono "formali" (strutturalmente sovraordinate) le norme che disciplinano

2. *Validità formale e validità materiale*

Una norma, disposizione, o fonte:

(i) si dice *formalmente valida* quando sia stata prodotta in accordo con le norme – ad essa strutturalmente sovraordinate – che ne disciplinano la creazione: insomma, quando sia stata prodotta in modo formalmente corretto, cioè creata (a) dall'organo competente (b) secondo il procedimento prescritto; e

(ii) si dice *materialmente valida* quando non sia incompatibile con le norme – ad essa materialmente sovraordinate – che ne limitano o predeterminano il possibile contenuto.

Come si vede, "validità" è un concetto di relazione. Esso, tuttavia, non designa la relazione di "appartenenza" tra una norma ed un ordinamento, come per lo più si ritiene in teoria del diritto[2]. "Validità" designa piuttosto la duplice relazione di una norma, disposizione, o fonte, con altre norme, e precisamente:

(a) per un verso, con le norme sulla produzione giuridica (strettamente intese) che sono ad essa sovraordinate sotto il profilo strutturale o formale;

(b) per un altro verso, con le norme che sono ad essa gerarchicamente sovraordinate sotto il profilo materiale[3].

3. *Esistenza*

Contrariamente all'opinione diffusa presso i teorici del diritto, la validità va tenuta accuratamente distinta dalla "esistenza"

---

la creazione di un'altra norma; "sostanziali" (materialmente sovraordinate) quelle che ne circoscrivono il possibile contenuto.

[2] L. Ferrajoli, *Principia juris. Teoria del diritto e della democrazia*, vol. I, *Teoria del diritto*, Roma-Bari, 2007, nelle (molte) pagine indicate *sub* "validità" nell'indice analitico.

[3] Quanto alla legittimità costituzionale, essa è, per così dire, un caso particolare di validità. Si dice "costituzionalmente legittima" una norma, disposizione, o fonte, che sia formalmente conforme alle, e non materialmente incompatibile con, le norme *costituzionali*.

(di una norma, di una disposizione, o di una fonte)[4].

Anche "esistenza", come "validità", è un concetto di relazione. Ma, mentre "validità" designa la relazione di una norma con altre norme, "esistenza" designa la relazione di *appartenenza* di una norma ad un ordinamento: si dice "esistente" in un dato ordinamento ogni norma che appartenga ad esso.

Beninteso, ciò di cui si sta parlando è l'esistenza *giuridica* delle norme. L'esistenza giuridica di una norma non va confusa con la sua esistenza *fattuale*. Le norme sono entità di linguaggio, sicché acquistano esistenza fattuale semplicemente quando sono *formulate*. Ma, naturalmente, altro è formulare una norma, altro introdurla in un ordinamento (basta pensare alla differenza che intercorre tra una legge in vigore e un disegno di legge in attesa di approvazione)[5].

Ora, occorre sottolineare che *non* tutte le norme appartenenti ad un ordinamento (esistenti in esso) sono valide.

(1) In primo luogo, in ogni ordinamento vi sono – e non potrebbero non esservi – norme "esistenti", e tuttavia *né valide, né invalide*.

Si rifletta: perché una norma possa dirsi valida o invalida, occorre che vi siano norme ad essa formalmente superiori (che ne disciplinino la creazione) e norme ad essa materialmente superiori (che ne limitino il possibile contenuto). Ma in nessun ordinamento vi sono norme che regolino la creazione della costituzione e/o norme che siano materialmente sovraordinate alla costituzione. Ciò discende del concetto stesso di costituzione.

---

[4] Vedi ad es. C.E. Alchourrón, E. Bulygin, "Von Wright y la filosofía del derecho", in C.E. Alchourrón, E. Bulygin, *Análisis lógico y derecho*, Madrid, 1991, spec. p. 70 ss. A partire da Kelsen, in teoria del diritto si usa identificare "validità" ed "esistenza" di norme giuridiche (una norma invalida "non esiste": ossia non appartiene all'ordinamento, o addirittura non è affatto una "norma"). La dissociazione tra validità ed esistenza (o "vigenza", come egli preferisce dire) è un tema centrale e ricorrente nella teoria del diritto di L. Ferrajoli (*Diritto e ragione. Teoria del garantismo penale*, Bari-Roma, 1989; *Principia iuris. Teoria del diritto e della democrazia*, vol. I, *Teoria del diritto*, cit.).

[5] Sui diversi concetti di "esistenza" di norme, vedi E. Bulygin, *Norme, validità, sistemi normativi*, Torino, 1995, p. 200 ss.

Una costituzione – o, per meglio dire, una "prima" costituzione – è il prodotto del cosiddetto "potere costituente", ossia di un potere *extra ordinem*, non disciplinato – vuoi nelle forme, vuoi nel contenuto – da alcuna norma preesistente (diversamente, sarebbe un potere non costituente, ma costituito).

Per conseguenza, il concetto di validità è semplicemente inapplicabile alle costituzioni. Ogni costituzione è né valida, né invalida.

Le norme costituzionali sono norme "originarie", "indipendenti", "supreme", o "sovrane". Il criterio di esistenza di tali norme è, ovviamente, il principio di effettività[6]: una (prima) costituzione è giuridicamente esistente quando è effettiva.

(2) In secondo luogo, è del tutto possibile – e di fatto molto frequente – che in un ordinamento vi siano norme *invalide*.

Tali sono, ad esempio, le norme espresse da leggi incostituzionali e da regolamenti *contra legem*: norme che possono essere, anche per lungo tempo, applicate da giudici e funzionari amministrativi, fino a che il giudice competente (nel nostro ordinamento: il giudice costituzionale per le leggi, il giudice amministrativo per i regolamenti) non ne riconosca l'invalidità.

Perché una norma sia valida, occorre che essa sia conforme a *tutte* le norme che ne disciplinano la creazione e non sia in contrasto con alcuna norma gerarchicamente sovraordinata. Perché una norma "esista" nell'ordinamento o appartenga ad esso, invece, non occorre tanto: è sufficiente, per così dire, che essa venga alla luce, cioè che sia creata, posta in essere, da un'autorità normativa a prima vista competente a creare quel tipo di norma. Grosso modo, l'esistenza coincide con la validità formale: spesso anche una parvenza di validità formale è sufficiente[7].

---

[6] Si dice "principio di effettività", come già sappiamo, quella regola in virtù della quale: (a) una norma deve considerarsi esistente – anche se non risponde ai criteri di validità dell'ordinamento vigente – qualora sia generalmente accettata ed osservata dai suoi destinatari, e reciprocamente (b) una norma non può considerarsi esistente – anche se risponde ai criteri di validità dell'ordinamento vigente – qualora non sia per nulla accettata e osservata dai suoi destinatari.

[7] In altre parole, la validità formale è condizione sufficiente (ma non necessaria) di esistenza giuridica.

In altri termini, una norma, disposizione, o fonte si dice "esistente" allorché è stata creata in conformità (non a tutte, ma anche solo) ad *alcune* delle norme che ne disciplinano la creazione [8]. La compatibilità con norme gerarchicamente sovraordinate, dal canto suo, *non* è condizione necessaria di esistenza [9].

4. *Efficacia*

Nel linguaggio dottrinale, il vocabolo "efficacia" – in quanto predicato di norme o di atti giuridici – è usato in due sensi principali [10].

(a) In un primo senso, "efficacia" significa capacità di produrre effetti giuridici, quali ad esempio: la qualificazione di una fattispecie, l'acquisto o la perdita di un diritto, l'irrogazione di una sanzione, e così avanti.

Ad esempio: si parla di "efficacia retroattiva" di una norma per riferirsi alla sua produttività di effetti anche in relazione a fattispecie formatesi anteriormente alla sua entrata in vigore; si dice che la pubblicazione è condizione di "efficacia" della legge per intendere che la legge non può produrre effetti prima della

---

[8] Quali norme sulla produzione debbano essere osservate perché una norma, disposizione, o fonte possa essere considerata giuridicamente esistente – in altri termini, l'osservanza di quali norme sulla produzione sia condizione necessaria e sufficiente di giuridica esistenza – non è possibile dire con precisione in sede teorico-generale. Si può tuttavia congetturare che sia condizione necessaria di esistenza l'osservanza delle norme che designano l'organo competente.

[9] Per esempio, nell'ordinamento vigente, una disposizione legislativa, che sia stata approvata dalle Camere e promulgata dal Presidente della Repubblica (nonché pubblicata), ha ormai acquisito esistenza nell'ordinamento. Beninteso: non è detto che questa disposizione, solo perché esiste, sia anche valida; potrebbe, ad esempio, essere in contrasto con una norma costituzionale (e dunque essere invalida). Tuttavia, *anche se in contrasto con la costituzione*, essa è considerata esistente, e conserva la sua esistenza fino a che la sua invalidità non sia riconosciuta e dichiarata dalla Corte costituzionale.

[10] Un terzo significato si riscontra nel discorso sociologico-giuridico (e solitamente anche in contesti teorico-generali), dove si dice "efficace" – o "effettiva" – ogni norma che sia effettivamente usata, osservata, od applicata.

sua pubblicazione, si dice che la "efficacia" della legge è diversa da quella della sentenza e del contratto, giacché la legge è produttiva di effetti *erga omnes*, mentre il contratto e (di regola) la sentenza sono idonei a produrre effetti solo *inter partes*.

(b) In un secondo senso, "efficacia" significa applicabilità [11]: si dice "efficace" una norma che può o deve essere applicata, "inefficace" una norma che non può o non deve essere applicata (ad esempio, in quanto ormai abrogata [12] o annullata per illegittimità costituzionale) [13].

Ora, è importante sottolineare che, nell'ordinamento vigente (come in molti altri ordinamenti), l'efficacia di una norma – intesa vuoi nel primo, vuoi nel secondo senso – è cosa parzialmente indipendente dalla sua validità. Una norma, la cui invalidità sia stata dichiarata dall'organo a ciò competente, è ovviamente inefficace. Di regola, tuttavia, non la validità, ma *la semplice esistenza è condizione sufficiente di efficacia* [14].

In altre parole, perché una norma (ad esempio, una norma di legge) sia produttiva di effetti giuridici ed applicabile in sede giurisdizionale e amministrativa, non è necessario che sia pienamente valida (o costituzionalmente legittima): è sufficiente che "esista", cioè, come si è detto, che sia stata effettivamente creata, "posta", in conformità anche solo ad *alcune* delle norme che ne disciplinano la creazione.

5. *Interludio: l'efficacia delle norme nel tempo*

Quando si parla di "efficacia delle norme nel tempo" ci si riferisce a due ordini di problemi intrecciati, ma distinti.

Il primo problema riguarda *il momento* a partire dal quale le norme devono essere applicate da parte degli organi giurisdi-

---

[11] P. Navarro, *Los límites del Derecho. Estudios sobre los compromisos conceptuales del positivismo jurídico*, Bogotá, 2005, cap. II.

[12] Art. 15 disp. prel. cod. civ.

[13] Art. 136 cost. e art. 30, comma 3, legge 87/1953.

[14] Vedi *infra*, cap. VII.

zionali e amministrativi e, correlativamente, il momento a partire dal quale non devono più essere applicate.

Il secondo problema riguarda il contenuto stesso delle norme, ossia *le fattispecie* alle quali esse devono essere applicate: in quale momento deve essersi verificata una fattispecie perché una norma sia ad essa applicabile?

(I) L'intervallo temporale entro il quale una norma deve essere applicata è determinato da due serie di regole: le prime definiscono il momento in cui una norma acquista vigore (e deve dunque essere applicata); le seconde definiscono il momento in cui una norma perde vigore (e dunque non deve più essere applicata).

(1) Nell'ordinamento vigente, ciascuna legge entra in vigore – o, come pure si dice, "diviene obbligatoria" – nel momento che essa medesima stabilisce (art. 73, comma 3, cost.). Le leggi, però, che nulla stabiliscono al riguardo entrano in vigore il quindicesimo giorno successivo alla loro pubblicazione (art. 73, comma 3, cost.; art. 10, comma 1, disp. prel. cod. civ.). Quanto ai regolamenti, essi entrano in vigore il quindicesimo giorno successivo alla loro pubblicazione (art. 10, comma 1, disp. prel. cod. civ.). Il periodo che intercorre tra la pubblicazione e l'entrata in vigore si dice "vacatio".

(2) Le norme possono perdere (in tutto o in parte) applicabilità essenzialmente in due modi: per annullamento o per abrogazione.

(2.1) L'annullamento ha luogo quando una norma è invalida, per contrasto con una norma superiore nella gerarchia formale o materiale dell'ordinamento. L'annullamento è un atto giurisdizionale: deve cioè essere pronunciato da un giudice (nel nostro ordinamento, il giudice competente per le leggi è la Corte costituzionale, per i regolamenti il giudice amministrativo [15]).

Di regola, l'annullamento *retroagisce*: è come se la norma annullata non fosse mai venuta alla luce (fatti salvi i rapporti

[15] Il giudice civile può (e deve) disapplicare un regolamento che ritenga illegittimo, ma non è competente ad annullarlo.

esauriti). Concretamente: la norma annullata non è più applicabile neppure nei processi iniziati prima che fosse annullata (quando ancora la si riteneva valida), quindi neppure alle fattispecie nate prima che l'annullamento intervenisse.

(2.2) L'abrogazione – in particolare, l'abrogazione della legge e degli atti aventi forza di legge – è frutto non di una pronuncia giurisdizionale, ma di una decisione politica del legislatore. L'abrogazione può essere espressa o tacita.

(i) Nell'ordinamento vigente, l'abrogazione espressa può avvenire in due modi: (a) mediante referendum popolare abrogativo, ai sensi dell'art. 75 cost.; (b) per dichiarazione espressa del legislatore (art. 15 disp. prel. cod. civ.), ossia mediante la promulgazione o l'emanazione di una norma di rango legislativo, la quale espressamente dichiari qualcosa del tipo: "L'art. x della legge y è abrogato" [16].

---

[16] Si osservi: l'abrogazione espressa – la *mera* abrogazione – di per sé non detta una (nuova) disciplina delle fattispecie che per l'innanzi erano disciplinate dalla norma ora abrogata (anche se, naturalmente, nulla esclude che la disposizione abrogatrice sia accompagnata da altre disposizioni le quali, sì, dettino una nuova disciplina della materia in questione). L'abrogazione espressa – ripeto: di per sé – si limita a *sopprimere* una disciplina previgente, senza sostituire ad essa alcuna disciplina nuova. Tuttavia, ciò non comporta necessariamente che nell'ordinamento si crei una "lacuna", ossia che le fattispecie già disciplinate dalla norma previgente restino ora, per ciò stesso, sprovviste di qualsivoglia disciplina. In molti casi – e anzi: normalmente – l'abrogazione di una data norma ha l'effetto di far ricadere le fattispecie già disciplinate da quella norma sotto il dominio di una norma diversa (anch'essa preesistente). L'abrogazione espressa non è da confondere con l'abrogazione "innominata" (l'espressione è di G.U. Rescigno, "Note preliminari sulle principali manchevolezze nella tecnica legislativa", in AA.VV., *Fattibilità e applicabilità delle leggi*, Rimini, 1983). L'abrogazione espressa si attua mediante disposizioni abrogatrici che identificano con precisione il loro oggetto, del tipo: "È abrogato l'art. x della legge y". È invece "innominata" l'abrogazione che si attua mediante formule abrogative che *non* identificano con precisione il loro oggetto, del tipo: "Sono abrogate tutte le norme incompatibili con la presente legge", e simili. Tali formule vertono non su specifiche disposizioni previgenti, ma solo su *norme* non identificate: quelle norme, espresse e inespresse, che gli interpreti, discrezionalmente, riterranno incompatibili con la disciplina sopravvenuta. Spetterà appunto agli interpreti – e, in ultima istanza, ai giudici – decidere se e quando una norma debba ritenersi abrogata per incompatibilità con una norma successiva. Come tale, l'abrogazione innominata

(ii) L'abrogazione tacita si produce quando il legislatore, pur senza abrogare espressamente una vecchia norma, (a) adotta una norma nuova incompatibile con la vecchia (in caso di incompatibilità tra due norme provenienti da fonti dello stesso tipo, la norma successiva abroga la precedente), oppure (b) detta una nuova disciplina (non necessariamente incompatibile con la vecchia) per un'intera materia [17].

Se l'annullamento, di regola, retroagisce, l'abrogazione al contrario, di regola, *non retroagisce* (tra un momento vedremo perché). Retroagisce solo quando ciò sia espressamente stabilito dal legislatore. Questo significa che, in mancanza di dichiarazione espressa del legislatore, le norme abrogate – a differenza di quelle annullate – sono ancora applicabili nei processi iniziati prima che l'abrogazione intervenisse, e più in generale restano applicabili alle fattispecie nate prima che fossero abrogate.

---

ha solo l'apparenza dell'abrogazione espressa. Ma, poiché non si riferisce ad alcuna specifica disposizione, ha piuttosto il medesimo effetto dell'abrogazione tacita: le formule di abrogazione innominata non sono altro che ridondanti iterazioni del principio di preferenza della "lex posterior", già fissato nell'art. 15 disp. prel. cod. civ.

[17] Si osservi: l'abrogazione tacita per incompatibilità, differenza di quella espressa, consiste propriamente non già nell'abrogare (espressamente) alcunché, bensì nel dettare una nuova disciplina, *sostituendola* ad una disciplina previgente. Senonché, a rigore, la nuova disciplina *si aggiunge* (non necessariamente si sostituisce) a quella previgente. Se la nuova disciplina sia incompatibile con quella precedente, e se perciò la disciplina precedente debba intendersi abrogata e sostituita dalla nuova, sono decisioni che dipendono dall'interpretazione, e che sono affidate (in ultima istanza) agli organi giurisdizionali. Nel caso dell'abrogazione espressa, vi è abrogazione, ma manca (o può mancare) una nuova disciplina; nel caso dell'abrogazione tacita, all'opposto, vi è una nuova disciplina, ma manca l'abrogazione (espressa). Nel caso dell'abrogazione tacita, l'effetto abrogativo non è disposto direttamente dal legislatore, ma nasce automaticamente dal combinarsi della nuova disciplina con la norma dell'art. 15 disp. prel. cod. civ. La differenza tra abrogazione espressa e abrogazione tacita può anche essere catturata in questo semplice modo: l'abrogazione espressa colpisce una o più *disposizioni*; l'abrogazione tacita, di regola, colpisce soltanto delle *norme*, senza necessariamente toccare alcuna disposizione o alcun frammento di disposizione. In altre parole, nell'abrogazione espressa l'oggetto dell'abrogazione è identificato dallo stesso legislatore; nell'abrogazione tacita è rimesso all'interpretazione, e pertanto alla discrezionalità degli interpreti.

(II) In nessun caso una norma può essere applicata prima che sia stata pubblicata. Il che, del resto, è ovvio. Ma resta il problema di sapere *a quali fattispecie o controversie* possa essere applicata. In particolare, occorre domandarsi se per caso una norma possa essere applicata – dopo la sua entrata in vigore, s'intende – anche a fattispecie o controversie nate *prima* della sua entrata in vigore. La risposta a questa domanda è: no.

Nell'ordinamento vigente, in virtù del principio generale di irretroattività (art. 11, comma 1, disp. prel. cod. civ.), le leggi – di regola – e i regolamenti – sempre – non hanno effetto retroattivo. In altre parole: leggi e regolamenti non solo non possono essere applicati prima che siano entrati in vigore, ma neppure possono essere applicati a fattispecie *nate prima* della loro entrata in vigore.

Abbiamo già incontrato un'applicazione di questo principio poco sopra, discorrendo di abrogazione. Le norme nuove abrogano le norme vecchie con le quali siano incompatibili, ma le nuove norme si applicano solo alle controversie venute in essere dopo la loro entrata in vigore: dunque l'abrogazione non retroagisce, e pertanto nelle controversie antecedenti l'entrata in vigore delle norme nuove si applicano ancora le norme vecchie, benché ormai abrogate.

Nell'ordinamento vigente, tuttavia, il principio di irretroattività ha una diversa efficacia nei confronti delle diverse fonti e nei diversi settori dell'ordinamento.

(i) Quanto alle diverse fonti, occorre distinguere tra leggi (e atti aventi forza di legge) e regolamenti. L'art. 11, comma 1, disp. prel. cod. civ. esprime una norma di rango legislativo. Ciò implica due cose.

La prima è che tale norma non può essere derogata o contraddetta dai regolamenti (i regolamenti sono materialmente subordinati alla legge). Pertanto, nei confronti dei regolamenti, il principio di irretroattività ha valore tassativo.

La seconda è che la norma in questione può però essere derogata da leggi e atti aventi forza di legge: tra fonti pari-ordinate vale il principio che la norma successiva "prevale" su quella antecedente, ossia deroga ad essa o senz'altro la abroga (in questo caso trattasi di deroga). Pertanto, nei confronti delle leggi, il principio non ha valore tassativo: può essere derogato. La legge dunque *può* avere effetto retroattivo, sempre che il legislatore così espressamente disponga.

(ii) Quanto ai diversi settori del diritto, occorre distinguere tra le leggi penali e tutte le altre.

La regola appena enunciata – il principio di irretroattività è derogabile dal legislatore, sicché la legge può avere effetto retroattivo – *non vale per la legge penale*. In diritto penale il principio è inderogabile poiché, in relazione alla sola legge penale, esso è ribadito da una norma costituzionale (art. 25, comma 2, cost.): e le leggi non possono contraddire la costituzione. Insomma: in relazione alle leggi civili, amministrative, tributarie, e quant'altro, vale l'art. 11, comma 1, disp. prel. cod. civ., che ha rango di legge, ed è dunque derogabile da leggi successive; in relazione alle leggi penali vale l'art. 25, comma 2, cost., che *non è* derogabile da leggi successive. Sicché una legge penale retroattiva sarebbe incostituzionale.

Occorre chiarire che per "legge penale" si intende qui una norma del tipo – diciamo "Se R, allora S" – nella quale l'antecedente (R) è un comportamento qualificato come reato, e il conseguente (S) una sanzione (ad esempio, la reclusione)[18].

6. *Vizio*

Si dice "viziata" ogni norma, disposizione, o fonte che non sia conforme alle norme sulla produzione giuridica che ne disciplinano la creazione (*vizio formale*) e/o alle norme sovraordinate che ne circoscrivono il possibile contenuto (*vizio materiale o sostanziale*).

Un "vizio" si presenta anzitutto come un effetto: o l'effetto

---

[18] Pertanto, *non* ha affatto ha carattere "penale" una disposizione (come l'art. 1, comma 1, decreto legislativo 235/2012) che assuma come fattispecie condizionante della incandidabilità a cariche elettive non già la commissione di un reato, ma una sentenza di condanna. L'antecedente della norma, per l'appunto, è non un comportamento qualificato come reato, bensì una sentenza di condanna.

della violazione di una norma sulla produzione giuridica; o l'effetto di una incompatibilità tra la norma di cui trattasi ed una norma ad essa sovraordinata.

Un "vizio", però, si presenta altresì come una causa: la causa (o la ragione) della invalidità della norma viziata.

7. *Invalidità*

In tema di invalidità, due distinzioni sono cruciali. Per un verso, occorre distinguere tra invalidità formale e materiale; per un altro verso, occorre distinguere tra invalidità originaria e sopravvenuta.

(1) *Invalidità formale e materiale*. Si dice:

(a) formalmente invalida ogni norma, disposizione, o fonte che sia affetta da un vizio formale;

(b) materialmente invalida ogni norma, disposizione, o fonte che sia affetta da un vizio materiale o sostanziale.

(2) *Invalidità originaria e sopravvenuta*. Si dice:

(a) "originaria" l'invalidità che colpisce una norma, disposizione, o fonte, fin dal momento della sua nascita:

(b) "sopravvenuta" (o "successiva") l'invalidità che colpisce una norma, disposizione, o fonte – originariamente valida – in un momento successivo.

Il fenomeno dell'invalidità sopravvenuta richiede qualche chiarimento ulteriore.

"Validità" – si è detto – designa la duplice relazione di una norma, disposizione, o fonte con altre norme: da un lato, con le norme strutturalmente sovraordinate; dall'altro, con le norme materialmente sovraordinate. Ebbene, che accade ad una norma già esistente e valida (originariamente valida) quando – in un momento successivo alla sua emanazione – mutino le norme ad essa strutturalmente o materialmente sovraordinate? Occorre distinguere.

(i) Il mutamento delle norme strutturalmente sovraordinate (le norme sulla produzione giuridica strettamente intese) non incide sulla validità – formale – della norma, disposizione, o fonte di cui si tratta (*tempus regit actum*): essa conserva la sua validità (formale). La ragione di ciò è ovvia: l'autorità normativa di cui trattasi non poteva prestare osservanza a norme (sulla produzione) non ancora esistenti.

(ii) Il mutamento delle norme materialmente sovraordinate, per contro, provoca l'invalidità – materiale, appunto – della norma, disposizione, o fonte in questione: la quale (non era, ma) *diviene* invalida. È precisamente questo il fenomeno della invalidità sopravvenuta.

Pertanto, mentre l'invalidità originaria può essere indifferentemente formale o materiale – a seconda che la norma, disposizione, o fonte di cui si tratta soffra di un vizio formale o materiale – l'invalidità sopravvenuta o successiva può solo essere *materiale*.

Così, ad esempio, in presenza di un mutamento costituzionale – si ritiene pacificamente – una legge anteriore alla costituzione non diviene formalmente invalida per il fatto che sono mutate le norme sulla legislazione vigenti al tempo in cui essa fu promulgata (per il fatto che è mutato, ad esempio, l'organo legislativo). Ma la stessa legge diviene, sì, materialmente invalida qualora sia materialmente in contrasto con le nuove norme costituzionali (benché ad essa successive).

8. *Inesistenza*

Come la validità va tenuta accuratamente distinta dall'esistenza, così anche l'invalidità va distinta dall'inesistenza. Una norma invalida può, malgrado la sua invalidità, appartenere all'ordinamento (e continuare ad appartenervi sino a che non ne sia espulsa dall'organo a ciò competente). Una norma "inesistente", per contro, è una norma che non appartiene affatto all'ordinamento.

Possiamo dir così:

(a) una norma (esistente, ma) invalida è *annullabile*, cioè suscettibile di annullamento ad opera dell'organo a ciò competente; per contro

(b) una norma inesistente è senz'altro *nulla*, senza che occorra un espresso atto di annullamento da parte di un organo a ciò autorizzato [19].

Si dice "inesistente" una norma, disposizione, o fonte che non risponda neppure ai requisiti minimi per essere riconosciuta come norma, disposizione, o fonte appartenente all'ordinamento. Va detto, peraltro, che non si può tracciare una netta linea di demarcazione tra invalidità e inesistenza: i due concetti, per così dire, sfumano l'uno nell'altro. Ciò dipende dal fatto che non è possibile dire con precisione a quali e quante norme sulla produzione giuridica una norma debba essere conforme per superare la soglia della inesistenza pur senza raggiungere la piena validità.

9. *Validità e invalidità di atti, disposizioni, e norme*

Si ritiene comunemente che validità e invalidità siano proprietà di norme. A ben vedere, le cose non sono così semplici: l'oggetto di un giudizio di validità può essere, secondo i casi, una norma, una disposizione, o un atto normativo [20]. I concetti in gioco sono i seguenti.

(a) Una disposizione è un frammento di testo: un enunciato normativo emanato da un'autorità normativa.

---

[19] Per ciò che concerne in particolare le leggi, nell'ordinamento vigente la distinzione tra invalidità e inesistenza (sebbene l'inesistenza sia un fenomeno estremamente raro) non è priva di rilievo pratico. Giacché l'invalidità delle leggi può essere dichiarata solo dalla Corte costituzionale, mentre la loro inesistenza può essere riconosciuta da qualunque giudice comune. Detto altrimenti, la *nullità* della legge può essere riconosciuta da qualunque giudice, l'*annullamento* della legge può essere prodotto solo da una pronuncia della Corte costituzionale.

[20] R. Guastini, *Dalle fonti alle norme*, II ed., Torino, 1992, p. 207 ss.; R. Guastini, "Rules, Validity, and Statutory Construction", in M. Jori, A. Pintore (eds.), *Law and Language. The Italian Analytical School*, Liverpool, 1997.

(b) Una norma è il significato, il contenuto di senso, di una disposizione, e dunque il prodotto dell'interpretazione di un testo[21].

(c) Un atto normativo è un atto, quindi un comportamento (linguistico), che consiste nel creare (produrre, emanare) delle disposizioni[22].

Ora, occorre ricordare che validità formale dipende dalle norme sulla produzione giuridica. Ma tali norme vertono precisamente "sulla produzione giuridica"; cioè esse parlano non propriamente di norme, ma di atti normativi (ad esempio, le norme sulla procedura parlamentare vertono non già direttamente sulla legge, ma sull'atto legislativo), e non dicono assolutamente nulla sul contenuto normativo degli atti in questione. La violazione di queste norme comporta dunque l'invalidità (formale) dell'atto normativo compiuto. Certo, l'invalidità dell'atto normativo comporta a sua volta l'invalidità (sempre formale) delle disposizioni che esso contiene e, per conseguenza, anche delle norme che esso pretende di emanare. Ma ciò, per l'appunto, è solo una conseguenza dell'invalidità dell'atto.

Pertanto, la validità – in particolare: la validità formale – è un attributo che conviene in primo luogo agli *atti normativi* (e solo secondariamente a disposizioni e a norme).

Per contro, la validità materiale – la compatibilità con le norme materialmente superiori – riguarda precisamente le *norme*. Compatibilità e incompatibilità (contrarietà, contraddizione) sono relazioni concettuali che possono intercorrere solo tra significati. Tuttavia, occorre riflettere attentamente sulle relazioni tra le norme e le disposizioni che le esprimono.

Non vi è, si può dire, disposizione che esprima una sola norma. Ogni disposizione esprime piuttosto una pluralità di norme: o nel senso

---

[21] Cfr., per es., M. Troper, "Fonction juridictionnelle ou pouvoir judiciaire?", in *Pouvoirs*, 16, 1981, p. 9; M. Troper, *La théorie du droit, le droit, l'État*, cap. V.

[22] Come ho detto già altrove, non è questo il significato ordinario dell'espressione "atto normativo" nel linguaggio corrente dei giuristi: vedi G.U. Rescigno, *L'atto normativo*, Bologna, 1998.

(a) che ha un contenuto di significato complesso (per esempio: la disposizione D esprime congiuntamente le norme N1, N2, e N3), o nel senso

(b) che è equivoca sicché può essere interpretata in due o più modi differenti (la disposizione D esprime la norma N1, o invece la norma N2, o invece la norma N3?)[23].

Può dunque accadere che, entro questa pluralità di norme, vi siano una norma valida e una norma invalida. In questo caso, l'organo competente – ad esempio, il giudice costituzionale, per mezzo di una decisione "interpretativa" – può ben dichiarare l'invalidità di una specifica norma, lasciando tuttavia in vigore la disposizione in quanto tale. Per conseguenza, la disposizione di cui si tratta – a condizione che non sia interpretata come esprimente la norma ormai dichiarata invalida – è ancora suscettibile di essere interpretata e impiegata nella motivazione di decisioni giurisdizionali e di atti amministrativi.

Ma è egualmente possibile che tutte le norme espresse da una data disposizione siano invalide. In questo caso, l'invalidità colpisce anche la disposizione in quanto tale: è la disposizione stessa che perde la sua validità[24]. Per conseguenza, la disposizione in questione non potrà più essere impiegata nella motivazione di alcun atto giurisdizionale o amministrativo; nessuna interpretazione di essa sarà più praticabile.

Ecco dunque che la validità – sia formale, sia materiale – è un attributo che conviene anche a *disposizioni*.

---

[23] R. Guastini, *L'interpretazione dei documenti normativi*, Milano, 2004, p. 99 ss.

[24] «Nessuna disposizione di legge può essere dichiarata costituzionalmente illegittima solo perché suscettibile di essere interpretata in contrasto con i precetti costituzionali, ma dev'esserlo soltanto quando non sia possibile attribuirle un significato che la rende conforme a Costituzione» (Corte cost. 448/2007).

IV.

Conflitti tra norme e modi di soluzione

SOMMARIO: 1. Nozione di antinomia – 2. Tipi di antinomie. – 3. Antinomie e interpretazione. – 4. Modi di soluzione delle antinomie.

1. *Nozione di antinomia*

Può accadere – in verità accade continuamente – che due norme statuiscano per una *medesima* fattispecie (una circostanza o una combinazione di circostanze) singolare e concreta conseguenze giuridiche tra loro *incompatibili*. In virtù di una prima norma, N1, la fattispecie F ha la conseguenza G; in virtù di una seconda norma, N2, la stessa fattispecie F ha la conseguenza non-G. Queste situazioni di conflitto o contrasto tra norme si dicono comunemente "antinomie".

Detto altrimenti: si dà un'antinomia ogniqualvolta un caso concreto sia suscettibile di due diverse ed opposte soluzioni. In circostanze siffatte, il caso è indecidibile. O per meglio dire: il caso, ammettendo due soluzioni, può essere deciso indifferentemente in un modo o nell'altro. Potrebbe dunque accadere che un certo caso fosse deciso in un certo modo da un dato giudice, e un altro caso in tutto analogo al primo fosse deciso in modo opposto da un giudice diverso o (perché no?) anche dallo stesso giudice in un'occasione successiva: con evidente violazione del principio di eguaglianza.

Si dice 'coerente' un insieme di norme privo di antinomie. Si dice 'incoerente' un insieme di norme che presenti anche una sola antinomia.

2. *Tipi di antinomie*

Si possono distinguere due tipi fondamentali di antinomie: antinomie "in astratto" (o necessarie) e antinomie "in concreto" (o contingenti). Generalmente parlando, le une sono relativamente rare; le altre, al contrario, sono estremamente frequenti.

(1) *Antinomie in astratto.* Si ha un'antinomia "in astratto" ogniqualvolta due norme connettono conseguenze giuridiche incompatibili a fattispecie *astratte*, ossia a *classi* di fattispecie concrete, che si sovrappongono (in tutto o in parte) *concettualmente.* Sicché l'antinomia può essere identificata già in sede di interpretazione testuale, "in astratto", senza cioè che occorra rappresentarsi una fattispecie concreta.

Se, ad esempio, una prima norma vieta l'aborto ed una seconda norma permette l'aborto terapeutico, l'antinomia può essere riconosciuta "in astratto", indipendentemente da ogni fattispecie concreta, dal momento che la classe degli aborti terapeutici è *concettualmente* inclusa nella classe degli aborti senza specificazioni.

(2) *Antinomie in concreto.* Si ha un'antinomia "in concreto" allorché – in sede di applicazione – due norme connettono conseguenze giuridiche incompatibili ad una medesima fattispecie *concreta.* Ciò accade ogniqualvolta una fattispecie concreta (o una sotto-classe di fattispecie concrete) ricada simultaneamente in due classi di fattispecie *concettualmente indipendenti* per le quali il diritto statuisca conseguenze giuridiche incompatibili. Sicché l'antinomia può essere identificata solo in sede di applicazione delle norme ad un caso concreto (al quale, appunto, per avventura siano applicabili entrambe).

Immaginiamo che una prima norma disponga "I cittadini devono pagare le imposte", ed una seconda norma disponga "Nessuna imposta è dovuta dai disoccupati". Le fattispecie astratte cui le due norme si riferiscono – rispettivamente "cittadini" e "disoccupati" – sono concettualmente irrelate: che di fatto vi siano, o non vi siano, cittadini disoccupati è contingente (potrebbe esservi la piena occupazione; i soli disoccupati potrebbero essere immigrati stranieri). Pertanto, il conflitto tra le due norme in questione non è necessario: nessuna antinomia si presenta finché si tratta di decidere se l'obbligo tributario gravi su cittadini occupati o su stranieri e apolidi disoccupati. Ma un'antinomia si presenta ogniqualvolta sia in discussione l'obbligo tributario di un cittadino disoccupato. Ciò accade per la banalissima ragione che – pur essendo irrelate le due fattispecie astratte – di fatto si verificano fattispecie concrete che ricadono nel campo di applicazione di entrambe le norme: i cittadini disoccupati appartengono sia alla classe dei cittadini, sia a quella dei disoccupati. Nessuna antinomia si presenterebbe se, di fatto, la classe dei cittadini disoccupati fosse vuota, cioè se non vi fossero cittadini disoccupati.

Le antinomie in astratto dipendono, per così dire, dalla struttura concettuale del discorso legislativo, mentre le antinomie in concreto dipendono dalla struttura del mondo.

D'altra parte, le classi di fattispecie disciplinate dalle due norme antinomiche possono sovrapporsi completamente o parzialmente [1]. Avremo dunque:

(i) *Antinomie totali.* Si ha sovrapposizione totale allorché le due norme connettono conseguenze incompatibili alla *medesima* classe di fattispecie. Ad esempio una norma qualifica lecito ed un'altra norma qualifica illecito il divorzio.

La sovrapposizione parziale può essere di due tipi.

(ii) *Antinomie parziali unilaterali.* In primo luogo, può accadere che la classe di fattispecie disciplinata da una norma sia interamente inclusa nella classe di fattispecie disciplinate dall'altra. Riprendiamo l'esempio fatto sopra: una norma N1 vieta l'aborto senza ulteriori specificazioni (ossia l'intera classe degli aborti); un'altra norma N2 permette l'aborto terapeutico (che è una sottoclasse degli aborti). Non si dà antinomia quando siano in discussione aborti non terapeutici (vietati da N1), ma si dà

[1] A. Ross, *On Law and Justice*, London, 1968, p. 128 ss.; G. Tarello, *L'interpretazione della legge*, Milano, 1980, p. 143.

antinomia quando siano in discussione aborti terapeutici, che sono permessi da N2 ma vietati da N1.

(iii) *Antinomie parziali bilaterali*. In secondo luogo, può accadere che le due classi di fattispecie si intersechino, sicché alcune, *ma solo alcune*, delle fattispecie disciplinate da una norma coincidano con alcune, *ma solo alcune*, delle fattispecie disciplinate incompatibilmente dall'altra. Ad esempio, una norma N1 vieta la caccia al cinghiale e alla lepre, mentre un'altra norma N2 permette la caccia alla lepre e alla volpe: non si dà antinomia quando sia in discussione la caccia al cinghiale (vietata da N1) o alla volpe (permessa da N2); ma si dà antinomia quando sia in discussione la caccia alla lepre, che N1 vieta, mentre N2 permette.

3. *Antinomie e interpretazione*

Tradizionalmente i conflitti tra norme sono discussi sotto la rubrica dell'interpretazione, quasi che la loro soluzione fosse un problema interpretativo. Che vi sia uno stretto rapporto tra antinomie e interpretazione è cosa pacifica in letteratura. Ma quale sia tale rapporto non è per nulla chiaro. Ebbene, si può dir questo:

(1) In primo luogo, un'antinomia può (se non sempre, certo in molti casi) essere evitata, prevenuta, per mezzo di opportuni accorgimenti interpretativi. Nel senso che i testi normativi possono essere interpretati come esprimenti norme tra loro compatibili, cosicché nessuna antinomia si presenti [2].

(2) In secondo luogo, un'antinomia – come può essere evitata mediante interpretazione, così – può anche essere prodotta mediante interpretazione. Nel senso che i testi normativi possono essere interpretati come esprimenti norme incompatibili [3].

---

[2] Cfr. *infra*, parte quarta, cap. II.

[3] Naturalmente la produzione di un'antinomia mediante interpretazione, se compiuta da un organo giurisdizionale, non prelude ad una sentenza di *non liquet*, ma è preordinata, piuttosto, alla disapplicazione di una delle due norme in conflitto. D'altro canto, se compiuta da un giurista, la creazione interpretativa di un'antinomia prelude ad una qualche operazione di politica

(3) In terzo luogo, e per conseguenza, l'identificazione di un'antinomia presuppone l'interpretazione: non si danno antinomie prima dell'interpretazione; un'antinomia può solo presentarsi ad interpretazione ormai avvenuta.

(4) In quarto luogo, poiché le antinomie sono frutto di interpretazione o, comunque, seguono – non precedono – l'interpretazione, ogni antinomia dischiude non propriamente un problema interpretativo, ma un problema di altra natura. Un'antinomia, cioè, non può essere "risolta" per via d'interpretazione (si badi: altro è risolvere un'antinomia, altro prevenirla o evitarla):

(a) da un lato, per la banale ragione che, se l'antinomia si presenta, si presenta solo quando l'interpretazione è ormai conclusa[4];

(b) dall'altro lato, per la non banale ragione che, per risolvere un'antinomia, occorre "eliminare" – in qualche senso da precisare – o almeno derogare ad una delle due norme in conflitto (o, magari, entrambe); e la "eliminazione" di, come pure la deroga ad, una norma sono cose che attengono alla produzione del diritto, piuttosto che all'interpretazione.

In principio, si deve dunque distinguere tra le tecniche interpretative idonee a *prevenire* le antinomie, le tecniche interpretative idonee a *provocarle*, e le tecniche (in senso lato "produttive" di diritto) idonee a *risolverle*.

(1) *Prevenire antinomie*. Tra le tecniche interpretative idonee ad evitare antinomie si possono menzionare, a titolo di esempio: l'interpretazione sistematica, l'interpretazione adeguatrice, l'argomento *a contrario*, e l'interpretazione restrittiva.

(i) *Interpretazione sistematica*. È quella interpretazione che previene le antinomie nell'ambito di un singolo testo normativo (ad esempio, una determinata legge), *evitando* di ricavare dalle disposizioni che lo compongono norme tra loro confliggenti[5].

---

del diritto: secondo i casi, ad una raccomandazione *de lege ferenda* o *de sententia ferenda*.

[4] Beninteso, è in senso logico, non cronologico, che le antinomie "seguono" – non "precedono" – l'interpretazione.

[5] Cfr. *infra*, parte quarta, cap. II.

(ii) *Interpretazione adeguatrice*. È quella interpretazione che previene le antinomie fra testi normativi distinti, e in particolare fra testi normativi tra loro gerarchicamente ordinati (ad esempio, tra una data legge e la costituzione), *evitando* di ricavare dal testo normativo subordinato norme che entrerebbero in conflitto con le norme (previamente ricavate per via di interpretazione) dal testo normativo sovraordinato [6].

(iii) *L'argomento "a contrario"*. Mediante questo argomento *si esclude* che la disposizione interpretata si estenda a fattispecie, non incluse nel suo tenore letterale, disciplinate in modo incompatibile anche da un'altra disposizione [7].

(iv) *Interpretazione restrittiva*. È quella interpretazione che – impiegando la tecnica della dissociazione – restringe il campo di applicazione di una disposizione, *escludendone* fattispecie che risultano disciplinate in modo incompatibile anche da un'altra disposizione [8].

(2) *Produrre antinomie*. In realtà, non sembrano esservi tecniche specifiche per produrre antinomie: per produrre un'antinomia è sufficiente interpretare i testi normativi alla lettera, *astenendosi* dall'impiegare quelle tecniche interpretative, appena esaminate, che potrebbero evitarla.

(3) *Risolvere antinomie*. Le tecniche di soluzione delle antinomie (con qualche eccezione) sono disciplinate da norme giuridiche positive, e sono diverse a seconda del tipo di fonti coinvolte. Ciò richiede un discorso indipendente.

4. *Modi di soluzione delle antinomie*

Un'antinomia può presentarsi in almeno cinque circostanze diverse.

---

[6] Cfr. *infra*, parte quarta, cap. II.
[7] Cfr. *infra*, parte quarta, cap. II.
[8] Cfr. *infra*, parte quarta, cap. II.

(1) Primo caso: antinomia tra norme "contigue", ossia appartenenti ad un unico e medesimo documento normativo (ad esempio, uno stesso codice). Di solito, antinomie siffatte sono considerate meramente "apparenti".

A volte, l'antinomia deriva da una "cattiva" interpretazione – un "fraintendimento" – del testo normativo. Ad una indagine più accurata, ossia ad una seconda interpretazione, l'antinomia si rivela insussistente.

Altre volte, l'antinomia non può essere evitata, ma le due norme in questione non hanno lo stesso campo di applicazione: l'una costituisce una regola generale (ad es., art. 2043 cod. civ.), mentre l'altra stabilisce un'eccezione (ad es., art. 2044 cod. civ.). In questi casi, sembra ovvio che la regola generale debba essere applicata quando non ricorrono le circostanze previste dall'eccezione, e che invece non trovi applicazione quando tali circostanze ricorrano. In un senso, abbiamo a che fare non con due norme distinte ("Se danno ingiusto, allora responsabilità", "Se legittima difesa, allora non responsabilità"), ma con una norma sola che incorpora un'eccezione ("Se danno ingiusto e non legittima difesa, allora responsabilità", ovvero "Se danno ingiusto, allora responsabilità, a meno che legittima difesa").

Questo modo di argomentare costituisce applicazione del cosiddetto *principio di specialità*: la norma speciale fa eccezione a quella generale ("lex specialis derogat legi generali"). Tale criterio non è prescritto in generale da alcuna norma positiva [9], ma è di largo impiego in dottrina e in giurisprudenza [10].

(2) Secondo caso: antinomie tra norme provenienti da due fonti distinte, ma dello stesso tipo (ad esempio, due leggi statali ordinarie).

---

[9] Ad eccezione dell'art. 15 cod. pen., il quale così dispone: «Quando più leggi penali o più disposizioni della medesima legge penale regolano la stessa materia, la legge o la disposizione di legge speciale deroga alla legge o alla disposizione di legge generale, salvo che sia altrimenti stabilito».

[10] A rigore, il criterio di specialità, più che "risolvere" un'antinomia, la evita: esso funziona infatti come una tecnica di soluzione delle antinomie puramente interpretativa, giacché nessuna delle due norme in conflitto risulta "eliminata".

Ebbene, due fonti dello stesso tipo normalmente saranno state promulgate o emanate in momenti diversi. In questi casi, l'antinomia si risolve dando la preferenza alla norma più recente nel tempo. La norma successiva deve essere applicata, la norma anteriore deve considerarsi abrogata, non più in vigore (art. 15 disp. prel. cod. civ.).

Questo modo di ragionare costituisce applicazione del cosiddetto *principio cronologico*: la norma successiva abroga la precedente ("lex posterior derogat legi priori").

(3) Terzo caso: antinomie tra norme provenienti da fonti di tipo diverso. Qui occorre distinguere ulteriormente.

(3.1) In primo luogo, è possibile che le due fonti in questione stiano tra loro in relazione gerarchica, che cioè una di esse sia materialmente o sostanzialmente subordinata all'altra, nel senso che non le è consentito contraddirla[11]. È quanto accade, per esempio, nei rapporti tra costituzione e legge (la legge non può contraddire la costituzione: artt. 134, 136, e 138 cost.), tra legge di delegazione e decreto legislativo (il decreto legislativo non può contraddire la legge di delegazione: art. 76 cost.), tra legge e regolamento dell'esecutivo (il regolamento non può contraddire la legge: art. 4 disp. prel. cod. civ.).

In questi casi, deve essere applicata la norma "superiore". Quanto alla norma inferiore, essa è invalida: se è una norma di rango legislativo, deve essere annullata dalla Corte costituzionale; se è di rango regolamentare, deve essere disapplicata dai giudici civili, annullata dai giudici amministrativi.

Questo modo di ragionare costituisce applicazione del cosiddetto *principio gerarchico*: la norma superiore rende invalida quella inferiore ("lex superior derogat legi inferiori").

(3.2) In secondo luogo, è possibile che le due fonti siano pari-ordinate nella gerarchia delle fonti e che abbiano altresì lo stesso ambito di competenza. Ad esempio, la legge e il decreto-legge stanno sullo stesso piano ed hanno (grosso modo) il medesimo ambito di competenza.

---

[11] Cfr. cap. II di questa parte.

In questi casi, si applica ancora il principio cronologico: la norma successiva abroga quella antecedente.

(3.3) In terzo luogo, è possibile che le due fonti abbiano ambiti di competenza distinti e che una delle due abbia invaso la competenza dell'altra. Ad esempio, può accadere che una legge regionale pretenda di disciplinare una materia che la costituzione riserva alla legge dello stato.

In questi casi, in virtù del principio cosiddetto "di competenza", la norma che proviene dalla fonte competente deve essere applicata. Quanto alla norma proveniente dalla fonte incompetente, essa è invalida. Ad esempio, la legge regionale invasiva della competenza statale è invalida: non perché contraddica la legge dello stato, ma perché viola la norma costituzionale (dunque una norma "superiore") che determina la competenza regionale [12].

(4) Quarto caso: antinomia tra norme statali e norme comunitarie. Questo caso richiede un discorso indipendente.

Due possibili antinomie devono essere esaminate: quella tra norma comunitaria e legge, e quella tra norma comunitaria e costituzione.

(4.1) Nel caso di antinomia tra una norma comunitaria e una norma di rango legislativo – secondo la giurisprudenza costituzionale [13] – deve essere applicata la norma comunitaria, e deve essere accantonata, disapplicata, quella interna, sia essa antecedente o successiva, poco importa [14].

Tuttavia, la norma interna – sebbene "accantonata", disapplicata – non è abrogata, e neppure invalida [15]. Resta nell'ordinamento, per così dire, "in letargo": potrebbe riacquistare effi-

---

[12] Come emerge dall'esempio, il criterio della competenza è parassitario del principio gerarchico.

[13] Trattasi di diritto giurisprudenziale.

[14] Corte cost. 170/1984, 399/1987, 168/1991.

[15] Giacché, secondo la Corte costituzionale, la norma comunitaria appartiene ad un ordinamento giuridico distinto e separato da quello interno, sebbene con esso comunicante, e nessuna norma può provocare l'abrogazione o l'invalidità di una norma appartenente ad un *diverso* ordinamento: Corte cost. 170/1984, 399/1987.

cacia qualora la norma comunitaria fosse abrogata (da un atto comunitario) e non sostituita.

(4.2) Nel caso di antinomia tra una norma comunitaria e una norma costituzionale, occorre distinguere ulteriomente.

(a) In generale, nel conflitto tra norme comunitarie e norme costituzionali – secondo la giurisprudenza costituzionale [16] – la norma comunitaria (inopinatamente) prevale, sicché la norma costituzionale deve essere accantonata e disapplicata [17]: risulta insomma derogata [18].

(b) Tuttavia, la norma comunitaria soccombe quando sia in conflitto con i principi costituzionali supremi o con le norme costituzionali che garantiscono diritti inviolabili: principi e norme che sono – secondo la Corte costituzionale – assolutamente inderogabili [19].

(5) Quinto caso: antinomia tra principi costituzionali. Questo caso è del tutto peculiare: si tratta di antinomie *in concreto*, tra norme che *non* intrattengono tra loro un rapporto da regola ad eccezione, la cui soluzione non è disciplinata da alcuna norma positiva. Non è applicabile il principio gerarchico, dal momento che le norme in questione sono pari-ordinate nella gerarchia delle fonti. Non è applicabile il principio cronologico, dal momento che le norme in questione – salvo che una di esse sia stata introdotta mediante revisione costituzionale – sono coeve. Non è applicabile il principio di specialità, dal momento che le classi di fattispecie disciplinate non intrattengono fra di loro un rapporto da genere a specie, ma si intersecano.

La tecnica generalmente impiegata dai giudici costituzionali (non solo italiani) in casi del genere va sotto il nome di *ponderazione (o bilanciamento) dei principi*, e consiste nell'istituire tra i due principi coinvolti una gerarchia: (a) *assiologica*, (b) *mobile* [20].

---

[16] Trattasi nuovamente di (discutibile) diritto giurisprudenziale.

[17] O, meglio, "non applicata".

[18] Corte cost. 399/1987, 168/1991, 117/1994.

[19] Corte cost. 168/1991, nonché 1146/1988.

[20] Cfr. R. Alexy, *Teoría de los derechos fundamentales* (1986), Madrid,

(a) Una gerarchia assiologica[21], come si ricorderà, è una relazione *di valore* istituita dall'interprete mediante un suo giudizio comparativo di valore. Per risolvere l'antinomia in questione non vi è altro modo che accordare ad una delle due norme confliggenti un maggior "peso", ossia un *maggior valore*, rispetto all'altra. La norma dotata di maggior valore prevale, nel senso che è applicata; la norma assiologicamente inferiore soccombe – non nel senso che risulti invalida o abrogata, si badi bene, ma – nel senso che viene *accantonata*, disapplicata.

(b) Una gerarchia mobile, d'altro canto, è una relazione *instabile*, *mutevole*, che vale per il caso concreto, ma che potrebbe rovesciarsi all'occasione di un caso concreto diverso. Il giudice costituzionale, in altre parole, non soppesa il valore dei due principi in astratto e una volta per tutte, ma valuta invece il possibile impatto della loro applicazione *al caso concreto*. Non è escluso che, in un caso diverso, il principio che oggi è stato accantonato trovi applicazione, e il principio che oggi è stato applicato venga invece accantonato.

Qualche esempio. In alcune occasioni la Corte costituzionale ha ritenuto che il principio dell'autonomia regionale debba prevalere sul principio di eguaglianza (Corte cost. 234/1988, 143/1989, 103/1991, etc.: inammissibilità di un confronto tra norme statali e norme regionali, o tra norme di diverse Regioni, per valutare l'eventuale violazione del principio di eguaglianza); in altre occasioni, ha ritenuto invece che il principio dell'autonomia regionale debba cedere di fronte al principio di eguaglianza (Corte cost. 58/1959, 142/1969: incompetenza delle Regioni in materia penale; Corte cost. 109/1957, 6/1958: incompetenza delle Regioni in materia di rapporti civili). Talora la Corte ha ritenuto che il principio di eguaglianza formale, di cui all'art. 3, comma 1, cost., debba prevalere sul principio di eguaglianza sostanziale, di cui all'art. 3, comma 2, cost. (Corte cost. 210/1986: illegittimità del divieto di lavoro notturno per le donne; Corte cost. 422/1995: illegittimità costituzionale delle quote nelle liste elet-

---

1993; R. Guastini, *L'interpretazione dei documenti normativi*, Milano, 2004, p. 216 ss.

[21] Cfr. cap. II di questa parte.

torali); talaltra ha ritenuto all'opposto che il principio di eguaglianza sostanziale debba prevalere sul principio di eguaglianza formale (Corte cost. 109/1993: legittimità di azioni positive per l'imprenditoria femminile; Corte cost. 13/1977: legittimità costituzionale di un trattamento più favorevole per i lavoratori in seno al processo del lavoro).

V.

Lacune

SOMMARIO: 1. Lacune normative – 2. Lacune normative e interpretazione. – 3. Lacune tecniche. – 4. Lacune assiologiche. – 5. Il diritto come insieme di norme finito. – 6. Dogma della completezza e stato di diritto. – 7. La norma generale esclusiva.

1. *Lacune normative*

L'espressione "lacuna del (nel) diritto" può denotare non meno di tre fenomeni diversi: lacune normative, lacune tecniche, e lacune assiologiche [1]. Iniziamo dalle lacune normative.

---

[1] Vi è in realtà un quarto fenomeno in relazione al quale si è parlato di "lacune". Mi limito ad un cenno. Si può dire che un ordinamento giuridico – inteso qui non più come insieme di norme, ma come complesso di "istituzioni" – presenti una lacuna *istituzionale* allorché, per cause *di fatto*, venga meno una delle istituzioni che sono essenziali al suo funzionamento. Per esempio: si crea una lacuna istituzionale allorché, in uno stato monarchico, si estingue la dinastia regnante, fino a che non si provveda a dare un altro titolare alla corona, o non si instauri una nuova forma di stato; si crea una lacuna istituzionale allorché una persistente astensione dal voto del corpo elettorale – come immaginato da José Saramago in *Saggio sulla lucidità* (trad. it. Torino, 2004) – impedisce la formazione della camera elettiva. Il concetto e gli esempi sono riconducibili a S. Romano, "Osservazioni sulla completezza dell'ordinamento statale", Modena, 1925 (ora anche in S. Romano, *Lo Stato moderno e la sua crisi. Saggi di diritto costituzionale*, Milano, 1969). Nell'ordinamento costituzionale vigente, si produrrebbe una lacuna istituzionale in questo senso se, ad esempio, il Presidente della Repubblica o le Camere omettessero di sostituire i giudici costituzionali, di designazione rispettivamente presidenziale e parlamentare, cessati. Diversa è la situazione che si creerebbe qualora fossero meramente abrogate (ossia abrogate, e non sostituite) le norme che disciplinano

Può accadere – non so dire quanto frequente sia il fenomeno – che il legislatore disciplini una serie di fattispecie, ma ometta di disciplinare una o più d'una delle loro possibili combinazioni [2].

Supponiamo di avere un testo normativo in materia tributaria dal quale, per via di interpretazione, abbiamo ricavato le tre norme seguenti:

N1: L'imposta sul reddito è dovuta dai cittadini (ovvero: Se cittadinanza, allora imposta sul reddito)

N2: L'imposta sul reddito non è dovuta da chi non sia residente sul territorio nazionale (ovvero: Se non residenza, allora non imposta sul reddito)

N3: L'imposta sul reddito non è dovuta da chi non abbia una occupazione (ovvero: Se disoccupazione, allora non imposta sul reddito).

Le tre fattispecie semplici (cittadinanza, residenza, disoccupazione), disciplinate dalle tre norme, possono combinarsi tra loro dando luogo ad otto fattispecie complesse: (i) cittadini residenti disoccupati; (ii) cittadini residenti occupati; (iii) cittadini non residenti disoccupati; (iv) cittadini non residenti occupati; (v) non cittadini residenti disoccupati; etc.

---

la formazione di un organo costituzionale. Si tratterebbe infatti non di lacuna istituzionale, ma di lacuna tecnica (la quale, tuttavia, potrebbe generare una lacuna istituzionale). Si veda al riguardo la giurisprudenza costituzionale in materia di referendum abrogativo (spec. Corte cost. 29/1987).

[2] È questo il rigoroso concetto di lacuna normativa elaborato da C.E. Alchourrón, E. Bulygin, *Normative Systems*, Wien, 1971 (trad. it. *Sistemi normativi. Introduzione alla metodologia della scienza giuridica*, Torino, 2005), cap. I, § 7, i quali adducono un esempio ricavato dal codice civile argentino in materia di acquisto di immobile *a non domino*: secondo una certa interpretazione delle disposizioni rilevanti, nessuna conseguenza giuridica è espressamente prevista per i casi (a) di buona fede sia dell'alienante, sia dell'acquirente, e (b) di mala fede dell'acquirente. Le lacune normative non vanno confuse con le lacune cosiddette "di riconoscimento" (C.E. Alchourrón, E. Bulygin, *Normative Systems*, cit., p. 31 ss.). Nella letteratura più recente vedi anche: P. Chiassoni, *La giurisprudenza civile. Metodi d'interpretazione e tecniche argomentative*, Milano, 1999, p. 288 ss.; F. Atria *et al.*, *Lagunas en el derecho*, Madrid-Barcelona, 2005; P. Chiassoni, *Tecnica dell'interpretazione giuridica*, Bologna, 2007, cap. III; J. Ruiz Manero, U. Schmill, *El juez y las lagunas del derecho*, México, 2007.

Orbene: prendiamo il caso di uno straniero residente occupato (una delle otto combinazioni possibili). A questa fattispecie non è applicabile N1, che si riferisce ai cittadini; non è applicabile N2, che si riferisce ai non residenti; non è applicabile N3, che si riferisce ai disoccupati. La fattispecie è dunque priva di disciplina [3]: il diritto è lacunoso.

Abbiamo a che fare – si noti bene – con una combinazione di fattispecie ciascuna delle quali *è* singolarmente *disciplinata* da una norma, sicché pare ovvio pensare che anche la loro combinazione sia giuridicamente "rilevante". Se così non fosse, sarebbe lecito pensare che questa particolare fattispecie complessa sia giuridicamente irrilevante, che cada cioè nello "spazio vuoto di diritto" (di cui diremo meglio fra poco): in quell'insieme di fattispecie che il diritto non prende affatto in considerazione (come, poniamo, i viaggi interstellari).

2. *Lacune normative e interpretazione*

Si presti attenzione: abbiamo identificato una lacuna ragionando ovviamente con norme (e non già con disposizioni normative ancora da interpretare), ossia ad interpretazione avvenuta. Se *quelle* sono le norme con cui abbiamo a che fare – se quella è l'interpretazione prescelta – alla lacuna non si sfugge [4].

Per evitare la lacuna – e risolvere il caso – dovremmo, probabilmente, *re-interpretare* il testo normativo da cui abbiamo

---

[3] In questa sede non ci interessiamo di antinomie (ne abbiamo già detto in un precedente capitolo). Ma, sia detto per la cronaca, nella fattispecie di un cittadino non residente disoccupato si ha un'antinomia: in tal caso, infatti, l'imposta è dovuta in virtù di N1, ma è non dovuta in virtù di N3.

[4] Le lacune normative non vanno confuse con i problemi di applicazione di norme a casi concreti, detti (da alcuni) "lacune di conoscenza" (è dubbio se la fattispecie concreta sia sussumibile nell'una o nell'altra fattispecie astratta per carenza di informazioni sui fatti del caso) e, rispettivamente, "lacune di riconoscimento" (è dubbio se la fattispecie concreta sia sussumibile nell'una o nell'altra fattispecie astratta a causa della vaghezza semantica dei termini impiegati per delineare le fattispecie astratte). Così C.E. Alchourrón, E. Bulygin, *Normative Systems*, cit., p. 31 ss.

tratto quelle tre norme, ossia tornare al testo e interpretarlo diversamente [5].

(a) Potremmo, ad esempio, re-interpretare il testo in modo tale da sostituire N1 con N1bis:

N1bis: *Solo* se cittadinanza, allora imposta sul reddito

N1bis, essendo un bicondizionale, implica logicamente: "Se non cittadinanza, allora non imposta sul reddito". La cittadinanza è insomma condizione non già solo sufficiente, ma anche necessaria, perché sorga l'obbligo di imposta. Ne segue che lo straniero (ancorché residente e occupato) non è soggetto all'obbligo tributario in questione.

(b) Oppure potremmo argomentare la tesi che N2 sottintenda ("implichi" in qualche senso) N2bis:

N2bis: Se residenza, allora imposta sul reddito

Secondo N2bis, la residenza è condizione sufficiente perché sorga l'obbligo di imposta. E da ciò segue che il residente (ancorché straniero) è, per ciò solo, soggetto all'obbligo tributario.

(c) O, ancora, potremmo re-interpretare il testo in modo tale da sostituire N3 con N3bis:

N3bis: *Solo* se disoccupato, allora non imposta sul reddito

N3bis – nuovamente un bicondizionale – implica logicamente: "Se occupato, allora imposta sul reddito". La disoccupazione è condizione non già solo sufficiente, ma anche necessaria per essere esentati dall'obbligo tributario. Ne segue che chi abbia una occupazione (benché straniero) è soggetto all'obbligo in questione.

Ma è importante capire che, così facendo (re-interpretando i

---

[5] Vedi P. Chiassoni, "L'interpretazione della legge: normativismo semiotico, scetticismo, giochi interpretativi", in *Studi in memoria di Giovanni Tarello*, II, *Saggi teorico-giuridici*, Milano, 1990.

testi normativi o svolgendone certe supposte implicazioni), abbiamo sostituito l'insieme di norme da cui abbiamo preso le mosse (N1, N2, N3) con un insieme *diverso*: diverso perché contiene norme diverse. Secondo i casi: N1bis al posto di N1; N3bis al posto di N3; N2bis in aggiunta alle norme originarie.

Ciò è quanto dire che le lacune seguono – non precedono – l'interpretazione. L'interpretazione, in un senso, produce le lacune e, come le produce, così può anche evitarle o prevenirle [6].

Le lacune sono spesso presentate in letteratura come un (peculiare) problema di interpretazione. A ben vedere, tuttavia, le cose non stanno esattamente così [7].

Il problema se vi sia e quale sia la norma applicabile al caso è un problema di interpretazione testuale (interpretazione in astratto) e/o di sussunzione della fattispecie concreta sotto una fattispecie astratta (interpretazione in concreto). Un problema siffatto può essere risolto in due modi: o decidendo che la fattispecie in esame ricade nel campo di applicazione di una certa norma, o decidendo che non vi è alcuna norma applicabile a quella fattispecie [8]. Nell'un caso, il diritto non presenta alcuna lacuna; nell'altro caso, per contro, il diritto si rivela lacunoso. Spesso, *entrambe* le decisioni sono praticabili (persuasivamente argomentabili): è l'interprete a decidere se una lacuna vi sia o

---

[6] Sembra naturale pensare che la completezza o l'incompletezza di un ordinamento dipendano dal suo contenuto normativo: è completo un ordinamento che, di fatto, predispone conseguenze giuridiche per qualsivoglia fattispecie; incompleto un ordinamento entro il quale vi sono fattispecie prive di conseguenze giuridiche. Senonché il contenuto normativo dell'ordinamento – se teniamo bene a mente la distinzione tra le disposizioni e le norme (ne abbiamo detto nel capitolo precedente) – è una variabile dipendente: non solo dei testi normativi, com'è ovvio, ma anche dell'interpretazione.

[7] Vedi G.B. Ratti, *Norme, principi, e logica*, Roma, 2009, cap. I.

[8] Beninteso, la creazione interpretativa di una lacuna, da parte di un giudice, non prelude ad una sentenza di *non liquet*, ma è preordinata alla costruzione di una norma inespressa idonea a dare soluzione al caso (in questo senso tutte le lacune sono, come dice E. Diciotti, *Interpretazione della legge e discorso razionale*, Torino, 1999, p. 454, "effimere": sono create solo per essere immediatamente dopo colmate). D'altro canto, la creazione interpretativa di una lacuna da parte di un giurista prelude ad un'operazione di politica del diritto: secondo i casi, una raccomandazione *de lege ferenda* (rivolta al legislatore) o *de sententia ferenda* (rivolta ai giudici).

non vi sia. Ma, in entrambi i casi, il problema di interpretazione è risolto: la lacuna, se si presenta, si presenta solo ad interpretazione ormai avvenuta.

Per conseguenza, una lacuna apre non propriamente un problema interpretativo, bensì un problema di altra natura. Da un lato, se e quando la lacuna si presenta, l'interpretazione è ormai compiuta (ferma la possibilità di abbandonare l'interpretazione prescelta ed optare per una interpretazione diversa, tale da evitare la lacuna [9]). Dall'altro, una lacuna non può essere colmata per via d'interpretazione: per colmare una lacuna, occorre "integrare" o completare l'ordinamento giuridico, e ciò può esser fatto solo introducendo in esso una norma nuova [10].

Riassumendo:

(i) in primo luogo, l'interpretazione può *prevenire* una lacuna, evitarla: nel senso che i testi normativi a disposizione possono essere interpretati in modo tale che la lacuna neppure si presenti;

(ii) in secondo luogo, l'interpretazione, come può evitare le lacune, così può anche *produrle*: nel senso che i testi normativi a disposizione possono essere interpretati in modo tale che, sì, una lacuna si presenti [11];

---

[9] Quando ad una *prima interpretazione* (o interpretazione *prima facie*) nessuna disposizione esprime una norma idonea a regolare la fattispecie in esame, spesso l'interprete procede ad una *seconda interpretazione* (o *re-interpretazione*) attribuendo ad una qualche disposizione un significato diverso in modo tale nessuna lacuna si presenti. Cfr. P. Chiassoni, "L'interpretazione della legge: normativismo semiotico, scetticismo, giochi interpretativi", cit.

[10] C.E. Alchourrón, E. Bulygin, *Normative Systems*, cit., p. 158 ss.

[11] Esempio paradigmatico: si considerino le possibili interpretazioni dell'art. 89, comma 1, cost., il quale esige che gli atti del capo dello stato siano controfirmati dai «ministri proponenti». Se si intende questa disposizione nel senso che si riferisca solo a quegli atti che il capo dello stato adotta, per l'appunto, a seguito di proposta ministeriale, ecco che si presenta una lacuna: la costituzione non disciplina in alcun modo gli atti che il Presidente adotta di sua propria iniziativa (in assenza di proposte ministeriali). Ma, se per contro la si interpreta nel senso che si riferisca a tutti gli atti presidenziali senza eccezioni, ecco che la lacuna magicamente si dilegua: giacché, da questo punto di vista, semplicemente non si danno atti presidenziali che non siano preceduti

(iii) in terzo luogo, l'interpretazione – se può produrre le lacune, o prevenirle – *non* può però *colmare* le lacune: la lacuna, se si presenta, si presenta solo ad interpretazione ormai avvenuta; per colmarla, non resta che integrare il diritto, ossia creare diritto nuovo; e la produzione di una norma nuova, idonea a colmare una lacuna, è cosa concettualmente diversa dall'interpretazione di una disposizione preesistente: trattasi non di interpretazione, ma di costruzione giuridica.

3. *Lacune tecniche*

Si dice che un ordinamento presenti una lacuna tecnica allorché manca in esso una norma la cui esistenza sia condizione necessaria per l'efficacia (e/o per l'effettività) di un'altra norma [12].

Accade cioè che una norma non possa produrre effetti giuridici (e/o non possa essere obbedita od applicata) in assenza di altre norme che, diciamo così, la concretizzino [13].

Ad esempio: una norma prescrive la periodica convocazione di un organo, ma nessuna norma determina quale soggetto sia competente a convocarlo; una norma istituisce un certo organo elettivo, ma nessuna norma stabilisce quale sistema elettorale debba adottarsi; una norma raccomanda di perseguire un certo fine, ma nessuna norma stabilisce quali mezzi debbano impiegarsi; e così avanti [14].

---

da proposta ministeriale. Cfr. F. Sorrentino, "I principi generali dell'ordinamento giuridico nell'interpretazione e nell'applicazione del diritto", in *Diritto e società*, 1987.

[12] A.G. Conte, *Saggio sulla completezza degli ordinamenti giuridici*, Torino, 1962, p. 43 s.

[13] Si può anche sostenere che esista una lacuna di questo tipo ogniqualvolta una norma imperativa (un comando o un divieto) non sia accompagnata da una norma sanzionatrice, o anche quando una norma costituzionale programmatica che conferisce un diritto sociale resti inattuata (L. Ferrajoli, *Principia Juris. Teoria del diritto e della democrazia*, vol. I, *Teoria del diritto*, Roma-Bari, 2007).

[14] Per esempio, l'ordinamento vigente era lacunoso, in questo senso, e le

4. *Lacune assiologiche*

Si dice "lacuna assiologica" la mancanza di una norma che – secondo le soggettive preferenze etico-politiche (assiologiche, appunto) dell'interprete – *dovrebbe esserci*.

Deve essere chiaro che affermare l'esistenza nell'ordinamento di una lacuna assiologica è non un giudizio di fatto, ma un giudizio di valore: non una descrizione del diritto com'è, ma una critica del diritto esistente e/o una prescrizione di come dovrebbe essere.

Di lacune assiologiche si possono distinguere fondamentalmente due tipi.

(1) Accade che una fattispecie sia, sì, disciplinata da una norma, ma che tale disciplina appaia all'interprete *insoddisfacente*, sicché, a suo giudizio, manca nell'ordinamento non una norma qualsivoglia, ma una norma "giusta": la norma che sarebbe richiesta dal suo senso di giustizia [15].

Facciamo un esempio. Poniamo che una disposizione stabilisca un certo trattamento previdenziale per i "lavoratori dipendenti" (senza ulteriori specificazioni). Senonché, per ipotesi, la classe di fattispecie "lavoratori dipendenti" include due sottoclassi: lavoratori con contratto a tempo indeterminato e lavoratori "precari" (con contratto a tempo determinato). Ebbene, può accadere che il trattamento previdenziale stabilito dalla legge appaia ad un interprete assiologicamente inadeguato – cioè ingiusto – per i lavoratori precari. Per argomentare la presenza di una lacuna costui potrebbe ragionare più o meno nel modo che segue.

Vi sono due classi di lavoratori dipendenti: quelli a tempo indeterminato e quelli a tempo determinato. Queste due (sot-

---

norme costituzionali sulla Corte costituzionale e sul Consiglio superiore della magistratura erano inefficaci, prima che fossero concretizzate, rispettivamente, dalla legge 87/1953 (Norme sulla costituzione e sul funzionamento della Corte costituzionale) e dalla legge 195/1958 (Norme sulla costituzione e sul funzionamento del Consiglio superiore della magistratura).

[15] C.E. Alchourrón, E. Bulygin, *Normative Systems*, cap. VI; N. Bobbio, *Contributi ad un dizionario giuridico*, Torino, 1994, p. 96 s.

to)classi di fattispecie sono "sostanzialmente diverse", ed esigono pertanto discipline distinte [16] (è questa la tecnica interpretativa della "dissociazione"). Il trattamento previdenziale disposto dalla norma è ragionevole – i.e. giusto – per i lavoratori a tempo indeterminato, ma è irragionevole – i.e. ingiusto – per i lavoratori precari. La disposizione in questione deve dunque essere re-interpretata, intendendola come riferita ai soli lavoratori a tempo indeterminato (eccezione implicita, interpretazione restrittiva) [17]. Per conseguenza, la fattispecie "lavoratori a tempo indeterminato" resta priva di disciplina: l'ordinamento è lacunoso in relazione a questa fattispecie.

(2) Accade inoltre che una fattispecie sia, sì, disciplinata da una norma, ma che tale disciplina non sia conforme a quanto richiesto da un'altra norma positiva [18]: in particolare, da una norma materialmente o assiologicamente superiore [19].

Si trovano esempi paradigmatici di lacune di questo tipo in tutti i casi in cui l'interprete ritenga violato il principio di eguaglianza (art. 3, comma 1, cost.) così come è comunemente inteso – riecheggiando Aristotele – nella giurisprudenza costituzionale: si devono trattare in modo eguale i casi eguali, in modo diverso i casi diversi.

---

[16] Dire che due fattispecie sono "sostanzialmente" diverse è solo un modo retoricamente efficace per sostenere che debbano avere discipline diverse.

[17] Ovvero: la disposizione in questione si applica non all'intera classe dei lavoratori dipendenti, come vorrebbe l'interpretazione letterale, ma solo ad una sottoclasse dei lavoratori dipendenti: i lavoratori a tempo indeterminato. Ovvero, da un altro punto di vista, la disposizione esprime una norma "defettibile": è soggetta, cioè, ad una eccezione implicita.

[18] G. Parodi, "Lacune e norme inespresse nella giurisprudenza costituzionale", in P. Comanducci, R. Guastini (eds.), *Struttura e dinamica dei sistemi giuridici*, Torino, 1996; G. Parodi, *La sentenza additiva a dispositivo generico*, Torino, 1996, p. 131 ss. Si potrebbe addurre anche l'esempio seguente: l'art. 81, comma 4, cost. esige che le Camere, ogniqualvolta approvino una norma (legislativa) che importi nuove o maggiori spese rispetto a quelle già previste in bilancio, approvino altresì una norma che indichi i mezzi per farvi fronte; l'assenza di una norma siffatta nel documento legislativo configura una lacuna assiologica di questo tipo.

[19] Le nozioni di gerarchia materiale e di gerarchia assiologica sono state introdotte nel cap. II di questa parte.

(a) Il legislatore non ha preso in considerazione una differenza (a giudizio dell'interprete) "sostanziale" o "rilevante" tra due classi di fattispecie, e ha dettato per esse la medesima disciplina, *omettendo* di differenziarle, sicché una stessa conseguenza giuridica è connessa a fattispecie "sostanzialmente" diverse [20].

Per esempio: il legislatore ha accordato un'agevolazione fiscale alle "imprese" in genere; così facendo, ha omesso di distinguere, entro la classe delle imprese, due sottoclassi – le "grandi" e le "piccole" imprese, poniamo – che, essendo (a giudizio dell'interprete) "sostanzialmente" diverse, esigono discipline distinte. Manca pertanto una norma *differenziatrice* che riconnetta all'una o all'altra delle due sottoclassi di fattispecie una conseguenza giuridica distinta.

(b) Il legislatore, nel disciplinare una data classe di fattispecie, ha *omesso* di disciplinare nello stesso modo un'altra classe di fattispecie, ritenuta dall'interprete "sostanzialmente" eguale alla prima [21], sicché a fattispecie "sostanzialmente" eguali sono connesse conseguenze giuridiche distinte.

Per esempio, il legislatore ha dettato una qualche disciplina per la fattispecie "trasporti urbani". Così facendo, il legislatore non ha preso in considerazione un'altra fattispecie – i trasporti extraurbani – che, essendo (a giudizio dell'interprete) "sostanzialmente" eguale alla fattispecie trasporti urbani, esigerebbe la medesima disciplina. Manca pertanto una norma *eguagliatrice* che connetta alla fattispecie "trasporti extraurbani" la medesima disciplina.

5. *Il diritto come insieme di norme finito*

Il diritto – qualunque ordinamento positivo: è indiscutibile – non disciplina qualsivoglia possibile fattispecie (che so? i viaggi

---

[20] C.E. Alchourrón, E. Bulygin, *Normative Systems*, cit., p. 106 ss.

[21] Naturalmente, dire che due fattispecie sono "sostanzialmente" eguali non è che un modo retorico di suggerire che debbano avere la medesima disciplina.

interplanetari, la coltivazione del rosmarino). Non qualifica deonticamente – obbligatorio, vietato, permesso, facoltativo – ogni possibile comportamento umano (che so? la scelta del vino appropriato quando si gusta il *fois gras*, il tiro al piattello, il colore della cravatta o del foulard).

Pertanto, nella totalità delle fattispecie (o, da un altro punto di vista, dei comportamenti umani) possibili si possono distinguere due sottoinsiemi: l'insieme delle fattispecie cui una norma riconnette una qualche conseguenza giuridica (o l'insieme dei comportamenti deonticamente qualificati) e l'insieme delle fattispecie non disciplinate in alcun modo (o l'insieme dei comportamenti inqualificati o indifferenti [22]). Con una trasparente metafora: lo "spazio" *pieno* di diritto, e lo "spazio" *vuoto* di diritto [23].

Ebbene, intuitivamente, ogni fattispecie non disciplinata – ovvero ogni condotta non qualificata – costituisce una lacuna. Ciò è quanto dire che le lacune, così intese, sono (alla lettera) infinite.

Ma con che tipo di lacune abbiamo a che fare esattamente? Questa domanda ammette due risposte.

---

[22] Sulla questione se ciò che è inqualificato debba considerarsi indifferente vedi A.G. Conte, *Saggio sulla completezza degli ordinamenti giuridici*, cit.

[23] K. Bergbohm, *Jurisprudenz und Rechtsphilosophie*, Leipzig, 1892, p. 371 ss.; S. Romano, "Osservazioni sulla completezza dell'ordinamento statale", cit. L'idea dello "spazio vuoto di diritto" si regge su un duplice presupposto: (a) da un lato, il presupposto che "in natura" – ossia in assenza di norme giuridiche positive – gli uomini siano liberi, nel senso che ogni comportamento è permesso ("permesso" in senso debole, evidentemente, ossia non vietato); (b) dall'altro lato, il presupposto che il diritto positivo sia un insieme di comandi, cioè di norme imperative, che impongono obblighi (di fare o di omettere). Ne segue, per un verso, che ogni nuova norma giuridica positiva sottrae agli uomini una parte della loro libertà naturale (pregiuridica, antecedente la legislazione positiva). Ma ne segue anche, per un altro verso, che al di là dell'ordinamento giuridico positivo residua sempre, comunque, una zona di libertà naturale incomprimibile. Per l'appunto: tutto ciò che non è espressamente vietato dal diritto (positivo) ricade nell'ambito delle libertà naturali pregiuridiche, e resta dunque permesso (G. Tarello, *Storia della cultura giuridica moderna*, I, *Assolutismo e codificazione del diritto*, Bologna, 1976, p. 106 ss., con riguardo a Pufendorf).

(a) Prima risposta. Abbiamo a che fare con una genuina lacuna normativa, non troppo diversa da quella esaminata nel paragrafo di apertura. Banalmente: anche in questo caso, come in quello, vi è una fattispecie cui nessuna norma espressa riconnette una qualsivoglia conseguenza giuridica.

E, d'altra parte, come diremo tra poco, è generalmente diritto vigente negli ordinamenti moderni il divieto di "denegare giustizia", in virtù del quale il giudice ha l'obbligo di decidere qualunque controversia a lui sottoposta. Il divieto di denegare giustizia – si può sostenere – è un potente generatore di lacune normative, poiché obbliga il giudice a decidere anche casi che nessuna norma espressa disciplina.

(b) Seconda risposta. Abbiamo a che fare con un altro (un terzo) tipo di lacuna assiologica: precisamente, con la mancanza di una norma che, a giudizio dell'interprete, dovrebbe disciplinare una fattispecie di fatto non disciplinata.

Ecco un facile esempio (tra mille) che sembra avvalorare questa seconda risposta. L'art. 87, comma 5, cost. attribuisce al Presidente della Repubblica il potere di emanare gli atti governativi aventi forza di legge. Tale disposizione «non contiene alcuna altra previsione sostanziale o procedimentale che delimiti il potere presidenziale» [24]. Se ne potrebbe concludere che il potere presidenziale in questione non è soggetto a limiti, sostanziali o procedimentali, di sorta. Ma la dottrina costituzionalistica dominante non si accontenta di questa piana conclusione. Assume che dei limiti debbano sussistere, e pertanto ritiene che la costituzione sia lacunosa al riguardo (e si affretta a colmare fantasiosamente la lacuna in questione) [25].

---

[24] M. Luciani, "L'emanazione presidenziale dei decreti-legge. (Spunti a partire dal caso E)", in *Politica del diritto*, 3, 2009, p. 410.

[25] È facile comprendere che la questione delle lacune è politicamente molto delicata a livello costituzionale. Nel senso che, là dove la costituzione contiene una lacuna (i.e. non disciplina per nulla una data fattispecie) il legislatore può disporre (ossia disciplinare la fattispecie in questione) come più gli aggrada. Sicché colmare le (presunte) lacune del testo costituzionale ha l'effetto di circoscrivere la discrezionalità del legislatore.

Insomma: davvero dobbiamo considerare un caso di lacuna ogni fattispecie che la costituzione semplicemente non prenda in considerazione, come ad esempio la caccia al fagiano, il tiro al piccione, l'uso del congiuntivo, o i rapporti di lavoro sulle astronavi? La pretesa lacuna non dipende dal fatto che la costituzione omette di disciplinare la fattispecie in questione *pur prendendola in considerazione*. Dipende interamente dal presupposto dottrinale che la costituzione *debba* disciplinare quella fattispecie sebbene non la disciplini affatto. Sembra proprio che abbiamo a che fare con una lacuna assiologica. Se la costituzione nulla dispone in ordine all'uso del congiuntivo, è naturale concluderne che l'uso del congiuntivo è privo di disciplina costituzionale. E dunque, se la costituzione non dispone vincoli ad un qualsivoglia potere, non dovremmo concluderne che quel potere non è soggetto ad alcun vincolo costituzionale [26]?

Si noti peraltro che formulare norme *inespresse*, idonee a colmare lacune assiologiche, non è genuina descrizione del diritto vigente: è piuttosto *creazione* di diritto nuovo.

Come che sia, se si prende sul serio la finitezza del diritto, si comprende che in ogni ordinamento vi sono potenzialmente tante lacune – siano esse normative o assiologiche – quante fattispecie l'ordinamento in questione non disciplina affatto. E, si noti bene, argomentando *a contrario* si può sostenere che l'ordinamento non disciplini affatto tutte quelle fattispecie che non siano letteralmente incluse nel campo di applicazione di alcuna norma.

È idea diffusa, tuttavia, che l'esistenza di una lacuna *non* comporti altresì l'esistenza di controversie indecidibili in sede giurisdizionale. Si pensa infatti che qualsivoglia controversia possa comunque essere dal giudice decisa o:

(i) ricavando norme inespresse, essenzialmente nei modi prescritti – nell'ordinamento vigente – dall'art. 12, comma 2, disp. prel. cod. civ. (analogia e principi generali); o

---

[26] E naturalmente formulare norme *inespresse*, idonee a colmare lacune assiologiche, non è genuina descrizione del diritto vigente: è piuttosto *creazione* di diritto nuovo.

(ii) argomentando *a contrario* a partire dalla totalità delle norme espresse (se nessuna norma qualifica deonticamente in alcun modo la condotta del convenuto, la domanda dell'attore non può che essere respinta) [27].

6. *Dogma della completezza e stato di diritto*

I legislatori sovente prevedono l'esistenza di lacune e prescrivono ai giudici tecniche per colmarle [28]. I giuristi e i giudici quotidianamente denunciano – e colmano – lacune (per lo più assiologiche, in verità).

Nondimeno, secondo un modo di vedere, diffuso soprattutto nella cultura giuridica ottocentesca (ma con importanti echi nel Novecento), il diritto – *qualunque* ordinamento giuridico – sarebbe un insieme di norme *necessariamente* completo. Questo modo di vedere è ciò che si usa chiamare: *dogma della completezza*.

Il dogma della completezza del diritto è strettamente legato al liberalismo giuridico, cioè alla dottrina politica del moderno stato di diritto.

Lo stato di diritto è governato dal principio di legalità della giurisdizione, che obbliga il giudice a fondare ogni sua decisione sopra una norma giuridica preesistente.

Ora, se il diritto fosse incompleto, vi sarebbero controversie non decidibili sulla base di norme positive vigenti. Per decidere siffatte controversie il giudice non avrebbe che due possibilità: o "denegare giustizia" (pronunciare una sentenza di "non liquet", rifiutarsi di giudicare), o creare una norma nuova a suo arbitrio. Senonché nessuna delle due cose sembra accettabile.

---

[27] Così A.G. Conte, "Décision, complétude, clôture", in Ch. Perelman (ed.), *Le problème des lacunes en droit*, Bruxelles, 1968, sul presupposto del carattere intrinsecamente "chiuso" (finito) di ogni ordinamento normativo.

[28] Vedi ad es. l'art. 12, comma 2, disp. prel. cod. civ. Ma vedi anche l'art. 1, comma 2, del codice civile svizzero (1907): «Nei casi non previsti dalla legge il giudice decide secondo la consuetudine e, in difetto di questa, secondo la regola che egli adotterebbe come legislatore».

(i) Generalmente parlando, nello stato di diritto, il giudice ha l'obbligo di decidere qualunque controversia a lui sottoposta: gli è vietato denegare giustizia [29]. Lo statuisce espressamente, ad esempio, l'art. 4 del *Code Napoléon* (1804) [30]: «il giudice che rifiuterà di giudicare, con il pretesto del silenzio, dell'oscurità, o dell'insufficienza della legge, potrà essere perseguito come colpevole di diniego di giustizia» [31].

(ii) Generalmente parlando [32], nello stato di diritto, vige il principio della divisione dei poteri che, in entrambe le sue varianti (separazione in senso stretto, o bilanciamento [33]), esclude la giurisprudenza dal novero delle fonti del diritto. La creazione del diritto è monopolio degli organi legislativi: in genere, assemblee rappresentative. I giudici – organi burocratici, in genere scelti per concorso, e dunque privi, come si suol dire, di "le-

---

[29] Il divieto di denegare giustizia (i.e. l'obbligo di decidere ogni controversia, anche quando manchi una «precisa disposizione») può considerarsi implicito nell'art. 12, comma 2, disp. prel. cod. civ. Ai sensi dell'art. 3, comma 1, della legge 117/1988 (che per l'appunto porta in rubrica "Diniego di giustizia") costituisce diniego di giustizia «il rifiuto, l'omissione, o il ritardo del magistrato nel compimento di atti del suo ufficio»; l'art. 2, comma 1, stabilisce tra l'altro che «chi ha subito un danno ingiusto [...] per diniego di giustizia può agire contro lo Stato per ottenere il risarcimento dei danni patrimoniali e anche di quelli non patrimoniali che derivino da privazione della libertà personale». Anche prima dell'entrata in vigore della legge 117/1988, il principio poteva ritenersi implicito nel combinato disposto degli artt. 55 cod. proc. civ. (che prevede la responsabilità civile del giudice il quale, «senza giusto motivo, rifiuta, omette o ritarda di provvedere sulle domande o istanze delle parti e, in generale, di compiere un atto del suo ministero») e 328 cod. pen. (che punisce l'omissione o il rifiuto di atti di ufficio).

[30] Vedi in proposito L. Favoreu, *Du déni de justice en droit public français*, Paris, 1965. In realtà, l'art. 4 del Code civil comanda sì al giudice di risolvere ogni controversia – agendo *come se* il sistema giuridico fosse completo – ma non esprime affatto una regola di chiusura; al contrario, esso autorizza il giudice ad interpretare liberamente la legge e a colmarne le lacune (J.-E.-M. Portalis, *Discours et rapports sur le Code civil*, Caen, 1989, p. 26 ss.).

[31] Conviene ripetere che il divieto di denegare giustizia è un generatore di lacune (siano esse normative o assiologiche), poiché obbliga il giudice a decidere anche casi che nessuna norma espressa disciplina.

[32] Con la notevole eccezione costituita dall'art. 1, comma 2, del codice civile svizzero, che abbiamo citato in una nota precedente.

[33] Ne diremo nella parte terza, cap. V.

gittimazione democratica" – non sono autorizzati a creare diritto, hanno anzi l'obbligo di limitarsi ad applicare il diritto che trovano già fatto ad opera del legislatore.

Vi sono poi due ragioni ulteriori che rendono inammissibile la creazione giurisprudenziale di diritto.

(a) La creazione giurisprudenziale di diritto è in conflitto con il valore (generalmente accettato, anche se raramente positivizzato) della "certezza del diritto", in virtù del quale ciascuno deve avere la possibilità di prevedere le conseguenze giuridiche delle proprie azioni, e dunque, in ultima istanza, di prevedere le decisioni giurisdizionali. Evidentemente, non sarebbe prevedibile una decisione giurisdizionale che applicasse una norma non preesistente al giudizio, ma creata *ex novo* dal giudice stesso [34].

(b) Per la stessa ragione, la creazione giurisprudenziale di diritto è altresì in conflitto con il principio (generalmente positivizzato) di irretroattività delle leggi. La creazione giurisprudenziale di diritto, infatti, è necessariamente una sorta di legislazione *ex post facto*: la norma eventualmente creata dal giudice va a disciplinare una fattispecie già sottoposta all'attenzione del giudice, e dunque formatasi anteriormente alla formulazione della norma in questione.

Insomma, nello stato di diritto, al giudice è precluso sia di sottrarsi alla decisione, sia di decidere creando una norma nuova.

Orbene, in favore del dogma della (necessaria) completezza di ogni ordinamento sono stati addotti diversi argomenti [35]. Il più interessante e discusso è il seguente.

7. *La norma generale esclusiva*

Una dottrina molto diffusa sostiene che tutti gli ordinamenti giuridici necessariamente includano (sia pure solo implicita-

---

[34] Nell'ordinamento vigente, il principio in questione non è codificato. Tuttavia, la Corte costituzionale mostra di considerarlo un principio implicito di rango costituzionale. Cfr. Corte cost. 210/1971, 101/1986.

[35] Tutti accuratamente esaminati da A.G. Conte, *Saggio sulla completezza degli ordinamenti giuridici*, cit.

mente) una norma di chiusura, e precisamente il "principio di libertà" o "norma generale esclusiva": "Tutto ciò che non è espressamente vietato è tacitamente permesso".

Una norma siffatta ha ovviamente l'effetto di "chiudere" l'ordinamento: in forza di essa ogni possibile condotta risulta giuridicamente qualificata, poiché o ricade sotto il dominio di una norma particolare espressa che la vieta o, in mancanza, ricade sotto il dominio della norma generale (eventualmente implicita) che la permette [36].

Questo modo di vedere – benché molto attraente dal punto di vista politico [37] – solleva vari problemi teorici, che qui sarebbe fuori luogo trattare. Basterà dire questo.

Malgrado le apparenze, la norma generale esclusiva non è affatto una verità necessaria, una tautologia, in quanto tale vera in ogni possibile ordinamento, come alcuni pretendono [38], ma più semplicemente un principio giuridico contingente: cioè un principio che è positivamente stabilito e/o implicito solo in alcuni ordinamenti e/o solo in alcuni settori del diritto, mentre non vale in altri ordinamenti e/o in altri settori.

Generalmente parlando, si può dire che la norma generale esclusiva valga solo in alcuni ordinamenti giuridici liberali. Ad esempio, l'art. 5 della *Déclaration des droits de l'homme et du citoyen* del 26 agosto 1789, tuttora vigente in Francia, stabilisce: «Tutto ciò che non è vietato dalla legge non può essere im-

---

[36] D. Donati, *Il problema delle lacune dell'ordinamento giuridico*, Milano, 1910. Questo modo di vedere è gravido di conseguenze sia sul piano delle fonti, sia sul piano dell'applicazione. (i) Per ciò che concerne le fonti, questa dottrina implica che tutto ciò che non sia espressamente vietato da una data fonte (per es., dalla legge) è, da quella stessa fonte, implicitamente qualificato permesso: sicché non può essere legittimamente vietato da una fonte inferiore (ad es., da un regolamento dell'esecutivo). (ii) Per ciò che concerne l'applicazione giurisdizionale del diritto, questa dottrina si risolve in una politica *de sententia ferenda*: in una raccomandazione, rivolta ai giudici, di respingere la domanda dell'attore ogniqualvolta essa non sia fondata su una norma particolare che imponga un obbligo al convenuto.

[37] Come ho accennato, la norma generale esclusiva costituisce null'altro che una formulazione del principio di libertà, il quale dovrebbe informare di sé lo stato di diritto.

[38] Adducendo che, *per definizione*, non-vietato significa permesso.

pedito, e nessuno può essere costretto a fare ciò che non è ordinato dalla legge». Ma non tutti gli ordinamenti contengono una norma siffatta.

In molti ordinamenti (incluso quello italiano vigente: art. 25, comma 2, cost.; art. 1 cod. pen.), la norma generale esclusiva è espressamente statuita solo nell'ambito del diritto penale, dove vale il principio "nullum crimen, nulla poena, sine lege". Per contro, nell'ambito del diritto civile, molti ordinamenti (incluso il nostro: art. 12, comma 2, disp. prel. cod. civ.) includono piuttosto una "norma generale inclusiva" – così è stata chiamata – ossia il principio che autorizza il giudice ad estendere le norme giuridiche particolari mediante analogia [39]. Sicché, in diritto civile, è vietato non solo tutto ciò che è vietato espressamente, ma anche ciò che è simile a ciò che è vietato espressamente.

Negli ordinamenti giuridici liberali, inoltre, la norma generale esclusiva – se anche vale al livello delle ordinarie norme di condotta, rivolte ai cittadini – non vale al livello delle norme di competenza, cioè di quelle norme che conferiscono poteri (normativi, amministrativi, giurisdizionali) agli organi dello stato. Nell'ambito del diritto pubblico, tali ordinamenti si caratterizzano piuttosto per il principio opposto – il principio di legalità – in virtù del quale i pubblici poteri possono compiere non già ogni atto che non sia loro vietato, ma anzi solo quegli atti che siano loro espressamente consentiti.

Là dove la norma generale esclusiva *non* è diritto positivo vigente, una condotta che non sia espressamente proibita, ma neppure espressamente permessa, è giuridicamente *inqualificata* [40]. È, insomma, proprio un caso di lacuna.

[39] Né, d'altra parte, vi sono meta-norme che prescrivano un criterio di scelta tra argomento *a simili* ed argomento *a contrario*, quando entrambi siano applicabili. N. Bobbio, *Teoria dell'ordinamento giuridico*, Torino, 1960, p. 148 ss.

[40] C.E. Alchourrón, E. Bulygin, *Normative Systems*, cit., p. 119 ss.; G.H. von Wright, *Norm and Action*, London, 1963, p. 86.

Parte Terza

Fonti, legge, costituzione

I.

Fonti legali

SOMMARIO: 1. Il concetto di fonte legale. – 2. Implicazioni. – 3. Precisazioni. – 4. Autorità, procedimenti, documenti.

1. *Il concetto di fonte legale*

Il diritto, come si diceva, disciplina tra le altre cose anche la sua stessa creazione [1]. Ogni ordinamento giuridico include – accanto alle comuni norme di condotta, che comandano, proibiscono, o permettono l'uno o l'altro comportamento [2] – alcune norme il cui oggetto di disciplina è precisamente la creazione di (altre) norme. Trattasi delle *norme sulla produzione giuridica*, di cui abbiamo discorso nel quarto capitolo della prima parte.

La struttura logica delle norme sulla produzione non è diversa da quella di ogni altra norma giuridica. Si tratta di una struttura condizionale – del tipo "Se F, allora G" – dove l'antecedente (o protasi) si riferisce ad una classe di fatti condizionanti, e il conseguente (o apodosi) ad una classe di conseguenze giuridiche. La peculiarità delle norme in questione sta non nella loro struttura, ma in una componente del loro contenuto, e precisamente nel tipo di conseguenza giuridica che esse dispongono. Le norme sulla produzione giuridica dispongono, quale conse-

---

[1] È questo un motivo ricorrente nella "dottrina pura del diritto": H. Kelsen, *General Theory of Law and State*, Cambridge (Mass.), 1945; H. Kelsen, *Théorie pure du droit* (1960), Paris, 1962.

[2] Le norme, per intenderci, che qualificano deonticamente la condotta dei cittadini.

guenza giuridica di certi fatti, la nascita di (nuove, ulteriori) norme giuridiche, ossia *la nascita di nuovo diritto*.

Ebbene, si dicono – con una trasparente metafora – "fonti (di produzione) del diritto" o "fonti normative" tutti e soli quei fatti ai quali una norma giuridica positiva preesistente riconnette quella peculiare conseguenza giuridica che è la creazione di diritto.

Detto altrimenti: data una norma che presenti la struttura "Se F, allora G" – per esempio: "Se il soggetto S statuisce x, allora x è diritto" – dove l'antecedente (F) si riferisca ad una classe di fatti qualsivoglia e il conseguente (G) si riferisca alla produzione di diritto, *la classe di fatti F costituisce fonte del diritto* [3].

2. *Implicazioni*

(1) Si osservi: il concetto di fonte del diritto delineato nel paragrafo precedente è, certo, un concetto teorico-generale, nel senso (banale) che pretende di applicarsi a qualsivoglia ordinamento (o almeno: a qualunque ordinamento occidentale moderno). Ma non è per nulla teorico-generale nel senso che pretenda di identificare le fonti – in qualsivoglia ordinamento – in modo del tutto indipendente da ciò che eventualmente disponga in proposito l'ordinamento positivo stesso.

Al contrario, esso sottintende che ogni ordinamento abbia le fonti sue proprie, e implica che, in ciascun ordinamento, l'identificazione delle fonti sia questione niente affatto "teorico-generale", bensì "dogmatica": *una questione di diritto positivo* [4].

(2) Questo concetto di fonte, inoltre, è strettamente "formale" nel senso che pretende di identificare certi fatti come fonti (dell'uno o dell'altro ordinamento) *a priori*, prima di conoscer-

---

[3] Come vedremo tra breve, questo è, propriamente parlando, non il concetto di "fonte" senza ulteriori specificazioni, bensì il concetto di "fonte legale".

[4] V. Crisafulli, "Variazioni sul tema delle fonti con particolare riguardo alla consuetudine", in *Scritti in memoria di Antonino Giuffrè*, vol. III, Milano, 1967, p. 261.

ne il contenuto prescrittivo, e dunque in modo del tutto indipendente da esso.

Le fonti del diritto, per chi adotti questo concetto, si identificano semplicemente alla luce delle norme sulla produzione giuridica esistenti in un dato ordinamento. In pratica, si identificano le fonti sulla base di connotati esteriori – e, in questo senso, "formali" – quali il procedimento di produzione e/o il *nomen juris*.

(3) Questo concetto di fonte implica, infine, una radicale relativizzazione del concetto stesso di diritto (positivo). Da questo punto di vista, molto semplicemente, è diritto – per un dato ordinamento – *tutto e solo ciò che l'ordinamento stesso considera tale*.

Poniamo ad esempio che un certo ordinamento positivo qualifichi fonte del diritto una certa classe di documenti – ad esempio, le "leggi" – del tutto indipendentemente dal loro variabile contenuto (è quanto accade nell'ordinamento vigente: art. 1 disp. prel. cod. civ.). Ebbene, in quell'ordinamento tutto ciò che le leggi dispongono – fosse anche, paradossalmente, una previsione meteorologica, un'invocazione agli dèi, o una descrizione della vita sessuale delle giraffe – costituisce "diritto".

3. *Precisazioni*

La struttura profonda delle norme sulla produzione giuridica, quale è stata sopra indicata, "Se F, allora G" (per esempio: "Se il soggetto S statuisce x, allora x è diritto", "Se tutti i commercianti adottano nei loro reciproci rapporti il modello di comportamento M, allora M è diritto", etc.), ben raramente corrisponde alla struttura superficiale delle norme in questione: essa è frutto di ricostruzione teorica. Di fatto, le norme sulla produzione giuridica possono assumere le forme più varie.

È poco comune, credo, e certo assai peculiare la forma della norma sulla produzione contenuta nell'art. 1 delle disposizioni preliminari del vigente codice civile, che attribuisce espressamente la qualità di «fonti del diritto» a certe classi di documenti e comportamenti [5]: «leggi», «regolamenti», e «usi» [6]. Il che, grosso modo, è quanto dire: "Se un soggetto S (non specificato [7]) delibera un documento con il nome di 'legge', allora il contenuto di quel documento è diritto"; "Se un soggetto S (non specificato [8]) delibera un documento con il nome di 'regolamento', allora il contenuto di quel documento è diritto"; "Se la comunità o un qualche suo sottoinsieme adotta costantemente e per lungo tempo un modello di comportamento M, allora M è diritto".

Nondimeno, vi sono almeno due modi standard di formulare norme sulla produzione giuridica.

(i) Un primo modo consiste nel conferire ad un qualche soggetto potere "legislativo" o "regolamentare", ossia il potere di creare documenti che portino il nome di "leggi" o di "regolamenti", essendo scontato, nell'uso comune inveterato del linguaggio, che documenti con questi nomi esprimano – forse non esclusivamente, ma certo tipicamente – norme (generali e astratte), i.e. regole di condotta.

(ii) Un secondo modo consiste nell'attribuire ad un qualche soggetto il potere di "disciplinare" o "regolare" alcunché, essendo scontato che disciplinare o regolare un qualsivoglia oggetto consista precisamente nel dettare norme (generali e astratte), i.e. regole di condotta.

Le norme sulla produzione giuridica sono evidentemente norme "di competenza", ossia norme che conferiscono *poteri normativi.*

E d'altra parte un potere normativo è il *potere di creare norme in senso stretto*, ossia prescrizioni generali e astratte, regole di condotta.

---

[5] Vedi però una disposizione non troppo dissimile nel codice civile spagnolo, art. 1: «Le fonti dell'ordinamento giuridico spagnolo sono la legge, la consuetudine, e i principi generali del diritto».

[6] Sono ovviamente documenti le leggi e i regolamenti; sono comportamenti gli usi.

[7] La norma va completata con le norme costituzionali di competenza che conferiscono potere legislativo.

[8] La norma va completata con le norme (costituzionali e/o legislative) di competenza che conferiscono potere regolamentare.

È discutibile, e discusso, se possano ricondursi a norme sulla produzione – atte dunque a identificare le fonti dell'ordinamento – anche quelle norme che, in taluni ordinamenti, conferiscono a certi documenti quella peculiare efficacia *erga omnes* che implica l'opponibilità a terzi, e che generalmente parlando è caratteristica delle leggi, e anzi, nel diritto italiano vigente, differenzia radicalmente le leggi dai contratti così come dalle sentenze civili (vedi gli artt. 1372 e 2909 cod. civ.) [9].

Questo modo di vedere è molto discusso, tra l'altro, per la ragione che induce a considerare genuine fonti del diritto anche taluni atti giurisdizionali (sentenze costituzionali "di accoglimento", sentenze di giudici amministrativi che annullino regolamenti) cui appunto l'ordinamento conferisca efficacia *erga omnes*, sebbene nel pensiero giuridico comune gli atti giurisdizionali in genere siano considerati atti non già di produzione, ma di applicazione del diritto.

4. *Autorità, procedimenti, documenti*

Nel linguaggio comune dei giuristi, la locuzione "fonti del diritto" ("fonti di produzione", "fonti normative") è usata per riferirsi, in modo oscillante, ad oggetti diversi. Se facciamo astrazione dalla consuetudine, che richiede un discorso a sé [10], nel processo di produzione del diritto si possono distinguere non meno di tre elementi costitutivi.

(a) In primo luogo, un'*autorità normativa*, ossia un soggetto investito del potere (o della competenza che dir si voglia) di creare diritto: ad esempio, l'organo legislativo.

(b) In secondo luogo, un *procedimento normativo*, ossia una sequenza di atti, il cui esito è la produzione di diritto: ad esempio, il procedimento legislativo.

(c) In terzo luogo, un *testo o documento normativo*, ossia il

---

[9] A. Pizzorusso, *Delle fonti del diritto*, II ed., Bologna-Roma, 2011.

[10] *Infra*, cap. IV.

prodotto o risultato di un procedimento normativo: ad esempio, una legge (un documento legislativo).

Ebbene, il termine "fonte" (sottinteso: di produzione) può essere usato per riferirsi indifferentemente ai procedimenti e/o ai documenti normativi che ne scaturiscono.

Non sarebbe opportuno, invece, usare il termine per riferirsi alle autorità normative [11]. Accade infatti che una medesima autorità normativa (un medesimo organo) sia competente – in genere, mediante procedimenti differenziati – a creare testi normativi di tipo diverso, caratterizzati, ciascuno, da un diverso regime giuridico: una diversa collocazione nella gerarchia delle fonti, un diverso ambito di competenza, un diverso regime di controlli giurisdizionali, etc. Ad esempio, nel nostro ordinamento: il Presidente della Repubblica (a seguito di deliberazione del Consiglio dei ministri) è l'autorità da cui promanano sia regolamenti, sia decreti-legge, sia decreti legislativi delegati; il Parlamento è l'autorità da cui promanano sia leggi ordinarie, sia leggi costituzionali; il Consiglio regionale era, prima della revisione costituzionale attuata con legge cost. 3/2001, l'autorità da cui promanavano sia leggi (regionali), sia regolamenti (regionali). In tutti questi (ed altri) casi, una sola autorità è la "fonte" di documenti normativi eterogenei, che sono comunemente (e giustamente) considerati "fonti" diverse.

Deve essere chiaro, peraltro, che i procedimenti normativi mettono capo non propriamente e direttamente a "norme", ma piuttosto a testi o documenti normativi. Le norme derivano dai testi per il tramite dell'interpretazione, come avremo occasione di vedere [12].

---

[11] L. Paladin, "Saggio sulle fonti del diritto italiano: le problematiche della definizione e dell'identificazione", in *Quaderni costituzionali*, 1993, p. 221.

[12] Parte quarta, capp. I e II.

II.

La legge

SOMMARIO: 1. Varietà di usi del termine “legge”. – 2. “Legge” in senso generico. – 3. La legge come fonte primaria e suprema. – 4. “Legge” in senso formale e in senso materiale. – 5. Il principio di legalità. – 6. Il declino della legge (nell’ordinamento vigente).

1. *Varietà di usi del termine “legge”*

Il termine “legge” è comunemente usato sia in riferimento a fenomeni normativi (quali il diritto e la morale), sia in riferimento a fenomeni non normativi (naturali, sociali, economici, etc.) [1].

(1) Quando è usato in riferimento a fenomeni non normativi, il termine “legge”:

(a) talvolta designa una regolarità – ossia il ripetersi regolare, costante – di eventi o comportamenti;

(b) talaltra designa l’enunciato scientifico – tecnicamente: la proposizione [2] – che descrive tale regolarità;

(c) spesso designa indistintamente e confusamente entrambe le cose.

(2) In generale, quando è usato in riferimento a fenomeni normativi, lo stesso termine designa:

---

[1] F. Modugno, *Legge. Ordinamento giuridico. Pluralità degli ordinamenti. Saggi di teoria generale del diritto*, Milano, 1985, p. 1 ss.

[2] Si ricordi: “proposizione” è (il contenuto di senso di) un enunciato dotato di uno dei due valori di verità, cioè che possa dirsi vero o falso.

(a) occasionalmente un singolo enunciato prescrittivo (una "disposizione");

(b) più comunemente un insieme di enunciati prescrittivi (un testo o documento normativo) [3].

Peraltro, come vediamo subito, in quest'ultima accezione il termine "legge" può assumere diverse sfumature di significato.

2. *"Legge" in senso generico*

Nel linguaggio comune (non specialistico) – ma più raramente anche nel linguaggio dei giuristi moderni – il termine "legge" è impiegato in due modi leggermente diversi, tutt'affatto generici entrambi:

(1) talvolta, "legge" è impiegato pressappoco come sinonimo di "diritto" (in senso oggettivo), quasi che, da un lato, il diritto – inteso come insieme di norme – fosse indistinguibile dalle sue fonti e, dall'altro, che la legge fosse l'unica fonte del diritto;

(2) talaltra, "legge" è impiegato come sinonimo di "fonte del diritto" [4], quasi che, di nuovo, non si dessero altre fonti del diritto che la legge.

La legge, insomma, è comunemente considerata fonte del diritto per antonomasia [5].

---

[3] È un tratto saliente del giusnaturalismo la confusione sistematica tra "leggi di natura" (i.e. proposizioni che descrivono regolarità naturali, come tali vere o false) e "leggi giuridiche" (enunciati che non descrivono regolarità, ma statuiscono regole, ossia prescrizioni, come tali né vere né false).

[4] Senza distinguere, cioè, tra leggi in senso tecnico (atti del parlamento), atti (governativi) "aventi forza di legge", regolamenti (governativi), etc.

[5] F. Modugno, *Legge. Ordinamento giuridico. Pluralità degli ordinamenti*, cit., p. 4.

3. *La legge come fonte primaria e suprema*

(1) L'idea della legge come fonte del diritto per antonomasia, che si coglie nel linguaggio comune, non è che un riflesso della concezione della legge come espressione della "volontà generale" [6] – i.e. del sommo potere, del potere sovrano – caratteristica del pensiero giuridico europeo (specialmente francese) del secolo XIX e della prima metà del XX, prima cioè che si generalizzasse il fenomeno delle costituzioni rigide [7].

In regime di costituzione flessibile, e tanto più in mancanza di costituzione scritta, la legge godeva dello statuto di fonte *suprema* e *primaria* [8].

(a) La legge era fonte *suprema*, nel senso (ovvio) che – in assenza di una costituzione rigida – la legge era fonte *sovraordinata* ad ogni altra: alla consuetudine, ai regolamenti dell'esecutivo, al diritto giurisprudenziale [9].

(b) La legge era poi fonte *primaria* [10], originaria, nel senso che la funzione legislativa era logicamente *pre-ordinata* ad ogni altra funzione statale: la sola che *non* costituisse applicazione di norme preesistenti, mentre tutti i rimanenti poteri dello stato erano dalla legge conferiti, e pertanto dalla legge "derivati" [11].

---

[6] Rousseau, *Du contrat social*, ch. VI. Non si può non ricordare l'*incipit* dell'art. 6 della *Déclaration des droits de l'homme et du citoyen* (1789): «La loi est l'expression de la volonté générale».

[7] I. De Otto, *Derecho constitucional. Sistema de fuentes*, II ed., Barcelona, 1993, p. 128 ss.

[8] G. Zagrebelsky, *Il diritto mite. Legge, diritti, giustizia*, Torino, 1992, p. 20 ss.

[9] Del resto, le costituzioni (scritte) flessibili erano considerate meri documenti politici più che vere e proprie fonti del diritto.

[10] «Une puissance primaire, initiale ou spontanée [...] une puissance antérieure»: R. Carré de Malberg, *La loi, expression de la volonté générale. Étude sur le concept de la loi dans la Constitution de 1875*, Paris, 1931 (rist. Paris, 1984), p. 32. Vedi anche R. Carré de Malberg, *Confrontation de la théorie de la formation du droit par degrés avec les idées et les institutions consacrées par le droit positif français relativement à sa formation*, Paris, 1933 (rist. Paris, 2007), spec. pp. 31 s., 35 s. Come abbiamo visto, nella dottrina italiana contemporanea si parla di fonti "primarie" in altro senso: si dicono primarie tutte le fonti subordinate immediatamente alla (sola) costituzione.

[11] Sicché l'esistenza previa della legge (di una legge autorizzatrice) – era

(2) L'idea che la legge sia fonte del diritto per antonomasia è inscindibile da una concezione e del diritto e della funzione legislativa largamente diffusa nel pensiero giuridico moderno a partire dalla Rivoluzione francese.

(a) Da un lato, la concezione del diritto come insieme di norme generali e astratte, rivolte ai cittadini (non all'apparato statale: per esempio, alla pubblica amministrazione), e suscettibili di applicazioni ripetute ad una pluralità indefinita di casi concreti futuri [12].

(b) Dall'altro, la concezione della funzione legislativa come potere di disciplinare precisamente la condotta dei cittadini mediante norme generali e astratte.

Questo modo di concepire la funzione legislativa, a sua volta, involge una duplice conseguenza. Per un verso, la disciplina – in generale e in astratto – della condotta dei cittadini è *riservata* all'organo legislativo: concretamente, negli ordinamenti democratici a poteri divisi, ad un'assemblea elettiva e perciò rappresentativa dei cittadini stessi [13]. Per un altro verso, l'organo investito della funzione legislativa può creare *esclusivamente* norme generali e astratte [14], nel senso che gli è vietato assumere provvedimenti singolari e concreti (giacché una legge singolare e concreta violerebbe il principio di eguaglianza: attribuirebbe "privilegi").

---

condizione necessaria di validità per qualsivoglia atto dei rimanenti poteri statali (atti normativi dell'esecutivo, atti amministrativi, decisioni giurisdizionali). Di qui deriva il principio di legalità (formale), in virtù del quale ogni atto dell'esecutivo – o almeno ogni atto dell'esecutivo che incida sull'uno o l'altro diritto soggettivo dei cittadini – deve essere (i) autorizzato dalla legge e (ii) conforme alla legge. Vi ritorneremo più avanti (§ 5).

[12] Di tal che giudici e pubblica amministrazione, nello statuire precetti individuali e concreti (in conformità a leggi preesistenti), *non creano*, ma *applicano* diritto.

[13] Nel "governo misto", però, la funzione legislativa è condivisa da una camera "popolare" (elettiva) e da una camera "aristocratica" (non elettiva).

[14] Si ricordi come abbiamo definito queste nozioni in un precedente capitolo: parte prima, cap. III.

4. *"Legge" in senso formale e in senso materiale*

Nella storia del pensiero giuridico moderno, tuttavia, il termine "legge" si trova impiegato in almeno tre sensi diversi: un senso "formale" – oggidì senz'altro prevalente nel linguaggio corrente dei giuristi – e due distinti sensi "materiali" (o "sostanziali") [15].

(i) In senso *formale* si dice "legge" qualunque atto o documento che – del tutto indipendentemente dal suo contenuto normativo – promani dall'organo cui la costituzione attribuisce la funzione legislativa, e goda perciò di un peculiare regime giuridico.

In questo senso, la "legge" si distingue dal punto di vista "organico" tanto dagli atti dell'esecutivo (comunemente detti "ordinanze" e/o "decreti"), quanto dagli atti del giudiziario ("sentenze").

(ii) In un *primo* senso *materiale* si dice "legge" qualunque atto o documento che – del tutto indipendentemente dall'organo da cui promana e dal regime giuridico che lo contraddistingue – esprima (o "contenga") norme generali e astratte. La legge, così intesa, è «una regola generale, ossia una prescrizione che non ha ad oggetto né un caso particolare e attuale, né certe persone determinate, ma che è emanata per essere applicata in futuro a tutti i casi e a tutte le persone che ricadono nelle previsioni astratte del testo normativo» [16].

In questo senso, la "legge" si distingue da ogni provvedimento a contenuto individuale e concreto, quale che sia l'organo da cui promana (provvedimenti amministrativi, sentenze, ma anche atti dell'organo legislativo che, per avventura, siano privi di generalità e astrattezza).

(iii) In un *secondo* senso *materiale* si dice "legge" qualunque atto o documento che – del tutto indipendentemente dall'organo

---

[15] Vedi l'analisi magistrale di R. Carré de Malberg, *La loi, expression de la volonté générale*, cit., p. 4 ss.

[16] R. Carré de Malberg, *La loi, expression de la volonté générale*, cit., p. 4.

da cui promana e dal regime giuridico che lo contraddistingue – disciplini (non il funzionamento o l'organizzazione interna dell'apparato statale, ma) la condotta dei cittadini. Così intesa, la legge è «ogni regola, prescrizione, o provvedimento che modifichi o innovi la situazione giuridica dei privati, creando per essi nuovi obblighi o facoltà» [17].

In questo senso, la "legge" si distingue da ogni atto, anche a contenuto generale e astratto, che non incida (almeno: non direttamente) sulle situazioni giuridiche soggettive – obblighi e diritti – dei cittadini (ad esempio, regolamenti interni dell'amministrazione, ma anche atti del legislativo che abbiano ad oggetto solo l'organizzazione ed il funzionamento della pubblica amministrazione).

Si osservi che, così intesa, la legge non ha necessariamente contenuto generale e astratto, dal momento che la situazione giuridica di un privato può essere modificata anche da una prescrizione individuale in deroga ad una regola generale precedente [18].

Storicamente, i due concetti di legge in senso materiale – oggidì generalmente in disuso [19] – sono stati impiegati, soprattutto in regimi di monarchia costituzionale, quali strumenti dogmatici per avvalorare una certa distribuzione delle competenze normative tra gli organi legislativi (più o meno rappresentativi) e il monarca (titolare del potere esecutivo), ovvero tra la "legge" e il "decreto": in ultima istanza, per circoscrivere le competenze normative del monarca a favore delle assemblee elettive.

Si suggeriva, cioè, che dovesse essere adottata nella forma della legge ogni decisione che avesse, della legge, i connotati materiali, e che potessero essere adottate in forma di decreto solo decisioni non materialmente legislative [20]. Ferma restando, in

[17] R. Carré de Malberg, *La loi, expression de la volonté générale*, cit., p. 7. La mia traduzione non è letterale: nel passo citato, in verità, Carré de Malberg parla non di obblighi, ma, letteralmente, di "oneri" (*charges*).

[18] R. Carré de Malberg, *La loi, expression de la volonté générale*, cit., p. 9.

[19] L'espressione "legge in senso materiale" è talora usata – anche in questo libro – come sinonimo di "fonte del diritto", e l'espressione "legislatore in senso materiale" è talora usata – anche in questo libro – come sinonimo di "autorità normativa".

[20] Ad es., in riferimento al secondo concetto di legge materiale, «sarà ma-

molte costituzioni, la facoltà del legislativo di assumere con legge anche provvedimenti intrinsecamente non legislativi (i.e. amministrativi), come pure di autorizzare l'esecutivo a disporre in generale e in astratto ovvero a disciplinare in forma di decreto anche materie sostanzialmente legislative.

5. *Il principio di legalità*

Detto succintamente, il principio di legalità – presidio fondamentale dei diritti dei cittadini, nel pensiero politico moderno – è il principio di soggezione alla legge dei pubblici poteri [21].

Ma la soggezione alla legge dei pubblici poteri si atteggia diversamente a seconda di quel che si intende per "legge" e, di conseguenza, per "pubblici poteri". Mi spiego.

(1) In primo luogo, si può intendere "legge" nel senso tecnico di legge formale (ordinaria), ossia di atto dell'organo rappresentativo che è titolare della funzione legislativa.

Così inteso – soggezione dei pubblici poteri agli atti del parlamento – il principio di legalità è un corollario di quella dottrina politica che vede nella legge (formale) l'espressione della "volontà generale", e vede negli organi rappresentativi cui è at-

---

teria di legge, in quanto tale di competenza dell'organo legislativo, ogni regola o provvedimento, generale o particolare, che implichi una modificazione nella situazione giuridica dei cittadini. Sarà materia di decreto ogni prescrizione o provvedimento, generale o particolare, che non produca effetti nei confronti dei privati, oppure si limiti a dare esecuzione alle norme che già ne regolavano la condotta» (R. Carré de Malberg, *La loi, expression de la volonté générale*, cit., p. 9).

[21] Ch. Eisenmann, "Le droit administratif et le principe de légalité", in *Études et documents du Conseil d'Etat*, 11, 1957, p. 25 ss.; V. Crisafulli, "Principio di legalità e 'giusto procedimento'", in *Giurisprudenza costituzionale*, 1962, p. 130 ss.; S. Fois, "Legalità (principio di)", in *Enciclopedia del diritto*, vol. XXIII, Milano, 1973, p. 659 ss.; N. Bobbio, "Legalità", in N. Bobbio, N. Matteucci (eds.), *Dizionario di politica*, Torino, 1976, p. 518 ss.; L. Carlassare, "Legalità (principio di)", in *Enciclopedia giuridica Treccani*, vol. XVIII, Roma, 1990; J. Chevallier, *L'État de droit*, Paris, 1992; M. Troper, "Le concept d'État de droit", in *Droits*, 15, 1992, p. 51 ss.

tribuita la funzione legislativa i titolari, o almeno i depositari, della "sovranità", i.e. del sommo potere.

Così inteso, il principio di legalità vale per il potere giurisdizionale e – quel che più conta – per il potere esecutivo, ma non può ovviamente valere per il potere legislativo, il quale non incontra limiti di sorta (o, comunque, non li incontra certo nella legge positiva [22]). Sicché, se "legge" denota la legge formale, allora "pubblici poteri" denota (solo) l'esecutivo e il giudiziario (non il legislativo).

(2) In secondo luogo, si può intendere "legge" nel senso tutt'affatto generico di "legge materiale"; dunque non nel senso di legge formale (ordinaria), ma nel senso di norma o insieme di norme giuridiche generali e astratte (da qualunque fonte esse provengano). In questo senso, la "legge" non è cosa diversa dal "diritto oggettivo".

Così inteso – soggezione dei pubblici poteri al diritto oggettivo – il principio di legalità può estendersi anche al potere legislativo, che pur non essendo soggetto alla legge formale, può tuttavia essere soggetto a norme di diritto positivo, e precisamente, a norme di rango costituzionale: a condizione – beninteso – che la costituzione sia rigida. Sicché, se "legge" denota il diritto oggettivo, allora "pubblici poteri" denota tutti i poteri dello stato indistintamente (l'esecutivo e il giudiziario, ma anche il legislativo).

Così inteso, il principio di legalità è un corollario di quella dottrina politica che vede non nella legge, ma piuttosto nella costituzione (dunque non nel potere legislativo, ma piuttosto nel potere costituente) l'espressione della "sovranità". Sicché il potere legislativo, lungi dall'essere illimitato, incontra anzi – come ogni altro potere – dei limiti, e precisamente dei limiti costituzionali. Sempre che – conviene ripeterlo – la costituzione sia rigida: giacché una costituzione flessibile può essere liberamente derogata, modificata, sospesa, o abrogata dal legislatore, e dunque non può valere come limite alla legislazione [23].

---

[22] Nel pensiero giusnaturalistico, il legislatore incontra limiti nella legge naturale (o nella legge divina).

[23] Cfr. cap. III di questa parte.

Potremmo anche dire così: laddove il principio di legalità vale nei confronti dei poteri esecutivo e giurisdizionale, abbiamo a che fare con uno stato *di diritto* (senza ulteriori specificazioni); laddove il principio di legalità si estende anche al potere legislativo, abbiamo a che fare con uno stato *costituzionale di diritto* [24].

Nondimeno occorre avvertire che, tradizionalmente, il principio di legalità è riferito non ai pubblici poteri in genere, ma specificamente al potere esecutivo: quello, cioè, che dispone direttamente dei mezzi di coercizione. Ciò sottintende un modo di vedere risalente, secondo cui il problema della garanzia dei diritti nei confronti del legislativo e del giudiziario, semplicemente, non si pone.

Il problema non si pone nei confronti del legislativo, sul presupposto che i diritti soggettivi nascano precisamente dalla legge (intesa come atto dell'organo rappresentativo), sicché non vi possono essere diritti da garantire "contro" la legge stessa [25].

E, d'altro canto, il problema neppure si pone nei confronti del giudiziario, sul presupposto che la funzione giurisdizionale consista semplicemente nella applicazione della legge, senza margini di discrezionalità (il potere giurisdizionale come "potere nullo", i giudici come "bocca della legge", secondo l'insegnamento di Montesquieu).

Questo modo di vedere è oggi screditato. Nella cultura giuridica contemporanea si sono affermate: per un verso, la teoria secondo cui i diritti dei cittadini traggono origine non dalla legge, ma dalla costituzione, sicché si pone il problema di garantire i diritti conferiti dalla costituzione anche nei confronti del legislatore, ossia delle occasionali maggioranze politiche (di qui la rigidità delle costituzioni contemporanee e i controlli di legittimità costituzionale sulle leggi); per un altro verso, la teoria secondo cui la funzione giurisdizionale non è riducibile a "meccanica" applicazione della legge, ma involge invece ampi mar-

---

[24] L. Ferrajoli, *Diritto e ragione. Teoria del garantismo penale*, Roma-Bari, 1989, spec. cap. XIII; G. Zagrebelsky, *Il diritto mite*, cit., cap. II.

[25] G. Zagrebelsky, *Il diritto mite*, cit., cap. II.

gini di discrezionalità, soprattutto di discrezionalità interpretativa [26].

Orbene, come si diceva, la soggezione alla legge si atteggia diversamente a seconda del potere statale di cui si parla.

(i) La soggezione alla legge in senso materiale – ossia, propriamente, alla costituzione – del potere legislativo altro non è che il *principio di legittimità costituzionale*, in virtù del quale la legge
  (a) deve essere approvata nelle forme stabilite dalla costituzione,
  (b) deve disporre entro l'ambito materiale di competenza determinato dalla costituzione, e
  (c) non può disporre in contrasto con la costituzione [27].

(ii) La soggezione alla legge (formale) del potere giurisdizionale – o principio di legalità nella giurisdizione – consiste molto semplicemente nel dovere incondizionato di applicare la legge.

Di tal che: per un verso, ogni provvedimento giurisdizionale deve essere fondato su una specifica norma di legge e deve essere materialmente conforme alla legge; per un altro verso, in nessun caso i giudici sono autorizzati a rifiutare l'applicazione della legge [28].

---

[26] Oltre, s'intende, la discrezionalità del giudice penale nella determinazione del *quantum* della pena, del giudice civile nella determinazione del *quantum* del risarcimento del danno, etc.

[27] Ma, si noti, che nessun problema di compatibilità con la costituzione può neanche porsi per una legge la quale incida sopra un oggetto che la costituzione non disciplina affatto. Così, ad esempio, se si conviene che la costituzione sia un insieme di norme "finito", e in tal senso "incompleto", sarà necessariamente compatibile con la costituzione (e dunque materialmente valida) qualunque legge che disciplini una materia che non sia per nulla disciplinata in costituzione.

[28] Con riferimento all'ordinamento vigente, questa affermazione deve essere attenuata sotto un duplice profilo. In primo luogo, i giudici comuni, ove ritengano una legge costituzionalmente illegittima non possono senz'altro disapplicarla (a differenza di ciò che accade negli ordinamenti in cui il controllo di legittimità costituzionale è diffuso), ma possono – e devono – sollevare la

(iii) La soggezione alla legge (formale) del potere esecutivo è il *principio di legalità propriamente detto.*

Negli ordinamenti di tipo liberale, vale per i privati cittadini – almeno per ciò che riguarda il diritto penale – il principio di libertà [29], "Tutto ciò che non è (dalla legge) espressamente vietato è (dalla legge) implicitamente permesso". Per l'amministrazione vale il principio opposto, "Tutto ciò che non è (dalla legge) espressamente autorizzato è (dalla legge) implicitamente vietato": e questo è appunto il principio di legalità in senso stretto [30].

In virtù di tale principio, ogni atto dell'amministrazione [31] che incida unilateralmente sull'uno o l'altro diritto soggettivo dei cittadini deve essere non solo conforme alla legge, il che è ovvio, ma, prima ancora, autorizzato dalla legge [32]. Detto altrimenti, ogni atto amministrativo – o almeno ogni atto autoritativo dell'amministrazione [33] – presenta due distinte condizioni di validità: (a) per un verso, deve essere fondato su una norma (costitutiva) attributiva di potere; (b) per un altro verso, deve essere

---

questione di fronte alla Corte costituzionale. In secondo luogo, è ormai giurisprudenza costante che i giudici possano – e anzi debbano – disapplicare le leggi (antecedenti o successive, poco importa) in contrasto con il diritto comunitario (o europeo), anche derivato.

[29] Detto anche "norma generale negativa" o "norma generale esclusiva". Ne abbiamo parlato discutendo di lacune: parte seconda, cap. V.

[30] A, Merkl, *Teoría general del derecho administrativo* (1927), México, 1980, p. 208 ss.; R. Carré de Malberg, *Confrontation de la théorie de la formation du droit par degrés*, cit., p. 46 s.

[31] Ivi inclusi gli atti normativi, i.e. i regolamenti: nell'ordinamento vigente, «la potestà regolamentare risponde a regole di stretta tipicità, sì da non essere rinvenibile se non là dove la legge espressamente la preveda» (Cons. Stato, sez. IV, 577/1991).

[32] Si allude ovviamente alla duplice regola di nominatività e tipicità degli atti amministrativi. Scrive con esemplare chiarezza F. Sorrentino, *Lezioni sul principio di legalità*, Torino, 2001, p. 3: «negli ordinamenti liberali, la legge costituisce per i privati il limite *esterno* della loro autonomia [...] secondo l'idea che tutto ciò che non è vietato è lecito, mentre per le pubbliche autorità la legge rappresenta il *titolo* e il fondamento per l'esercizio dei loro poteri autoritativi».

[33] Alludo alla distinzione introdotta dall'art. 1, comma 1 *bis*, legge 241/1990 (modificata dalla legge 15/2005): «La pubblica amministrazione, nell'adozione di atti di natura non autoritativa, agisce secondo le norme di diritto privato salvo che la legge disponga diversamente».

conforme alle norme (regolative) che ne disciplinano la forma e il contenuto [34].

6. *Il declino della legge (nell'ordinamento vigente)*

Nell'ordinamento vigente (così come in altri ordinamenti contemporanei, del resto), la legge non può più considerarsi fonte del diritto privilegiata [35]. Ciò per diverse ragioni concorrenti [36].

(i) La prima, ovvia, ragione è che la rigidità costituzionale limita in vari modi il potere legislativo: sotto il profilo formale (dettando al legislatore norme inderogabili sul procedimento di formazione della legge) e materiale (dettando al legislatore limiti, egualmente inderogabili, di competenza e di contenuto).

(ii) La seconda ragione è che, ai sensi dell'art. 117 cost. (come riformulato dalla legge cost. 3/2001), la legge statale non è più una fonte a competenza generale "residuale": la competenza generale a dettare norme in tutte le materie, salvo quelle espressamente enumerate nel comma 2, è ormai attribuita alla legge regionale.

(iii) La terza ragione è che, per giurisprudenza ormai pacifica sia della Corte costituzionale, sia della Corte di giustizia europea, i regolamenti dell'Unione europea (un tempo detti "co-

---

[34] Sulla dicotomia norme regolative *v.* norme costitutive si deve qui fare riferimento a J.R. Searle, *Speech Acts. An Essay in the Philosophy of Language*, Cambridge, 1969. Sulle norme attributive di potere in quanto norme costitutive: E. Bulygin, *Norme, validità, sistemi normativi*, Torino, 1995, cap. XII.

[35] L. Prieto Sanchís, *Ley, principios, derechos*, Madrid, 1998, cap. I. Una difesa della concezione classica della legge, quale fonte di certezza, libertà, ed eguaglianza, si legge in F.J. Laporta, *El imperio de la ley. Una visión actual*, Madrid, 2007. Vedi anche L. Hierro, *Estado de derecho. Problemas actuales*, México, 1998, cap. I.

[36] Vedi in proposito F. Sorrentino, "Le tecniche di produzione normativa", in A. Vignudelli (ed.), *Istituzioni e dinamiche del diritto. I confini mobili della separazione dei poteri*, Milano, 2009, p. 7 ss.

munitari" [37]) prevalgono in caso di conflitto sulle leggi nazionali (sia anteriori, sia posteriori).

(iv) La quarta ragione (politicamente contingente) è il ruolo crescente – e forse ormai preponderante – acquisito dell'esecutivo nella produzione normativa. Il fenomeno si manifesta in molte forme.

Anzitutto, la legge è sempre più spesso sostituita da decreti-legge, adottati dal Governo come strumento "ordinario" [38] di legislazione, in modo del tutto indipendente da quei requisiti di necessità e urgenza della decretazione con forza di legge che sono previsti in costituzione (art. 77, comma 1, cost.).

Inoltre, la legge è sempre più spesso sostituita da decreti legislativi (delegati), alla cui adozione il Governo è autorizzato da leggi di delegazione (art. 76 cost.) che né definiscono con rigore l'oggetto della delega, né vincolano il Governo al rispetto di principi e criteri direttivi precisi e circostanziati.

Infine, è in atto nell'ordinamento un vasto processo di "delegificazione", in virtù del quale la disciplina di rango legislativo è sempre più largamente sostituita da regolamenti governativi, in forme molto spesso palesemente incostituzionali [39].

---

[37] La Comunità europea è stata soppressa e sostituita dall'Unione europea con l'entrata in vigore del Trattato di Lisbona (stipulato nel 2007, ed entrato in vigore il 1° dicembre 2009).

[38] Anziché "straordinario", come vorrebbe l'art. 77, comma 1, cost.

[39] Si allude al fenomeno seguente. L'art. 17, comma 2, legge 400/1988 prevede che la delegificazione (sostituzione della disciplina legislativa di una data materia con una disciplina regolamentare) si compia mediante una legge che, nell'autorizzare l'esercizio della potestà regolamentare del Governo, (a) determini le norme generali regolatrici della materia, e (b) disponga l'abrogazione delle norme legislative previgenti con effetto dall'entrata in vigore delle norme regolamentari. Si osservi che, secondo questa disciplina, correttamente (dal punto di vista costituzionale) l'abrogazione della legislazione previgente non è "delegata" al regolamento, ma è disposta direttamente dalla stessa legge autorizzatrice, benché condizionata (trattasi di condizione sospensiva) all'entrata in vigore del regolamento. Per contro, accade sempre più frequentemente che l'individuazione delle disposizioni legislative abrogande sia rimessa al, e l'abrogazione sia senz'altro disposta dal, regolamento governativo.

III.
Costituzione

SOMMARIO: 1. Quattro usi del termine "costituzione". – 2. Intermezzo: costituzione "formale" e costituzione "materiale". – 3. La costituzione come "regime politico". – 4. La costituzione come insieme di norme sulla "forma dello stato". – 5. Intermezzo: materia costituzionale e norme materialmente costituzionali. – 6. La costituzione come "codice" della materia costituzionale. – 7. La costituzione come limite al potere politico. – 8. Tipi di norme costituzionali. – 9. Due tecniche di limitazione del potere. – 10. Due modelli di costituzione. – 11. La costituzione come fonte del diritto.

1. *Quattro usi del termine "costituzione"*

Il termine "costituzione" si trova usato in quattro accezioni fondamentali (con le varianti e le sfumature che vedremo subito) [1].

(1) Talvolta si parla di costituzione per riferirsi ad *un insie-*

---

[1] Qui come altrove mi limito a menzionare pochi testi essenziali: V. Crisafulli, *Lezioni di diritto costituzionale*, vol. I, II ed., Padova, 1970, p. 86 ss.; C. Mortati, *Dottrine generali e costituzione della repubblica italiana*, Milano, 1986 (rist. in volume della voce "Costituzione (dottrine generali e costituzione della repubblica italiana", in *Enciclopedia del diritto*, vol. XI, Milano, 1962); G. Burdeau, *Traité de science politique*, vol. IV, *Le statut du pouvoir dans l'État*, Paris, 1984; P. Comanducci, "Ordine o norma? Su alcuni concetti di costituzione nel Settecento", in AA.VV., *Studi in memoria di Giovanni Tarello*, I, *Saggi storici*, Milano, 1990; M. Dogliani, *Introduzione al diritto costituzionale*, Bologna, 1994; G.G. Floridia, "'Costituzione': il nome e le cose", in P. Comanducci, R. Guastini (eds.), *Analisi e diritto. Ricerche di giurisprudenza analitica*, Torino, 1994; P. Comanducci, *Constitución y teoría del derecho*, México, 2007.

me di fatti (politici): quell'insieme di fatti che va anche sotto il nome di "regime politico" (§ 3).

(2) Altre volte (più spesso, in verità) si parla di costituzione per riferirsi non ad un insieme di fatti, ma ad *un insieme di norme*: grosso modo, l'insieme delle norme che, per così dire, "danno forma" allo stato, cioè ne determinano l'organizzazione – politica e territoriale – e ne disciplinano le relazioni con i cittadini (§ 4).

(3) Il più delle volte, tuttavia, si parla di costituzione per riferirsi non tanto ad un insieme di norme, quanto ad *un particolare documento normativo*: quel documento normativo che formula e codifica le norme di cui al punto precedente (o almeno le principali fra esse) (§ 6).

(4) Occasionalmente, infine, si parla di costituzione per riferirsi ad *un tipo specifico di ordinamento politico*: un ordinamento di tipo liberale, in cui il potere politico è variamente limitato da norme specifiche *ad hoc* (§ 7).

Naturalmente, ciascuno di questi punti esige qualche chiarimento. Vi torneremo tra un momento: prima è opportuno introdurre un'altra distinzione.

2. *Intermezzo: costituzione "formale" e costituzione "materiale"*

Si incontra spesso la distinzione (e l'opposizione) tra la costituzione "in senso materiale" e la costituzione "in senso formale". Senonché, le due espressioni "costituzione materiale" e "costituzione formale" sono soggette ad usi incostanti, e ciò non può non generare confusione. Di tali usi qui conviene registrarne due (che riappariranno nel seguito del discorso).

(1) In alcuni contesti, si parla

(a) di costituzione formale per riferirsi all'insieme delle norme che determinano la forma dello stato (punto 2 nel paragrafo precedente) e, rispettivamente,

(b) di costituzione materiale per riferirsi al regime politico, ossia ad un insieme di fatti politici (punto 1 nel paragrafo precedente).

È sottinteso che un medesimo insieme di *norme* sulla forma dello stato è compatibile con diversi *fatti* politici: che, insomma, ad una medesima costituzione "formale" possono corrispondere diverse costituzioni "materiali".

(2) In altri contesti, per contro, si parla

(a) di costituzione formale per riferirsi ad un particolare documento normativo (punto 3 nel paragrafo precedente) e, rispettivamente,

(b) di costituzione materiale per riferirsi all'insieme delle norme sulla forma dello stato (punto 2 nel paragrafo precedente) [2].

Si intende dire che le norme sulla forma dello stato non sono necessariamente scritte e, se anche lo sono, non necessariamente sono tutte raccolte e codificate in quel certo documento normativo. La costituzione "formale", in altre parole, non necessariamente esiste e, se anche esiste, non necessariamente esaurisce la costituzione "materiale".

A ciò si devono poi ancora aggiungere due precisazioni, relative alla seconda distinzione (punto 2).

(i) Taluni autori restringono il concetto di costituzione materiale – nel senso (2/b) – alle norme sulla produzione di "norme generali", ossia sulla legislazione in senso ampio [3] (includendo tra queste anche le norme che disciplinano la formazione degli organi investiti della funzione legislativa) [4].

(ii) Taluni autori restringono il concetto di costituzione formale – nel senso (2/a) – ai quei soli documenti normativi che non pos-

---

[2] Come si vede, in questo contesto si chiama costituzione materiale, paradossalmente, proprio ciò che nell'altro contesto si chiama costituzione formale.

[3] O, detto altrimenti, sulla "legislazione in senso materiale", intesa appunto come creazione di norme generali.

[4] H. Kelsen, *Teoria generale del diritto e dello Stato* (1945), Milano, 1952, p. 126 ss.

sono essere modificati o derogati secondo il comune procedimento legislativo, ma solo con un procedimento più complesso ("aggravato", come si usa dire), ossia alle sole "costituzioni rigide" [5].

Ciò detto, torniamo ai quattro concetti di costituzione introdotti nel primo paragrafo.

3. *La costituzione come "regime politico"*

Nella prima accezione del termine (punto 1 del paragrafo 1), la costituzione – la costituzione "materiale", come spesso si dice (punto 1/b del paragrafo precedente) – altro non è che il regime politico vigente in uno stato. Per "regime politico", tuttavia, si possono intendere cose alquanto diverse. Per esempio, le seguenti.

(i) Taluni concepiscono il regime politico come l'insieme dei «fini politici in vista dei quali le forze dominanti ispirano l'azione statale» [6].

In questo senso, ad esempio, uno stato stabilmente governato da un partito liberale ha una "costituzione" (materiale) diversa da quella di uno stato stabilmente governato da un partito socialista.

(ii) Altri concepiscono il regime politico come «il reale assetto e funzionamento delle istituzioni politiche nelle varie fasi storiche» (del tutto indipendentemente da quanto dispongono le norme giuridiche) [7].

In questo senso, ad esempio, la "costituzione" (materiale) italiana, nei primi decenni della storia repubblicana, era caratte-

---

[5] Ancora H. Kelsen, *Teoria generale del diritto e dello Stato*, cit., p. 126 ss. L'idea sottostante è che una costituzione flessibile si differenzia dalle leggi solo per il suo contenuto (materialmente costituzionale), ma non anche per un particolare statuto "formale": poiché qualunque legge può emendarla o abrogarla, essa non è altra cosa da una legge (sia pure con un contenuto peculiare).

[6] F. Sorrentino, *Le fonti del diritto*, IV ed., Genova, 1997, p. 29 (e ivi importanti osservazioni critiche). Questo modo di usare l'espressione "costituzione materiale" può farsi risalire a C. Mortati, *La costituzione in senso materiale*, Milano, 1940.

[7] L. Paladin, *Le fonti del diritto italiano*, Bologna, 1996, p. 127.

rizzata dalla cosiddetta "conventio ad excludendum", ossia da un tacito accordo tra le forze politiche, in virtù del quale era escluso che il partito comunista potesse partecipare ad una coalizione di governo [8].

(iii) Altri ancora, più semplicemente, chiamano regime politico l'insieme dei rapporti (e, in particolare, la distribuzione del potere) tra le forze politiche, ossia tra i partiti.

In questo senso, ad esempio, uno stato in cui la competizione politica si svolge tra due soli partiti antagonisti ed uno stato in cui, al contrario, la competizione politica si svolge tra una pluralità di partiti hanno "costituzioni" (materiali) diverse [9].

In questo senso, ancora, la "costituzione" (materiale) vigente in Italia è mutata all'inizio degli anni novanta del secolo XX, con la scomparsa di quasi tutti i partiti che, fino a quel momento, avevano caratterizzato la vita politica nella storia repubblicana, e in particolare con la dissoluzione della Democrazia cristiana, che aveva governato la nazione per oltre quarant'anni senza interruzione, e con la sparizione e trasformazione del Partito comunista, che in quello stesso periodo era stato il principale partito di opposizione.

Conviene insistere che, così intesa, la costituzione è non già un insieme di norme, ma un insieme di fatti: la costituzione è ciò che, di fatto, accade nella vita politica dello stato.

4. *La costituzione come insieme di norme sulla "forma dello stato"*

Nella seconda accezione del termine (punto 2 del paragrafo 1), la costituzione è l'insieme delle norme sulla "forma dello stato". Tale insieme include:

---

[8] L. Elia, "Forme di governo", in *Enciclopedia del diritto*, vol. XIX, Milano, 1970.

[9] Vedi ad es. G. Sartori, *Teoria dei partiti e caso italiano*, Milano, 1982, spec. cap. III.

(i) le norme che identificano gli organi centrali dello stato e distribuiscono tra di essi le funzioni fondamentali (legislativa, esecutiva, giurisdizionale);

(ii) le norme che disciplinano i reciproci rapporti fra tali organi;

(iii) le (eventuali) norme che identificano e conferiscono funzioni (specie funzioni normative) ad organi decentrati o locali;

(iv) le norme che disciplinano i modi di formazione degli organi di cui ai punti precedenti.

A queste si possono poi aggiungere:

(v) le (eventuali) norme che disciplinano i rapporti tra gli organi (centrali e locali) ed i cittadini [10].

Si noti che, intesa la costituzione in questo modo, ogni stato ha necessariamente una sua propria costituzione. Può trattarsi di una costituzione unitaria o federale, monarchica o repubblicana, democratica o autocratica, liberale o illiberale, etc. Può trattarsi di un insieme di norme scritte o consuetudinarie. Queste norme, se scritte, possono essere, o non essere, raccolte ("codificate") in un unico documento. Ma, in ogni caso, tutti gli stati hanno una "forma" in questo senso, e dunque tutti sono provvisti di una costituzione di qualche tipo.

Questo concetto di costituzione – caratteristico del positivismo giuridico moderno – è altresì quello abitualmente adottato oggigiorno dagli studiosi di diritto pubblico (con qualche eccezione marginale).

5. *Intermezzo: materia costituzionale e norme materialmente costituzionali*

Come si è accennato, la costituzione intesa nel senso chiarito nel paragrafo precedente è detta talvolta costituzione in senso

---

[10] Si allude a quelle norme che, in molte costituzioni, sono raggruppate sotto il nome di "dichiarazione dei diritti": eventuali, ho detto nel testo, perché non tutte le costituzioni includono norme siffatte, sebbene la grande maggioranza delle costituzioni contemporanee, sì, le contenga.

"materiale" (o anche "sostanziale") in uno dei molti sensi di questa espressione (punto 2/b del paragrafo 2). Al concetto "materiale" di costituzione, inteso in questo modo specifico, sono connesse le nozioni di "materia costituzionale" e di "norma materialmente costituzionale".

Si dicono *materialmente costituzionali* le norme che identificano la "forma dello stato".

Si dice *materia costituzionale* tutto ciò che da tali norme è disciplinato, cioè appunto "la forma dello stato".

Le norme "materialmente costituzionali" possono essere scritte o consuetudinarie. Là dove esiste una costituzione scritta, ci si attenderebbe che vi fossero espressamente formulate. Tuttavia, non è infrequente che, anche là dove esiste una costituzione scritta, molte norme pacificamente considerate "materialmente costituzionali" – ad esempio, le norme che disciplinano la formazione dell'assemblea legislativa (ossia le norme elettorali) – non siano scritte in costituzione (ma siano scritte in leggi ordinarie, o anche non siano scritte affatto, restando implicite, allo stato latente). Come non è infrequente che le costituzioni scritte includano anche norme non "materialmente costituzionali" [11].

6. *La costituzione come "codice" della materia costituzionale*

Nella terza accezione del termine (punto 3 del paragrafo 1), la costituzione è un particolare documento normativo – ossia un testo, formulato in una lingua naturale, ed esprimente norme – che formula e raccoglie, se non tutte, almeno la maggior parte delle norme materialmente costituzionali di un dato ordinamento [12].

---

[11] Ad es., non si considerano materialmente costituzionali le norme che conferiscono diritti "sociali" e quelle che raccomandano ai pubblici poteri il perseguimento di un qualche programma politico (norme c.d. "programmatiche").

[12] Talora i documenti costituzionali includono, talaltra escludono, una "dichiarazione dei diritti", ossia le norme che disciplinano i rapporti tra cittadini e pubblici poteri.

In questa accezione, insomma, la costituzione è una sorta di "codice" della materia costituzionale (sebbene il termine "codice" non sia comunemente usato in riferimento alle norme costituzionali). Anche se, per la verità, è raro che tutte le norme contenute in costituzione siano "materialmente costituzionali", come è raro che la costituzione esaurisca la "materia costituzionale".

Il "codice" costituzionale, laddove esiste, è un testo che si distingue da altri documenti normativi (in particolare, dalle "leggi" comuni) almeno sotto i seguenti profili.

(a) In primo luogo, la costituzione si distingue da altri testi normativi in virtù del suo nome proprio ("Costituzione", "Carta", "Carta costituzionale", "Statuto", "Legge fondamentale", e simili) e del suo stile solenne.

Il nome "costituzione" – si osservi – individua, in ogni ordinamento, non già un tipo (una classe) di testi, bensì un singolo documento normativo. In altre parole: dal punto di vista sincronico, ciascun ordinamento giuridico include – accanto ad una molteplicità di leggi, di regolamenti, etc. – non già anche una pluralità di costituzioni, bensì una, ed *una sola*, costituzione [13].

(b) In secondo luogo, la costituzione si distingue dalle altre fonti del diritto in virtù del suo contenuto caratteristico. Come si è detto, è ben raro che tutte le norme contenute in costituzione siano "materialmente costituzionali", ed è egualmente raro che la costituzione esaurisca la "materia costituzionale". Nondimeno, le costituzioni hanno per lo più contenuto – almeno in gran parte – "materialmente costituzionale", nel senso che si è detto [14].

---

[13] «La legge è espressione di una funzione normativa permanente; la Costituzione, istantanea. Ciò significa che il potere legislativo è sempre potenzialmente in opera e quindi nessuna legge è mai sicura della sua durata; il "potere costituente", invece, una volta esaurita la sua funzione di "dare la costituzione", si scioglie» (G. Zagrebelsky, *La legge e la sua giustizia*, Bologna, 2008, p. 145).

[14] Molte costituzioni contemporanee, tra l'altro, includono altresì una molteplicità di norme "di principio" e di norme "programmatiche". Le une esprimono i valori o principi che informano di sé – almeno, così si suppone – l'intero ordinamento giuridico. Le altre raccomandano al legislatore (ed eventualmente alla pubblica amministrazione) di perseguire programmi di riforma economica e/o sociale.

(c) In terzo luogo, la costituzione si distingue dalle altre fonti del diritto in virtù dei suoi destinatari tipici: se non tutte, quasi tutte le norme costituzionali si rivolgono non già ai privati cittadini, e neppure ai comuni organi giurisdizionali, bensì ai supremi organi costituzionali (quali: il capo dello stato, le camere, il governo, la corte costituzionale, etc.).

Si osservi: allorché si impiega il vocabolo "costituzione" nel senso di codice costituzionale, non si può dire che ogni stato sia necessariamente provvisto di una costituzione. È pur vero che la stragrande maggioranza degli stati contemporanei possiede un codice costituzionale. Ma nessuno stato dell'"antico regime" lo possedeva affatto. E anche nella nostra epoca vi sono tuttora (rari o rarissimi) stati che non lo posseggono: si usa citare l'esempio della Gran Bretagna, il cui diritto costituzionale è in gran parte consuetudinario (e comunque non codificato). Ad ogni modo, non vi sono ragioni logiche che escludano l'esistenza di uno stato sprovvisto di codice costituzionale.

7. *La costituzione come limite al potere politico*

Tutti i concetti di costituzione fin qui esaminati sono "politicamente neutri", nel senso che nessuno di essi fa riferimento al contenuto politico della costituzione: qualunque regime politico è una costituzione nel primo senso (punto 1 del paragrafo 1); qualunque tipo di stato è provvisto di una costituzione nel secondo senso (punto 2 del paragrafo 1); qualunque codice della materia costituzionale è una costituzione nel terzo senso (punto 3 del paragrafo 1) [15].

Nella quarta accezione del termine (punto 4 del paragrafo 1), per contro, la costituzione è un tipo specifico di ordinamento statale: un ordinamento di tipo liberale [16], nel quale il potere po-

---

[15] Ma si ricordi che, secondo un certo modo di vedere (riconducibile a Kelsen), solo le costituzioni rigide sono genuine costituzioni "formali".

[16] In uno dei sensi di questa parola: qui "stato liberale" è sinonimo di "stato costituzionale". Ma, in altri contesti, si dice "liberale" uno stato rispettoso della vita privata e della vita economica. Cfr. ad es. N. Bobbio, *Liberalismo e democrazia*, Milano, 1985, p. 7 ss.

litico è limitato da norme, e la libertà dei cittadini è protetta mediante opportune tecniche di organizzazione dello stato. La costituzione, così intesa, è precisamente l'insieme delle norme che limitano il potere politico e (così facendo) proteggono la libertà dei cittadini.

Questo concetto di costituzione è reso chiaro dall'art. 16 della *Dichiarazione dei diritti dell'uomo e del cittadino* (1789), che si atteggia a definizione di "costituzione", e che suona così: «Una società, in cui non sia assicurata la garanzia dei diritti e non sia attuata la separazione dei poteri, non ha una costituzione». Come dire che per "costituzione" si intende: garanzia dei diritti più separazione dei poteri.

Come è facile comprendere, se si adotta questo concetto – ristretto e politicamente orientato – di costituzione, non si potrà dire che ogni stato sia provvisto di costituzione: gli stati liberali sono stati "costituzionali", ossia hanno una costituzione; mentre gli stati dispotici non sono stati "costituzionali", cioè sono privi di costituzione [17].

In questo senso dell'aggettivo "costituzionale", uno stato può dirsi costituzionale, o provvisto di costituzione, se, e solo se, in esso sono soddisfatte due condizioni (disgiuntamente necessarie e congiuntamente sufficienti): (a) da un lato, sono garantiti i diritti dei cittadini nei confronti dello stato; (b) dall'altro, i poteri dello stato (il potere legislativo, il potere esecutivo o di governo, il potere giurisdizionale) sono divisi e separati (ossia esercitati da organi diversi).

8. *Tipi di norme costituzionali*

Generalmente parlando, in (quasi) tutti i testi costituzionali contemporanei si possono facilmente riconoscere norme di di-

---

[17] N. Matteucci, "Positivismo giuridico e costituzionalismo", in *Rivista trimestrale di diritto e procedura civile*, 1963; N. Matteucci, *Organizzazione del potere e libertà*, Torino, 1976, spec. p. 1 ss.; G. Sartori, *Elementi di teoria politica*, Bologna, 1987, p. 11 ss.

verso tipo [18]. Senza pretendere di stenderne una classificazione accurata, si possono enumerare a titolo di esempio:

(a) le norme di organizzazione, i.e. le norme che istituiscono organi, ne determinano i modi di formazione [19], e ne disciplinano le reciproche relazioni [20];

(b) le norme di competenza, i.e. le norme che conferiscono funzioni (poteri, competenze) agli organi in questione [21], distribuendo così fra di essi quote variabili di potere politico;

(c) le norme che ascrivono diritti soggettivi (agli uomini e/o ai cittadini), limitando così le competenze degli organi statali (specialmente del potere legislativo);

(d) e infine le norme di principio e programmatiche, che orientano l'esercizio dei pubblici poteri (specialmente del potere legislativo) [22].

Ora, le norme dei primi due tipi rivestono, nei documenti costituzionali, un ruolo preminente [23]. Non solo perché, di fatto,

---

[18] Un'analisi esemplare dei diversi tipi di norme costituzionali si legge in J. Ruiz Manero, "Una tipologia delle norme costituzionali", in *Ragion pratica*, 32, 2009, p. 277 ss.

[19] Esempi: artt. 55-58 cost.

[20] Esempi: artt. 90 e 94 cost.

[21] Esempi: artt. 70 e 87 cost.

[22] Quasi tutta la parte prima della costituzione vigente può essere portata ad esempio.

[23] Osserva giustamente J. Ruiz Manero, "Una tipologia delle norme costituzionali", cit., p. 277 ss., che, se si guarda al sistema giuridico nel suo complesso, le norme di condotta sono funzionalmente prioritarie rispetto alle norme di organizzazione e di competenza (queste sono funzionalmente dipendenti da quelle). Le norme di organizzazione e di competenza non hanno altro senso se non precisamente quello di conferire a certi soggetti il potere di creare, sopprimere, modificare, e sostituire norme di condotta. Pertanto un ordinamento normativo composto unicamente da norme di condotta è perfettamente concepibile, anche se probabilmente non lo considereremmo un ordinamento "giuridico" (gli ordinamenti morali sono appunto insiemi di norme di condotta, e non includono alcuna norma di competenza). Ma le cose stanno altrimenti se guardiamo non più all'ordinamento giuridico nel suo complesso, ma specificamente ai documenti costituzionali. È del tutto possibile, infatti, una costituzione ("breve") priva di dichiarazione dei diritti e di enunciazioni di principio. Ma non è possibile affatto una costituzione priva di norme di organizzazione e di competenza. Un documento normativo che non istituisse i

non tutte le costituzioni moderne includono norme dei tipi rimanenti [24]. Ma soprattutto perché un documento normativo, il quale non contenesse norme di organizzazione e di competenza, non sarebbe neppure riconoscibile come una "costituzione" – in uno dei sensi di questa parola (punto 2 del paragrafo 1) – giacché non determinerebbe la "forma dello stato" [25].

E, del resto, le dichiarazioni di diritti, i principi, e le norme programmatiche sono intesi a disciplinare precisamente l'esercizio dei pubblici poteri. Ma, perché ciò sia possibile, occorre che *previamente* i pubblici poteri siano stati istituiti e ad essi siano state conferite le relative competenze. Solo dopo [26] che siano stati determinati gli organi e le rispettive competenze diviene possibile disciplinare, più o meno intensamente, l'esercizio di queste ultime [27].

9. *Due tecniche di limitazione del potere*

Secondo il concetto (normativo) di "costituzione" esaminato da ultimo – quello depositato nell'art. 16 della *Dichiarazione dei diritti dell'uomo e del cittadino* – scopo di una costituzione è limitare il potere politico.

Ora, in linea di principio, si può cercare di limitare il potere politico con due diversi accorgimenti tecnici.

---

supremi organi statali e non ne determinasse le competenze probabilmente non meriterebbe neppure il nome di "costituzione". Qui dunque le norme sui diritti, le norme di principio, e le norme programmatiche sono funzionalmente dipendenti dalle norme di competenza, e non viceversa.

[24] La costituzione federale americana (1787) non conteneva una dichiarazione dei diritti: il *Bill of Rights* è stato aggiunto nel 1791. La costituzione francese della Quarta Repubblica (1946) conteneva un preambolo "di principi", ma non una dichiarazione dei diritti. La vigente costituzione francese della Quinta Repubblica (1958) non contiene né preamboli né dichiarazioni dei diritti (sebbene faccia rinvio al preambolo del 1946 e alla *Déclaration* del 1789). E così via esemplificando.

[25] La *Déclaration des droits de l'homme et du citoyen* del 1789 *non* è una costituzione.

[26] "Dopo" in senso logico, non cronologico.

[27] J. Ruiz Manero, "Una tipologia delle norme costituzionali", cit., p. 279.

(i) In primo luogo, si può limitare il potere politico disciplinandolo, ossia sottoponendolo a norme di condotta: insomma, rivolgendo direttive, comandi, e divieti agli organi dello stato (in particolare al legislatore [28]).

(ii) In secondo luogo, si può limitare il potere politico creando dei contropoteri, capaci di contrastarlo e perciò stesso di frenarlo ("il potere frena il potere", secondo l'insegnamento di Montesquieu) [29].

Tuttavia, le due tecniche di limitazione del potere non sono davvero distinte e indipendenti. È abbastanza ovvio, infatti, che sottoporre a norme il potere politico è vano se, contestualmente, non si istituiscono organi – tipicamente, anche se non necessariamente, organi di tipo giurisdizionale – competenti a controllare l'osservanza delle norme in questione e a provvedere rimedi per il caso che esse siano violate [30].

Ma, naturalmente, istituire organi siffatti non è cosa diversa dal creare dei contropoteri. Ad esempio: istituire un giudice costituzionale, competente a controllare l'osservanza, da parte del legislatore, delle norme costituzionali che conferiscono diritti e/o formulano principi e programmi, non è cosa diversa dall'opporre al legislatore un contropotere, capace di "frenare" o "bilanciare" il potere legislativo [31].

---

[28] Beninteso, le disposizioni cosiddette "programmatiche", di cui sono affollate le costituzioni contemporanee, si atteggiano non già a comandi, quanto piuttosto a raccomandazioni rivolte al legislatore, stante la difficoltà di sanzionare le omissioni legislative.

[29] Montesquieu, *De l'esprit des lois*, livre XI, chapitre 6. Due esempi, semplici ma paradigmatici, chiariranno il punto meglio di ogni altra cosa. Primo esempio: si attribuisce al Governo il potere cosiddetto esecutivo, ma, contestualmente, si conferisce al Parlamento il contro-potere di revocare, mediante sfiducia, il Governo stesso (art. 94 cost.). Secondo esempio: si attribuisce al Parlamento il potere legislativo, ma, contestualmente, si conferisce al corpo elettorale il contro-potere di abrogare, mediante referendum, una legge approvata dal Parlamento (art. 75 cost.).

[30] H. Kelsen, "La garanzia giurisdizionale della costituzione (La giustizia costituzionale)" (1928), in H. Kelsen, *La giustizia costituzionale*, Milano, 1981, p. 147 ss.

[31] M. Troper, "La machine et la norme. Deux modèles de constitution", in M. Troper, *La théorie du droit, le droit, l'État*, Paris, 2001, p. 147 ss., per con-

10. *Due modelli di costituzione*

Le due tecniche di limitazione del potere politico enunciate sopra corrispondono – astrattamente [32] – a due diversi modi di redazione dei documenti costituzionali o, se così si vuol dire, a due modelli di costituzione: il modello normativo (la "costituzione come norma") e il modello meccanico (la "costituzione come macchina") [33].

Nel modello normativo, la costituzione cerca di garantire i diritti dei cittadini (in particolare: i diritti di libertà) mediante un insieme di comandi e divieti rivolti agli organi dello stato, e specialmente al legislatore.

Nel modello meccanico, per contro, la costituzione cerca di garantire i diritti dei cittadini esclusivamente mediante un insieme di norme di organizzazione e di competenza, tali da instaurare nell'ordinamento un sistema di *checks and balances*, freni e contrappesi, che renda praticamente difficile, se non impossibile, ad un organo abusare dei suoi poteri in violazione dei diritti dei cittadini [34].

In altre parole, il nocciolo di una costituzione normativa è un insieme di norme che ascrivono diritti e formulano principi e programmi: norme, si potrebbe dire, di buona legislazione (e marginalmente di buona amministrazione).

Mentre una (ipotetica) costituzione puramente meccanica sarebbe composta esclusivamente da norme di organizzazione e di competenza, sull'assunto che il modo migliore di ottenere il tipo

---

tro, ascrive l'istituzione di giurisdizioni costituzionali al modello "normativo" di costituzione.

[32] Astrattamente, giacché di fatto la quasi totalità dei testi costituzionali moderni sono redatti con tecnica "mista" da questo punto di vista.

[33] M. Troper, "La machine et la norme. Deux modèles de constitution", cit., p. 147 ss.; J. Ruiz Manero, "Una tipologia delle norme costituzionali", cit., p. 279. Vedi anche P. Comanducci, *Assaggi di metaetica*, Torino, 1992, p. 157 ss.

[34] M. Troper, "Montesquieu e la separazione dei poteri negli Stati Uniti", in *Materiali per una storia della cultura giuridica*, 1990; M. Troper, *Pour une théorie juridique de l'État*, Paris, 1994, cap. XIV; R. Guastini, *Lezioni di teoria del diritto e dello stato*, Torino, 2006, p. 169 ss.

di ordinamento desiderato (in particolare: una legislazione e un'amministrazione rispettose dei diritti di libertà) consista nel disegnare i diversi organi e le relative competenze in modo tale che la loro interazione – il loro reciproco "controllarsi", "frenarsi", "bilanciarsi" – renda difficile la violazione dei diritti.

Va detto, però, che la distanza tra i due modelli è meno drammatica di quanto alcuni pensano [35]. Come si diceva sopra, indirizzare norme ai supremi organi costituzionali sarebbe vano se, contestualmente, non si istituissero anche organi – ad esempio organi giurisdizionali – competenti a controllare l'osservanza delle norme in questione e a provvedere rimedi per la loro violazione [36]. Ma, per l'appunto, istituire organi di questo tipo non è cosa diversa dal creare dei contropoteri: dei "freni e contrappesi" [37].

11. *La costituzione come fonte del diritto*

Generalmente parlando, le costituzioni scritte sono fonti del diritto [38]. In che senso? Questa tesi può essere intesa in non meno di tre modi diversi.

(i) In un primo senso, si può dire che il testo costituzionale sia fonte del diritto per intendere, banalmente, che gli enunciati costituzionali esprimono norme giuridiche (prevalentemente norme in senso generico [39], occasionalmente norme in senso stretto,

---

[35] L'allusione è a M. Troper, "La machine et la norme. Deux modèles de constitution", cit.

[36] H. Kelsen, "La garanzia giurisdizionale della costituzione (La giustizia costituzionale)", cit., p. 147 ss.

[37] Vedi cap. V di questa parte.

[38] Che la costituzione sia fonte del diritto non può dirsi delle costituzioni consuetudinarie: una costituzione consuetudinaria, infatti, è un insieme di norme, e non una fonte di norme (fonte di norme è la consuetudine da cui la costituzione è nata, non la costituzione stessa).

[39] Tali sono, come abbiamo visto, le norme di organizzazione e le norme di competenza (le norme in senso stretto essendo solo le regole di condotta). Vedi parte prima, cap. IV.

ossia comandi), le quali disciplinano – quanto meno – l'organizzazione dello stato, le funzioni dei e i rapporti tra gli organi supremi, e, in molti casi, le relazioni tra stato e cittadini.

Questo primo modo di intendere la tesi in esame è, oggidì, assolutamente ovvio e non problematico [40].

(ii) In un secondo senso, si può dire che la costituzione sia fonte del diritto per intendere che le norme costituzionali – quanto meno in regime di costituzione rigida – sono idonee:

(a) ad abrogare e/o ad invalidare (trattasi, in questo caso, di invalidità sopravvenuta) norme antecedenti di rango inferiore (leggi, regolamenti) con esse materialmente incompatibili;

(b) ad invalidare norme successive di rango inferiore da esse formalmente difformi o con esse materialmente incompatibili [41].

Questo secondo modo di intendere la tesi in questione è meno ovvio: di fatto, in Italia, dottrina e giurisprudenza, almeno in relazione ad alcune norme costituzionali, hanno talora sostenuto l'opinione contraria.

All'indomani della entrata in vigore della costituzione (1948), e prima della concreta attivazione della Corte costituzionale (1956), la Corte di cassazione usava distinguere tra due tipi di norme costituzionali [42]: (a) da un lato, le (rare) norme "precettive", precise, vincolanti, e pertanto immediatamente suscettibili di applicazione giurisdizionale; (b) dall'altro, le norme di principio e/o programmatiche, rivolte al solo legislatore, e non applicabili dai giudici fino a che non fossero promulgate le leggi necessarie a concretizzarle. Le norme di questo secondo tipo, secondo la Cassazione, non erano idonee né ad abrogare, né ad invalidare le norme di legge incompatibili. La Corte costituzio-

---

[40] Oggidì: ma nel pensiero politico ottocentesco le costituzioni erano spesso considerate mere dichiarazioni di intenti politici, prive di qualsivoglia effetto giuridico.

[41] Vedi S. Bartole, *Interpretazioni e trasformazioni della Costituzione repubblicana*, Bologna, 2004, cap. II.

[42] Cfr. ad es. Cass. pen., Sezioni unite, 7 febbraio 1948, in *Foro italiano*, 1948, II, 57.

nale, fin dalla sua prima sentenza [43], ha definitivamente rovesciato questo modo di vedere.

(iii) In un terzo senso, si può dire che la costituzione sia fonte del diritto per intendere che le norme costituzionali sono idonee a disciplinare direttamente (non solo l'organizzazione statale e le relazioni "verticali" tra stato e cittadini, ma altresì) i rapporti "orizzontali" inter-privati, e sono pertanto suscettibili di applicazione giurisdizionale da parte di qualunque giudice in qualsivoglia controversia a lui o lei sottoposta (e non solo da parte del giudice costituzionale, posto che un tale giudice vi sia) [44].

Anche questo terzo modo di intendere la tesi in esame, benché oggi generalmente condiviso nella nostra cultura giuridica, non è affatto ovvio, sia perché è stridente rispetto alla concezione liberale classica della costituzione come limite al potere politico, sia perché, generalmente parlando, è connesso ad un certo modo – diciamo: "disinvolto", poco rispettoso della lettera – di interpretare i testi costituzionali [45].

---

[43] Corte cost. 1/1956.

[44] Cfr. G. Zagrebelsky, *Il sistema delle fonti del diritto*, Torino, 1991, p. 105: «Dove la struttura della norma costituzionale è sufficientemente completa per poter valere come regola di casi concreti, essa deve essere utilizzata direttamente da tutti i soggetti dell'ordinamento giuridico, siano essi i giudici, la pubblica amministrazione, i privati. La costituzione è insomma fonte diretta di posizioni soggettive per i soggetti dell'ordinamento, in tutti i tipi di rapporto in cui essi possono entrare. [...] Oggi la costituzione si dirige anche, direttamente, ai rapporti tra i singoli ed ai rapporti sociali. Perciò le norme costituzionali possono essere invocate, dove sia possibile, come regola, ad esempio, dei rapporti familiari, dei rapporti nelle imprese, nelle associazioni e così via». Cfr. anche P. Barile, *La costituzione come norma giuridica*, Firenze, 1951; M. Dogliani, *Interpretazioni della costituzione*, Milano, 1982; E. García de Enterría, *La Constitución como norma y el Tribunal Constitucional*, III ed., Madrid, 1985; E. Zoller, *Droit constitutionnel*, II ed., Paris, 1998, p. 31 ss.; S. Bartole, *Interpretazioni e trasformazioni della Costituzione repubblicana*, cit., cap. V.

[45] R. Guastini, "La 'costituzionalizzazione' dell'ordinamento", in T. Mazzarese (ed.), *Neocostituzionalismo e tutela (sovra)nazionale dei diritti fondamentali*, Torino, 2002. Vedi cap. IV di questa parte.

IV.

La "costituzionalizzazione" dell'ordinamento

SOMMARIO: 1. Costituzionalizzazione: in che senso?. – 2. Condizioni di costituzionalizzazione. – 3. La "forza vincolante" della costituzione. – 4. La "sovra-interpretazione" della costituzione. – 5. L'applicazione diretta delle norme costituzionali. – 6. L'interpretazione adeguatrice delle leggi. – 7. L'influenza della costituzione sui rapporti politici.

1. *Costituzionalizzazione: in che senso?*

È constatazione ormai comune tra gli studiosi che molti ordinamenti giuridici europei hanno subito, nel secondo dopoguerra, un intenso processo di "costituzionalizzazione" [1]. Ma in che senso esattamente?

L'espressione "costituzionalizzazione dell'ordinamento giuridico" può essere impiegata in non meno di tre significati.

(1) In un primo senso – ed è forse questo il significato intuitivo più comune – si può parlare di costituzionalizzazione per riferirsi all'introduzione di una prima costituzione *scritta* in un ordinamento che per l'innanzi ne era privo [2].

(2) In un secondo senso si parla talora di costituzionalizzazione per riferirsi a quel processo storico-culturale che (tra Sei e Settecento) ha trasformato in rapporto giuridico la relazione in-

---

[1] Cfr. L. Favoreu, "La constitutionnalisation du droit", in B. Mathieu, M. Verpeaux (eds.), *La constitutionnalisation des branches du droit*, Paris, 1998.

[2] In questo senso taluni invocano una costituzionalizzazione del Regno Unito.

tercorrente tra sovrano e sudditi [3]. Questo fenomeno, si noti, è diverso dal precedente, giacché non sempre il processo in questione si è risolto in una *codificazione* costituzionale, ossia nell'adozione di una costituzione scritta [4].

(3) In un terzo senso si parla oggidì di costituzionalizzazione per intendere un processo di trasformazione di un ordinamento giuridico, al termine del quale l'ordinamento in questione risulta totalmente "impregnato" dalle norme costituzionali. Un ordinamento giuridico costituzionalizzato si caratterizza per una costituzione estremamente pervasiva, invadente, debordante.

È precisamente questo terzo senso dell'espressione che interessa nel presente contesto.

Peraltro, è evidente che tale concetto, così disegnato, è più suggestivo che preciso. Per precisarlo, almeno un po', si può forse dire questo.

(i) In un ordinamento giuridico non costituzionalizzato, il diritto costituzionale – conformemente alle dottrine del costituzionalismo classico, sette-ottocentesco – ha un raggio d'azione limitato: esso disciplina gli aspetti fondamentali dell'organizzazione dello stato (la distribuzione dei poteri legislativo, esecutivo, e giurisdizionale, ed i reciproci rapporti tra gli organi che ne sono investiti); al massimo, determina i diritti di libertà dei cittadini nei confronti dei pubblici poteri; e nulla più [5].

(ii) Per contro, in un ordinamento costituzionalizzato, il diritto costituzionale tende ad occupare l'intero spazio della vita sociale e politica, condizionando la legislazione, la giurisprudenza, lo stile dottrinale, l'azione degli attori politici, le relazioni priva-

---

[3] Cfr. G. Tarello, *Storia della cultura giuridica moderna*, I, *Assolutismo e codificazione del diritto*, Bologna, 1976, p. 22.

[4] In questo senso l'Inghilterra ha subito già nel XVII secolo un processo precoce di costituzionalizzazione, che tuttavia non si è tradotto nell'adozione di un "codice" costituzionale.

[5] Questo ruolo circoscritto del diritto costituzionale è implicito nell'art. 16 della *Déclaration des droits de l'homme et du citoyen* (1789): «Una società, in cui non sia assicurata la garanzia dei diritti e non sia attuata la separazione dei poteri, non ha una costituzione».

te. In un ordinamento costituzionalizzato, per esempio, accade questo:

(a) la legislazione è condizionata dalla costituzione nel senso che è tendenzialmente concepita non più come un'attività "libera nel fine", ma al contrario come un'attività "discrezionale" [6], diretta ad attuare la costituzione (detto altrimenti: il legislatore non può scegliere liberamente i *fini* da perseguire, ma può solo scegliere i *mezzi* più opportuni e/o più efficienti per realizzare dei fini eteronomi precostituiti: quelli stabiliti in costituzione) [7];

(b) la giurisprudenza è condizionata dalla costituzione nel senso che i giudici hanno il potere e il dovere di applicare direttamente nelle controversie loro sottoposte non già solo le leggi, ma altresì la costituzione;

(c) le relazioni private, per conseguenza, sono condizionate dalla costituzione nel senso che la costituzione disciplina ormai non solo le relazioni "verticali" tra stato e cittadini, ma altresì le relazioni "orizzontali" tra cittadini, ossia gli stessi rapporti "interprivati", come si usa dire;

(d) lo stile dottrinale è condizionato dalla costituzione nel senso che la dottrina tende a ricercare in costituzione il fondamento assiologico delle leggi (penali, civili, amministrative, processuali, tributarie, e via enumerando), le interpreta alla luce della costituzione, e tende ad esporne il contenuto normativo come un mero sviluppo di principi costituzionali [8];

(e) la vita politica è condizionata dalla costituzione nel senso che gli attori politici e gli organi costituzionali si atteggiano espressamente ad interpreti della costituzione, e si preoccupano di dare giustificazione costituzionale alle loro decisioni e ai loro comportamenti.

---

[6] Analoga a quella propria della pubblica amministrazione.

[7] Tracce di questo modo di vedere si trovano ad es. in F. Modugno, *L'invalidità della legge*, 2 voll., Milano, 1970.

[8] Sicché accade spesso che uno studio dottrinale sopra un qualsivoglia oggetto specifico (poniamo il diritto dei contratti) sia preceduto dall'analisi dei principi costituzionali che reggono la materia in questione (nella specie, i contratti).

2. *Condizioni di costituzionalizzazione*

Sono condizioni necessarie di costituzionalizzazione dell'ordinamento – in assenza delle quali, la costituzionalizzazione non sarebbe possibile – almeno le seguenti.

(1) *Una costituzione "lunga"*. Prima condizione necessaria perché un ordinamento sia soggetto ad un processo di costituzionalizzazione è che esso abbia una costituzione "lunga": una costituzione, cioè, che non si limiti a disciplinare l'organizzazione dei pubblici poteri [9], ma inoltre – come accade per quasi tutte le costituzioni del secondo dopoguerra – contenga disposizioni che conferiscono diritti, disposizioni di principio, e disposizioni programmatiche.

(2) *La rigidità costituzionale*. Seconda condizione necessaria perché un ordinamento sia soggetto ad un processo di costituzionalizzazione è che esso abbia una costituzione (scritta e) rigida [10]. Se, e solo se, la costituzione è rigida, diviene possibile distinguere due "livelli" gerarchici di legislazione: la legislazione ordinaria e la legislazione costituzionale (o di revisione costituzionale). Una costituzione rigida è sovraordinata alla legislazione ordinaria, non potendo essere, da questa, derogata, modificata, o abrogata [11].

---

[9] Molte costituzioni ottocentesche (ivi incluso lo Statuto albertino) erano "brevi" in questo senso.

[10] S'intende che solo una costituzione scritta può essere altresì rigida.

[11] Certo, quasi tutte le costituzioni contemporanee sono scritte e, al tempo stesso, rigide. Peraltro, la costituzionalizzazione è più accentuata in quegli ordinamenti nei quali – secondo le dottrine dei giuristi e, quel che più conta, secondo la giurisprudenza dei tribunali costituzionali – vi sono dei principi costituzionali (espressamente formulati, o meramente impliciti) che non possono essere modificati in alcun modo: neppure mediante il procedimento di revisione costituzionale. L'insieme dei principi "immutabili" – teorizzati dalla Corte costituzionale soprattutto nella sentenza 1146/1998 – è ciò che taluni chiamano "costituzione materiale" (in uno dei molti sensi di questa equivoca espressione). Al riguardo si può vedere ad es. F. Modugno, "I principi costituzionali supremi come parametro nel giudizio di legittimità costituzionale", in A.S. Agrò, F. Modugno, *Il principio di unità del controllo sulle leggi nella giurisprudenza della Corte costituzionale*, II ed., Torino, 1991.

(3) *La garanzia giurisdizionale della costituzione.* Terza condizione necessaria perché un ordinamento sia soggetto ad un processo di costituzionalizzazione è che abbia una costituzione garantita. È ovvio che la rigidità della costituzione, sebbene formalmente stabilita, non è assicurata in assenza di qualunque controllo sulla conformità delle leggi alla costituzione (tanto che si potrebbe sostenere che senza garanzia della costituzione non si ha "vera" rigidità). D'altra parte, nella maggior parte degli ordinamenti contemporanei l'organo competente ad esercitare siffatto controllo è un organo giurisdizionale o semi-giurisdizionale [12].

3. *La "forza vincolante" della costituzione*

Un primo aspetto del processo di costituzionalizzazione è la diffusione, in seno alla cultura giuridica, che la costituzione sia un insieme di norme – tutte – vincolanti [13]. Questo primo aspetto, evidentemente, non riguarda la struttura dell'ordinamento costituzionale: riguarda piuttosto l'ideologia – nel senso generico di "modo di pensare" – presente nella cultura giuridica del paese di cui trattasi.

Il punto è che non sempre principi generali e disposizioni programmatiche sono stati considerati come genuine norme giuridiche, vincolanti per tutti i loro destinatari, e, soprattutto, giuridicamente efficaci, ossia capaci di produrre effetti giuridici. In particolare, non sempre è (o è stato) ovvio che le norme in que-

---

[12] Beninteso, vi sono, negli ordinamenti contemporanei, sistemi di controllo assai diversi (controllo diffuso e accentrato, *a priori* e *a posteriori*, etc.; ne abbiamo detto nel cap. precedente), che possono essere valutati dal punto di vista sia della loro efficacia, sia della loro influenza nel processo di costituzionalizzazione. Si può avanzare la congettura – soggetta, naturalmente, a controllo empirico – che la costituzionalizzazione sia tendenzialmente: massima nei sistemi a controllo diffuso; media nei sistemi a controllo accentrato *a posteriori*; minima nei sistemi a controllo accentrato *a priori*.

[13] Cfr. ad es. V. Crisafulli, *La Costituzione e le sue disposizioni di principio*, Milano, 1952; E. García de Enterría, *La Constitución como norma y el Tribunal Constitucional*, III ed., Madrid, 1985; E. Zoller, *Droit constitutionnel*, II ed., Paris, 1998.

stione siano idonee a provocare l'abrogazione di leggi incompatibili anteriori alla costituzione e l'invalidità di leggi incompatibili successive.

D'altronde, anche le norme che conferiscono diritti di libertà si presentano spesso più come norme di principio che come precise regole di condotta, dal momento che, in molti casi, la loro formulazione, accanto all'enunciazione solenne di un diritto soggettivo, include altresì un rinvio alla legge (un esempio, per tutti, ricavato dalla costituzione italiana, art. 40: «Il diritto di sciopero si esercita *nell'ambito delle leggi* che lo regolano»). Sicché è del tutto possibile sostenere – ed è stato sostenuto – che norme siffatte non sono suscettibili di applicazione giurisdizionale fino a che non siano promulgate le leggi necessarie a precisarle o concretizzarle.

Insomma, secondo certe dottrine risalenti, una costituzione non è che un "manifesto" politico, la cui concretizzazione è compito esclusivo del legislatore: i tribunali non devono applicare le norme costituzionali – prive di qualunque effetto giuridico immediato – ma solo le norme che si ricavano dalle leggi.

Ebbene, uno degli elementi essenziali del processo di costituzionalizzazione è precisamente la diffusione, in seno alla cultura giuridica, dell'idea opposta: dell'idea, cioè, che ogni norma costituzionale – indipendentemente dalla sua struttura o dal suo contenuto normativo – sia una genuina norma giuridica, vincolante e suscettibile di produrre effetti giuridici (quali, ad esempio, la nascita di diritti e di obblighi, l'abrogazione di leggi incompatibili anteriori alla costituzione, l'invalidità di leggi incompatibili successive).

La costituzione italiana è in vigore dal primo gennaio 1948, ma la Corte costituzionale, sebbene prevista dall'art. 134 della costituzione, è entrata in funzione solo nel 1956. Dal 1948 al 1956 il controllo di legittimità costituzionale sulle leggi è stato affidato ai giudici comuni (come previsto dalla VII disposizione transitoria della costituzione). Di fatto, tuttavia, i giudici comuni assai raramente hanno esercitato il controllo loro affidato. Ciò soprattutto per la ragione seguente.

All'indomani della entrata in vigore della costituzione, la

Corte di cassazione [14] ha ritenuto di dover distinguere, in seno alle norme costituzionali, tra:

(a) le (rare) norme cosiddette "precettive", precise, vincolanti, e pertanto immediatamente suscettibili di applicazione giurisdizionale nel giudicare della perdurante vigenza di leggi anteriori; e rispettivamente

(b) le norme di principio e/o programmatiche, rivolte al solo legislatore, e non applicabili dai giudici fino a che non fossero promulgate le leggi necessarie a concretizzarle.

Lo scopo e gli effetti di tale distinzione, pur concettualmente sostenibile (si tratta, in fondo, della ben nota distinzione tra "regole" e "principi" [15]), non erano puramente teorici. Di fatto, le norme programmatiche e di principio erano ritenute non idonee ad abrogare per incompatibilità leggi anteriori alla costituzione a tanto meno a provocare l'illegittimità costituzionale di leggi successive con questa incompatibili [16].

Per contro, fin dalla sua prima decisione [17], la Corte costituzionale ha ritenuto quanto segue:

(i) in primo luogo, la distinzione tra norme precettive e norme programmatiche e/o di principio è priva di qualsivoglia rilievo pratico nelle controversie di legittimità costituzionale delle leggi: una legge è incostituzionale non solo quando contraddice puntualmente una norma precettiva [18], ma anche quando entra in conflitto con un principio o con una norma programmatica;

(ii) in secondo luogo, la Corte costituzionale è competente

---

[14] Cfr. ad es. Cass. pen., Sezioni unite, 7 febbraio 1948, in *Foro italiano*, 1948, II, 57.

[15] Di cui abbiamo detto sopra: parte prima, cap. V.

[16] Va anche detto che per lungo tempo ha dominato la tendenza ad includere nel novero delle norme programmatiche qualunque norma contenente un rinvio alla legge: ivi incluse le norme che conferiscono diritti di libertà (ad esempio, l'art. 40 cost.).

[17] Corte cost. 1/1956.

[18] Ad es., l'art. 27, comma 4, contraddice puntualmente tutte le disposizioni del codice penale fascista (1931), che prevedevano la pena di morte.

a decidere della legittimità costituzionale di qualunque legge, poco importa se anteriore o successiva alla costituzione.

A questa decisione della Corte si può far risalire l'inizio del processo di costituzionalizzazione nell'ordinamento italiano.

4. *La "sovra-interpretazione" della costituzione*

Un secondo aspetto del processo di costituzionalizzazione è la sovra-interpretazione del testo costituzionale. Questo secondo aspetto dipende dagli atteggiamenti degli interpreti di fronte alla costituzione: i giudici (specie il tribunale costituzionale), gli organi dello stato in genere, e naturalmente i giuristi.

Ogni costituzione è un testo (per quanto lungo, comunque) "finito", compiuto, limitato. Ogni costituzione – è fatale – contiene lacune. Nel senso, del tutto banale (e pre-teorico), che mai e poi mai una costituzione può disciplinare la vita sociale e politica nella sua interezza [19].

È ovvio: qualsivoglia costituzione non disciplina che una piccola parte della vita politica e sociale. Vi è pertanto una vasta parte della vita sociale e politica che non è disciplinata, a livello costituzionale, da alcuna norma giuridica. In questo spazio giuridicamente "vuoto" – vuoto, beninteso, a livello costituzionale – ogni condotta è, per così dire, permessa [20]: il legislatore, in particolare, è libero di disporre in un senso, o di disporre nell'altro, o di non disporre affatto. In ogni dominio che non sia disciplinato da alcuna norma costituzionale una legge incostituzionale non è neppure concepibile: nello spazio vuoto di diritto costituzionale la discrezionalità politica del legislatore è sottratta ad ogni possibile controllo giurisdizionale (da parte del tribunale costituzionale) per mancanza di qualsivoglia parametro di legittimità costituzionale, ossia di una norma costituzionale cui confrontare la legge per valutarne la conformità a costituzione.

Orbene, la sovra-interpretazione della costituzione è un at-

---

[19] Delle lacune abbiamo parlato nella parte seconda, cap. V.

[20] Più precisamente: permessa in senso debole, ossia non vietata.

teggiamento interpretativo che tende ad escludere che il diritto costituzionale sia lacunoso, e pertanto evita (previene) le lacune costituzionali, o comunque elabora norme inespresse atte a colmarle.

La sovra-interpretazione consente di ricavare dal testo costituzionale norme idonee a disciplinare (tendenzialmente) qualsivoglia aspetto della vita sociale e politica. Quando la costituzione è sovra-interpretata non residuano spazi vuoti di – ossia "liberi" dal – diritto costituzionale: ogni decisione legislativa è pre-disciplinata (forse anche minuziosamente disciplinata) dall'una o dall'altra norma costituzionale [21]. Non vi è legge che possa sfuggire al controllo di legittimità costituzionale. In altre parole, non vi è spazio per alcuna discrezionalità legislativa: non vi è questione di legittimità costituzionale di cui si possa dire che è solo una *political question*, una questione puramente politica, estranea alla cognizione del giudice della legittimità costituzionale delle leggi.

La sovra-interpretazione della costituzione è una pratica costante della Corte costituzionale, degli organi dello stato in genere, e della dottrina. Le norme inespresse che si è stati capaci di ricavare dal testo costituzionale sono innumerevoli. Ecco qui qualche esempio scelto a caso.

L'art. 2, il quale «riconosce e garantisce i diritti inviolabili dell'uomo», è comunemente interpretato nel senso che i diritti garantiti dalla costituzione siano non già soltanto quelli espressamente enumerati negli articoli seguenti della costituzione stessa, ma anche altri imprecisati diritti soggettivi, che possono essere magicamente generati dall'evoluzione sociale e riconosciuti dalla giurisprudenza [22]. Si aggiunga che il vocabolo

---

[21] Cfr. ad es. V. Angiolini, *Costituente e costituito nell'Italia repubblicana*, Padova, 1995.

[22] Per es., Corte cost. 215/1987 e 561/1987. Di fatto, nella giurisprudenza costituzionale degli ultimi venti anni si trovano riconosciuti, quali diritti fondamentali inviolabili, tra gli altri (la lista è certamente incompleta): la libertà sessuale (Corte cost. 561/1987), il diritto sociale all'abitazione (Corte cost. 217/1988, 404/ 1988, 419/1991), il diritto all'onore e alla reputazione (Corte cost. 1150/1988), il diritto all'istruzione (Corte cost. 215/1987), il diritto alla

"inviolabile" è stato inteso – dalla dottrina, ma anche (implicitamente) dalla giurisprudenza costituzionale – nel senso che le norme che conferiscono diritti fondamentali ("inalienabili", dice la Corte) non possono essere sottoposte a revisione costituzionale: tali norme sono principi essenziali dell'ordinamento costituzionale, che non possono essere modificati in modo alcuno, malgrado il testo costituzionale non contenga alcun divieto espresso in tal senso [23].

L'art. 11, che consente allo stato di accettare «limitazioni di sovranità necessarie ad un ordinamento che assicuri la pace e la giustizia fra le Nazioni» è stato interpretato dalla Corte come una giustificazione costituzionale dei trattati europei [24], che pure comportano limitazioni non già solo della "sovranità" dello stato nella comunità internazionale, ma anche della "sovranità" del popolo in seno alla comunità statale [25] (proclamata dall'art. 1, comma 2, e concretizzata dall'art. 70 che conferisce alle camere rappresentative la funzione legislativa) [26].

L'art. 74, che conferisce al Presidente della Repubblica il potere di sospendere la promulgazione delle leggi e di rinviarle alle Camere, chiedendo (con messaggio motivato) una nuova deliberazione, è comunemente inteso nel senso che il Presidente può rinviare leggi solo per ragioni di manifesta illegittimità costituzionale. Del resto, il potere presidenziale di emanazione dei decreti governativi aventi forza di legge (art. 87, comma 5) è

---

riservatezza e ad una comunicazione libera e segreta (Corte cost. 366/1991, 81/1993), il diritto ad abbandonare il proprio paese (Corte cost. 278/1992), il diritto all'identità personale (Corte cost. 13/1994). Diritti, tutti, dei quali non si trova traccia nel testo costituzionale.

[23] Corte cost. 1146/1988.

[24] Corte cost. 183/1973.

[25] Corte 170/1984. Si allude nel testo alla prevalenza del diritto comunitario sul diritto interno, ivi incluso il diritto costituzionale, con la sola eccezione dei principi supremi e dei diritti inalienabili. Vedi Corte cost. 183/1973, 170/1984, 168/1991, 93/1997.

[26] Costituisce limitazione della sovranità popolare (che si esprime attraverso la funzione legislativa conferita ad un parlamento eletto a suffragio universale) l'efficacia diretta nell'ordinamento interno delle fonti comunitarie (o europee), e ancor più la prevalenza delle fonti europee sulle leggi interne non solo anteriori, ma persino successive.

comunemente inteso nel senso che il Presidente abbia l'obbligo di emanare, salvo che, nuovamente, si tratti di atti palesemente incostituzionali.

L'art. 75, comma 2, che sottrae al referendum popolare abrogativo le leggi tributarie e di bilancio, di amnistia e d'indulto, nonché di autorizzazione alla ratifica di trattati internazionali, è stato interpretato dalla Corte costituzionale nel senso che è altresì vietato qualunque referendum abrogativo comunque capace di mettere in causa un qualsivoglia "valore costituzionale" [27]. E questo modo di vedere si è risolto, a sua volta, in una lunga serie di ragioni di non ammissibilità di richieste di referendum [28].

L'art. 89, comma 1, secondo il quale «nessun atto del Presidente della Repubblica è valido se non è controfirmato dai ministri proponenti», è stato interpretato, nella pratica costituzionale, nel senso che il Presidente non ha l'obbligo di emanare solo atti proposti da ministri, ma è altresì autorizzato a compiere atti in assenza di qualsivoglia proposta ministeriale (atti che devono essere controfirmati non, evidentemente, dal ministro proponente, che non c'è, ma dal ministro competente per materia, secondo il contenuto di ogni singolo atto).

L'art. 139, che vieta la revisione della forma repubblicana dello stato, è generalmente inteso dalla dottrina nel senso che è sottratta a revisione costituzionale non solo la forma repubblicana, ma anche la forma democratica.

L'art. 3, comma 1, che garantisce l'eguaglianza dei cittadini «senza distinzione di sesso, di razza, di lingua, di religione, di opinioni politiche, di condizioni personali e sociali», è comunemente inteso nel senso che il legislatore ha non tanto l'obbligo preciso di non distinguere sulla base del sesso, della razza, etc., quanto piuttosto l'obbligo indeterminato di trattare allo stesso modo le fattispecie eguali e al tempo stesso di trattare in modo differenziato le fattispecie diverse [29].

---

[27] Corte cost. 16/1978.

[28] Corte cost. 16/1978, 27/1981, 28/1981, 29/1981, 28/1987, 29/1987, 47/1991, 17/1997, 36/1997, etc.

[29] Per es., Corte cost. 3/1957, 28/1957, 53/1958, 80/1969, etc.

Generalmente parlando, uno strumento efficace per sovra-interpretare la costituzione è quello di trattare le sue disposizioni come esprimenti non già regole (relativamente) precise, ma principi a contenuto (altamente) indeterminato [30]. Interpretare il testo costituzionale come esprimente principi, piuttosto che regole, involge, tra le altre, due conseguenze importanti.

Per un verso, i principi sono dotati di una magica virtù "nomopoietica", cioè sono capaci di generare – beninteso: per il tramite di opportune tecniche argomentative degli interpreti – una quantità innumerevole di norme inespresse ulteriori, atte a "concretizzarli" o dare loro attuazione. Il risultato è una costituzione tendenzialmente "completa", cioè contenente norme idonee a decidere qualsivoglia controversia (per lo meno qualsiasi controversia relativa alla legittimità costituzionale di leggi).

Per un altro verso, l'applicazione dei principi è in qualche modo fluida, giacché – come dicono taluni teorici del diritto [31] – le regole si applicano al modo del "o-tutto-o-niente" (*all-or-nothing*), cioè sono indefettibili, mentre ogni principio è soggetto ad eccezioni, sempre suscettibile di "bilanciamento" alla luce di altri principi (il che suppone una valutazione intorno alla sua "importanza" relativa); e può accadere che, come risultato del bilanciamento, il principio in questione sia semplicemente disapplicato, accantonato.

5. *L'applicazione diretta delle norme costituzionali*

Un terzo aspetto del processo di costituzionalizzazione è la dottrina secondo cui le norme costituzionali sono suscettibili di applicazione diretta in sede giurisdizionale. Questo aspetto dipende: per un verso, dalla diffusione in seno alla cultura giuridica di una certa concezione della costituzione; per un altro verso, dall'atteggiamento dei giudici che ne deriva.

---

[30] Sopra, parte prima, cap. V.

[31] L'allusione è a R. Dworkin, *Taking Rights Seriously*, II ed., Cambridge (Mass.), 1978.

Nella concezione liberale classica, la funzione della costituzione è limitare il potere politico (statale): è l'idea espressa chiaramente nell'art. 16 della *Déclaration des droits de l'homme et du citoyen* del 1789. Secondo questa concezione, le norme costituzionali non regolano in alcun modo le relazioni "interprivate", ossia le relazioni sociali dei cittadini tra di loro, che sono interamente determinate dalla legislazione ordinaria (specie dalle leggi civili e penali). Le norme costituzionali disciplinano l'organizzazione dello stato e, tutt'al più, le relazioni tra stato e cittadini. Pertanto, le norme costituzionali non sono suscettibili di applicazione diretta, da parte dei giudici comuni, nelle controversie che oppongono un cittadino non già allo stato, ma ad un altro cittadino. I giudici non devono applicare che la legge: la costituzione non è idonea a produrre effetti nella vita sociale se non dopo che sia stata "concretizzata" da leggi.

Per contro, nel costituzionalismo dei giorni nostri si tende a pensare che la funzione della costituzione sia modellare la società civile, i rapporti sociali [32]. Per conseguenza, si tende anche a pensare che le disposizioni costituzionali – soprattutto le disposizioni che conferiscono diritti e/o esprimono principi generali – possano produrre effetti diretti ed essere applicate da qualunque giudice all'occasione di qualunque controversia. L'idea è che la costituzione debba essere immediatamente applicata anche nelle relazioni interprivate, almeno ogniqualvolta la controversia di cui trattasi non possa essere risolta sulla base della legge, vuoi perché la legge appare lacunosa, vuoi perché la legge offre sì una soluzione, ma tale soluzione appare ingiusta.

D'altro canto, secondo la concezione liberale classica, la costituzione è un limite alla legislazione. Mentre, secondo la concezione che ho appena menzionato, la legislazione non è (non deve essere) che lo sviluppo dei principi costituzionali o l'esecuzione dei programmi di riforma tracciati in costituzione.

È lecito sostenere che l'applicazione giurisdizionale della

---

[32] G. Bognetti, "Teorie della costituzione e diritti giurisprudenziali", in Associazione italiana dei costituzionalisti, Annuario 2002, *Diritto costituzionale e diritto giurisprudenziale*, Padova, 2004.

costituzione consista – almeno in ultima analisi – nel giudicare della legittimità costituzionale di leggi: il che, nell'ordinamento italiano, è competenza esclusiva della Corte costituzionale. E in *questo* senso la costituzione non può essere applicata direttamente dai giudici comuni. Tuttavia, nella prassi degli organi giurisdizionali le cose stanno altrimenti [33].

(i) In primo luogo, ogni giudice applica la costituzione allorché – di sua iniziativa, e non per impulso di parte – solleva, di fronte alla Corte costituzionale, una questione di legittimità costituzionale (art. 23, comma 3, legge 87/1953).

(ii) In secondo luogo, ogni giudice applica la costituzione quando è chiamato a giudicare della "non manifesta infondatezza" di una questione di legittimità costituzionale sollevata con istanza di parte (art. 23, comma 2, legge 87/1953). È ovvio, infatti, che il giudizio di non manifesta infondatezza esige l'interpretazione e l'uso della costituzione.

(iii) In terzo luogo, ogni giudice applica la costituzione quando – cosa peraltro assai rara – dichiara l'illegittimità costituzionale di un regolamento dell'esecutivo (giacché il controllo di legittimità costituzionale sui regolamenti è affidato, appunto, ai giudici comuni [34]).

(iv) In quarto luogo, ogni giudice applica, in un certo modo, la costituzione allorché pratica un'interpretazione adeguatrice della legge, ossia attribuisce alla legge un significato conforme a costituzione. Nel senso che, di fronte ad una disposizione legislativa che ammette due confliggenti interpretazioni, l'una conforme alla costituzione, l'altra difforme da essa, presceglie la prima.

(v) In quinto luogo, i giudici danno applicazione diretta alla costituzione quando usano senz'altro una norma costituzionale – e non una norma di rango legislativo – per decidere una controversia loro sottoposta.

---

[33] Vedi ad es. R. Bin, "L'applicazione diretta della costituzione, le sentenze interpretative, l'interpretazione conforme a costituzione della legge", in Associazione italiana dei costituzionalisti, Annuario 2006, *La circolazione dei modelli e delle tecniche del giudizio di costituzionalità in Europa*, Napoli, 2010.

[34] Corte cost. 484/1993 e 436/1997.

Quest'ultimo punto richiede un'attenzione particolare.

Secondo la giurisprudenza della Corte costituzionale [35], i diritti soggettivi garantiti dalla costituzione – ivi inclusi i diritti di libertà – non sono dei "diritti pubblici" nel senso della dottrina tedesca del XIX secolo, ossia dei diritti rivolti esclusivamente "contro lo stato": al contrario, sono diritti garantiti *erga omnes*, nei confronti di chiunque. Ciò significa che le norme costituzionali sono applicabili non solo nelle controversie che oppongono un cittadino ad un pubblico potere, ma anche nelle relazioni "interprivate", tra cittadini. Per conseguenza, tutti i giudici hanno il potere – e il dovere – di applicare direttamente le norme costituzionali nelle controversie che si trovano a giudicare [36].

Di fatto, l'applicazione diretta di norme costituzionali da parte dei giudici comuni è cosa abbastanza frequente. Per esempio, l'art. 36, comma 1, dispone che «il lavoratore ha diritto ad una retribuzione proporzionata alla quantità e qualità del suo lavoro e in ogni caso sufficiente ad assicurare a sé e alla famiglia un'esistenza libera e dignitosa»; la sua applicazione diretta da parte dei giudici comuni involge la conseguenza che ogni lavoratore ha diritto alla retribuzione prevista dal contratto collettivo (ancorché privo di efficacia *erga omnes*) applicabile alla categoria di lavoratori cui egli appartiene o al settore di produzione cui appartiene l'impresa [37]. O ancora: l'art. 32, comma 1, garantisce la salute come «come fondamentale diritto dell'individuo e interesse della collettività»; i giudici comuni [38] ne ricavano la conseguenza che – malgrado la espressa previsione contraria del codice civile (art. 2059) – qualunque danno o pregiudizio alla salute (ciò che si usa chiamare "danno biologico") deve essere risarcito.

---

[35] A partire, quanto meno, dalla sentenza 122/1970.

[36] Corte cost. 122/1970.

[37] Primo esempio: Corte d'appello dell'Aquila, 24 ottobre 1950, in *Rivista giuridica del lavoro*, 1951, II, p. 1. Vedi S. Bartole, *Interpretazioni e trasformazioni della Costituzione repubblicana*, Bologna, 2004, p. 166 ss.

[38] Primo esempio: Tribunale di Genova, 25 maggio 1974, in *Giurisprudenza italiana*, 1975, I, 2, col. 54.

6. *L'interpretazione adeguatrice delle leggi*

Un quarto aspetto del processo di costituzionalizzazione è l'interpretazione "adeguatrice" delle leggi, ossia l'interpretazione delle leggi in modo conforme alla costituzione. Questo quarto aspetto riguarda dunque le tecniche d'interpretazione non della costituzione, ma della legge.

Non vi è testo normativo che abbia un solo significato, determinato prima dell'interpretazione. Detto altrimenti, nessun testo normativo mai (almeno diacronicamente) è suscettibile di una sola interpretazione [39]. D'altro canto, se usiamo il vocabolo "norma" per riferirci non al testo stesso, ma al suo significato, possiamo dire che ciascuna interpretazione ricavi da un medesimo testo normativo una norma diversa.

Ebbene, accade spesso che una certa disposizione legislativa – interpretata *in abstracto* (ossia semplicemente leggendo il testo) o *in concreto* (cioè all'occasione di una specifica controversia) – sia suscettibile di due interpretazioni, tali che la prima metta capo ad una norma N1 che contraddice una norma costituzionale, mentre la seconda mette capo ad una diversa norma N2 che, al contrario, è del tutto conforme alla costituzione.

Evidentemente tocca al giudice scegliere l'interpretazione "corretta", nel senso che è suo compito decidere quale interpretazione sia preferibile. Il giudice può dunque scegliere tra due possibilità: interpretare la disposizione in questione nel primo modo, e per conseguenza ritenerla incostituzionale, oppure interpretarla nel secondo modo, e ritenere pertanto che essa sia conforme alla costituzione.

Orbene, questa seconda interpretazione, si usa chiamarla "adeguatrice" (ma potremmo anche dire "armonizzante"). L'interpretazione adeguatrice è insomma quella che adegua, armonizza, la legge alla costituzione (previamente interpretata, s'intende), scegliendo – di fronte ad una duplice possibilità interpretativa – il significato (ossia la norma) che evita ogni contraddizione tra legge e costituzione [40]. L'effetto di siffatta inter-

---

[39] *Infra*, parte quarta.

[40] In verità, mediante interpretazione adeguatrice, talora si evitano non già

pretazione è ovviamente quello di conservare validità ad una legge che, diversamente, dovrebbe essere dichiarata incostituzionale.

L'interpretazione adeguatrice delle leggi riveste, nell'ordinamento vigente, un'importanza così grande che, anche volendo, sarebbe difficile esagerarla. Questo tipo di interpretazione è praticata sia dalla Corte costituzionale, sia dai giudici comuni.

1) *La Corte costituzionale*. Nella giurisprudenza della Corte costituzionale l'interpretazione adeguatrice delle leggi si presenta sotto diversi aspetti. I più importanti sono i seguenti.

(i) *Decisioni "interpretative" in senso stretto*. Si parla di "sentenze interpretative" per riferirsi ad ogni decisione della Corte che verta non direttamente sulla disposizione legislativa, ossia sul testo della legge in quanto tale, ma invece su una – una sola – delle norme espresse dal testo, e pertanto su una delle sue possibili interpretazioni (giacché ogni norma è il risultato di una determinata interpretazione).

Ve ne sono di due tipi principali: (a) le decisioni che "rigettano" il dubbio di legittimità costituzionale, dichiarandolo non fondato [41]; (b) le decisioni che "accolgono" il dubbio di legittimità costituzionale, dichiarandolo fondato, il cui effetto è l'annullamento della norma di cui si tratta.

(a) *Sentenze interpretative di rigetto*. Di fronte ad una disposizione legislativa che ammette due interpretazioni, di cui la prima si risolve in una norma incostituzionale, mentre la seconda dà luogo ad una norma conforme alla costituzione, la Corte costituzionale dichiara che il dubbio di legittimità costituzionale non è fondato *a condizione che* la disposizione in oggetto sia interpretata nel secondo modo, ossia come

---

contraddizioni in senso stretto, ossia incompatibilità logiche, ma anche semplici incongruenze, disarmonie assiologiche, tra norme di legge e norme costituzionali. Vedi G. Parodi, "Seguito giurisdizionale delle decisioni costituzionali interpretative e additive di principio ed elementi di 'diffusione' nel controllo di costituzionalità", in *Rivista trimestrale di diritto pubblico*, 2008, spec. p. 844 ss.

[41] Il che non equivale a dichiarare che la norma è senz'altro conforme alla costituzione.

esprimente una norma conforme alla costituzione [42].

In questo modo la validità della disposizione è conservata (talora la Corte fa appello ad un "principio di conservazione degli atti normativi" [43]). Ma, al tempo stesso, la Corte proibisce (sebbene implicitamente) che la disposizione in questione sia interpretata in modo da contraddire la costituzione, giacché siffatta interpretazione sarebbe, dalla Corte, annullata. Per conseguenza, la disposizione di cui trattasi può ancora essere utilizzata dai giudici nella motivazione delle loro decisioni, a condizione, però, che sia interpretata in modo conforme alla costituzione.

(b) *Sentenze interpretative di accoglimento.* Accade spesso che, di fronte ad una disposizione legislativa che – come nel caso precedente – ammette due interpretazioni alternative, l'una conforme a, l'altra difforme da, la costituzione, l'interpretazione comunemente accettata dai giudici comuni (e in special modo dalla Corte di cassazione) sia la seconda, ossia quella da cui risulta una norma incostituzionale (l'interpretazione dominante è ciò che la Corte costituzionale chiama il "diritto vivente" [44]). In questi casi, la Corte dichiara che la questione di legittimità costituzionale è fondata e che la disposizione di cui si tratta è incostituzionale. E tuttavia la Corte annulla non già la disposizione in quanto tale – cioè il testo normativo indipendentemente dal modo in cui è interpretato – ma soltanto una delle sue interpretazioni, dicendo che la disposizione è incostituzionale *in quanto* la si interpreti in modo incostituzionale, ovvero *nella parte in cui* esprime una norma incostituzionale [45].

Anche in questo caso la disposizione in questione conserva la sua validità, ma la sua interpretazione incostituzionale – o, più precisamente, la norma che ne deriva – è decisamente annullata, con effetti generali, *erga omnes*.

---

[42] Il primo esempio di decisione di questo tipo è in Corte cost. 3/1956.

[43] Corte cost. 152/1982, 292/1984.

[44] Vedi al riguardo A. Pugiotto, *Sindacato di costituzionalità e "diritto vivente". Genesi, uso, implicazioni*, Milano, 1994.

[45] Il primo esempio è in Corte cost. 52/1956.

(ii) *Decisioni "manipolatrici"*. Si dicono "manipolatrici" (o anche "normative") quelle sentenze di accoglimento in cui la Corte costituzionale non si limita a dichiarare l'illegittimità costituzionale delle norme che le sono sottoposte, ma inoltre – comportandosi come un legislatore – modifica direttamente l'ordinamento allo scopo di armonizzarlo con la costituzione. Vi sono due tipi fondamentali di sentenze manipolatrici [46].

(a) *Sentenze "additive"*. Le sentenze che si usa chiamare "additive" sono quelle in cui la Corte dichiara l'illegittimità costituzionale di una data disposizione *nella parte in cui non esprime una certa norma* (che dovrebbe esprimere per essere conforme a costituzione).

Tali sentenze sono sovente il risultato dell'applicazione del principio di eguaglianza. Ad esempio, una disposizione legislativa attribuisce un diritto previdenziale ad una classe di soggetti S1 e non ad un'altra classe S2. Secondo la Corte costituzionale, tuttavia, le due classi di soggetti, S1 e S2, sono eguali e devono pertanto essere trattate nello stesso modo. Ecco dunque che la disposizione di cui trattasi è incostituzionale poiché viola il principio di eguaglianza. Ebbene, in casi del genere, la Corte spesso dichiara che la disposizione è costituzionalmente illegittima *nella parte in cui non conferisce* il medesimo diritto ai soggetti S2 [47].

Questo tipo di decisione è suscettibile di due diverse ricostruzioni.

Taluni sostengono che una decisione siffatta, a rigore, non è una decisione di annullamento. La disposizione di cui si tratta, infatti, non è davvero annullata dalla Corte: se così fosse, i soggetti S1 perderebbero il diritto soggettivo loro conferito, mentre

---

[46] Vedi ad es. E. Cheli, F. Donati, "La creazione giudiziale del diritto nelle decisioni dei giudici costituzionali", in Associazione italiana dei costituzionalisti, Annuario 2006, *La circolazione dei modelli e delle tecniche del giudizio di costituzionalità in Europa*, cit.

[47] Una sottoclasse della classe delle sentenze additive è costituita dalle additive c.d. "di principio" o "a dispositivo generico", nelle quali la Corte aggiunge non una regola (relativamente) precisa, ma appunto un principio, una norma generica, bisognosa di concretizzazione ad opera del legislatore e/o dei giudici comuni. Vedi al riguardo G. Parodi, *La sentenza additiva a dispositivo generico*, Torino, 1996.

al contrario lo conservano. In realtà, ciò che la Corte fa è piuttosto *aggiungere* all'ordinamento una norma nuova: la norma che conferisce il medesimo diritto soggettivo anche ai soggetti S2. È appunto per questa ragione che si parla di sentenze "additive".

Talaltri ritengono invece che, in casi simili, la Corte dichiari l'illegittimità costituzionale non già della norma di cui si tratta (la norma che conferisce un diritto ai soggetti S1), bensì di un'altra norma, inespressa, ricavata dal testo mediante l'argomento *a contrario*: la norma che nega il medesimo diritto ai soggetti S2. S'intende che l'annullamento di una norma che nega un certo diritto produce l'effetto di conferire il diritto in questione [48].

(b) *Sentenze "sostitutive"*. Si dicono "sostitutive" quelle sentenze in cui la Corte dichiara l'illegittimità costituzionale di una data disposizione *nella parte in cui esprime una certa norma invece di un'altra*: una norma diversa, che essa dovrebbe esprimere per essere conforme a costituzione.

Ad esempio, una disposizione conferisce un certo potere ad un certo organo statale, O1, mentre, secondo la costituzione (come interpretata dalla Corte), tale potere dovrebbe essere conferito ad un organo diverso, O2. Per conseguenza, la disposizione è incostituzionale, e dovrebbe pertanto essere annullata. In casi del genere, tuttavia, la Corte non si ritiene soddisfatta di un puro e semplice annullamento: la Corte dichiara che la norma è incostituzionale nella parte in cui conferisce il potere di cui si tratta all'organo O1 *anziché* all'organo O2. Così facendo, la Corte: per un verso, annulla la norma che le è stata sottoposta; per un altro verso, e al tempo stesso, introduce nell'ordinamento una norma nuova, in virtù della quale il potere in questione risulta attribuito all'organo O2 anziché all'organo O1. Detto altrimenti: la norma sottoposta alla Corte è sostituita da una norma diversa, creata dalla Corte stessa [49].

2) *I giudici comuni*. L'interpretazione adeguatrice delle leggi non è opera della sola Corte costituzionale: è praticata anche dai

---

[48] G. Parodi, *La sentenza additiva a dispositivo generico*, cit., p. 123 ss.

[49] L'esempio è ricavato da Corte cost. 15/1969.

giudici comuni. E, del resto, la Corte costituzionale *esige* che essi la pratichino, quale condizione di ammissibilità delle questioni di legittimità costituzionale.

Ciò accade, in particolare, ogniqualvolta una delle parti del processo principale sollevi una questione di legittimità costituzionale (sopra una legge applicabile in quel processo) e il giudice respinga l'istanza di parte – rifiuti cioè di sottoporre la questione alla Corte costituzionale – adducendo che la questione è "manifestamente infondata" dal momento che la legge di cui si tratta può essere interpretata in modo conforme alla costituzione: sicché basta "adeguare" la legge, armonizzarla con la costituzione, perché la questione di legittimità costituzionale si dissolva.

7. L'influenza della costituzione sui rapporti politici

Un quinto aspetto del processo di costituzionalizzazione è l'influenza delle norme costituzionali sui rapporti politici. Questo ultimo aspetto non è facile da precisare. Esso dipende da diversi elementi, tra i quali si possono menzionare: il contenuto stesso della costituzione, l'atteggiamento dei giudici (soprattutto del tribunale costituzionale), l'atteggiamento degli organi costituzionali e degli attori politici.

(a) Per ciò che attiene al contenuto della costituzione: alcune costituzioni (ad esempio, quella tedesca, art. 93, e quella italiana, art. 134) conferiscono al tribunale costituzionale il potere di risolvere i conflitti di competenza (di "attribuzione", come noi usiamo dire) tra gli organi costituzionali. I conflitti in questione altro non sono, in ultima analisi, che disaccordi politici concernenti le relazioni di potere tra gli organi dello stato. Ecco dunque che, in taluni ordinamenti, certi conflitti puramente politici possono essere ricondotti a questioni di diritto, e risolti da un organo giurisdizionale facendo uso di norme costituzionali.

(b) Per ciò che attiene all'atteggiamento dei giudici in genere e del tribunale costituzionale in specie: chi giudica della legittimità costituzionale di leggi può adottare un atteggiamento di *self-restraint* di fronte alle *political questions*, rispettando la discrezionalità politica del legislatore, o al contrario mettere in discussione le decisioni legislative anche quando non siano chiaramente incostituzionali. Tra gli strumenti argomentativi più frequentemente impiegati dai giudici costituzionali per controllare la discrezionalità politica dei parlamenti vale la pena di menzionare quanto meno: il principio di eguaglianza, soprattutto ricostruito come principio di "ragionevolezza" delle distinzioni e classificazioni legislative; e il "bilanciamento" dei principi costituzionali (quando siano in conflitto).

(c) Per ciò che attiene all'atteggiamento degli organi costituzionali e degli attori politici, le cose sono assai più fluide. Dirò solo, molto semplicemente, che le norme costituzionali possono essere più o meno usate, come pure non essere usate affatto, nell'argomentazione degli organi costituzionali e degli attori politici (partiti e quant'altro) per giustificare le loro azioni e decisioni.

Nell'ordinamento vigente, si può dire che la costituzione eserciti una certa influenza sui rapporti politici attraverso taluni aspetti della giurisprudenza costituzionale.

(i) *I conflitti di attribuzione tra i poteri dello Stato.* L'art. 134 della costituzione conferisce alla Corte costituzionale (insieme ad altre competenze) anche il potere di risolvere i «conflitti di attribuzione tra i poteri dello Stato».

"Poteri dello Stato" in che senso? Secondo la giurisprudenza della Corte [50], questa espressione si applica a qualunque organo dello stato il quale eserciti, in modo autonomo e indipendente, una attribuzione ad esso conferita da norme di rango costituzionale [51].

A partire dal 1975, la Corte ha avuto occasione di giudicare una quantità notevole di conflitti [52], nei quali sono stati coinvolti tra gli altri: numerosi organi giurisdizionali (giacché, secondo la Corte, ciascun giudice è un "potere" dello stato), commissioni

[50] A partire dalla prime decisioni in materia: Corte cost. 228 e 229/1975.

[51] Anche consuetudinarie: vedi Corte cost. 129/1981.

[52] Corte cost. 13/1975, 231/1975, 69/1978, 85/1978, 123/1979, 129/1981, 406/1989, 379/1992, 462/1993, etc.

parlamentari, ciascuna delle due Camere come anche i loro presidenti, il Parlamento nel suo complesso, il Presidente della Repubblica, il Governo nel suo insieme come pure il Presidente del Consiglio, la Corte dei conti, il ministro della giustizia, il Consiglio superiore della magistratura, il pubblico ministero, e persino il comitato promotore di un referendum abrogativo, considerato come espressione del corpo elettorale.

(ii) *Il referendum abrogativo.* La costituzione (art. 75) prevede che cinquecentomila elettori (o cinque consigli regionali) possano richiedere un referendum popolare per l'abrogazione totale o parziale di una legge. Al tempo stesso, la costituzione vieta però il referendum su certi tipi di leggi. E, d'altra parte, una legge costituzionale (legge cost. 1/1948, art. 2) conferisce alla Corte costituzionale il potere di controllare preventivamente l'ammissibilità delle richieste di referendum.

Ora, il referendum abrogativo altro non è che un "contro-potere" politico del "popolo" – i.e. del corpo elettorale – nei confronti del potere legislativo: concretamente, nella maggior parte dei casi, un contro-potere delle minoranze parlamentari nei confronti della maggioranza (la maggioranza che ha approvato una data legge, la quale non necessariamente coincide con la maggioranza che sostiene il Governo) ovvero di un movimento politico (non organizzato in partito) nei confronti delle forze politiche dominanti. Ed ecco dunque che, nel valutare l'ammissibilità delle richieste di referendum, la Corte costituzionale si trova fatalmente coinvolta in conflitti politici, che certo non può risolvere direttamente, ma dei quali può consentire od impedire lo svolgimento [53].

(iii) *Il controllo della Corte costituzionale sulla "discrezio-*

---

[53] Facendo uso di questo potere, ad esempio (è solo un esempio, ma è anche l'esempio più *éclatant*), la Corte ha, in due occasioni, dichiarato inammissibili (Corte cost. 47/1991, 13/2012) altrettanti referendum abrogativi in materia elettorale; mentre, in un'altra occasione, ha ammesso (Corte cost. 32/1993) un referendum abrogativo sopra una parte della legge elettorale del Senato, che ha comportato addirittura un mutamento del sistema elettorale: dallo scrutinio proporzionale a quello maggioritario. Il che, a sua volta, ha contribuito ad avviare un mutamento radicale dello stesso sistema politico.

nalità politica" del legislatore. L'art. 28 della legge 87/1953 proibisce espressamente alla Corte costituzionale ogni valutazione politica e ogni controllo sulla "discrezionalità politica" del legislatore. Malgrado ciò, la Corte – come del resto la maggior parte dei tribunali costituzionali ai giorni nostri – esercita costantemente un controllo sulla discrezionalità politica del Parlamento [54].

Gli strumenti più efficaci per l'esercizio di questo controllo sono: per un verso, la dottrina, elaborata dalla stessa Corte costituzionale, secondo cui ogni legge deve essere "ragionevole"; per un altro verso, la tecnica di giustificazione delle decisioni che va sotto il nome di "bilanciamento" dei principi costituzionali (ogniqualvolta siano tra loro in conflitto, come spesso accade).

(a) *La "ragionevolezza" della legge.* Dispone l'art. 3, comma 1, della costituzione che «tutti i cittadini hanno pari dignità sociale e sono eguali davanti alla legge, senza distinzione di sesso, di razza, di lingua, di religione, di opinioni politiche, di condizioni personali e sociali». Tuttavia, la Corte costituzionale interpreta ormai questa disposizione non come divieto "specifico" di discriminare per ragioni di sesso, razza, etc., ma piuttosto come divieto "generico" di distinguere tra situazioni oggettivamente eguali e, al tempo stesso, di non distinguere tra situazioni oggettivamente diverse [55].

In particolare, a partire da una decisione del 1960 [56], la Corte ha elaborato una dottrina – condivisa del resto dalla maggior parte dei tribunali costituzionali europei, come pure dalla Corte suprema degli Stati uniti – secondo la quale il principio di eguaglianza è violato ogniqualvolta la legge, "senza ragionevole motivo", tratti in modo differente cittadini che si trovino in situazioni eguali o in modo eguale cittadini che si trovino in situazioni differenti.

Questo principio esige che ogni distinzione o classificazione

---

[54] Del resto, il giudizio di legittimità costituzionale *in quanto tale* costituisce interferenza nella "discrezionalità politica" del legislatore.

[55] Ad es., Corte cost. 204/1982.

[56] Corte cost. 15/1960.

introdotta dal legislatore sia "ragionevole", non arbitraria, insomma giustificata. Ora, è evidente che qualunque apprezzamento intorno al carattere ragionevole o irragionevole di una distinzione legislativa costituisce un giudizio di valore ed involge una decisione politica. Ecco dunque che, elaborando questa dottrina, la Corte si è costruita una tecnica di argomentazione mediante la quale essa può far prevalere i suoi giudizi di valore e le sue decisioni politiche su quelle del Parlamento.

(b) *Il "bilanciamento" dei principi.* Accade frequentemente che due principi costituzionali siano tra loro in conflitto. Secondo alcuni, anzi, è questo un tratto definitorio dei principi: nel senso che un principio si distingue da una regola proprio per il fatto di essere sempre e necessariamente in conflitto con altri principi.

La costituzione italiana offre un esempio davvero paradigmatico di conflitto tra principi: il conflitto tra eguaglianza "formale" (ossia giuridica) ed eguaglianza "sostanziale" (cioè sociale). Il comma 1 dell'art. 3, come ho detto sopra, proclama il principio di eguaglianza giuridica, vietando ogni discriminazione tra cittadini; il comma 2 dello stesso articolo, tuttavia, autorizza il legislatore a (e anzi gli raccomanda di) «rimuovere gli ostacoli di ordine economico e sociale, che, limitando di fatto la libertà e l'eguaglianza dei cittadini, impediscono il pieno sviluppo della persona umana e l'effettiva partecipazione di tutti i lavoratori all'organizzazione politica, economica e sociale del Paese». In altre parole: il comma 1 vieta ogni distinzione tra cittadini, mentre il comma 2 consente di distinguere, riservando un trattamento più favorevole ai cittadini socialmente svantaggiati.

Che cosa dobbiamo pensare, dunque, di una legge che, ad esempio, distingua nettamente tra lavoratori e datori di lavoro, riservando ai lavoratori un trattamento più favorevole in seno al processo del lavoro (legge 533/1973)? Contraddice, questa legge, il principio di eguaglianza, stabilito dall'art. 3, comma 1, o al contrario non fa che concretizzare il principio consacrato dall'art. 3, comma 2 [57]?

---

[57] In proposito: Corte cost. 13/1977.

Per ragioni evidenti, questo tipo di conflitto tra norme non può essere risolto né per mezzo del principio cronologico ("lex posterior") né per mezzo del principio gerarchico ("lex superior"). La tecnica impiegata dalla Corte costituzionale consiste, molto semplicemente, nell'istituire tra i due principi confliggenti una gerarchia "assiologica", cioè una gerarchia tra i "valori" implicati dai due principi [58]. In virtù di tale gerarchia, uno dei due principi prevale sull'altro, nel senso che uno dei due principi è applicato, mentre l'altro viene (momentaneamente) accantonato. Si noti, peraltro, che la gerarchia in questione è una gerarchia "mobile", nel senso che è del tutto possibile che, in un caso, un certo principio P1 prevalga su un altro principio P2, e che tuttavia, in un caso diverso, ancorché simile al precedente, P2 prevalga su P1.

Una gerarchia assiologica, evidentemente, è il risultato di un giudizio di valore comparativo (un giudizio sul valore relativo dei principi coinvolti): una valutazione diversa da quella che è implicita nella decisione legislativa. Ecco dunque che, bilanciando principi, la Corte sostituisce un suo giudizio di valore ad una valutazione del Parlamento [59].

Se, lasciando da parte la giurisprudenza costituzionale, si guarda invece alla prassi, agli orientamenti, agli stili argomentativi degli attori politici e di taluni organi costituzionali, si ha l'impressione che la costituzione non eserciti una significativa influenza sulla vita politica in Italia, a differenza di quanto accade in altri paesi occidentali [60]. Al contrario, è facile constatare

---

[58] Corte cost. 467/1991.

[59] Vedi ad es. Corte cost. 258/1994, 281/1994, 377/1994.

[60] Ad esempio, in occasione delle recenti partecipazioni delle forze armate italiane ad operazioni belliche di vario tipo, né gli organi costituzionali né gli attori politici sembrano essersi minimamente preoccupati di giustificare la partecipazione dell'Italia in riferimento agli artt. 11 e 78 cost. O ancora: nella ricorrente polemica contro i repentini cambiamenti di maggioranza in seno alle Camere (e/o contro la trasmigrazione di deputati e senatori da un gruppo parlamentare all'altro), è raro che qualcuno controargomenti facendo appello all'art. 67 cost. Non sono che esempi, ma sembrano indicare una tendenza.

una tendenza pervasiva – che ha assunto negli anni molteplici aspetti – a screditare e possibilmente ad accantonare la costituzione vigente. Basti menzionare, a titolo di esempio:

(a) la messa in discussione della matrice dichiaratamente antifascista e repubblicana (XII e XIII disposizioni finali) dell'ordinamento vigente;

(b) i ripetuti (e fin qui falliti) tentativi – anche (e anzi preferibilmente) con procedimenti in deroga all'art 138 cost. – di mutare la vigente forma di governo parlamentare, di alterare lo status e i poteri dei magistrati (specie dei magistrati inquirenti), così come la composizione e le funzioni delle Camere;

(c) l'idea che si sia ormai affermata una nuova costituzione "materiale", che avrebbe introdotto nell'ordinamento una forma di governo quasi presidenziale, con una sorta di designazione elettorale diretta del Presidente del consiglio, il divieto di maggioranze di governo diverse entro una stessa legislatura (volgarmente dette "ribaltoni"), con conseguente obbligo di scioglimento della Camere in presenza di una crisi politica;

(d) l'uso ormai invalso di parlare di una "seconda repubblica", quasi che la costituzione tuttora vigente fosse ormai desueta e il paese fosse governato da una costituzione nuova;

(e) l'approvazione (da parte di maggioranze di destra) di innumerevoli leggi – per lo più dichiarate costituzionalmente illegittime dalla Corte – palesemente incompatibili con il principio di eguaglianza, o con il principio di laicità dello stato, o rivolte ad intralciare l'esercizio dell'azione penale, l'acquisizione delle prove, lo stesso giudizio penale, e via esemplificando. Si aggiunga

(f) l'approvazione di una legge elettorale (legge 270/2005), peraltro già incidentalmente ritenuta incostituzionale (sebbene non annullata) dalla Corte, che – prevedendo uno sproporzionato "premio di maggioranza" [61] – infrange la regola di eguaglianza

---

[61] Un premio di maggioranza che non si limita a rafforzare la maggioranza uscita dalle urne (cosa che già di per sé sarebbe altamente discutibile), ma tramuta miracolosamente in maggioranza la minoranza più forte.

del voto (art. 48, comma 2, cost.), e tendenzialmente vanifica tutte le maggioranze qualificate richieste a tutela delle minoranze e a garanzia della costituzione stessa [62].

---

[62] Ad es., art. 64, comma 1, «Ciascuna Camera adotta il proprio regolamento a *maggioranza assoluta dei suoi componenti*»; art. 79, comma 1, «L'amnistia e l'indulto sono concessi con legge deliberata a *maggioranza dei due terzi dei componenti* di ciascuna Camera, in ogni suo articolo e nella votazione finale»; art. 83, comma 3, «L'elezione del Presidente della Repubblica ha luogo per scrutinio segreto a *maggioranza di due terzi dell'assemblea*. Dopo il terzo scrutinio è sufficiente la *maggioranza assoluta*»; art. 90, comma 2, il Presidente della Repubblica «è messo in stato di accusa dal Parlamento in seduta comune a *maggioranza assoluta dei suoi membri*»; art. 138, commi 1 e 3, «Le leggi di revisione della Costituzione e le altre leggi costituzionali sono adottate da ciascuna Camera con due successive deliberazioni ad intervallo non minore di tre mesi, e sono approvate a *maggioranza assoluta dei componenti* di ciascuna Camera nella seconda votazione ... Non si fa luogo a referendum se la legge è stata approvata nella seconda votazione da ciascuna delle Camere a *maggioranza di due terzi dei suoi componenti*»; etc.

V.

I poteri dello stato: separati o bilanciati?

SOMMARIO: 1. Un solo nome per due tecniche di organizzazione del potere. – 2. "Potere". – 3. Le funzioni dello stato. – 4. Osservazioni a margine. – 5. Intermezzo su potere costituente, costituzione, e revisione costituzionale. – 6. Separazione dei poteri. – 7. Bilanciamento dei poteri. – 8. Implicazioni divergenti. – 9. L'assetto della funzione legislativa nei due modelli. – 10. L'assetto della funzione esecutiva nei due modelli. – 11. Implicazioni convergenti. – 12. Appendice. Uno sguardo all'assetto dei poteri e delle funzioni nella costituzione vigente.

1. *Un solo nome per due tecniche di organizzazione del potere*

Nella storia delle dottrine costituzionali, l'espressione 'separazione (o divisione) dei poteri' denota non già una, ma due distinte tecniche di organizzazione del potere politico, che si suppongono funzionali allo scopo di evitare il dispotismo e garantire (tutelare, proteggere) la libertà dei cittadini (e a questa stregua vanno valutate) [1].

Per evitare confusioni, d'ora in avanti userò l'espressione 'separazione dei poteri' per riferirmi alla prima tecnica costituzionale, mentre userò l'espressione 'bilanciamento dei poteri' per riferirmi alla seconda.

---

[1] Cfr. M. Troper, "Montesquieu e la separazione dei poteri negli Stati Uniti", in *Materiali per una storia della cultura giuridica*, 1990; Id., *Pour une théorie juridique de l'Etat*, Paris, 1994, cap. XIV.

2. “Potere”

Nel contesto di espressioni quali ‘separazione dei poteri’, ‘divisione dei poteri’, ‘bilanciamento dei poteri’, e simili, il vocabolo ‘potere’ condensa in sé due significati, che conviene tuttavia tenere distinti.

(a) In un primo senso, ‘potere’ si riferisce alle funzioni dello stato. ‘Funzione’ a sua volta denota nulla più che una “attività”. E un’attività, a sua volta, non è che una classe di atti[2].

(b) In un secondo senso, ‘potere’ si riferisce agli organi dello stato che esercitano le diverse funzioni.

Questa precisazione è necessaria non solo per amore di chiarezza concettuale, ma anche per il fatto che, strettamente intesa, la separazione dei poteri consiste per così dire in una duplice separazione (cui corrispondono due distinte serie di regole): la separazione delle funzioni e la separazione degli organi.

Come vedremo subito, una prima serie di regole è diretta precisamente a “separare” le funzioni statali, una seconda a “separare” gli organi che le esercitano. Senonché, come pure vedremo, il vocabolo ‘separare’ ha due diversi significati a seconda che si parli di organi o di funzioni.

3. *Le funzioni dello stato*

La dottrina della separazione dei poteri è storicamente connessa ad una specifica classificazione delle funzioni statali, che

---

[2] Cfr. G. Burdeau, F. Hamon, M. Troper, *Droit constitutionnel*, XXII ed., Paris, 1991, 133: «L’espressione ‘funzioni dello Stato’, non diversamente dal termine ‘Stato’, è il prodotto di una costruzione intellettuale. Nella realtà, si può solo osservare una grande varietà di atti particolari, compiuti dai governanti in nome dello Stato. Ma è spesso necessario, specie per una autorità costituente che debba distribuire competenze, ragionare non già su questo o quel singolo atto, bensì su classi di atti. La teoria delle funzioni è dunque il prodotto di una classificazione di atti. Le funzioni non sono altro che classi di atti. Si potrebbero chiamare queste classi *attività*, piuttosto che *funzioni*».

– per quanto discutibile e sovente discussa – è ancora oggi, a mio avviso, un potente strumento analitico. Secondo la dottrina classica, che si usa far risalire a Montesquieu, lo stato (ogni stato, sempre e comunque) adempie tre – e solo tre – funzioni. Ciò è quanto dire che gli atti dello stato possono essere raggruppati in tre classi.

(1) La funzione legislativa è quella che consiste nella produzione di norme generali (ossia impersonali) e almeno tendenzialmente astratte (ossia rivolte al futuro).

(2) La funzione giurisdizionale è quella che consiste nell'accertare in concreto la violazione di tali norme (praticamente: nel risolvere controversie aventi ad oggetto la violazione di norme).

(3) La funzione esecutiva ha carattere residuale: nel senso che include ogni atto individuale e concreto (può trattarsi di un atto amministrativo come di un atto di esecuzione materiale) che non sia riconducibile all'una o all'altra delle funzioni precedenti. Sfuggono al dominio della funzione esecutiva solo la produzione di norme (generali e astratte) e la risoluzione di controversie.

4. *Osservazioni a margine*

Questa classificazione delle funzioni statali richiede qualche parola di commento.

(i) Anzitutto, occorre notare che questa classificazione delle funzioni statali è stata elaborata in regime di costituzione flessibile (o, per meglio dire, in un'epoca in cui la nozione di costituzione rigida non era neppure stata concepita).

In regime di costituzione rigida, la funzione legislativa e, in qualche ordinamento, anche la funzione giurisdizionale non hanno carattere unitario. Nel senso che, in seno alla funzione legislativa, occorre distinguere la produzione normativa (legislazione) "ordinaria" e quella "costituzionale" (o di revisione costituzionale). E, in alcuni ordinamenti, in seno alla stessa funzione giurisdizionale occorre distinguere una giurisdizione "ordinaria" da una giurisdizione "costituzionale".

(ii) Inoltre, è importante notare che le tre funzioni dello stato, così definite, non stanno sullo stesso piano. Al contrario, sono necessariamente gerarchizzate.

La funzione giurisdizionale e la funzione esecutiva presuppongono logicamente e cronologicamente norme da applicare e/o eseguire: dunque, presuppongono la funzione legislativa (sono "secondarie" rispetto ad essa), e pertanto sono giuridicamente subordinate ad essa.

(iii) È poi il caso di notare che la nozione di funzione esecutiva, definita nel modo che si è detto (cioè solo in negativo), si estende ad attività molteplici ed eterogenee, tra l'altro storicamente variabili in relazione all'espansione dei campi di intervento dello stato: l'uso della forza pubblica, la riscossione delle imposte, la spendita del pubblico denaro, le relazioni internazionali, l'esercizio dell'azione penale, e via enumerando.

Ciò che queste diverse attività hanno in comune è solo questo: che tutte presuppongono norme. Nel senso che, tutte, sono attività o comandate o autorizzate – ma comunque previste – da norme precostituite. Alcune di esse sono semplicemente esecutive (in senso stretto) di norme precostituite, e pertanto sono attività dovute e non discrezionali; altre non sono puramente esecutive, costituiscono anzi esercizio di poteri discrezionali, ma tali poteri sono comunque conferiti da norme precostituite.

(iv) Generalmente parlando, negli ordinamenti contemporanei, le tre funzioni sono così distribuite: la funzione legislativa è esercitata in forma accentrata da un'assemblea (detta, per lo più, "camera") o collettivamente da due distinte assemblee (che si usa chiamare, nel loro insieme, "parlamento"); la funzione giurisdizionale è esercitata in forma diffusa da organi (ora monocratici, ora collegiali) detti genericamente "giudici", "corti", o "tribunali"; la funzione esecutiva è esercitata da un complesso di organi, comunemente detti "pubblica amministrazione", al cui vertice sta un collegio denominato "governo".

Ogni ordinamento statale, però, è dotato di un organo ulteriore (per lo più monocratico) denominato "capo dello stato". Ora, la collocazione del capo dello stato rispetto ai rimanenti poteri è variabile. Vi sono ordinamenti (taluni ordinamenti monarchici, tutti quelli a "governo presidenziale"), nei quali il capo dello stato riveste al tempo stesso il ruolo di capo dell'esecutivo. Ma vi sono anche ordinamenti (quelli a "governo parlamentare"), nei quali, per contro, il capo dello stato riveste il ruolo di un "potere neutro", estraneo ai rimanenti poteri, con funzioni di garanzia (o, come anche si dice, "custodia") della costituzione. E vi sono, infine, altri ordinamenti ancora (taluni ordinamenti monarchici, quelli a governo "semi-presidenziale") nei quali la posizione del capo dello stato non è altrettanto univoca, e si presta ad essere configurata nell'uno o nell'altro modo.

5. *Intermezzo su potere costituente, costituzione, e revisione costituzionale*

La classificazione delle funzioni statali, cui si è accennato nei paragrafi precedenti, si riferisce palesemente ai "poteri costituiti", e ad essi soli: ai poteri cioè conferiti e disciplinati da norme giuridiche positive, formalmente o materialmente costituzionali. Necessariamente, dunque, sfugge a questa classificazione il potere cosiddetto "costituente".

Del potere costituente si incontrano, nella cultura giuridica contemporanea, due distinte concezioni, che potremmo dire, rispettivamente, "formalistica" e "sostanzialistica".

(1) Secondo la concezione formalistica, potere costituente è quello che – non essendo "costituito" (ossia previsto e disciplinato da norme preesistenti) – necessariamente si esercita "extra ordinem", ossia in forme illegali o comunque non-legali[3].

(2) Secondo la concezione sostanzialistica, per contro, costituente è quel potere che – quali che siano i suoi modi di eserci-

---

[3] Cfr. S. Romano, "L'instaurazione di fatto di un ordinamento costituzionale e la sua legittimazione" (1902), ora in Id., *Lo Stato moderno e la sua crisi. Saggi di diritto costituzionale*, Milano, 1969; A. Pace, "L'instaurazione di una nuova costituzione. Profili di teoria costituzionale", in Associazione italiana dei costituzionalisti, *La nascita delle costituzioni europee del secondo dopoguerra*, Padova, 2000.

zio – esprime la “decisione politica fondamentale”[4]: quel potere insomma che sceglie i princìpi supremi e/o caratterizzanti dell’ordinamento ovvero la “forma dello stato”.

Queste due concezioni del potere costituente, come abbiamo visto, sottendono due distinte concezioni della costituzione.

(a) La concezione formalistica del potere costituente tacitamente suppone che la costituzione sia semplicemente un insieme di norme.

(b) La concezione sostanzialistica del potere costituente, per contro, tacitamente suppone che la costituzione sia una totalità assiologicamente coesa di principi e/o valori.

Queste due concezioni della costituzione, a loro volta, presuppongono due diversi criteri di identità della costituzione, che hanno rilevanti conseguenze, tra l’altro, in tema di limiti (logici) alla revisione costituzionale[5].

6. *Separazione dei poteri*

Strettamente inteso, il modello della separazione dei poteri risulta dalla combinazione di due principi: il primo attiene alla distribuzione delle funzioni statali, il secondo ai rapporti tra gli organi competenti ad esercitarle. I principi in questione sono[6]:

(1) il principio di specializzazione delle funzioni, e
(2) il principio di reciproca indipendenza degli organi.

In altre parole, uno stesso vocabolo, ‘separare’, significa due cose distinte a seconda che sia riferito alle funzioni o agli organi che le esercitano. ‘Separare’ significa *specializzare* quando è riferito alle funzioni; significa *rendere reciprocamente indipendenti* quando è riferito agli organi.

---

[4] C. Schmitt, *Dottrina della costituzione* (1928), Milano, 1984, 41, p. 109 ss.

[5] Cap. III di questa parte.

[6] Cfr. M. Troper, *La séparation des pouvoirs et l’histoire constitutionnelle française*, Paris, 1980. Cfr. anche R. Carré de Malberg, *Contribution à la théorie générale de l’Etat*, Paris, 1920, I, cap. III.

Ciascuno dei due principi trova attuazione in una serie di regole specifiche.

(1) *Specializzazione delle funzioni.* Una funzione può dirsi 'specializzata' allorché è esercitata da un certo organo (o complesso di organi):

(i) in modo esclusivo, e

(ii) interamente.

In particolare, una funzione è specializzata – costituisce cioè attribuzione esclusiva di un dato organo – se, e solo se, a nessun altro organo dello stato è attribuito:

(a) il potere di esercitare – in tutto o in parte – quella funzione;

(b) il potere di ostacolare o impedire l'esercizio di quella funzione;

(c) il potere di privare di efficacia gli atti di esercizio di quella funzione.

Allorché diversi organi condividono, in tutto o in parte, il potere di esercitare una certa funzione, i poteri sono non già separati, ma confusi.

Allorché un organo dispone del potere di impedire l'esercizio di una funzione, o del potere di annullarne gli atti di esercizio, i poteri sono non già separati, ma bilanciati.

Qualche esempio aiuterà a chiarire il punto.

(i) Diremo che la funzione legislativa è specializzata a condizione che: (a) i giudici e l'esecutivo non abbiano il potere di produrre norme (generali e astratte); (b) i giudici non abbiano il potere di annullare (o negare applicazione ad) atti legislativi (anche se incostituzionali); (c) l'esecutivo non abbia il potere di opporre il veto alla promulgazione di atti legislativi.

(ii) Diremo che la funzione giurisdizionale è specializzata a condizione che: (a) il legislativo e l'esecutivo non abbiano il potere di risolvere controversie; (b) il legislativo e l'esecutivo non abbiano il potere di privare una decisione giurisdizionale dell'autorità di cosa giudicata.

(iii) Diremo che la funzione esecutiva è specializzata a condizione che: (a) il legislativo non abbia il potere di compiere atti di esecuzione materiale e/o di adottare provvedimenti individuali o concreti, né di privare retroattivamente di efficacia atti dell'esecutivo; (b) il giudiziario non abbia il potere di annullare atti dell'esecutivo.

(2) *Indipendenza degli organi*. Due organi possono dirsi reciprocamente 'indipendenti' allorché ciascuno di essi è libero da ogni interferenza da parte dell'altro quanto alla sua formazione, al suo funzionamento, e alla sua durata.

Conviene tuttavia distinguere tre possibili modi di "interferenza", cui corrispondono tre gradi di dipendenza di un organo da un altro.

(1) La dipendenza tra due organi, A e B, è minima allorché il titolare di B è designato, eletto, o nominato da A.

(2) La dipendenza tra due organi, A e B, è media, allorché il titolare di B è designato, eletto, o nominato da A, e inoltre il suo mandato è rinnovabile.

(3) La dipendenza tra due organi, A e B, è massima, allorché il titolare di B è designato, eletto, o nominato da A, e inoltre il suo mandato è revocabile prima che giunga a scadenza.

Pertanto, un organo B è completamente indipendente da un altro organo A se e solo se

(a) il titolare di B non è nominato, designato, o eletto da A;

(b) il mandato del titolare di B non è rinnovabile; e

(c) il titolare di B non può essere revocato da A.

Per esempio:

(i) Diremo che l'esecutivo è indipendente dal legislativo a condizione che: (a) l'esecutivo non sia nominato (o eletto) dall'organo legislativo, e neppure sia soggetto alla sua "fiducia", e (b) non possa essere revocato ("sfiduciato") dall'organo legislativo.

(ii) Diremo che l'assemblea legislativa è indipendente dall'esecutivo a condizione che: (a) i suoi membri non siano nominati dall'esecutivo, e (b) essa non possa essere sciolta dall'esecutivo.

(iii) Diremo che il giudiziario è indipendente dagli altri due organi a condizione che i giudici: (a) non siano nominati né dall'esecutivo né dall'assemblea legislativa o, se lo sono, il loro mandato non sia rinnovabile; (b) non possano essere revocati o rimossi vuoi dall'esecutivo, vuoi dall'assemblea legislativa.

7. *Bilanciamento dei poteri*

Ciò che chiamo "bilanciamento dei poteri" è quella tecnica di organizzazione costituzionale che è comunemente nota con il nome di "checks and balances": freni (o controlli) e contrappesi. Questo modello di organizzazione costituzionale esige, beninteso, che il potere politico sia *diviso* – distribuito tra una pluralità di organi – ma esclude sia la specializzazione della funzione esecutiva, sia la specializzazione piena o totale della funzione legislativa, sia l'indipendenza reciproca dell'esecutivo e del legislativo [7].

Il modello del bilanciamento dei poteri si regge sulla semplice idea (montesquiviana) secondo cui solo "il potere frena il potere". In altre parole, per evitare che i diversi organi dello stato abusino delle competenze loro conferite è necessario – non già che i "poteri" siano perfettamente "separati" (nel senso che abbiamo visto), ma al contrario – che ad ogni "potere" se ne contrapponga un altro, capace di condizionarlo e di frenarlo.

Occorre precisare che, in questo contesto, il potere politico è concepito come inclusivo del potere legislativo e di quello esecutivo, ma *non* del potere giurisdizionale. Quest'ultimo è concepito invece come un potere in qualche modo "nullo", poiché consiste soltanto nell'accertare la violazione delle leggi.

In questo ordine di idee:

(i) anzitutto, il potere politico deve essere diviso tra più organi, in modo tale che nessun organo possa esercitare il potere politico nella sua interezza;

(ii) inoltre, ciascuna funzione statale deve essere – non già specializzata, bensì – distribuita tra una pluralità di organi, in modo tale che l'azione di ciascun organo possa essere, se del caso, impedita o ressa inefficace dall'azione di un altro;

(iii) pertanto, i diversi organi dello stato – lungi dall'essere

---

[7] Cfr. ad es. B. Manin, "Freni, contrappesi, e confini: la separazione dei poteri nel dibattito costituzionale del 1787", in P. Comanducci, R. Guastini (eds.), *Analisi e diritto 1994. Ricerche di giurisprudenza analitica*, Torino, 1994.

reciprocamente indipendenti – devono anzi disporre di poteri di controllo e di influenza reciproci.

8. *Implicazioni divergenti*

Per chiarire la diversità tra i due modelli può essere utile illustrare, di ciascuno, alcune implicazioni notevoli e del tutto divergenti.

(1) Nel modello della separazione dei poteri, l'esecutivo non è politicamente responsabile di fronte al legislativo. Insomma, la separazione dei poteri è incompatibile con il governo parlamentare (ed è invece compatibile con il governo presidenziale, in cui il governo non è soggetto alla fiducia e alla sfiducia del parlamento).

Per contro, nel modello del bilanciamento dei poteri, l'esecutivo è politicamente responsabile di fronte al legislativo. In altre parole, l'esistenza e la sopravvivenza del governo dipendono dalla fiducia parlamentare.

(2) Nel modello della separazione dei poteri, il parlamento non può essere sciolto dall'esecutivo.

Per contro, nel modello del bilanciamento dei poteri, l'esecutivo (il capo dello stato e/o il capo governo) può sciogliere un parlamento ad esso sfavorevole, e indire nuove elezioni nella speranza di ottenere una diversa maggioranza parlamentare.

(3) In entrambi i modelli, l'esecutivo non ha poteri normativi (non può emanare atti normativi: quanto meno, non atti normativi dotati di forza di legge, ossia idonei a modificare o abrogare atti del legislativo).

Tuttavia, nel modello della separazione dei poteri, l'esecutivo non può opporre il "veto" alle leggi (quanto meno, non un veto assoluto): il capo dello stato ha l'obbligo di promulgarle.

Per contro, nel modello del bilanciamento dei poteri, l'esecutivo (in genere: il capo dello stato) – se anche non può fare le leggi (ciò che sarebbe confusione dei poteri) – può però impedire l'entrata in vigore di una legge, opponendo un suo veto. Del resto, entro questo modello, è opportuno che la stessa funzione legislativa sia conferita non ad una sola, ma a due distinte assemblee, sicché ciascuna di esse possa fungere da contrappeso all'altra (concretamente: impedire che una legge sia approvata).

(4) In entrambi i modelli, i giudici non hanno poteri normativi (ciò che sarebbe confusione dei poteri). Ciò implica, tra l'altro, che i precedenti giudiziari non siano vincolanti (a differenza di ciò che accade nei sistemi giuridici di *common law*) e che ogni decisione giurisdizionale abbia efficacia solo *inter partes*.

Tuttavia, nel modello della separazione dei poteri, i giudici non possono in alcun caso rifiutare l'applicazione della legge: in particolare, non possono controllare la conformità delle leggi alla costituzione. In altre parole, la separazione dei poteri è incompatibile con la garanzia giurisdizionale della costituzione (la quale, naturalmente, suppone una costituzione rigida).

Per contro, nel modello del bilanciamento dei poteri, le leggi sono soggette a controllo giurisdizionale di legittimità costituzionale, sicché i giudici – secondo i casi: qualunque giudice (controllo diffuso), o invece solo un certo giudice specializzato (controllo accentrato) – possono rifiutare l'applicazione della legge incostituzionale (controllo diffuso), o addirittura impedirne la promulgazione (controllo accentrato preventivo) o annullarla (controllo accentrato successivo).

(5) Nel modello della separazione dei poteri, i giudici non possono controllare la legalità degli atti dell'esecutivo, né annullarli o comunque privarli di efficacia (il controllo di legalità sugli atti dell'amministrazione è affidato ad organi interni all'amministrazione stessa).

Per contro, nel modello del bilanciamento dei poteri, gli atti dell'esecutivo sono soggetti a controllo giurisdizionale di legalità, e gli atti amministrativi illegali possono essere annullati (o almeno disapplicati) dai giudici.

Un'osservazione a margine. L'assetto istituzionale prefigurato dal modello del bilanciamento dei poteri può funzionare effettivamente come sistema di "freni e contrappesi" solo in presenza di certe condizioni (non già normative, ma) fattuali, e precisamente politiche.

Il punto è ovvio, ma può comunque essere illustrato con un semplice esempio: se tutti i giudici costituzionali fossero militanti del partito (o della coalizione di partiti) che dispone della maggioranza parlamentare, il controllo di legittimità costituzionale delle leggi sarebbe, di fatto, vanificato, e il tribunale costituzionale non funzionerebbe come contrappeso al legislatore.

Analogamente: se il governo è espressione del partito (o della coalizione di partiti) che dispone della maggioranza in parlamento – il che, peraltro, è proprio quanto necessariamente accade in regime parlamentare – il controllo parlamentare non funziona come contrappeso al governo. (Ciò è quanto dire che l'istituto della fiducia, o della responsabilità politica del governo che dir si voglia, è un contrappeso inefficiente: almeno in un sistema politico strutturato in partiti e bipartitico, o tendenzialmente bipartitico.)

9. *L'assetto della funzione legislativa nei due modelli*

Conviene anzitutto richiamare l'attenzione sul diverso assetto della funzione legislativa nel modello della separazione dei poteri e, rispettivamente, nel modello del bilanciamento dei poteri.

La separazione dei poteri esige la specializzazione piena della funzione legislativa, e ciò comporta tre cose fondamentali:

(i) l'assenza di poteri normativi in capo all'esecutivo e al giudiziario: ciò che possiamo chiamare, in breve, la "riserva di legislazione";

(ii) l'assenza di veto sulle leggi; nonché

(iii) l'assenza di qualsivoglia controllo giurisdizionale (diffuso o accentrato, poco importa) sulla conformità delle leggi alla costituzione.

Per contro, il modello del bilanciamento dei poteri esige qualcosa di meno: non la piena specializzazione della funzione legislativa, ma soltanto la riserva di legislazione. Il bilanciamento dei poteri ammette – e anzi richiede – sia il veto sulle leggi, sia il controllo giurisdizionale sulla legittimità costituzionale delle leggi. Il solo tratto comune ai due modelli è ciò che abbiamo chiamato riserva di legislazione.

(1) *Riserva di legislazione e principio di legalità.* In generale, la riserva di legislazione risponde allo scopo di garantire la libertà: non tanto perché essa impedisce che l'esecutivo e il giudiziario invadano la competenza riservata al legislatore, quanto soprattutto perché essa è, a sua volta, un presupposto necessario del principio di legalità nella giurisdizione e nell'amministrazione.

Il principio di legalità è quella regola in virtù della quale ogni atto giurisdizionale e amministrativo (ossia esecutivo) deve essere: (a) fondato su una previa norma (generale ed astratta), e inoltre (b) conforme ad essa.

Questo principio garantisce: per un verso, certezza del diritto; per un altro verso, eguaglianza nell'applicazione del diritto.

Certezza del diritto (ossia prevedibilità delle conseguenze giuridiche delle proprie azioni), poiché le decisioni giurisdizionali e amministrative non sarebbero prevedibili se non fossero fondate su norme preesistenti e note ai loro destinatari.

Eguaglianza, poiché se il giudiziario e l'esecutivo fossero autorizzati a decidere caso per caso (e non in conformità a norme preesistenti) nulla impedirebbe che casi eguali fossero trattati in modo diverso.

Evidentemente, il principio di legalità postula che gli organi giurisdizionali ed esecutivi trovino norme precostituite, e dunque esige che tali norme siano state create da altri. Pertanto, il giudiziario e l'esecutivo non possono essere dotati di competenze normative.

Si aggiunga che le norme che fossero eventualmente create dall'esecutivo e dal giudiziario per decidere casi concreti sarebbero norme create *ex post facto* – prive di "astrattezza" – ed avrebbero dunque efficacia retroattiva. Anche sotto questo profilo, l'esercizio di competenze normative da parte degli organi giurisdizionali ed esecutivi rende le loro decisioni imprevedibili, e pertanto rende il diritto incerto.

(2) *Riserva di legislazione e democrazia.* Laddove poi l'organo investito della funzione legislativa abbia carattere elettivo (rappresentativo), la riserva di legislazione è connessa alla garanzia della libertà per una ragione ulteriore: la creazione di norme da parte di organi rappresentativi risponde infatti al principio democratico di auto-nomia, auto-decisione, o auto-determinazione.

Se si conviene che ogni norma giuridica costituisca, in quanto tale, una limitazione della libertà per i suoi destinatari (per i soggetti ai quali impone obblighi), si può dire che siffatta limitazione della libertà sia, nondimeno, accettabile a condizione che sia frutto di una decisione assunta dai cittadini stessi: se non direttamente, almeno indirettamente per il tramite di loro rappresentanti eletti.

10. *L'assetto della funzione esecutiva nei due modelli*

Conviene poi dire qualcosa per ciò che riguarda l'assetto della funzione esecutiva nei due modelli.

Il modello della separazione dei poteri esige la specializzazione della funzione esecutiva. La funzione esecutiva, come si è detto, è specializzata a condizione che

(a) sia vietato al legislativo adottare provvedimenti individuali e concreti – insomma: leggi-provvedimento – e

(b) sia vietato al giudiziario annullare atti dell'esecutivo.

Il modello del bilanciamento dei poteri, per contro, esige sì che al legislativo sia precluso adottare leggi-provvedimento, ma esige anche che gli atti dell'esecutivo siano soggetti al controllo giurisdizionale di legalità.

Il tratto comune ad entrambi i modelli è dunque solo il divieto di leggi-provvedimento. Ma anche in questo l'uniformità è solo apparente. Nel senso che le ragioni del divieto sono diverse nei due modelli.

Nel modello della separazione dei poteri qualunque legge-provvedimento è vietata poiché costituisce di per sé invasione della funzione esecutiva.

Nel modello del bilanciamento dei poteri, occorre anzitutto distinguere due tipi di leggi-provvedimento. Un provvedimento individuale e concreto adottato dal legislativo può essere, secondo i casi, o un provvedimento meramente attuativo di una precedente norma generale o un provvedimento derogatorio di una precedente norma generale.

Ora una legge meramente attuativa di una legge precedente è ammissibile a condizione che il controllo giurisdizionale sulle leggi abbia carattere diffuso, giacché, se la legge in questione fosse incostituzionale, ogni giudice potrebbe rifiutarne l'applicazione. Ma la stessa legge è inammissibile – o almeno sconsigliabile – ove il controllo giurisdizionale sulle leggi abbia carattere accentrato e i giudici siano incondizionatamente soggetti alle leggi. È inammissibile non perché costituisca invasione della sfera riservata all'esecutivo, ma per una ragione completamente diversa. La ragione è che, là dove il controllo di legittimità costituzionale è accentrato, le leggi, a differenza degli atti dell'esecutivo, sono sottratte al controllo giurisdizionale (dei giudici comuni), che in nessun caso possono negare ad esse applicazione.

D'altro canto, una legge che deroghi ad una precedente norma generale è comunque inammissibile, di nuovo, non perché costituisca invasione della sfera riservata all'esecutivo, ma per una ragione del tutto diversa: è inammissibile perché viola il principio di eguaglianza.

11. *Implicazioni convergenti*

I due modelli, malgrado le molte differenze, hanno anche una implicazione comune: la specializzazione della funzione giurisdizionale e l'indipendenza del giudiziario. L'una e l'altra cosa rispondono allo scopo di garantire la libertà in modo troppo evidente perché occorra argomentare estesamente in proposito.

Quanto all'indipendenza degli organi giurisdizionali, sembra ovvio che, ove i giudici fossero nominati e/o rinnovabili e/o revocabili ad opera degli altri due poteri, non sarebbe assicurata la loro imparzialità.

Quanto alla specializzazione della funzione giurisdizionale, si può osservare quanto segue.

Il legislativo non deve esercitare la funzione giurisdizionale per le stesse ragioni che esigono che il giudiziario non eserciti la funzione legislativa. Se l'accertamento della violazione del diritto fosse affidato a quello stesso organo che è competente a crearlo, sia il principio di eguaglianza sia il principio di certezza del diritto sarebbero esposti a possibili lesioni. All'occasione della decisione di una concreta controversia, il legislatore potrebbe infatti creare norme ad un tempo singolari e retroattive.

L'esecutivo non deve esercitare la funzione giurisdizionale perché l'uso della forza (l'applicazione di sanzioni) deve essere fondato sull'accertamento, previo ed imparziale, della violazione di norme giuridiche.

E d'altro canto, né il legislativo né l'esecutivo devono essere autorizzati a revocare o privare di efficacia le decisioni giurisdizionali. Se le decisioni giurisdizionali potessero essere (da chiunque) private dell'autorità di cosa giudicata non vi sarebbe certezza del diritto, sia nel senso della prevedibilità delle conseguenze giuridiche delle proprie azioni, sia nel senso della stabilità dei rapporti esauriti.

12. *Appendice. Uno sguardo all'assetto dei poteri e delle funzioni nella costituzione vigente*

I due modelli di organizzazione del potere qui esaminati sono strumenti concettuali per l'analisi degli ordinamenti costituzionali, ma – beninteso – nessun ordinamento costituzionale esistente o esistito corrisponde perfettamente all'uno o all'altro di essi: tutti combinano elementi dell'uno e dell'altro. L'ordinamento italiano non fa eccezione.

Per concludere il discorso avviato in queste pagine, è utile introdurre qualche sommaria indicazione circa l'assetto dei poteri e delle funzioni statali nell'ordinamento costituzionale vigente. Un assetto – conviene sottolinearlo – garantito in sede giurisdizionale dalla competenza della Corte costituzionale a giudicare sui «conflitti di attribuzione tra i poteri dello

Stato» (art. 134 cost.; artt. 37 e 38, legge 87/1953).

(Un'avvertenza: il discorso che segue è circoscritto alla divisione "orizzontale" del potere; non prende dunque in considerazione la divisione "verticale" tra poteri centrali e periferici.)

Prima di procedere, occorre solo osservare che la costituzione vigente assegna al Capo dello Stato un ruolo non ben definito. Secondo la dottrina maggioritaria, il Presidente della Repubblica riveste il ruolo di un "potere neutro" (dunque un "quarto" potere, distinto dal legislativo, dall'esecutivo, e dal giudiziario) con funzioni di garante della costituzione. Così concepito, il Capo dello Stato svolge un ruolo di contrappeso nei confronti dei rimanenti poteri (o di alcuni di essi). Nondimeno, molte delle attribuzioni conferitegli dalla costituzione sembrano configurarlo – se non altro esteriormente – come capo dell'esecutivo. Ad esempio, tutti gli atti normativi deliberati dal Governo sono «emanati» dal Capo dello Stato (art. 87, comma 5, cost.): in altre parole, assumono la forma di decreti (non già governativi, ma) presidenziali. Lo scioglimento delle Camere è disposto con decreto presidenziale, sia pure controfirmato dal Presidente del Consiglio (art. 88 cost.). E così avanti. D'altra parte, nessun atto del Capo dello Stato è valido se non è controfirmato da un ministro o dal Presidente del Consiglio, che ne assumono la responsabilità (art. 89 cost.); sicché ogni atto presidenziale è giuridicamente imputabile al Governo. L'ambiguità della figura del Capo dello Stato non può essere sciolta in questa sede [8]. Nel seguito, pertanto, i riferimenti all'esecutivo conserveranno questa stessa ambiguità: andranno intesi come riferimenti talora al Governo, talaltra al Presidente della Repubblica.

(1) *Il legislativo.*

Nell'assetto del legislativo (organo e funzione) si combinano elementi di separazione, di bilanciamento, e di confusione.

(i) *La funzione legislativa.*

(a) Gli artt. 70, 77, comma 1, e 101, comma 2, cost. riserva-

---

[8] Cfr. C. Esposito, "Capo dello Stato" (1960), in Id., *Diritto costituzionale vivente*, Milano, 1992.

no alle Camere la funzione legislativa. L'art. 70, infatti, statuisce che la funzione legislativa è esercitata collettivamente dalle due Camere. L'art. 77, comma 1, dispone che il Governo non può emanare decreti che abbiano valore di legge. L'art. 101, comma 2, infine stabilisce che i giudici sono soggetti alla legge.

Si osservi che l'attribuzione della funzione legislativa non ad un'unica assemblea, ma a due Camere distinte risponde al principio del bilanciamento dei poteri: si suppone infatti che ciascuna Camera faccia da freno e contrappeso all'altra. Ma, naturalmente, l'efficacia della divisione della funzione legislativa tra due assemblee distinte è di molto attenuata (se non senz'altro azzerata) quando le regole di composizione delle due assemblee – cioè le leggi elettorali delle due Camere – siano tali da produrre grosso modo la stessa maggioranza in entrambe, come accadeva in passato e accade tuttora nell'ordinamento vigente.

(b) La funzione legislativa è, in principio, riservata alle Camere. Tuttavia, la riserva di legislazione non può dirsi perfetta. Occorre ricordare che – in contesti di dottrina dello stato – l'espressione 'funzione legislativa' non denota la creazione di atti (ossia documenti) denominati "leggi". 'Funzione legislativa' può denotare, secondo i casi: o genericamente la produzione di norme generali e astratte (comunque siano denominati gli atti che le esprimono), o specificamente la produzione di norme dotate di "forza" o "valore" di legge, aventi cioè rango legislativo (norme, insomma, idonee a modificare o abrogare atti del parlamento).

Ebbene, intanto, nell'ordinamento vigente (come del resto in molti altri ordinamenti, se non in tutti) il Governo, se non può adottare decreti che abbiano valore di legge (art. 77, comma 1, cost.), può però adottare decreti a contenuto normativo. Tali decreti che, conformemente alla tradizione, prendono il nome di "regolamenti" (art. 87, comma 5, cost.; art. 17, legge 400/1988), sono duplicemente subordinati alla legge: per un verso, devono essere autorizzati dalla legge; per un altro verso, non possono contrastare con essa. Nondimeno, il loro contenuto normativo consente di dire che la funzione di produzione normativa non è interamente riservata alle Camere.

Soprattutto, la regola dell'art. 77, comma 1, secondo cui il

Governo non può adottare decreti che abbiano valore di legge, è soggetta a due eccezioni (anche queste, peraltro, comuni a molti ordinamenti). Da un lato, il Governo può emanare decreti aventi forza di legge quando sia a ciò previamente autorizzato, con legge, dalle Camere stesse (art. 76): è il fenomeno della delegazione legislativa e della connessa legislazione delegata. Dall'altro lato, il Governo, in circostanze straordinarie di necessità e urgenza (art. 77, comma 2), può – senza previa autorizzazione delle Camere – adottare decreti aventi forza di legge, sia pure dotati di efficacia solo provvisoria, e soggetti ad approvazione successiva da parte delle Camere, pena la perdita retroattiva di efficacia (art. 77, comma 2).

L'esistenza di rilevanti poteri di produzione normativa in capo all'esecutivo è un elemento di "confusione" dei poteri.

(c) L'esecutivo inoltre può interferire nell'esercizio della funzione legislativa, opponendo il "veto". Più precisamente: il Presidente della Repubblica (che tuttavia, come accennato, è configurato dalla dottrina dominante come un "potere neutro", estraneo all'esecutivo) può sospendere la promulgazione di una legge e chiedere alle Camere una nuova deliberazione (art. 74, comma 1, cost.). Il veto presidenziale costituisce ovviamente un "freno" all'esercizio della funzione legislativa.

Peraltro, il veto presidenziale ha carattere semplicemente sospensivo giacché, qualora le Camere approvino nuovamente la legge rinviata, il Presidente non può ulteriormente rifiutarne la promulgazione (art. 74, comma 2, cost.). Se così non fosse, dovremmo dire non che il Presidente esercita un ruolo di freno nei confronti del legislatore, bensì che il Presidente condivide, insieme alle Camere, l'esercizio della funzione legislativa.

(d) L'art. 101, comma 2, il quale dispone che i giudici sono soggetti alla legge – e anzi ad essa sola – è ricco di implicazioni. Le più interessanti nel presente contesto sono le seguenti.

Anzitutto, i giudici, essendo soggetti alla legge, ovviamente non possono crearla essi stessi: come dire che le decisioni giurisdizionali non possono assumere contenuto normativo (generale e astratto). Inoltre, essendo i giudici soggetti *solo* alla legge, è escluso che i precedenti giudiziari possano assumere valore vincolante, come accade nei sistemi di *common law*. Per conseguenza, è anche escluso che le decisioni giurisdizionali possano avere efficacia generale: la loro efficacia non può che essere circoscritta al caso deciso (art. 2909 cod. civ.).

(e) Tuttavia, la costituzione vigente – come la maggior parte delle costituzioni contemporanee – è rigida (art. 138 cost.). E, come si conviene ad una costituzione rigida, le leggi sono soggette a controllo giurisdizionale di legittimità costituzionale: tale controllo è esercitato non già in forma diffusa, da ogni giudice all'occasione di una controversia a lui sottoposta, ma in forma accentrata, da un'apposita Corte costituzionale (art. 134 cost.), le cui decisioni provocano senz'altro l'annullamento delle norme giudicate incostituzionali (art. 136, comma 1, cost.).

Quanti ritengono che annullare una legge non sia cosa sensibilmente diversa dal legiferare diranno che la Corte è non tanto un "contrappeso" al legislativo, quanto piuttosto un "legislatore negativo" (se non un "co-legislatore").

(f) La costituzione vigente istituisce poi un altro contrappeso al potere legislativo, ignoto al costituzionalismo classico, e di esso conviene fare menzione. Si tratta del referendum abrogativo (art. 75 cost.; legge 352/1970).

La costituzione prevede che cinquecentomila elettori (o cinque consigli regionali) possano richiedere un referendum popolare per l'abrogazione totale o parziale di una legge. Evidentemente, il referendum abrogativo altro non è che un "contropotere" politico del popolo nei confronti del legislativo: concretamente, nella maggior parte dei casi, un contro-potere delle minoranze parlamentari nei confronti della maggioranza (la maggioranza che ha approvato una data legge, la quale non necessariamente coincide con la maggioranza che sostiene il Governo) ovvero di un movimento politico (non organizzato in partito) nei confronti delle forze politiche dominanti.

(ii) L'organo legislativo.

(a) Le Camere sono pressoché totalmente indipendenti dall'esecutivo per ciò che attiene alla loro composizione: entrambe infatti hanno carattere elettivo (artt. 56, comma 2, e 58, comma 1, cost.).

L'indipendenza non può dirsi totale a causa dei senatori a vita di diritto (art. 59, comma 1) e di nomina presidenziale (art. 59, comma 2, cost.), che – sebbene in numero esiguo – possono tuttavia determinare il formarsi di una maggioranza, sia nell'approvazione di leggi, sia nell'approvazione di mozioni di fiducia e sfiducia al Governo.

(b) Le Camere sono altresì indipendenti dall'esecutivo per ciò che attiene alla loro organizzazione interna ed al loro funzionamento: ciascuna di esse, infatti, è dotata di un proprio regolamento, approvato a maggioranza assoluta dei suoi componenti (art. 64, comma 1, cost.).

(c) Le Camere sono poi indipendenti dall'esecutivo anche nel senso che, in linea di principio, nessun membro del Parlamento può essere comunque privato della libertà personale senza autorizzazione della Camera cui appartiene, salvo che sia stato condannato con sentenza definitiva o sia colto nell'atto di commettere un grave reato (art. 68, commi 1 e 2, cost.).

(d) Le Camere non sono affatto indipendenti dall'esecutivo, invece, per ciò che attiene alla durata della legislatura, dal momento che possono essere sciolte con decreto del Presidente della Repubblica (art. 88 cost.), controfirmato dal Presidente del Consiglio. E ciò costituisce ovviamente un contrappeso al legislativo.

(e) Le Camere, infine, sono indipendenti dal giudiziario sotto un duplice profilo. Da un lato, ciascuna Camera giudica dei titoli di ammissione dei suoi componenti e delle cause sopraggiunte di ineleggibilità e di incompatibilità (art. 66 cost.). Dall'altro, i membri delle Camere non possono essere chiamati a rispondere delle opinioni espresse e dei voti dati nell'esercizio delle loro funzioni (art. 68, comma 1, cost.).

(f) Si può aggiungere che la Corte costituzionale, secondo la sua stessa giurisprudenza, è incompetente a giudicare sia della legittimità costituzionale dei regolamenti parlamentari (Corte cost. 78/1984, 154/1985), sia della loro osservanza da parte delle Camere stesse (Corte cost. 9/1959).

(2) *L'esecutivo.*

Anche nell'assetto dell'esecutivo (organo e funzione) si combinano elementi di separazione, di bilanciamento, e di confusione:

(i) *La funzione esecutiva.*

(a) Nell'ordinamento vigente, la funzione esecutiva non può dirsi interamente specializzata. Ciò a causa del fenomeno delle cosiddette "leggi-provvedimento". Trattasi di atti legislativi (approvati dunque dalle Camere), dotati tuttavia non già di contenuto normativo, generale e astratto, bensì di contenuto singolare e concreto: il contenuto tipico di un atto amministrativo, che in regime di specializzazione delle funzioni dovrebbe essere competenza esclusiva dell'esecutivo. Le leggi-provvedimento suscitano diversi dubbi di legittimità costituzionale.

Quanto alle leggi che danno esecuzione ad una norma legislativa preesistente, esse sembrano in contrasto con l'art. 113, comma 1, cost., se interpretato nel senso che è garantita la tutela giurisdizionale non solo contro gli «atti della pubblica amministrazione» (così la lettera della disposizione) ma più in generale contro ogni atto "materialmente" amministrativo, ossia amministrativo nel suo contenuto (da qualunque organo esso provenga). Le leggi in questione hanno appunto il contenuto di atti amministrativi, ma – avendo la "forma" della legge – non possono essere impugnate di fronte «agli organi di giurisdizione ordinaria o amministrativa», come vorrebbe la costituzione. Solo la Corte costituzionale (art. 134 cost.) può conoscere della legittimità costituzionale di atti formalmente legislativi. E d'altro canto, a causa del modo in cui il controllo di legittimità costituzionale è congegnato nel nostro ordinamento (a posteriori, in via incidentale), è del tutto possibile che le leggi di questo tipo sfuggano, di fatto, al giudizio della Corte.

Quanto alle leggi che derogano ad una preesistente norma legislativa, esse sembrano in contrasto con il principio di eguaglianza. Sembra infatti naturale intendere il principio di eguaglianza «davanti alla legge» (art. 3, comma 1, cost.) nel senso che il legislatore abbia l'obbligo di disporre in generale e in astratto. *Prima facie*, ogni legge singolare costituisce violazione del principio di eguaglianza.

Ma questi dubbi sono stati in più occasioni respinti dalla Corte costituzionale.

Anzitutto, la Corte – con il conforto della dottrina dominante – nega che, nella costituzione vigente, esista una riserva di funzione amministrativa (cfr. ad es. Corte cost. 60/1957, 331/1988, 143/1989). Ne segue che non è vietato alla legge contenere precetti singolari e concreti esecutivi di norme preesistenti.

Inoltre, la Corte intende il principio di eguaglianza non già come divieto assoluto di leggi singolari, bensì come divieto di leggi "irragionevoli", arbitrarie: ossia di leggi che (a) *senza ragione* discriminino tra cittadini i quali si trovino in situazioni eguali o simili, oppure (b) *senza ragione* omettano di distinguere tra cittadini che si trovino in situazioni diverse (cfr. ad es. Corte cost. 15/1960, 204/1982). Ne segue che una legge singolare, derogatoria di una norma preesistente, non è per ciò solo incostituzionale.

(b) La funzione esecutiva è poi bilanciata dal controllo giurisdizionale su tutti gli atti dell'esecutivo (siano essi normativi, come i regolamenti, o singolari e concreti, come i provvedimenti amministrativi). Statuisce infatti il già menzionato art. 113, comma 1, cost., che «contro gli atti della pubblica amministrazione è sempre ammessa la tutela giurisdizionale dei diritti e degli interessi legittimi dinanzi agli organi di giurisdizione ordinaria o amministrativa». Peraltro, solo i giudici amministrativi – tribunali amministrativi regionali e Consiglio di Stato – hanno il potere di annullare atti dell'esecutivo che siano illegittimi: i giudici comuni possono solo "disapplicarli", ossia rifiutarne l'applicazione, non tenerli in conto nel giudicare le controversie loro sottoposte.

(ii) *Gli organi esecutivi*.

(a) Il Presidente della Repubblica – posto che lo si voglia considerare come parte dell'esecutivo – non può considerarsi interamente indipendente dal legislativo. In primo luogo, egli è eletto dal Parlamento in seduta comune delle due Camere (art. 83, comma 1, cost.) e, non essendovi alcuna norma che ne escluda la rielezione, è rieleggibile. In secondo luogo, egli non è – giuridicamente e politicamente – responsabile per gli atti compiuti nell'esercizio delle sue funzioni (artt. 89, comma 1, e 90 cost.), sicché non può essere revocato; tuttavia, può essere messo in stato di accusa dal Parlamento in seduta comune (e giudicato poi dalla Corte costituzionale: art. 134 cost.), qualora si renda colpevole di alto tradimento e/o di attentato alla costituzione (art. 90, comma 2, cost.).

(b) La forma di governo instaurata dalla costituzione vigente è essenzialmente parlamentare. L'esecutivo è pertanto bilanciato dal duplice istituto della fiducia e della sfiducia, che lo rende politicamente responsabile di fronte al legislativo (art. 94 cost.). In altre parole, il Governo deve avere la fiducia delle due Camere: sicché non può entrare nella pienezza delle sue funzioni fino a che non l'abbia ottenuta, ed ha l'obbligo di dimettersi quando non la ottenga o quando, avendola ottenuta all'atto della sua formazione, gli venga comunque revocata.

(c) Conviene osservare, peraltro, che vi è, nell'ordinamento, un frammento (non trascurabile) della funzione esecutiva che sfugge ad ogni controllo del legislativo: si tratta della funzione esercitata dal pubblico ministero, e consistente nell'esercizio dell'azione penale. Il pubblico ministero, avendo *l'obbligo* di esercitare l'azione penale ogniqualvolta venga a conoscenza di un atto qualificato come reato dalla legge (art. 112 cost.), è – al pari degli organi giurisdizionali – soggetto alla legge e ad essa sola.

(3) *Il giudiziario.*

Infine, il giudiziario è, nell'ordinamento vigente, compiutamente "separato" sia dal legislativo, sia dell'esecutivo.

(i) *La funzione giurisdizionale.*

(a) La funzione giurisdizionale è strettamente specializzata in virtù della riserva di giurisdizione desumibile dall'art. 102, comma 1, cost., il quale dispone che la funzione giurisdizionale non può essere esercitata che dai magistrati ordinari. Ciò di per sé esclude che il legislatore (mediante una legge) o l'esecutivo (mediante un atto amministrativo) possano sostituirsi agli organi giurisdizionali nella decisione di una controversia.

D'altro canto, come si è detto, i giudici sono soggetti soltanto alla legge (art. 101, comma 2, cost.). E ciò significa, tra l'altro, che essi non sono soggetti a ordini o direttive politiche di chicchessia «circa il modo di giudicare in concreto» (Corte cost. 234/1976), ossia in ordine alla soluzione di specifiche controversie.

(b) Nell'ordinamento vigente, tutti gli atti dello Stato – con la sola eccezione delle sentenze della Corte costituzionale – sono soggetti ad un qualche tipo di controllo giurisdizionale di legalità (o di "legittimità costituzionale" nel caso degli atti aventi forza di legge). Gli atti legislativi sono soggetti al controllo della Corte costituzionale. Gli atti amministrativi sono soggetti al controllo dei giudici ordinari e amministrativi. Le decisioni giurisdizionali, a loro volta, sono soggette al controllo della Corte di cassazione, di fronte alla quale possono sempre essere impugnate per violazione di legge (art. 111, comma 2, cost.).

Ma ciò vuol dire che, mentre il legislativo e l'esecutivo trovano un freno o contrappeso nel giudiziario, ossia in un altro potere dello Stato, il giudiziario non trova altri contrappesi se non all'interno di sé medesimo.

Per il giudice costituzionale, d'altro canto, non vi è altro contrappeso che la revisione costituzionale: nel senso che solo il potere di revisione costituzionale (che si esercita nelle forme dell'art. 138 cost.) può – entro certi limiti – rovesciare una decisione della Corte, dando veste formalmente costituzionale ad una norma di legge ordinaria giudicata illegittima dalla Corte. Entro certi limiti ho detto: mi riferisco al fatto che, secondo la giurisprudenza della Corte stessa (sentenza 1146/1988), vi sono in costituzione principi supremi e diritti inviolabili che neppure la revisione costituzionale può toccare.

(c) La riserva di giurisdizione implica – anche in assenza di una espressa statuizione costituzionale in tal senso – il principio di intangibilità della cosa giudicata (art. 2909 cod. civ.; art. 324 cod. proc. civ.). Il quale, a sua volta, implica l'illegittimità costituzionale di una eventuale legge che, retroattivamente, pretendesse di travolgere decisioni giurisdizionali ormai passate in giudicato (cfr. Corte cost. 55/1971, 185/1981, 70/1983).

(d) Eccezioni (trascurabili?) a questo principio sono costituite dagli istituti della grazia, dell'amnistia, e dell'indulto, i quali tutti, in modi diversi, incidono su uno o più giudicati. La grazia costituisce una interferenza nella funzione giurisdizionale ad opera dell'esecutivo: più precisamente, la grazia è concessa dal Capo dello Stato (art. 87, comma 11, cost.), ma naturalmente il suo decreto deve essere controfirmato dal ministro proponente (art. 89, comma 1, cost.). L'amnistia e l'indulto costituiscono altrettante interferenze nella funzione giurisdizionale ad opera del legislativo: amnistia e indulto, infatti, possono essere concessi solo con legge (approvata con una maggioranza qualificata: art. 79, comma 1, cost.).

Ma, a dire il vero, in un certo senso il principio di intangibilità della cosa giudicata non vale in diritto penale. In questo specifico settore dell'ordinamento, infatti, è pacificamente accettato (sebbene non costituzionalizzato) il principio cosiddetto del *favor rei* (art. 2, comma 2, cod. pen.), in virtù del quale ogni legge che disponga un trattamento più favorevole al reo retroagisce, fino a travolgere le sentenze di condanna pronunciate sulla base della legge precedente, facendone cessare l'esecuzione e gli effetti penali. Sicché, in questo senso, il legislatore interferisce nella funzione giurisdizionale ogniqualvolta adotti una norma penale di favore.

(e) Sia detto per inciso, secondo giurisprudenza costante della Corte costituzionale, non costituisce interferenza nella funzione giurisdizionale il fenomeno delle leggi cosiddette di "interpretazione autentica": leggi, cioè, che – normalmente in presenza di dubbi e contrasti interpretativi – stabiliscono quale significato i giudici debbano attribuire a testi legislativi preesistenti. Le leggi di interpretazione autentica non costituiscono interferenza nella funzione giurisdizionale per la banale ragione che il Parlamento, determinando (imperativamente ed *erga omnes*) il significato di una legge precedente, esercita non già la funzione giurisdizionale, ma la funzione legislativa.

(ii) *Gli organi giurisdizionali.*

(Il discorso che segue è circoscritto alla giurisdizione ordinaria: andrebbe completato con riferimento, per un verso, alla giurisdizione costituzionale e, per un altro verso, alla giurisdizione amministrativa.)

I giudici sono autonomi e indipendenti – come recita l'art. 104, comma 1, cost. – «da ogni altro potere». Autonomia e indipendenza, tuttavia, discendono non tanto, e comunque non solo, da questa solenne proclamazione, quanto piuttosto da due altre circostanze.

In primo luogo, dalla circostanza che – come si è detto ripetutamente – i giudici sono soggetti soltanto alla legge (art. 101, comma 2, cost.). E conseguentemente nessun giudice è legato da vincoli di gerarchia con altri giudici: «i magistrati si distinguono fra loro soltanto per diversità di funzioni» (art. 107, comma 3, cost.).

In secondo luogo, dalla circostanza che i giudici sono inamovibili (art. 107, comma 1, cost.): assunzioni, assegnazioni, trasferimenti, promozioni, e provvedimenti disciplinari di ogni tipo nei riguardi dei magistrati (ivi inclusi quelli del pubblico ministero) sono di competenza esclusiva – non dell'esecutivo, e neppure del legislativo, ma – del Consiglio superiore della magistratura (art. 105 cost.).

Il Consiglio superiore – composto in maggioranza (sebbene non interamente) da magistrati eletti dai magistrati stessi (art. 104, comma 4, cost.) – è, si usa dire in dottrina, organo di "autogoverno" della magistratura. Conviene sottolineare che si tratta appunto della "magistratura", e non dei giudici (titolari della funzione giurisdizionale), dal momento che sono rappresentati nel Consiglio anche i magistrati della pubblica accusa.

VI.

Il potere giurisdizionale nello stato di diritto

1. *Il governo della legge*

(1) *Il governo della legge in quanto tale.* Per "governo della legge" *(Rule of Law)* intendo il principio secondo cui qualunque atto dello stato deve essere soggetto alla "legge" – nel senso "materiale" o generico di fonte del diritto oggettivo – cioè alle norme giuridiche che lo governano. Inutile dire che tale principio esige che ogni atto dello stato sia realmente governato da norme giuridiche (che non esistano atti statali deonticamente indifferenti).

(2) *La sua portata.* Il principio ora formulato si applica a *tutti* gli atti dello stato. Ciò significa che il principio vale per gli atti giurisdizionali, esecutivi (amministrativi), e legislativi.

La soggezione alla legge è una ovvietà per ciò che riguarda il giudiziario, dal momento che la funzione giurisdizionale – secondo un modo di vedere generalmente condiviso nel mondo moderno – è precisamente un'attività applicativa di diritto. La soggezione alla legge, tuttavia, non è affatto una ovvietà per ciò che riguarda la funzione esecutiva e la funzione legislativa.

In particolare, se applicato agli atti legislativi, il governo della legge presuppone una costituzione rigida, giacché l'organo legislativo può solo essere vincolato da norme costituzionali. Una costituzione rigida è un insieme di disposizioni giuridiche che non possono essere modificate o derogate ad opera degli ordinari atti legislativi, cioè dalla (transeunte) maggioranza politica esistente. Le norme di una costituzione rigida possono essere mutate solo per mezzo di uno speciale procedimento di revisione costituzionale, che solitamente [1] – in deroga al principio di maggioranza – richiede l'accordo della minoranza o almeno di una sua parte.

(3) *I suoi aspetti sostanziali.* Il governo della legge è un principio puramente formale: non dice nulla sul contenuto del diritto. Nondimeno, tale principio sarebbe privo di rilievo pratico ove il diritto non avesse un certo contenuto: concretamente, ove non limitasse sotto il profilo sostanziale i poteri che esso stesso conferisce.

Pertanto, una buona costituzione non deve limitarsi a conferire potere legislativo ad un parlamento: deve includere altresì una dichiarazione dei diritti (e forse anche un certo numero di principi) che il legislatore non possa violare, sebbene – in deroga al principio democratico – ciò comporti fatalmente un trasferimento di potere dal legislatore al giudice costituzionale (ove un giudice costituzionale esista, s'intende).

Allo stesso modo, le leggi non devono semplicemente conferire poteri al governo e agli organi della pubblica amministrazione: devono anche statuire limiti sostanziali ai poteri conferiti.

(4) *Le sue condizioni di effettività.* Perché il governo delle leggi sia effettivo, vi è una condizione ovvia che deve essere soddisfatta: ogni atto dello stato deve essere soggetto a qualche tipo di controllo, diretto ad accertare se esso sia conforme alle norme giuridiche che lo governano dal punto di vista sia forma-

---

[1] Ma non necessariamente, come mi ha fatto notare Alfonso Ruiz Miguel. Peraltro, la rigidità costituzionale è un concetto quantitativo, nel senso che una costituzione non-flessibile può essere più o meno rigida a seconda del grado di complicazione procedimentale della revisione costituzionale.

le (cioè procedurale) sia sostanziale. A questo scopo occorre istituire uno più organi cui sia attribuito il potere di esercitare siffatto controllo. Generalmente parlando, negli stati di diritto contemporanei, il controllo sulla conformità al diritto degli atti statali è affidato ad organi di tipo giurisdizionale, ed è difficile immaginare una soluzione diversa.

2. *Separare e bilanciare i poteri*

La separazione dei poteri (in senso stretto) deve essere nettamente distinta dal bilanciamento dei poteri (*checks and balances*), sebbene molti, sbagliando, confondano le due cose.

(1) *Separazione dei poteri*. La separazione dei poteri, strettamente intesa, significa qualcosa di più della semplice divisione del potere politico tra una molteplicità di organi. Significa piuttosto la completa specializzazione delle funzioni statali più la piena indipendenza reciproca degli organi dello stato. E ciò comporta l'assenza di mutue relazioni tra il legislativo, l'esecutivo, e il giudiziario. In tal modo, per ciò che concerne il giudiziario, in un regime di separazione dei poteri:

(a) primo, ai giudici è proibito "legiferare", cioè creare norme generali (si ricordi l'art. 5 del Code Napoléon[2]); e ciò sembra implicare, tra le altre cose, che i precedenti giudiziari non siano vincolanti (il che equivale a dire che la separazione stretta è incompatibile con qualunque forma di diritto giurisprudenziale);

(b) secondo, al legislativo e all'esecutivo è proibito giudicare, ossia decidere controversie particolari;

(c) terzo, né gli atti legislativi né gli atti esecutivi (amministrativi) sono soggetti a controllo giurisdizionale: ai giudici non è consentito in alcun caso rifiutare l'applicazione di leggi, né è loro consentito annullare atti amministrativi (il controllo sugli atti amministrativi essendo riservato ad un organo speciale dell'amministrazione stessa, cioè dell'esecutivo, come ad esempio

---

[2] «Il est défendu aux juges de prononcer par voie de disposition générale et réglementaire sur les causes qui leur sont soumises».

un qualche tipo di "tribunale amministrativo", la cui indipendenza e neutralità politica non può essere piena).

(2) *Bilanciamento dei poteri*. Il bilanciamento dei poteri, al contrario, comporta mutue relazioni tra i poteri dello stato e mutua influenza degli uni sugli altri. In altre parole: con le parole di Montesquieu, per ogni potere ("faculté da statuer") deve esistere un contro-potere ("faculté d'empêcher").

In particolare, per quanto concerne il giudiziario, il bilanciamento comporta che ogni atto dello stato – sia esso legislativo od esecutivo – sia soggetto a controllo giurisdizionale, i giudici avendo il potere di giudicare della legalità sia delle leggi, sia degli atti amministrativi. (Se i giudici debbano avere il potere di rifiutare l'applicazione di leggi incostituzionali e di atti amministrativi illegali, o addirittura di annullare le une e gli altri, è questione controversa. Vi tornerò oltre, § 5.)

(3) *Una opportuna combinazione*. La separazione dei poteri è inefficace nel garantire il governo della legge, giacché, entro questa forma di governo, i cittadini, i cui diritti legali e/o costituzionali siano violati da leggi incostituzionali e/o da atti amministrativi illegali, non hanno accesso ad alcun rimedio efficiente. Generalmente parlando, una combinazione tra separazione e bilanciamento dei poteri appare desiderabile.

In primo luogo, secondo il principio della separazione, al legislativo e all'esecutivo – essendo organi politicamente orientati – deve essere proibito decidere controversie.

In secondo luogo, ai giudici deve essere proibito emanare norme generali. Ciò per almeno due ragioni. Da un lato, il diritto giudiziario è necessariamente retroattivo giacché ogni norma creata da un giudice è ovviamente rivolta a risolvere una controversia preesistente. Dall'altro lato, i giudici sono, come suol dirsi, privi di "legittimazione democratica", nel senso che non sono – o piuttosto: non devono essere (vedi *infra*, § 6) – selezionati con procedimenti democratici, quali l'elezione.

In terzo luogo, il principio del bilanciamento esige che ai giudici sia consentito controllare la legalità di ogni atto del legislativo e dell'esecutivo.

3. *Il giudiziario e il legislativo. (I) Il controllo giurisdizionale sulle leggi*

In uno "stato costituzionale di diritto", dove il governo della legge si estende anche al potere legislativo, il parlamento non è interamente libero: anche gli atti legislativi sono soggetti a controllo giurisdizionale quanto alla loro conformità alla costituzione[3]. Tuttavia, diverse forme di controllo giurisdizionale sulle leggi sono concepibili: le distinzioni principali (sebbene non esaustive) sono le seguenti.

(1) *"A priori" v. "a posteriori"*. Il controllo giurisdizionale sulle leggi può esercitarsi "a priori", cioè su atti che (benché approvati dal parlamento) non sono ancora in vigore, o "a posteriori", cioè su leggi già in vigore. I due sistemi possono essere valutati da almeno due punti di vista, entrambi rilevanti per la realizzazione del governo della legge.

(a) Dal punto di vista della certezza del diritto, il controllo "a priori" presenta un piccolo (ma notevole) vantaggio. Se l'atto legislativo esaminato supera il controllo, entra in vigore e non può più essere messo in discussione. Per conseguenza, in ogni momento dato, l'insieme delle leggi valide è un dato stabile e conoscibile, sicché una forma minima di certezza del diritto è garantita. Mentre, in un regime di controllo "a posteriori", nessuna disposizione legislativa può considerarsi definitivamente valida, giacché ogni disposizione legislativa può in ogni momento essere messa in discussione e riconosciuta incostituzionale.

(b) Dal punto di vista della garanzia della supremazia (del rispetto) della costituzione, il controllo "a posteriori" non può evitare che una legge incostituzionale entri in vigore e sia anche

---

[3] Il che tendenzialmente esclude l'ammissibilità di leggi auto-applicative, o "leggi-provvedimento", ossia di leggi che hanno il contenuto tipico di provvedimenti amministrativi, ma, avendo la forma della legge, si sottraggono al controllo giurisdizionale dei giudici ordinari (che sono soggetti alla legge: *infra*, § 4), e difficilmente possono essere sottoposte al giudice costituzionale. Sono debitore di questa osservazione a José María Sauca.

per lungo tempo applicata (fino a che la sua incostituzionalità non sia riconosciuta dal giudice competente). Mentre il controllo "a priori" sembra prevenire l'entrata in vigore di leggi incostituzionali.

Tuttavia, le cose non sono così semplici.

In primo luogo, il controllo "a priori" potrebbe davvero prevenire l'entrata in vigore di qualunque legge incostituzionale solo se fosse obbligatorio, solo cioè se dovesse esercitarsi sopra ogni atto del parlamento senza eccezioni. Tuttavia, un controllo obbligatorio di questo tipo pare inammissibile: esso avrebbe l'effetto non desiderabile di tramutare il giudice costituzionale in una sorta di seconda (o terza) camera parlamentare.

In secondo luogo, il controllo "a priori" è almeno tendenzialmente "astratto", nel senso che non è connesso alla concreta violazione dei diritti costituzionali di un qualche particolare cittadino. Il controllo "a posteriori", per contro, è "concreto", nel senso che si svolge in occasione di una concreta ed effettiva violazione di un diritto soggettivo. Ora, il fatto è che la incostituzionalità delle disposizioni legislative non può essere pienamente apprezzata "in astratto", ossia prima che esse siano interpretate e concretamente applicate a specifiche fattispecie.

(2) *Controllo accentrato v. controllo diffuso*. Il controllo giurisdizionale sulle leggi può essere esercitato in forma accentrata o in forma diffusa.

(a) In un sistema di controllo accentrato (come quelli generalmente esistenti in Europa), esiste uno speciale giudice costituzionale. Il tribunale costituzionale è il solo giudice competente a controllare la conformità delle leggi alle norme costituzionali che limitano la funzione legislativa. Questo tipo di controllo può essere esercitato "a priori" (come accadeva in Francia fino a tempi recenti) o "a posteriori" (come accade nella maggior parte dei paesi europei).

(b) In un sistema di controllo diffuso (come quello in vigore negli Stati Uniti), non esiste uno speciale tribunale costituzionale: qualunque giudice può controllare la conformità delle leggi alla costituzione. Questo tipo di controllo si esercita necessariamente "a posteriori".

Vale la pena di sottolineare due differenze principali tra questi due sistemi di controllo.

(i) La prima differenza riguarda l'accesso alla giustizia costituzionale.

In un sistema di controllo diffuso, ogni cittadino ha accesso diretto alla giustizia e, poiché non vi è alcuna differenza tra giustizia ordinaria e giustizia costituzionale, ogni cittadino può agire di fronte ad un tribunale per la violazione dei suoi diritti costituzionali.

Per contro, in un sistema a controllo accentrato e "a priori", normalmente i cittadini non hanno accesso diretto al giudice costituzionale: solo alcuni organi costituzionali (per esempio, il capo dello stato, i presidenti delle camere, etc.), ed eventualmente le minoranze parlamentari, hanno titolo per rivolgersi al tribunale costituzionale.

Generalmente parlando, in un sistema di controllo accentrato "a posteriori", solo i giudici ordinari (i.e. non costituzionali) possono sottoporre casi al tribunale costituzionale: quando nasca una questione di legittimità costituzionale nel corso di un processo di fronte ad una qualunque autorità giurisdizionale, il giudice rimette la questione al tribunale costituzionale, e sospende il processo in attesa che la questione pregiudiziale sia risolta. Tuttavia, nulla impedisce che, in circostanze determinate, si ammetta l'accesso diretto dei cittadini al giudice costituzionale (come accade, ad esempio, in Spagna e in Germania).

(ii) La seconda differenza riguarda gli effetti giuridici delle decisioni di illegittimità costituzionale.

In un sistema di controllo diffuso, la dichiarazione di illegittimità costituzionale di una disposizione legislativa (decisione che qualunque giudice può pronunciare) è priva di effetti generali: può solo avere effetti circoscritti al caso deciso, "inter partes". La disposizione legislativa in questione è disapplicata dal giudice che la ritiene incostituzionale, ma non è definitivamente espulsa dall'ordinamento: essa conserva la sua validità, ed è del tutto possibile che altri giudici (e organi amministrativi) continuino ad applicarla. Anche se, in pratica, quando una disposizione legislativa sia stata dichiarata incostituzionale da una corte suprema, si può prevedere che le corti inferiori si asterranno dall'applicarla [4].

In un sistema di controllo accentrato "a priori", la decisione di incostituzionalità, pronunciata dal tribunale costituzionale, impedisce che la disposizione di cui si tratta sia promulgata ed entri in vigore.

Di regola, in un sistema di controllo accentrato "a posteriori", la dichiarazione di illegittimità costituzionale, pronunciata dal tribunale costituzionale, ha effetti generali, "erga omnes": sicché la disposizione incostituzionale è ritenuta definitivamente invalida, e pertanto esclusa dall'applicazione in sede sia giurisdizionale, sia amministrativa.

(Di fatto, esistono ordinamenti in cui le decisioni del giudice costituzionale non hanno effetti immediati sulle disposizioni dichiarate incostituzionali; hanno solo l'effetto di obbligare il legislatore ad abrogare le disposizioni in questione. Una soluzione del genere, tuttavia, non è soddisfacente, soprattutto perché non può in alcun modo essere garantito che il legislatore adempia i suoi obblighi, e pertanto è possibile che la dichiarazione di illegittimità costituzionale resti priva di qualunque conseguenza pratica e che la violazione della costituzione persista.)

Ciascun sistema di controllo giurisdizionale sulle leggi presenta vantaggi e svantaggi. Tuttavia, nulla impedisce di combinare sistemi diversi, così da preservare i benefici ed evitare i difetti di ciascuno di essi. Ad esempio, un sistema di controllo accentrato "a posteriori" potrebbe facilmente essere combinato con un controllo "a priori" sollecitato dalle minoranze parlamentari o anche da privati cittadini. S'intende che, in questo caso, una legge che pure avesse superato il controllo "a priori" non dovrebbe ritenersi definitivamente conforme a costituzione, e dunque sottratta ad ogni controllo ulteriore; anche una legge siffatta dovrebbe invece essere ancora suscettibile di controllo "a posteriori" quando la sua applicazione a casi concreti ne facesse sospettare la illegittimità costituzionale.

[4] Ciò che, del resto, hanno l'obbligo di fare negli ordinamenti in cui vige il principio del precedente verticale vincolante (come in USA).

4. *Il giudiziario e il legislativo. (II) Tra soggezione e indipendenza*

(1) *Indipendenza dal legislativo.* In uno stato di diritto, i giudici sono soggetti alla legge, non al legislatore. L'indipendenza dall'organo legislativo è anzi condizione necessaria per il soddisfacimento dei requisiti del governo della legge. La ragione di ciò è ovvia: l'organo legislativo ha, in ogni momento, un definito orientamento politico, mentre i giudici non devono averne alcuno, giacché il loro compito è solo applicare il diritto, non realizzare un programma politico qualsivoglia.

L'indipendenza del giudiziario riposa su due condizioni principali:

(a) primo, i giudici – con la possibile eccezione del tribunale costituzionale, ove un tale tribunale esista (vedi *infra*, § 6) – non devono essere nominati dal legislativo;

(b) secondo, e decisamente più importante, il legislativo non deve avere alcun potere di revoca dei giudici.

(2) *Soggezione alla legge.* I giudici devono essere indipendenti dall'organo legislativo, ma soggetti alla legge, ossia (lasciando da parte le leggi incostituzionali) agli atti del parlamento.

Tuttavia, gli atti del parlamento sono soggetti ad interpretazione giudiziale. Ora, è perfettamente possibile che i giudici interpretino ed applichino le leggi in modo non conforme ai propositi del parlamento. Ebbene, non contraddice il governo della legge che il parlamento organizzi un qualche tipo di controllo – per esempio, un monitoraggio permanente – sull'interpretazione giudiziale delle leggi. Per conseguenza, il parlamento, ogniqualvolta dissentisse dall'interpretazione giudiziale delle leggi, avrebbe il diritto non solo di cambiare le leggi esistenti (il che è ovvio), ma anche di emanare leggi di interpretazione autentica: l'interpretazione autentica non contraddice il principio di separazione dei poteri, semplicemente riafferma il principio democratico.

Si noti, però, che in nessun caso la legislazione – ivi inclusa l'interpretazione autentica – può travolgere decisioni giurisdizionali ormai passate in giudicato[5]. La legislazione non può spingersi a tanto, giacché invalidare una decisione giurisdizionale equivale a giudicare, è esercizio di giurisdizione, e questo, sì, è incompatibile con la separazione dei poteri, così come con la certezza del diritto (vedi sopra, § 2).

(3) *Controllo giurisdizionale sulle leggi*. S'intende che, in uno "stato costituzionale di diritto", i giudici sono soggetti alla legislazione se, e solo se, questa è conforme alla costituzione. Ogniqualvolta così non è, i giudici – secondo i casi: tutti i giudici o uno speciale tribunale costituzionale – hanno il potere di rifiutare l'applicazione della legge, o addirittura di annullarla (vedi sopra, § 3).

5. *Il giudiziario e l'esecutivo*

(1) *Indipendenza dall'esecutivo*. In uno stato di diritto, il giudiziario deve essere indipendente dall'esecutivo: ciò è cosa ovvia, in verità, e non occorre argomentare. Proprio come il legislativo, anche l'esecutivo è politicamente orientato, mentre l'applicazione giurisdizionale della legge deve essere totalmente non condizionata da preferenze politiche.

Le condizioni di indipendenza del giudiziario dall'esecutivo sono le stesse già enunciate discorrendo delle relazioni tra giudiziario e legislativo (vedi sopra, § 4):

(a) primo, i giudici non devono essere nominati dall'esecutivo;

(b) secondo, e decisamente più importante, l'esecutivo non deve avere potere di revoca dei giudici.

(2) *Controllo giurisdizionale sugli atti amministrativi*. In uno stato di diritto, qualunque atto dell'esecutivo è soggetto a controllo giurisdizionale (vedi sopra, §§ 1, 2).

---

[5] Il che rende quanto meno discutibili istituti quali l'amnistia e l'indulto.

Se gli atti amministrativi illegali debbano essere semplicemente disapplicati (cioè trascurati nella decisione di casi concreti), o debbano essere senz'altro annullati, è questione controvertibile. Ma, in ogni modo, gli atti illegali dell'esecutivo – siano essi atti normativi (regolamenti) o provvedimenti concreti – devono essere privati di ogni effetto giuridico. D'altro canto, non pare accettabile che i giudici competenti a controllare la legalità degli atti amministrativi siano non già i giudici ordinari, ma invece degli speciali giudici "amministrativi", nominati dall'esecutivo, perché non sarebbe garantita la loro indipendenza di giudizio.

6. *Il giudiziario in quanto tale*

(1) *Poteri*. Riassumendo (vedi sopra, §§ 3, 4, 5), in uno stato costituzionale di diritto, il giudiziario, latamente inteso, deve essere competente a controllare la legalità di tutti gli atti legislativi e amministrativi.

(2) *Selezione*. Generalmente parlando, la soggezione alla legge non è compatibile con la selezione dei giudici mediante elezione (vedi sopra, § 2). L'elezione suppone candidati che cerchino voti sulla base di programmi politici; dunque è un metodo appropriato per scegliere alla luce delle inclinazioni politiche dei candidati.

I giudici, per contro, devono essere scelti sulla base della preparazione professionale in materia di diritto. Una scelta di questo tipo suppone un qualche tipo di pubblico concorso – ossia una selezione tecnica e neutrale fondata sul merito dei candidati – che sarebbe bene riservare a persone qualificate (ad esempio: avvocati, professori di diritto, etc.) come accade in alcuni ordinamenti.

(3) *Nomina*. Essendo escluso che i giudici possano essere nominati dal legislativo e/o dall'esecutivo (vedi sopra, §§ 4, 5), non resta che prevedere che i giudici siano (auto-referenzial-

mente) selezionati e nominati ad opera dei giudici stessi: ad esempio, da una sezione *ad hoc* della corte suprema[6].

Questo metodo di nomina, tuttavia, non pare appropriato per i giudici del tribunale costituzionale (là dove un tale tribunale sia istituito, essendo il controllo di legittimità costituzionale accentrato). I membri – o la maggioranza dei membri – del tribunale costituzionale non possono che essere nominati da organi politici. Il buon senso suggerisce che siano nominati – o meglio: eletti – dal parlamento, giacché svolgono precisamente la funzione di controllare gli atti parlamentari: eletti a maggioranza qualificata, s'intende (diversamente il tribunale sarebbe espressione della maggioranza politica contingente). Certo è inammissibile che l'intero tribunale costituzionale sia nominato da un organo riferibile al potere esecutivo, come il capo dello stato.

Quanto ai giudici supremi, occorre distinguere. Se il controllo di legittimità costituzionale è accentrato, e pertanto la corte suprema non svolge la funzione di giudice costituzionale (e svolge invece quella di una "corte di cassazione", che esercita il controllo di legalità sulle sentenze dei giudici di merito), anche i giudici supremi possono benissimo, essere selezionati e nominati (cooptati) dalla stessa corte suprema. Se, per contro, il controllo di legittimità costituzionale non è accentrato, e pertanto la corte suprema svolge la funzione di giudice costituzionale, è naturale che i giudici supremi siano nominati da organi politici. Ma occorre insistere: non è ammissibile che l'intera corte suprema sia nominata da un organo riferibile al potere esecutivo, come il capo dello stato (è quanto accade negli Stati uniti, sia pure con qualche debole contrappeso).

(4) *Non temporaneità della carica e inamovibilità.* Non temporaneità della carica e inamovibilità sono condizioni necessarie di indipendenza (politica) dei giudici. In particolare, il giudiziario, a differenza del legislativo e dell'esecutivo, non deve essere soggetto alle fluttuazioni dei risultati elettorali. I giudici

---

[6] Sono debitore di questo suggerimento a Liborio Hierro e Juan Carlos Bayón.

non possono essere revocati, trasferiti, o sospesi, se non nelle condizioni sostanziali e procedurali disposte dalla legge.

Forse la regola della non temporaneità della carica dovrebbe valere anche per i giudici costituzionali e/o supremi, a garanzia della loro indipendenza. Se tuttavia i giudici costituzionali e/o supremi sono eletti o nominati a tempo determinato, è opportuno allora che la costituzione escluda la possibilità di una seconda elezione o nomina. Diversamente, essi sarebbero "politicamente responsabili" di fronte a chi li ha eletti o nominati, sicché la loro indipendenza politica non sarebbe garantita, poiché le loro decisioni potrebbero essere condizionate dalla speranza di una rielezione o di una seconda nomina.

(5) *Ulteriori condizioni di indipendenza*. È facile enumerare una serie di condizioni ulteriori di indipendenza.

(a) Misure disciplinari: la revoca, la sospensione, o il trasferimento di un giudice può aver luogo solo a seguito di un procedimento disciplinare. E la competenza in materia disciplinare non può essere affidata al legislativo o all'esecutivo: può solo essere affidata alla corte suprema.

(b) Immunità: nessun giudice può essere privato della libertà se non a seguito di una decisione giurisdizionale.

(c) Incompatibilità: ai giudici deve essere proibita l'appartenenza a partiti o a gruppi di interessi (ivi inclusi i sindacati), come pure ogni tipo di attività politica. In generale, i giudici non devono svolgere alcuna attività pubblica o privata incompatibile con la loro indipendenza.

(d) Remunerazione: ai giudici deve essere garantita una remunerazione proporzionata alla dignità del loro ufficio e alla portata dei loro doveri professionali. Una remunerazione appropriata è un'importante "conditio sine qua non" di indipendenza reale.

(6) *Divieto di giudici straordinari*. Le regole in materia di competenze giurisdizionali (relative al territorio, alle materie, etc.) devono essere predeterminate dalla legge. La creazione di giudici straordinari – cioè "ex post facto" – deve essere proibita. Si tratta di una condizione elementare di imparzialità dei giudici e di certezza del diritto per i cittadini.

(7) *Decisioni giurisdizionali.* Ogni decisione giurisdizionale deve essere motivata: la motivazione è condizione essenziale per la critica della giurisprudenza da parte della pubblica opinione e, soprattutto, per il controllo di essa da parte delle corti superiori.

(8) *Controllo sulle decisioni giurisdizionali.* Le decisioni giurisdizionali – come ogni altro atto dello stato – devono essere soggette a controllo di legalità (di conformità alla legge). È ovvio che siffatto controllo può solo essere affidato ad (altri) giudici (superiori), e in particolare, in ultima istanza, ad una corte suprema, con il compito di assicurare l'uniforme interpretazione e applicazione delle leggi (il che è quanto dire che i precedenti della corte suprema devono essere vincolanti per i giudici inferiori).

Fanno eccezione a questa regola le decisioni delle corti supreme stesse, le quali – per definizione (diversamente non sarebbero "supreme") – non possono essere soggette a controlli ulteriori né possono essere *overruled.* Nondimeno, i diritti dei cittadini devono essere garantiti anche contro le decisioni giurisdizionali supreme. Pertanto, una qualche forma di controllo parlamentare sull'interpretazione e l'applicazione giudiziali è non solo ammissibile – nel senso che non contraddice la separazione dei poteri (sopra, § 4) – ma anche desiderabile.

Anche le decisioni dei giudici costituzionali sfuggono ovviamente a qualunque possibilità di controllo e di *overruling.* Nondimeno, il principio liberale del bilanciamento dei poteri esige che anche per i tribunali costituzionali esista un contropotere, il quale evidentemente può solo essere il potere di revisione costituzionale.

(9) *I pubblici accusatori.* Una nota finale sulla pubblica accusa è opportuna. I pubblici accusatori, ovviamente, non appartengono al giudiziario, giacché non hanno il potere di "giudicare": essi sono solo parti ("attori") nel processo penale. Tuttavia, non si può negare che vi sia una stretta connessione tra la loro funzione e la funzione giudiziale, essendo la pubblica accusa (nella maggior parte degli ordinamenti) una "conditio sine qua

non" dell'esercizio della funzione giurisdizionale in materia penale. Per questa ragione, in molte costituzioni i pubblici accusatori sono espressamente considerati.

Alcune costituzioni statuiscono l'obbligatorietà dell'azione penale: il pubblico accusatore ha l'obbligo di esercitare l'azione penale ogniqualvolta venga a conoscenza di un reato. È una buona regola, funzionale alla garanzia sia dell'imparzialità dei pubblici accusatori, sia dell'eguaglianza dei cittadini.

Nondimeno, è un fatto che non tutti i reati possono realmente essere perseguiti, sicché i pubblici accusatori, malgrado il loro obbligo costituzionale, godono di un ampio potere discrezionale, per esempio nel decidere se un dato fatto costituisca reato, se vi siano prove sufficienti per esercitare l'azione penale, etc. Pertanto, è ragionevole prevedere che un "procuratore generale" abbia l'obbligo di riferire al parlamento sulle attività del suo ufficio, e che il parlamento abbia a sua volta il potere di suggerire a lui o lei un determinato corso di azione.

Parte Quarta
Interpretazione e applicazione

I.

Ermeneutici e analitici

SOMMARIO: 0. Introduzione: teoria e ideologia dell'interpretazione. – 1. Ermeneutici. – 2. Analitici. – 3. Analitici neo-cognitivisti. – 4. Analitici realisti.

0. *Introduzione: teoria e ideologia dell'interpretazione*

Intendo per "teoria dell'interpretazione" un discorso *analitico e descrittivo* intorno a ciò che l'interpretazione di fatto è [1].

Una teoria dell'interpretazione [2] consiste grosso modo in questo:

(i) nel costruire un concetto di interpretazione (mediante una opportuna ridefinizione);

(ii) nella descrizione, o comunque nella previa ricognizione,

---

[1] La distinzione tra "teoria" e "ideologia" dell'interpretazione non fa che iterare una distinzione risalente, che ogni giurista moderno dovrebbe ben conoscere e padroneggiare: quella tra "essere" e "dover essere", tra *sein* e *sollen*, tra *is* e *ought*. Non mi dilungo sul punto. Ma si ricordino i classici testi di J. Bentham, *An Introduction to the Principles of Morals and Legislation*, ed. by J.H. Burns and H.L.A. Hart, Oxford, 1996, p. 293 s.) e di J. Austin, *Lectures on Jurisprudence or The Philosophy of Positive Law,* 4th ed., London, 1879, I, p. 220. H. Kelsen, *Lineamenti di dottrina pura del diritto* (1934), Torino, 1952.

[2] Ne sono esempi preclari: A. Ross, *On Law and Justice*, London, 1958, cap. IV; H. Kelsen, *Lineamenti di dottrina pura del diritto*, cit., cap. VI; H. Kelsen, *Dottrina pura del diritto*, Torino, 1960, cap. VIII; G. Tarello, *L'interpretazione della legge*, Milano, 1980; P. Chiassoni, *Tecnica dell'interpretazione giuridica*, Bologna, 2007; E. Diciotti, *Interpretazione della legge e discorso razionale*, Torino, 1999.

delle (o di alcune) pratiche interpretative esistenti in una qualche cultura giuridica;

(iii) nell'analisi logica dei diversi tipi di enunciati interpretativi;

(iv) nel distinguere diversi tipi di interpretazione [3];

(v) nell'analisi logica dell'argomentazione dell'interpretazione (ossia delle tecniche interpretative in uso, o delle principali tra esse);

(vi) nonché – visto l'ampio uso corrente del vocabolo "interpretazione" – nell'analisi logica delle diverse forme e tecniche di costruzione giuridica [4].

Intendo invece per "ideologia (o dottrina) dell'interpretazione" un *discorso valutativo e/o prescrittivo* intorno all'interpretazione.

L'ideologia dell'interpretazione, così intesa, può assumere due forme leggermente diverse, sebbene normalmente intrecciate:

(i) a volte (discorso prescrittivo) consiste nell'elaborare regole, direttive, o metodi di corretta interpretazione e costruzione giuridica, destinati a guidare *ex ante* il lavoro degli interpreti, e segnatamente dei giudici;

(ii) altre volte (discorso valutativo) consiste nel valutare *ex post* la correttezza dell'una o dell'altra interpretazione, dell'uno o dell'altro orientamento interpretativo, dell'una o dell'altra tecnica interpretativa, dell'una o dell'altra costruzione giuridica, dell'una o dell'altra decisione giurisdizionale.

Orbene, negli ultimi decenni la letteratura sull'interpretazione – scomparsa ormai la ingenua e vetusta teoria "cognitivi-

---

[3] Ad esempio: una cosa è interrogarsi sul significato di un testo normativo, altra cosa sussumere una fattispecie concreta nel campo di applicazione di una norma previamente identificata in astratto; una cosa è constatare l'ambiguità di un testo, altra cosa risolverla scegliendo uno dei due significati in competizione; e così via distinguendo. Vedi R. Guastini, *Interpretare e argomentare*, Milano, 2011, parte prima, cap. II.

[4] Chiamo così una serie di operazioni caratteristiche della dottrina e della giurisprudenza, che illustrerò più avanti.

stica”[5] – è percorsa dalla contrapposizione tra un indirizzo ermeneutico e un indirizzo analitico. Quest’ultimo, tuttavia, risulta a sua volta diviso tra una corrente neo-cognitivistica e una corrente realistica.

In queste poche pagine cerco di rappresentare (molto) succintamente lo stato dell’arte.

1. *Ermeneutici*

La teoria ermeneutica dell’interpretazione ha una componente propriamente “teorica”, nel senso di puramente descrittiva, e una evidente componente “ideologica”, nel senso di prescrittiva[6].

Entrambe sono accomunate da ciò che in altra occasione – discutendo[7] il libro di Franco Viola e Giuseppe Zaccaria – ho chiamato “l’ossessione del caso concreto”, nel senso che l’orizzonte della teoria ermeneutica è circoscritto ai problemi di applicazione, di soluzione di casi concreti, e dunque all’interpretazione giudiziale.

Da questo punto di vista, l’interpretazione non ha nulla a che vedere con la conoscenza del diritto, con la “scienza giuridica”. Essa è piuttosto un’attività “pratica”, non cognitiva. L’interpretazione dipende dal caso concreto sottoposto al giudice, e non

---

[5] Alludo a quel modo di vedere, di ascendenza illuministica e dominante nel giuspositivismo del secolo XIX, secondo il quale ogni testo normativo incorpora un significato univoco oggettivo, sicché l’interpretazione consiste semplicemente nel prenderne conoscenza.

[6] Vedi ad es., nella letteratura recente, R. Alexy, “Interpretazione giuridica”, in *Enciclopedia delle scienze sociali*, V, Roma, 1996; L. Mengoni, *Ermeneutica e dogmatica giuridica. Saggi*, Milano, 1996; F. Viola, G. Zaccaria, *Diritto e interpretazione. Lineamenti di teoria ermeneutica del diritto*, Roma-Bari, 1999; G. Zaccaria, *Ermeneutica e giurisprudenza*, Milano, 1984 e G. Zaccaria, *Questioni di interpretazione*, Padova, 1996; G. Zagrebelsky, *La giustizia costituzionale*, II ed., Bologna, 1988, cap. 2. Critiche penetranti si leggono in A. Vignudelli, *Interpretazione e costituzione. Miti, mode e luoghi comuni del pensiero giuridico*, Torino, 2011, spec. p. 263 ss.

[7] A Salerno, su invito del compianto Alfonso Catania. Gli atti del seminario non sono mai stati pubblicati.

può avere altro scopo che trovare la (giusta) soluzione del caso in questione.

Insomma, non c'è interpretazione senza applicazione. Anche l'interpretazione dottrinale è sempre rivolta alla soluzione di casi concreti, sebbene non a casi reali, ma a casi immaginari. Paradossalmente, dunque, non solo la giurisprudenza, ma anche la dottrina "applica" il diritto [8].

(i) La componente descrittiva della teoria, ridotta all'osso, consiste in una serie di congetture intorno al processo mentale di interpretazione: quel che accade nella mente del giudice. Tre congetture in particolare:

(a) la congettura che il giudice muova non dall'interpretazione testuale, ma dalla previa rappresentazione e valutazione del caso concreto a lui o lei sottoposto;

(b) la congettura che il giudice si accosti all'interpretazione dei testi normativi guidato: per un verso, da un bagaglio di presupposizioni e condizionamenti culturali (non necessariamente consapevoli) di vario genere; per un altro verso, dalle sue precostituite idee di giustizia, in generale e in relazione alla specifica controversia di cui trattasi;

(c) la congettura che la giustificazione della decisione (la motivazione), e in particolare delle scelte interpretative, sia nulla più che la razionalizzazione *ex post* di valutazioni morali (in senso ampio) [9]: il giudice *prima* decide il caso secondo giustizia, *dopo* cerca la disposizione normativa idonea, opportunamente interpretata, a giustificare la decisione.

(ii) D'altra parte, gli ermeneutici sembrano pensare che ciò che i giudici, a loro avviso, comunemente fanno (vedi sopra) sia fatto bene.

---

[8] Questo modo di vedere, che svaluta radicalmente l'interpretazione in astratto, e non distingue tra interpretazione a applicazione, contraddice palesemente il linguaggio (e il senso) comune dei giuristi.

[9] "Ragionare" significa inferire conclusioni da premesse; "razionalizzare" significa costruire premesse a giustificazione di conclusioni previamente stabilite.

La componente prescrittiva, egualmente ridotta all'osso, consiste dunque in una raccomandazione, rivolta al giudice, di non decidere – diciamo così – applicando "ciecamente" o "meccanicamente" le norme esistenti, ma di decidere invece cercando la giustizia del caso concreto, una giustizia, dunque, *case by case* [10], scegliendo l'interpretazione più conveniente in vista del risultato. Insomma: decidendo, diciamo, secondo giustizia più che secondo diritto.

Come dice (in modo tanto suggestivo quanto oscuro) Gustavo Zagrebelsky, «il caso preme sul diritto attraverso l'interpretazione», nel senso che ogni caso concreto ha le sue proprie, obiettive, esigenze di giustizia.

Sicché il primo passo dell'interpretazione è non già l'interpretazione della legge, ma la "interpretazione" [11] – la "categorizzazione" – del caso, ossia la cosiddetta "precomprensione", che consiste nel dare al caso un "senso" e un "valore", cioè nell'identificare le esigenze di giustizia che esso incorpora [12].

Compito del giudice infatti è, *prima*, soddisfare questa domanda di giustizia, ossia trovare la soluzione giusta, e *dopo* cercare l'interpretazione della legge utile a giustificare la soluzione prescelta. A questo scopo, *anything goes*: qualunque metodo interpretativo va bene.

Qualche osservazione a margine.

In primo luogo, pare che gli ermeneutici non distinguano tra interpretazione e applicazione – anzi espressamente sostengono

---

[10] M. Cuono, *Decidere caso per caso. Figure del potere arbitrario*, Madrid, 2014.

[11] Solitamente gli ermeneutici non si accorgono che il vocabolo "interpretazione" acquista un senso del tutto diverso quando si parla di interpretare un caso (un fatto) e rispettivamente un testo. Il verbo "interpretare" assume significati affatto diversi a seconda del suo complemento oggetto. Una sommaria analisi si legge in R. Guastini, *Interpretare e argomentare*, cit., cap. I.

[12] Che vuol dire "categorizzare" un caso? L'espressione è oltremodo oscura, ma credo che voglia dire una cosa assai banale: sussumerlo sotto una norma. Un medesimo fatto può essere classificato (qualificato) come esercizio della libertà di espressione o invece come violazione della intimità della vita privata; un altro può essere classificato come assassinio o invece come esercizio di legittima difesa; etc.

che non si dà interpretazione senza applicazione – malgrado che le due cose siano manifestamente diverse. È ovvio, ad esempio, che giuristi e giudici "interpretano" i testi normativi, ma sarebbe del tutto inappropriato dire che i giuristi li "applicano".

Come che sia, una teoria dell'interpretazione circoscritta all'interpretazione giudiziale, e che dunque tace completamente sull'interpretazione dottrinale (e, in qualche caso, si spinge a squalificarla come irrilevante), è una teoria insoddisfacente per varie ragioni.

Intanto, per la ragione, abbastanza ovvia, che si tratta di una teoria monca (incompleta, non esauriente). Poi, per la ragione che non è pensabile un diritto senza giuristi, come non è pensabile una religione senza preti [13]. Poi, ancora, perché risulta piuttosto chiaro, ad uno sguardo disincantato, che molto di ciò che consideriamo diritto vigente è *Juristenrecht*, diritto creato appunto dai giuristi, e poi fatto proprio dai giudici [14]. E infine perché è precisamente la dottrina che fornisce ai giudici gli strumenti sia concettuali [15], sia metodologici [16], necessari alle loro argomentazioni: dopo tutto, i giudici si formano nelle Facoltà di giurisprudenza, ed è la dottrina che determina la loro stessa *forma mentis*.

In secondo luogo, va detto che le congetture ermeneutiche intorno ai processi psicologici, tramite i quali i giudici pervengono alle loro decisioni, per quanto molto plausibili, sono appunto null'altro che congetture su menti altrui: come tali, difficili da verificare empiricamente.

---

[13] Ed è alquanto singolare imbattersi in giuristi che paiono disprezzare il lavoro dogmatico che contestualmente essi stessi stanno compiendo.

[14] Lo sanno bene i giuslavoristi che hanno letto il magistrale libro di Giovanni Tarello sulle dottrine del diritto sindacale (G. Tarello, *Teorie e ideologie nel diritto sindacale*, Milano, 1967).

[15] Gli "strumenti concettuali", cui si allude nel testo, altro non sono che definizioni: definizioni dei concetti sia fattuali ("minoranza linguistica", "trattamento sanitario" ...), sia giuridici ("proprietà", "cittadino" ...) che si incontrano nel linguaggio legislativo; nonché dei concetti dogmatici ("negozio giuridico", "persona giuridica" ...), elaborati dalla dottrina stessa, mediante i quali essa classifica e sistematizza insiemi di norme.

[16] Alludo ai cosiddetti metodi di interpretazione.

In terzo luogo, la tesi normativa che il giudice debba ricercare la giustizia del caso concreto, debba insomma decidere secondo equità, si risolve nell'idea che le norme giuridiche (tutte, almeno tendenzialmente) siano "defettibili", derogabili, ossia soggette ad eccezioni implicite, non identificabili in astratto, cioè in sede di interpretazione testuale, e non enumerabili esaustivamente *ex ante*, ma identificabili solo in sede di applicazione a casi concreti [17].

Ora, la dottrina dell'equità è discutibile non solo, com'è ovvio, dal punto di vista etico-politico, ma anche dal punto di vista del diritto positivo vigente, giacché sembra porsi in conflitto con i principi costituzionali di eguaglianza (art. 3, c. 1, cost.) e di legalità nella giurisdizione (art. 101, c. 2, cost.), che caratterizzano lo stato di diritto. Principi, in virtù dei quali i casi sottoposti alle corti devono essere risolti in conformità a norme generali precostituite, e le norme devono essere uniformemente applicate a tutti i casi che ricadono nel loro campo di applicazione (e, ovviamente, solo ad essi), senza eccezioni.

A margine, si può osservare che la congettura che la motivazione delle sentenze sia nulla più che la razionalizzazione *ex post* di decisioni assunte in virtù di impulsi emotivi, dunque irrazionali, è una tesi che richiama (inconsapevolmente?) il modo di vedere caratteristico di un certo "realismo" americano: un realismo estremo, quel *rule-scepticism* che nega l'esistenza stessa, o comunque la rilevanza, di norme precostituite alle decisioni giurisdizionali, giacché assume per l'appunto che i giu-

---

[17] La tecnica interpretativa idonea allo scopo è l'argomento della dissociazione: il legislatore ha disciplinato, alla lettera, la classe di fattispecie F ("trasporti", poniamo); ma la classe F include due sottoclassi, F1 e F2 (trasporti urbani ed extraurbani; oppure trasporti su gomma e su rotaia), sostanzialmente diverse, e dunque meritevoli di diverse discipline; alla luce di una presunta *ratio legis* si deve ritenere che il legislatore intendesse disciplinare solo la sottoclasse F1; sicché la norma non si applica alla sottoclasse F2. Per fare un classico esempio di scuola: la legge proibisce l'ingresso di veicoli nel parco; ma la classe dei veicoli include pacificamente automobili, camion, ambulanze, etc.; la *ratio legis* consente di argomentare la tesi che la norma includa una eccezione tacita, e che, malgrado la lettera, non si applichi alle ambulanze (s'intende: nelle circostanze appropriate).

dici decidano guidati (solo) da impulsi irrazionali [18]. Da questo, ma solo da questo punto di vista, gli ermeneutici non sono troppo lontani dai realisti.

2. *Analitici*

Il vocabolo "interpretazione" soffre della tipica ambiguità processo-prodotto: è usato a denotare, secondo i contesti, ora un'attività, ora il suo risultato. Quando si dice, poniamo, che l'applicazione presuppone l'interpretazione, ci si riferisce palesemente ad un'attività; ma, quando si dice, per esempio, che la tale interpretazione è dubbia o discutibile, ci si riferisce al prodotto di un'attività interpretativa, non all'attività stessa [19].

Ora, l'attività interpretativa è un'attività mentale, come tale inafferrabile (se non forse con gli strumenti analitici della psicologia cognitiva). Il prodotto dell'interpretazione, per contro, è un discorso: come tale suscettibile di analisi logica (in senso ampio).

La teoria analitica dell'interpretazione, ritenendo di non avere accesso alla mente dei giudici e degli interpreti in genere (o, se è per questo, alla mente di chicchessia), preferisce dedicarsi non ai processi intellettuali degli interpreti, ma ai prodotti di questi processi: ossia al discorso interpretativo. E, per ciò che riguarda in particolare l'interpretazione giudiziale, la teoria analitica volge lo sguardo non alla psicologia, ma alla logica. Come si suol dire in filosofia della scienza: non alla "scoperta" della decisione, ma alla sua "giustificazione": tecnicamente parlando, non ai "motivi", ma alle "ragioni" [20].

---

[18] Sul *rule scepticism* vedi R. Guastini, "Rule-Scepticism Restated", in L. Green, B. Leiter (eds.), *Oxford Studies in Philosophy of Law*, vol. 1, Oxford, 2011.

[19] G. Tarello, "Orientamenti analitico-linguistici e teoria dell'interpretazione giuridica", in U. Scarpelli (ed.), *Diritto e analisi del linguaggio*, Milano, 1976.

[20] La psicologia offre "motivi", la logica fornisce "ragioni". I motivi sono stati (o eventi) mentali, psichici: sono gli impulsi, le emozioni, gli atteggia-

La teoria analitica dell'interpretazione è però divisa, come dicevo, tra due correnti: una corrente neo-cognitivistica (dominante) e una corrente realistica (minoritaria).

3. *Analitici neo-cognitivisti*

La teoria dell'interpretazione di indirizzo analitico oggi dominante – nota come teoria "eclettica" o "intermedia", per la ragione che risulterà immediatamente chiara – si presenta come una terza via tra cognitivismo e scetticismo [21].

Cognitivismo è l'idea che l'interpretazione sia attività cognitiva. Scetticismo (il punto di vista caratteristico del realismo giuridico [22]) è l'idea che l'interpretazione sia attività non cognitiva, ma decisoria, discrezionale.

Secondo il cognitivismo, per ogni testo normativo esiste sempre una, ed una sola, interpretazione vera e dunque corretta (tutte le rimanenti essendo false e pertanto scorrette): l'interpretazione è atto di conoscenza. Secondo lo scetticismo, ogni testo normativo ammette per contro una molteplicità di interpretazioni, nessuna delle quali può dirsi vera o falsa (gli enunciati interpretati-

---

menti, i sentimenti, etc., che inducono ad avere una credenza, a sostenere una tesi, o a prendere una decisione (sono insomma cause, non ragioni, non argomenti). Le ragioni sono invece enunciati in lingua che si adducono pubblicamente a sostegno o giustificazione di una tesi o di una decisione: sono, in altre parole, premesse di un ragionamento. Il vocabolo, "motivazione", di uso comune per denotare una delle due parti costitutive di qualunque sentenza, è alquanto fuorviante, giacché denota propriamente una esposizione non di "motivi" (come pure si usa dire), ma di "ragioni". La motivazione è, insomma, un ragionamento.

[21] Progenitore di questa teoria è H.L.A. Hart, *The Concept of Law*, Oxford, 1961. Vedi anche, tra i molti, C.E. Alchourrón e E. Bulygin, "Definiciones y normas", in E. Bulygin, M.D. Farrell, C.S. Nino, E.A. Rabosi (eds.), *El Lenguaje del derecho. Homenaje a Genaro R. Carrió*, Buenos Aires, 1983; E. Bulygin, "Sull'interpretazione giuridica", in P. Comanducci, R. Guastini (eds.), *Analisi e diritto 1992. Ricerche di giurisprudenza analitica*, Torino, 1992; G.R. Carrió, *Notas sobre derecho y lenguaje*, IV ed., Buenos Aires, 1994. Critiche in R. Guastini, "Rule-Scepticism Restated", cit.

[22] Così come di H. Kelsen, *Dottrina pura del diritto*, cit., cap. VIII e di A. Ross, *On Law and Justice*, cit., cap. IV.

vi non hanno valori di verità), e pertanto neppure corretta o scorretta: l'interpretazione è atto di decisione, atto di volontà. Secondo la teoria eclettica, per contro, l'interpretazione è atto ora di conoscenza, ora di decisione, secondo le circostanze.

In particolare, la teoria eclettica sottolinea l'irriducibile "trama aperta" (*open texture*), ossia la vaghezza, l'indeterminatezza semantica, l'imprecisione di qualunque disposizione normativa, e distingue, entro il significato di ogni disposizione normativa, (a) un "nocciolo" di significato stabile e accettato, e (b) una "penombra" di incertezza[23].

Per conseguenza, data una norma qualsivoglia, vi sono casi (controversie e/o fattispecie) che certamente ricadono nel, o altrettanto certamente fuoriescono dal, suo campo di applicazione (casi facili o chiari), come pure controversie marginali per le quali l'applicazione della norma è dubbia, discutibile, controversa (casi difficili o dubbi, *hard cases* come si usa dire).

Ebbene, secondo la teoria eclettica, l'interpretazione è mero atto di conoscenza allorché si tratta di decidere la qualificazione giuridica di un caso chiaro; è atto di volontà quando si tratta di decidere la qualificazione giuridica di un caso dubbio. In altre parole, di fronte ad un caso chiaro, che ricade nel nocciolo di significato accettato della formulazione normativa, il giudice può (e deve) limitarsi a "scoprire" questo significato oggettivo preesistente; per contro, di fronte ad un caso dubbio – né chiaramente incluso nel, né chiaramente escluso dal, campo di applicazione della norma – il giudice non può far altro che "decidere" discrezionalmente il significato.

---

[23] Ad es., l'espressione "privata dimora" designa certamente l'abitazione, ma è dubbio se sia applicabile anche ai locali di uno studio professionale o alla sede di un partito; la parola "abitazione" designa certamente le stanze dell'appartamento o della casa dove qualcuno abiti, ma è dubbio se sia riferibile anche all'androne, al cortile, alle cantine, e all'autorimessa. L'indeterminatezza delle norme dipende dalla vaghezza dei predicati (in senso logico), e la vaghezza è una proprietà ineliminabile di tutti i predicati nei linguaggi naturali. Si dicono "predicati" tutti i termini che denotano non una entità individuale ("il signor X", "l'accusato", "la Corte costituzionale", etc.), ma una *classe* (come "contratto", "trattato", "impresa", "associazione", "corte", etc.): una classe è un insieme di entità individuali che condividono un medesimo attributo (una proprietà o una relazione) o un medesimo insieme di attributi.

Il cognitivismo, sostenendo che l'interpretazione è (sempre) atto di conoscenza, trascura l'inevitabile trama aperta del linguaggio, che fatalmente impone all'interprete – segnatamente al giudice – delle scelte quando un caso cada ai margini della trama. La teoria scettica, dal canto suo, sostenendo che l'interpretazione è (sempre) atto di volontà, trascura l'esistenza di regole linguistiche (semantiche e sintattiche) condivise e incontestate, che determinano univocamente e rendono conoscibile il nocciolo di significato di ogni espressione in lingua.

Che ogni norma sia affetta da vaghezza è incontestabile, e oggi, del resto, è tesi generalmente condivisa. Nondimeno, la teoria eclettica presenta un difetto capitale: è totalmente cieca e silente di fronte ai problemi dell'interpretazione testuale "in astratto". I problemi, cioè, di identificazione delle norme in quanto tali: quali norme – sia pur vaghe – appartengono all'ordinamento? Per rispondere a questa domanda occorre (a) risolvere i problemi di equivocità dei testi normativi, (b) identificare e (c) risolvere antinomie, (d) identificare e (e) colmare lacune, (f) concretizzare e (g) bilanciare principi. Tutte cose alquanto complesse, che nulla hanno a che fare con i – banali – problemi di vaghezza (il divieto di ingresso di veicoli nel parco si estende alle biciclette, ai tricicli, ai pattini a rotelle?).

La teoria eclettica sembra supporre che l'identificazione in astratto delle norme vigenti non sia cosa problematica, giacché i testi giuridici sono formulati in linguaggio naturale, sicché – pare ovvio – devono essere interpretati in conformità alle regole sintattiche e semantiche della lingua di cui si tratta. Sembra non immaginare che vi siano disposizioni ambigue, antinomie da risolvere, lacune da colmare, principi da concretizzare e da ponderare. Suppone insomma che ogni enunciato normativo incorpori univocamente una norma, sia pur vaga, oggettivamente identificabile per via di interpretazione letterale. Sicché i giudici hanno discrezionalità (solo) nella decisione di (alcuni, marginali) casi concreti, i "casi difficili", che cadono nell'area di penombra del campo di applicazione delle norme. Ma non hanno alcuna discrezionalità nella identificazione delle norme in quanto tali: come se l'interpretazione in astratto fosse materia di conoscenza, non di decisione.

In questo senso la teoria eclettica, che si pretende "intermedia" tra cognitivismo e scetticismo è, a ben vedere, una forma mascherata di (neo)cognitivismo. Disconosce totalmente la discrezionalità inerente all'interpretazione per eccellenza, ossia all'interpretazione in astratto – opera della dogmatica, prima che della giurisprudenza – che è cosa diversa da, e logicamente[24] antecedente a, l'applicazione a casi concreti di norme; le quali, per essere applicate, necessariamente devono essere state previamente identificate in astratto[25].

D'altro canto, la teoria eclettica incorpora (tacitamente) la tesi prescrittiva che i testi normativi debbano essere interpretati letteralmente: alla luce delle regole semantiche e sintattiche della lingua. Nei casi facili, è corretta l'interpretazione che si attiene al significato proprio delle parole secondo la loro connessione sintattica, mentre è scorretta qualunque altra interpretazione. Solo nei casi difficili sarebbe fuori luogo discorrere di correttezza o scorrettezza dell'interpretazione.

Accennavo sopra (e vi tornerò tra poco) che una componente della teoria analitica dell'interpretazione è costituita dall'analisi logica delle diverse forme e tecniche di "costruzione" giuridica. Ebbene, questa dimensione sfugge completamente alla teoria eclettica, perché essa semplicemente ignora il fenomeno stesso della costruzione giuridica. E non per caso.

La teoria eclettica condivide con la teoria ermeneutica la "ossessione del caso concreto", sicché il suo discorso è programmaticamente circoscritto all'applicazione giurisdizionale. Non ha nulla da dire intorno alla interpretazione dottrinale dei giuristi accademici. E questo è un difetto serio per almeno due ragioni.

Da un lato, l'interpretazione giudiziale e l'interpretazione dottrinale richiedono un trattamento indipendente, giacché sono ovviamente diverse dal punto di vista dell'analisi logica. Per esempio, l'interpretazione dottrinale non involge la soluzione di alcun caso concreto, che è invece un tratto necessario dell'interpretazione giudiziale; a differenza dei giuristi, i giu-

---

[24] Non psicologicamente.

[25] Previamente in senso logico, non psicologico.

dici non possono limitarsi a identificare i problemi di equivocità dei testi normativi e di vaghezza delle norme, ma devono risolverli; etc.

Dall'altro lato, sono i giuristi che forniscono ai giudici concetti, dottrine, strumenti interpretativi, e schemi di ragionamento. Di fatto, la pratica interpretativa e dogmatica dei giuristi condiziona la stessa *forma mentis* dei giudici. L'interpretazione giudiziale non può essere compresa indipendentemente dalla dogmatica [26].

4. *Analitici realisti*

Il realismo è, molto semplicemente, una teoria scettica dell'interpretazione: l'interpretazione – intesa come attribuzione di significato ai testi normativi – è attività non cognitiva, ma "decisoria", atto di volontà, non di conoscenza [27]. Così dicendo, ci si riferisce non solo all'interpretazione giuridica per antonomasia, quella giudiziale, ma anche a quella dottrinale.

Per cominciare, conviene distinguere tra interpretazione in senso stretto e costruzione giuridica [28].

(1) *Interpretazione in senso stretto*. I testi normativi soffrono di una molteplice forma di indeterminatezza.

Per un verso, gli enunciati normativi sono sovente ambigui, sicché ammettono diverse interpretazioni: non si sa se la disposizione D esprima la norma N1 *o invece* la norma N2 [29]; si di-

---

[26] G. Tarello, "La semantica del neustico. Osservazioni sulla parte descrittiva degli enunciati precettivi", in G. Tarello, *Diritto, enunciati, usi. Studi di teoria e metateoria del diritto*, Bologna, 1968.

[27] Vedi il saggio seminale di G. Tarello, "Il 'problema dell'interpretazione': una formulazione ambigua", ora in G. Tarello, *Diritto, enunciati, usi. Studi di teoria e metateoria del diritto*, Bologna, 1974.

[28] R. Guastini, *Interpretare e argomentare*, cit.; R. Guastini, *Distinguendo ancora*, Madrid, 2013, cap. XV.

[29] L'art. 31, legge 352/1970, stabilisce che «non può essere depositata richiesta di referendum [abrogativo, ai sensi dell'art. 75 cost.] nell'anno anteriore alla scadenza di una delle due Camere [...]». Ora, il vocabolo "anno" può

scute se la disposizione D esprima *solo* la norma N1 (su cui non si discute) *o anche* la norma N2 [30]; ci si domanda se la norma N1 (pacificamente espressa da D) *implichi* a sua volta, *o no*, la ulteriore norma N2 [31]; si discute se la norma N1 (su cui non si controverte) sia però soggetta, *o no*, ad *eccezioni implicite* non specificate [32]; etc.

Per un altro verso, ciascuna norma è fatalmente vaga [33], sicché ammette diverse "concretizzazioni": data una norma N (identificata per via di interpretazione testuale "in astratto") non si sa se il caso x ricada o no nel suo ambito di applicazione (e ciò è materia di sussunzione, o interpretazione "in concreto" che dir si voglia).

Per dirla succintamente, ogni testo normativo ammette interpretazioni – in astratto e/o in concreto – sincronicamente con-

---

denotare il periodo che intercorre tra il 1° gennaio e il 31 dicembre (in francese: *année*), ma può anche denotare genericamente un periodo di 365 giorni (in francese: *an*). Dobbiamo dunque intendere che la richiesta di referendum non può essere depositata nell'anno solare anteriore alla scadenza di una Camera, o dobbiamo intendere che non può essere depositata nei 365 giorni antecedenti la scadenza?

[30] L'art. 38, legge 352/1970, dispone che «nel caso che il risultato del referendum sia contrario all'abrogazione [...] non può proporsi richiesta di referendum per l'abrogazione della medesima legge». Ora, il risultato del referendum può essere "contrario all'abrogazione" – o, per meglio dire, non sortire l'effetto abrogativo – per due ragioni o in due circostanze diverse: non solo quando la maggioranza dei votanti voti "no" (com'è ovvio), ma anche quando la maggioranza degli aventi diritto non voti affatto (art. 75, comma 4, cost.). Ebbene, non si dubita che, in virtù della disposizione menzionata, sia preclusa la richiesta di un nuovo referendum quando il precedente quesito referendario sia stato respinto dalla maggioranza dei voti validi. Ma è dubbio se questa stessa disposizione precluda una nuova richiesta anche quando il referendum precedente abbia avuto esito negativo per il fatto che non ha partecipato al voto la maggioranza degli aventi diritto.

[31] L'art. 94, commi 2 e 5, cost. prevede che una delle Camere possa votare la sfiducia al Governo. Tale norma implica, o no, la norma ulteriore che una delle Camere possa votare la sfiducia anche ad un singolo ministro? Vedi al riguardo Corte cost. 7/1996.

[32] La Corte dei conti esercita il controllo preventivo di legittimità sugli atti del Governo: su tutti? o solo su quelli privi di forza di legge? Vedi in proposito Corte cost. 406/1989.

[33] Su ciò, come abbiamo visto, insiste la teoria neo-cognitivistica, di cui si diceva nel paragrafo precedente.

fliggenti e/o diacronicamente mutevoli. Ne segue che molte (forse non tutte, ma molte) controversie e, più in generale, molte (forse non tutte, ma molte) "questioni di diritto", ammettono soluzioni diverse in competizione.

Così stando le cose, pare ovvio che gli enunciati interpretativi – in astratto ("La disposizione D esprime la norma N") e in concreto ("Il caso x ricade nell'ambito di applicazione della norma N") – siano frutto di scelta e decisione, non di conoscenza. Essi cioè hanno carattere non descrittivo, o cognitivo, ma piuttosto ascrittivo[34] – non diversamente dalle stipulazioni e dalle ridefinizioni[35], alle quali sono in tutto analoghi – e come tali sono privi di valori di verità. Nessuna interpretazione può dirsi vera o falsa.

È sottinteso che le decisioni interpretative degli operatori giuridici sono condizionate, come è naturale, dai loro interessi pratici (politici, economici, professionali, etc.), dalle loro idee di giustizia, dalla accettabilità delle diverse decisioni entro la cultura giuridica esistente, nonché – *last, not least* – dalle elaborate costruzioni concettuali dei giuristi teorici, ossia della dogmatica giuridica.

(2) *Costruzione giuridica.* D'altra parte, nel linguaggio comune dei giuristi il vocabolo "interpretazione" è usato, in modo alquanto opaco, per denotare la totalità delle operazioni intellettuali degli operatori giuridici.

Ad uno sguardo ravvicinato, non è difficile accorgersi che gli operatori giuridici – e, fra questi, soprattutto i giuristi teorici – non si limitano a decidere il significato dei documenti normativi: fanno anche altre cose. Dopo tutto, l'interpretazione stret-

---

[34] Ossia non descrivono, ma ascrivono (attribuiscono, decidono) il significato.

[35] Una stipulazione è la decisione (o la proposta) di attribuire un significato nuovo ad una espressione in uso, ovvero di attribuire un significato qualsivoglia ad una espressione di nuovo conio (es.: "ordinamento intersindacale"). Una ridefinizione è la decisione (o la proposta) di attribuire ad una espressione in uso un significato univoco più preciso di quello corrente. Vedi R. Guastini, "Interpretive Statements", in E. Garzón Valdés, W. Krawietz, G.H. von Wright, R. Zimmerling (eds.), *Normative Systems in Legal and Moral Theory. Festschrift for Carlos E. Alchourrón and Eugenio Bulygin*, Berlin, 1997.

tamente intesa (attribuzione di significato ad un testo) non è che una parte – e forse neppure la più importante – del loro lavoro.

Accanto all'interpretazione propriamente detta, e con questa inestricabilmente connessa, gli operatori giuridici fanno opera di "costruzione giuridica". Con questa espressione mi riferisco ad un insieme, peraltro indeterminato, di operazioni intellettuali, tra le quali spiccano le seguenti: (i) la creazione di lacune normative e, ancor più, assiologiche; (ii) la creazione di gerarchie assiologiche tra norme; (iii) la concretizzazione di principi; (iv) il bilanciamento tra principi confliggenti; (v) la creazione e (talvolta) la soluzione di antinomie; e sopra ogni altra (vi) la elaborazione di norme inespresse, che si pretendono implicite nell'ordinamento (sebbene normalmente non siano affatto implicite in senso logico, ossia deducibili da altre norme)[36].

Queste operazioni sono tra loro variamente connesse. La elaborazione di norme inespresse serve ovviamente a colmare lacune normative (vere o immaginarie). La creazione di una lacuna assiologica prelude alla costruzione di una norma inespressa atta a colmarla. La concretizzazione di principi consiste in una peculiare forma di elaborazione di norme inespresse. I conflitti tra principi sono antinomie di un tipo speciale, che non possono essere risolte se non per via di costruzione giuridica, e le gerarchie assiologiche (oltre ad orientare le scelte interpreta-

[36] Succintamente: (i) una lacuna normativa è l'assenza di disciplina giuridica per un data fattispecie, mentre una lacuna assiologica è l'assenza di una disciplina soddisfacente (e la presenza, invece, di una disciplina insoddisfacente); (ii) una gerarchia assiologica è una relazione di valore tra norme istituita dagli interpreti mediante un giudizio di valore comparativo; (iii) concretizzare un principio significa ricavarne una norma inespressa per via argomentativa; (iv) il bilanciamento di due principi in conflitto consiste nello stabilire tra di essi una gerarchia assiologica; (v) la creazione di un'antinomia prelude alla abrogazione, alla invalidazione, o alla deroga di una delle norme coinvolte (e d'altro canto non tutte le antinomie possono essere risolte sulla base di criteri precostituiti: ad esempio, non quelle tra principi costituzionali); (vi) una norma inespressa è una norma che non costituisce il significato plausibile di alcuna specifica disposizione. Nel testo parlo di "creazione" di antinomie e lacune, giacché le une e le altre non precedono, ma seguono l'interpretazione, ne dipendono. In altre parole: *data una certa interpretazione*, i testi normativi presentano una lacuna e/o un'antinomia; ma, *alla luce di una interpretazione diversa*, è possibile che la lacuna e/o l'antinomia magicamente scompaiano.

tive) sono strumenti utili a risolvere precisamente i conflitti tra principi. E così avanti.

Se l'interpretazione propriamente detta è attività non cognitiva, ma decisoria, a maggior ragione è attività decisoria la costruzione giuridica. In realtà, la costruzione giuridica è attività genuinamente nomopoietica di giudici e giuristi: legislazione "interstiziale" come si usa dire.

Insomma, la dottrina e la giurisprudenza modellano l'ordinamento giuridico in due modi connessi: (i) da un alto, determinando, per via di interpretazione, il contenuto di significato dei testi normativi; (ii) dall'altro, elaborando norme nuove a partire da norme preesistenti.

Non vi è alcuna possibile confusione tra la rotazione della terra attorno al sole e la scienza astronomica che la descrive, giacché il movimento dei pianeti, a differenza della scienza astronomica, non è un'entità linguistica. Quando invece si tratta delle relazioni tra diritto, dottrina, e giurisprudenza, siffatta confusione è possibile e di fatto si produce. Così è perché tanto il diritto quanto la dottrina e la giurisprudenza altro non sono che linguaggi (discorsi). È di fatto impossibile tracciare una distinzione netta tra il linguaggio del diritto e il linguaggio dei giuristi e dei giudici: essi sono soggetti ad un continuo processo osmotico. Giuristi e giudici modellano ed arricchiscono continuamente il loro oggetto di studio, come un violinista che interpolasse note apocrife nello spartito che sta eseguendo [37].

La teoria realistica dell'interpretazione costituisce una *descrizione vera* delle pratiche interpretative. Uno sguardo anche superficiale alla dottrina e alla giurisprudenza la conferma, e nessuno – dico: nessuno – mai l'ha contestata in punto di fatto.

Ciò che legioni di neo-cognitivisti le rimproverano è non già

[37] Ciò vuol dire che l'interpretazione e la costruzione giuridica sono non già la "scienza giuridica" – come solitamente pretendono i giuristi – ma parte del diritto stesso, e quindi parte dell'oggetto di studio della scienza giuridica propriamente intesa. Insomma, la descrizione del diritto in vigore esige che si prenda in considerazione la dogmatica in quanto parte integrante del diritto vigente. Sempre che, s'intende, le norme formulate dalla dottrina divengano vigenti ("diritto vivente") attraverso le decisioni degli organi dell'applicazione.

di dare una raffigurazione falsa delle pratiche interpretative, ma di non discriminare tra interpretazioni "corrette" e "scorrette". Secondo i realisti – essi dicono – *anything goes*: qualunque cosa i giudici (specie di ultima istanza) decidano è diritto, anche se decidono in violazione del diritto stesso; in questo modo i realisti si precludono la critica della giurisprudenza e, implicitamente, ne fanno l'apologia. Qualche osservazione è opportuna [38].

Per cominciare, i neo-cognitivisti ritengono, all'evidenza, che "il diritto" preesista all'interpretazione e all'applicazione. Diversamente non avrebbe senso parlare di applicazione in violazione del diritto. Anche in questo, per l'appunto, si rivelano neo-cognitivisti: pensano ingenuamente che l'interpretazione sia mero atto di conoscenza di norme (sia pur vaghe) precostituite.

Inoltre, i neo-cognitivisti sembrano paradossalmente ignorare il diritto positivo vigente (in molti ordinamenti, se non tutti). Che ciò che i giudici – specialmente i giudici supremi e i giudici costituzionali – decidono sia diritto è innegabile [39]. E non per ragioni attinenti alla teoria dell'interpretazione, ma perché così dispone il diritto stesso, conferendo il carattere definitivo di *res judicata* a certe decisioni giurisdizionali: ogni decisione definitiva "fa stato", quanto meno per le parti, i loro eredi e aventi causa. In questo senso, ogni decisione definitiva, checché ne dicano quanti la trovano scorretta, "è diritto" [40].

---

[38] I critici del realismo, a quanto pare, non sono interessati alla (mera) conoscenza del diritto, e dunque delle pratiche interpretative che, del diritto, sono parte costitutiva. Ciò che a loro interessa è solo partecipare alla pratica giuridica "dal punto di vista interno". Diciamo così: alla scienza giuridica preferiscono decisamente la politica del diritto. Piuttosto che descrivere imparzialmente il diritto, preferiscono (contribuire a) farlo.

[39] La tesi "Ciò che i giudici decidono è diritto" non va confusa con la classica tesi realistica "Il diritto non è altro che l'insieme delle decisioni giudiziali". Quest'ultima tesi è criticabile sotto vari aspetti: tra l'altro, perché semplifica indebitamente le cose (non tutti i testi normativi sono soggetti ad applicazione giurisdizionale, anche la dogmatica contribuisce alla creazione del diritto, etc.).

[40] Il realismo giuridico – secondo la migliore tradizione del positivismo giuridico cosiddetto "metodologico" (Bentham, Austin, Kelsen, Bobbio ...) – pretende di descrivere (o, meglio, ricostruire teoricamente) le pratiche inter-

Infine, questo discorrere di correttezza e scorrettezza delle decisioni interpretative è una prova lampante – se mai ne occorre una – che i neo-cognitivisti non si accontentano di analizzare e descrivere le pratiche interpretative esistenti, ma pretendono di orientarle *ex ante* e/o di criticarle *ex post*: "corretto" "scorretto" sono ovviamente termini valutativi. In ciò non vi è nulla di male, naturalmente. Politica *de sententia ferenda* e critica della giurisprudenza: è ben questo il lavoro dei giuristi, no?

Ma la pratica giuridica e la teoria dell'interpretazione sono cose distinte, così come sono distinte e logicamente indipendenti la teoria descrittiva e la dottrina prescrittiva dell'interpretazione. Confonderle ha, tra gli altri, il deprecabile effetto di contrabbandare un discorso prescrittivo come descrizione di fatti: una descrizione che, se mai fosse tale, sarebbe palesemente falsa.

I realisti non sostengono affatto che qualunque interpretazione è corretta: semplicemente si astengono dal valutare, *quando fanno teoria dell'interpretazione*. S'intende che quando invece partecipano alla pratica giuridica, anch'essi, come qualunque altro giurista, hanno una (l'una o l'altra) politica del diritto da difendere.

Lo scetticismo interpretativo è in tutto analogo al non-cognitivismo etico (quel modo di vedere secondo cui norme e giudizi morali sono frutto di preferenze, non di conoscenza). Come il non-cognitivismo è non già una morale, ma una *teoria* della morale, così lo scetticismo interpretativo è non un orientamento interpretativo, ma una *teoria* dell'interpretazione. Come il non-cognitivismo non è una forma di nichilismo o indifferentismo

pretative dei giudici e dei giuristi: ciò che giudici e giuristi effettivamente fanno. L'atteggiamento prevalente nella teoria giuridica contemporanea è molto diverso: tutti paiono interessati non ad accertare ciò che gli operatori giuridici realmente fanno, ma solo a stabilire se ciò che fanno – in particolare ciò che i giudici decidono – sia corretto o scorretto. Accade così che nessuno mai adduca argomenti per mostrare che il realismo giuridico – nella sua veste di scetticismo interpretativo – è una teoria del diritto empiricamente falsa. È piuttosto il programma puramente scientifico del realismo che è generalmente screditato come irrilevante o comunque privo di interesse. Il che, all'evidenza, non è cosa diversa dal rifiutare il positivismo metodologico.

morale[41], così lo scetticismo interpretativo non è una forma di nichilismo o indifferentismo in materia di interpretazione.

I non-cognitivisti in etica non pensano che tutto sia permesso, né che qualunque principio morale sia buono quanto qualsiasi altro: anch'essi hanno una propria morale, come tutti; semplicemente non credono che sia l'unica possibile, ossia l'unica vera. Proprio allo stesso modo, anche gli scettici in materia di interpretazione non pensano che qualsiasi interpretazione valga quanto qualunque altra, né che qualsiasi interpretazione sia accettabile: anch'essi, quando dismettono gli abiti del teorico, e si atteggiano a giuristi, hanno le loro preferenze interpretative; semplicemente non cercano di contrabbandarle come le sole corrette.

---

[41] A. Ross, *Directives and Norms*, London, 1968, p. 65 ss.

II.

Interpretare, costruire, argomentare

SOMMARIO: 1. Interpretazione. – 1.1. Prima ambiguità: processo v. prodotto. – 1.2. Seconda ambiguità: astratto v. concreto. – 1.2.1. Sussunzione. – 1.3. Terza ambiguità: cognizione v. decisione. – 1.4. Quarta ambiguità: interpretazione (in senso stretto) v. costruzione giuridica. – 2. La duplice indeterminatezza del diritto. – 2.1. L'equivocità dei testi normativi. – 2.2. La vaghezza delle norme. – 3. Tecniche di interpretazione e di costruzione giuridica. – 3.1. Tecniche di selezione delle norme espresse. – 3.1.1. Un problema pervasivo. – 3.2. Tecniche di riduzione della vaghezza delle norme. – 3.3. Tecniche di costruzione giuridica. – 3.3.1. Costruzione di lacune. – 3.3.2. Costruzione di gerarchie assiologiche. – 3.3.3. Costruzione di eccezioni inespresse. – 3.3.4. Costruzione di norme inespresse. – 3.3.4.1. Tecniche di costruzione di norme inespresse. – 3.3.4.2. Concretizzazione di principi. – 4. Disposizioni positive sull'applicazione del diritto. – 4.1. Metodi interpretativi. – 4.2. Metodi costruttivi.

1. *Interpretazione*

Generalmente parlando, "interpretare" in ambito giuridico significa – come suggerisce l'art. 12.1 disp. prel. cod. civ. – «attribuire [...] senso» ad un testo normativo [1].

---

[1] In letteratura si incontra tuttavia anche un concetto più ristretto di interpretazione. Diversi autori distinguono l'interpretazione propriamente detta, intesa come soluzione di dubbi intorno al significato, dalla (mera) comprensione. Cioè, secondo questa definizione, se interpreta solo quando non si comprende, e invece non si interpreta quando si comprende ("in claris non fit interpretatio"). Cfr. per es., J. Wróblewski, *Meaning and Truth in Judicial Decision*, Helsinki, 1983 e J. Wróblewski, *Sentido y hecho en el derecho*, San Sebastián, 1989; A. Marmor, *Interpretation and Legal Theory*, Oxford, 1992; E.

Nondimeno, nel linguaggio corrente dei giuristi il vocabolo "interpretazione" è affetto da una molteplice ambiguità: è ambiguo sotto (almeno) quattro aspetti [2].

1.1. *Prima ambiguità: processo v. prodotto*

Con il vocabolo "interpretazione" ci riferiamo talora ad un'attività (o a un processo), talaltra al risultato o prodotto di tale attività [3].

Ad esempio, in enunciati del tipo "L'interpretazione è una prerogativa del potere giurisdizionale", il vocabolo "interpretazione" si riferisce evidentemente ad un'attività (potrebbe essere sostituito con il sintagma "attività interpretativa"). Per contro, in enunciati del tipo "Della tale disposizione la Cassazione dà un'interpretazione restrittiva", lo stesso vocabolo denota chiaramente non un'attività, ma il suo risultato, ossia un significato (nella specie, un significato più "stretto" di quello letterale).

L'interpretazione in quanto attività è un processo mentale. L'interpretazione in quanto prodotto di tale processo è piuttosto un discorso.

1.2. *Seconda ambiguità: astratto v. concreto*

Con il vocabolo "interpretazione" ci riferiamo talora alla attribuzione di significato ad un testo normativo – "Il testo T ha il significato S" – talaltra alla qualificazione giuridica di un caso

---

Diciotti, *Interpretazione della legge e discorso razionale*, Torino, 1999. Questo modo di vedere, peraltro compromesso con una teoria ingenua dell'interpretazione (R. Guastini, "Teorie dell'interpretazione. Lo stato dell'arte", in *Lavoro e diritto*, n. 2-3, 2014), suona problematico per varie ragioni, tra cui la seguente: la comprensione immediata (irriflessa) di un testo sembra essere null'altro che *un tipo* di interpretazione – l'interpretazione *prima facie* – distinto in quanto tale da altri tipi (distinto in particolare dalla interpretazione "all considered"). Cfr. E. Diciotti *Interpretazione della legge e discorso razionale*, cit., cap. IV.

[2] Cfr. R. Guastini, *Interpretare e argomentare*, Milano, 2011, parte I, cap. II.

[3] G. Tarello, "Orientamenti analitico-linguistici e teoria dell'interpretazione giuridica", in U. Scarpelli (ed.), *Diritto e analisi del linguaggio*, Milano, 1976.

concreto – "Il tale atto costituisce omicidio" – qualificazione che dà poi fondamento alla soluzione (o alla proposta di soluzione) di una specifica controversia.

Sebbene questa seconda cosa presupponga logicamente (non psicologicamente) la prima, e sebbene le due cose siano probabilmente indistinguibili nel processo psicologico di interpretazione (specie se stiamo parlando di un giudice), si tratta di due attività intellettuali logicamente distinte[4]. Una cosa è interrogarsi sul senso di una sequenza di parole; altra cosa domandarsi se un caso particolare e concreto ricada o no nell'ambito di applicazione di una determinata norma, previamente identificata. Dobbiamo pertanto distinguere tra:

(i) la interpretazione "in astratto" (o "orientata ai testi"), che consiste nell'identificare il contenuto di senso – ossia la norma o le norme – espresso e/o logicamente implicito in un testo normativo (una fonte del diritto) senza alcun riferimento ad un caso concreto; e

(ii) la interpretazione "in concreto" (o "orientata ai fatti"), che consiste nel sussumere un caso concreto nell'ambito di applicazione di una norma previamente identificata in astratto[5].

L'interpretazione in astratto risolve problemi quali ad esempio i seguenti.

(a) L'art. 13.1 della costituzione francese dispone: «Il Presidente della Repubblica firma le ordinanze e i decreti approvati dal consiglio dei Ministri». Dobbiamo intendere che il Presidente ha il potere di firmare le ordinanze, o ne ha invece l'obbligo?[6]

(b) L'art. 2 della costituzione italiana proclama solennemen-

---

[4] P. Chiassoni, *Tecnica dell'interpretazione giuridica*, Bologna, 2007, cap. II.

[5] Cfr. L. Ferrajoli, "Interpretazione dottrinale e interpretazione operativa", in *Rivista internazionale di filosofia del diritto*, 1966; J. Wróblewski, *Meaning and Truth in Judicial Decision*, cit.; A. Aarnio, *The Rational as Reasonable. A Treatise on Legal Justification*, Dordrecht, 1987.

[6] M. Troper, "La signature des ordonnances: fonctions d'une controverse", in M. Troper, *Pour une théorie juridique de l'Ètat*, Paris, 1994.

te i «diritti inviolabili dell'uomo». Che significa "inviolabile"?[7] Si tratta solo di una mera formula declamatoria, caratteristica del linguaggio enfatico comunemente usato dai redattori di testi costituzionali, priva, in quanto tale, di qualsivoglia contenuto normativo? Si tratta di una semplice reiterazione del carattere rigido della costituzione (i diritti costituzionali non possono essere violati dalla legislazione ordinaria)? O significa invece che i diritti in questione non sono suscettibili di revisione costituzionale, sicché non possono essere toccati neppure da leggi di revisione costituzionale?[8]

L'interpretazione in concreto, dal canto suo, risolve problemi – di sussunzione – del tipo seguente. La norma che proibisce l'ingresso di «veicoli» nel parco (è un classico esempio di scuola) si applica, o no, ad un triciclo? Una norma costituzionale in materia di libertà di «religione» si applica, o no, a Scientology o alla cosiddetta filosofia New Age?

L'interpretazione in astratto è assimilabile alla traduzione[9]. L'interpretazione in concreto altro non è che la decisione circa la estensione di un concetto (del concetto mediante il quale l'autorità normativa ha configurato una fattispecie astratta[10]).

E ancora: l'interpretazione in astratto consiste nell'attribuire significato ad enunciati normativi completi[11]. Mentre l'interpretazione in concreto consiste nel determinare il significato di predicati in senso logico, ossia di termini che denotano classi.

---

[7] R. Guastini, "Esercizi d'interpretazione dell'art. 2 cost.", in *Ragion pratica*, 29, 2007.

[8] Corte cost. 1146/1988.

[9] U. Eco, *Dire quasi la stessa cosa. Esperienze di traduzione*, Milano, 2003, cap. 10. Tuttavia l'analogia tra interpretazione e traduzione è messa in discussione da T. Mazzarese, "Interpretazione giuridica come traduzione: tre letture di un'analogia ricorrente", in *Ars interpretandi*, 5, 2000.

[10] Vi torneremo discorrendo di vaghezza.

[11] Conviene tuttavia avvertire che l'enunciato "completo", che è oggetto di interpretazione in astratto, non necessariamente è una precisa disposizione delle fonti normative (il comma tale dell'articolo tale della tale legge): può anche essere, e spesso è, un frammento di disposizione, o il frutto della ricomposizione, compiuta dall'interprete, di vari frammenti di disposizioni, talora disperse in una pluralità di documenti normativi.

Nell'un caso si identificano le norme in vigore; nell'altro si identificano i casi concreti regolati da ciascuna norma.

Il diritto, come diremo meglio tra poco, è duplicemente indeterminato. Per un verso, è indeterminato *l'ordinamento*, nel senso che – a causa della equivocità dei testi normativi – non si sa quali norme appartengano ad esso. Per un altro verso, è indeterminata *ciascuna delle norme esistenti*, nel senso che – a causa della vaghezza dei predicati in tutti i linguaggi naturali – non si sa esattamente quali casi ricadano nel loro campo di applicazione.

Ebbene, l'interpretazione in astratto riduce l'indeterminatezza dell'ordinamento in quanto tale, identificando le norme esistenti; mentre l'interpretazione in concreto riduce l'indeterminatezza delle norme, identificando i casi concreti regolati da ciascuna norma.

1.2.1. *Sussunzione*

Conviene tuttavia aggiungere un chiarimento e una precisazione circa l'interpretazione in concreto, la quale, abbiamo detto, consiste nel sussumere un caso concreto nell'ambito di applicazione di una norma previamente identificata in astratto.

Il chiarimento è il seguente. "Sussumere" può significare: (a) includere una entità individuale in una classe, oppure (b) includere una classe in una classe più ampia. Ad esempio, dicendo "Tizio è un uomo", si include una entità individuale (Tizio) in una classe (la classe degli uomini); dicendo "Gli uomini sono mortali" si include una classe (la classe degli uomini) in una classe più ampia (la classe dei mortali). In altre parole, esistono due tipi di sussunzione, che possiamo chiamare rispettivamente: sussunzione in concreto e sussunzione in astratto [12].

Alla luce di questa distinzione, occorre introdurre la seguente precisazione. Nel processo interpretativo si realizzano sussunzioni di entrambi i tipi. Esempio di scuola [13]: supponia-

---

[12] C.E. Alchourrón, E. Bulygin, *Análisis lógico y derecho*, Madrid, 1991, p. 303 ss.

[13] R. Dworkin, "No Right Answer?", in P.M.S. Hacker, J. Raz (eds.), *Law, Morality and Society. Essays in Honour of H.L.A. Hart*, Oxford, 1977.

mo di avere una disposizione che proibisce i "contratti sacrileghi", e supponiamo di dover giudicare il caso concreto di un contratto stipulato di domenica. Per sussumere (in concreto) il contratto in questione nella classe dei contratti sacrileghi, è necessario previamente sussumere (in astratto) la classe dei contratti stipulati di domenica nella classe dei contratti sacrileghi.

Possiamo dire così: mediante sussunzione in astratto si determina una relazione semantica tra due predicati (i.e. termini che denotano classi); ad esempio, "Sono sacrileghi i contratti stipulati di domenica". Mediante sussunzione in concreto si determina una relazione semantica tra un predicato e una entità individuale; per esempio, "Il contratto fra Tizio e Caio è sacrilego".

Ora, la sussunzione in astratto è, da un lato, parte essenziale della interpretazione in astratto e, dall'altro lato, presupposto necessario della interpretazione in concreto. Nell'atto di sussunzione in astratto i due tipi di interpretazione, per così dire, si confondono.

1.3. *Terza ambiguità: cognizione v. decisione*

Con il vocabolo "interpretazione" ci riferiamo talora ad un atto di conoscenza, talaltra ad un atto di decisione, altre volte ancora ad un atto di creazione normativa [14]. Dobbiamo pertanto introdurre altre distinzioni.

(i) L'interpretazione *cognitiva* consiste nell'identificare i diversi possibili (plausibili) significati di un testo normativo [15] senza sceglierne alcuno [16].

---

[14] H. Kelsen, *Dottrina pura del diritto*, Torino, 1966, cap. VIII.

[15] Tenendo conto delle regole semantiche e sintattiche della lingua, delle diverse tecniche interpretative in uso, delle tesi dogmatiche diffuse in dottrina, etc.

[16] Scrive Kelsen: «The task of a scientific commentary is first of all to find, by critical analysis, the possible meanings of the legal norm undergoing interpretation; and then to show their consequences, leaving it to the competent legal authorities to choose from among the various possible interpretations the one which they, for political reasons, consider to be preferable, and

(ii) L'interpretazione *decisoria* consiste nello scegliere, tra questi, un significato determinato, scartando i rimanenti.

Evidentemente, l'interpretazione cognitiva è (come il nome vuole suggerire) un atto di conoscenza, mentre l'interpretazione decisoria è un atto di volontà, e dunque discrezionale. S'intende che può essere (meramente) cognitiva l'interpretazione dottrinale, ma non può non essere (anche) decisoria l'interpretazione giudiziale.

L'interpretazione cognitiva – "La disposizione D può essere intesa nei sensi S1, S2, o S3" – consiste nell'enumerare i diversi significati che si possono plausibilmente attribuire ad un testo normativo, a seconda che si impieghi l'uno o l'altro metodo interpretativo, a seconda che si adotti l'una o l'altra tesi dogmatica. Ovvero, da un altro punto di vista, consiste nell'enumerare i significati che a quel testo normativo saranno prevedibilmente attribuiti.

L'interpretazione decisoria presuppone logicamente (non psicologicamente) l'interpretazione cognitiva. L'interpretazione cognitiva, se così si può dire, getta luce sull'indeterminatezza del diritto; l'interpretazione decisoria la risolve (in un senso o nell'altro).

Si prenda questo semplice esempio. L'art. 40 cost. recita: «Il diritto di sciopero si esercita nell'ambito delle leggi che lo regolano». Supponiamo ora che, di fatto, nessuna legge disciplini l'esercizio di tale diritto (così era fino a non molti anni fa [17]). Ebbene, l'interpretazione cognitiva di questa disposizione costituzionale potrebbe assumere, grosso modo, la forma seguente. All'art. 40 cost. si possono attribuire tre diversi signifi-

---

which they alone are entitled to select. A scientific interpretation has to avoid giving countenance to the fiction that there is always but a single "correct" interpretation of the norms to be applied to concrete cases» (H. Kelsen, *The Law of the United Nations. A Critical Analysis of Its Fundamental Problems*, London, 1950, p. XVI). E ancora: «If "interpretation" is to be understood as discovering the meaning of the norms to be applied, its result can only be the discovery of the frame that the norm to be interpreted represents and, within this frame, the cognition of various possibilities for application» (H. Kelsen, *Introduction to the Problems of Legal Theory* (1934), Oxford, 1992, p. 80).

[17] Legge 146/1990, poi modificata dalla legge 83/2000.

cati[18]: (a) il diritto di sciopero non può essere esercitato affatto fino a che una qualche legge non ne regoli l'esercizio; (b) in assenza di qualsivoglia disciplina legislativa, il diritto di sciopero può essere esercitato senza limiti; (c) anche in assenza di leggi che disciplinino la materia il diritto di sciopero può essere esercitato, non tuttavia senza limiti, bensì entro i limiti derivanti dal suo bilanciamento con altri diritti e valori costituzionali. L'interpretazione decisoria della medesima disposizione, dal canto suo, consisterà nello scegliere l'uno o l'altro di questi tre significati in competizione.

D'altro canto, si possono distinguere ulteriormente due tipi di interpretazione decisoria:

(a) a volte – interpretazione decisoria standard – la decisione interpretativa consiste nello scegliere un significato nell'ambito (nella "cornice", per dirla con Kelsen) dei significati identificati (o identificabili) in sede di interpretazione cognitiva;
(b) altre volte – interpretazione *creativa* – la decisione interpretativa consiste nell'attribuire ad un testo un significato "nuovo", ossia non compreso tra quelli identificati (o identificabili) in sede di interpretazione cognitiva.

Supponiamo che una data disposizione D sia ambigua e possa pertanto essere intesa come esprimente la norma N1 o invece la norma N2. Ebbene: l'interpretazione cognitiva si esprimerà con l'enunciato interpretativo "D può significare N1 o N2"; l'interpretazione decisoria standard si esprimerà o con l'enunciato "D significa N1" o con l'enunciato "D significa N2"; l'interpretazione creativa, a sua volta, si esprimerà con l'enunciato "D significa N3" (non sfuggirà al lettore che, per ipotesi, la norma N3 non figura tra i significati plausibili della disposizione D, così come sono stati identificati in sede di interpretazione cognitiva.

Un buon esempio di interpretazione creativa mi pare il seguente. L'art. 72.4 cost. richiede un certo procedimento di approvazione per le leggi «in materia costituzionale». Inutile dire

[18] E forse altri che al momento non so ipotizzare.

che "materia costituzionale" è un concetto vago [19], che lascia un vasto margine di discrezionalità interpretativa [20]. Il concetto di leggi "in materia costituzionale", tuttavia, non è ambiguo: nel comune linguaggio giuridico questo concetto denota univocamente leggi *ordinarie* (non costituzionali) su materie di rilievo costituzionale (esempi paradigmatici: la materia elettorale, l'organizzazione del Governo). Nondimeno, secondo l'opinione della Corte costituzionale, per leggi "in materia costituzionale" deve intendersi: leggi formalmente costituzionali ai sensi dell'art. 138 cost. [21]. Questo significato dell'espressione cade palesemente fuori del novero di significati – in effetti: dell'unico significato nel caso presente – identificabili in sede di interpretazione cognitiva.

Un altro buon esempio è il seguente. L'art. 11 della costituzione francese consente al Presidente della Repubblica di sottoporre direttamente a referendum un progetto di legge «relativo all'organizzazione dei pubblici poteri». La stessa costituzione, però, disciplina altrove, in modo del tutto differente, la revisione costituzionale; sicché sembra ovvio, in sede di interpretazione cognitiva, che l'art. 11 non si applichi a progetti di legge di revisione costituzionale. Nondimeno, il generale De Gaulle usò l'art. 11 per sottoporre a referendum precisamente un progetto di revisione costituzionale (relativo alla elezione del Presidente a suffragio universale), interpretando l'espressione "organizzazione dei pubblici poteri" come sinonimo di "costituzione" (in senso "materiale"). Interpretazione che a tutti parve non plausibile e imprevedibile, e pertanto "creativa".

L'interpretazione cognitiva è in tutto analoga alla definizione informativa (ricognizione degli usi linguistici effettivi), L'interpretazione decisoria è analoga alla ridefinizione (selezione di un significato nell'ambito degli usi effettivi). L'interpretazione

---

[19] Sul concetto di vaghezza torneremo tra breve.

[20] Ad esempio: la materia "esercizio del diritto di sciopero" è, o no, materia costituzionale? Ben pochi lo sosterrebbero, probabilmente. Ma, essendo il diritto di sciopero previsto in costituzione, si potrebbe benissimo argomentare che sì: anche l'esercizio del diritto di sciopero è "materia costituzionale".

[21] Corte cost. 168/1963.

creativa è analoga alla definizione stipulativa pura (introduzione di un significato nuovo, inusuale)[22].

L'interpretazione cognitiva è un'operazione puramente scientifica, priva di qualsivoglia effetto pratico, mentre l'interpretazione decisoria (in entrambe le sue varianti: standard e creativa) è un'operazione "politica" (di politica del diritto), che può essere compiuta da un giurista così come da un organo dell'applicazione. L'unica differenza importante è che solo l'interpretazione compiuta da un organo dell'applicazione è "autentica", nel senso kelseniano, cioè provvista di conseguenze giuridiche, quanto meno *inter partes* (di cui è priva invece l'interpretazione dottrinale).

1.4. *Quarta ambiguità: interpretazione (in senso stretto) v. costruzione giuridica*

Occorre tuttavia sottolineare che l'interpretazione creativa, così come è stata qui definita, è un fenomeno abbastanza raro. Nella maggior parte dei casi, ciò che intuitivamente si presenta come una interpretazione creativa consiste nel ricavare da un testo norme inespresse – dette "implicite" – con mezzi pseudo-logici, ossia con ragionamenti non deduttivi (per esempio: l'argomento analogico, l'argomento *a contrario*, etc.). Siffatta operazione non è, strettamente parlando, un atto di interpretazione: si tratta di un genuino atto nomopoietico, cioè di un atto di creazione normativa. Tutto ciò ci conduce alla quarta ambiguità del vocabolo "interpretazione".

Con tale vocabolo ci riferiamo talvolta alla attribuzione di significato ad un testo normativo (interpretazione propriamente detta), talaltra a ciò che, in mancanza di meglio, chiameremo – con una espressione di Rudolf von Jhering – "costruzione giuridica"[23].

---

[22] R. Guastini, "Interpretive Statements", in E. Garzón Valdés, W. Krawietz, G.H. von Wright, R. Zimmerling (eds.), *Normative Systems in Legal and Moral Theory. Festschrift for Carlos E. Alchourrón and Eugenio Bulygin*, Berlin, 1997. Ma sulla teoria della definizione vedi U. Scarpelli, *Contributo alla semantica del linguaggio normativo* (1959), II ed., Milano, 1985.

[23] G. Lazzaro, *Storia e teoria della costruzione giuridica*, Torino, 1965.

La costruzione giuridica include una vasta serie di operazioni caratteristiche della dottrina (specialmente della dottrina, ma, beninteso, anche della giurisprudenza), di cui sarebbe difficile offrire un elenco completo. Tuttavia, si possono menzionare almeno le seguenti:

(i) costruzione di lacune (normative e assiologiche);
(ii) costruzione di gerarchie assiologiche;
(iii) costruzione di eccezioni implicite; e soprattutto
(iv) costruzione di norme inespresse [24].

Tali operazioni sono strettamente connesse tra loro e ciascuna con le altre. Per esempio, la costruzione di eccezioni implicite serve per creare lacune normative e assiologiche; la costruzione di norme inespresse serve per risolvere lacune assiologiche e normative (nonché per concretizzare principi); la costruzione di gerarchie assiologiche serve per creare norme inespresse (nonché per risolvere conflitti tra principi); etc.

2. *La duplice indeterminatezza del diritto*

Il diritto, abbiamo detto, è duplicemente indeterminato. Vediamo di chiarire il punto.

L'indeterminatezza affligge: per un verso, l'ordinamento in quanto tale; per un altro verso, ciascuno dei suoi componenti, ossia ciascuna norma.

2.1. *L'equivocità dei testi normativi*

L'ordinamento è indeterminato nel senso che è dubbio, controverso, quali norme "esistano" in esso, o appartengano ad esso. Ciò dipende dalla equivocità – o ambiguità, se si vuole, ma

[24] "Implicite", se si vuole, ma non in senso logico; piuttosto nel senso di "non formulate" (da alcuna autorità normativa). Implicite in senso stretto o logico possono solo essere norme derivate deduttivamente da altre norme senza l'aggiunta di ulteriori premesse (per es., "I maggiorenni hanno diritto di voto", "I diciottenni sono maggiorenni", ergo "I diciottenni hanno diritto di voto").

in senso ampio – dei testi normativi, cioè dal fatto che ogni testo normativo ammette una pluralità di interpretazioni, ed è dunque soggetto a possibili controversie interpretative[25].

Non sembra possibile offrire un catalogo dei diversi tipi di equivocità. Nondimeno, alcuni esempi caratteristici di equivocità (che sarebbe facile moltiplicare) – e di controversie interpretative corrispondenti – possono chiarire il punto[26].

(a) *Ambiguità*. Talvolta un testo normativo è (sintatticamente o semanticamente) ambiguo in senso stretto: ci domandiamo se esprima la norma N1 o la norma N2.

Per esempio, l'art. 32 della costituzione spagnola dispone: «L'uomo e la donna hanno diritto a contrarre matrimonio in piena eguaglianza giuridica». Dobbiamo intendere (N1) che ogni uomo e ogni donna hanno diritto di contrarre matrimonio l'uno con l'altra, o invece (N2) che ogni uomo e ogni donna hanno diritto di contrarre matrimonio con chicchessia (i.e. anche con persone del medesimo sesso).

La legge 352/1970, art. 31, stabilisce che «non può essere depositata richiesta di referendum [abrogativo, ai sensi dell'art. 75 cost.] nell'anno anteriore alla scadenza di una delle due Camere [...]». Ora, l'ambiguità dipende dal vocabolo "anno", il quale può denotare il periodo che intercorre tra il 1° gennaio e il 31 dicembre (in francese: *année*), ma può anche denotare genericamente un periodo di 365 giorni (in francese: *an*). Dobbiamo dunque intendere che la richiesta di referendum non può essere

---

[25] R. Guastini, *Interpretare e argomentare*, cit., parte I, cap. III; R. Guastini, "Para una taxonomía de las controversias entre juristas", in P. Luque Sánchez, G.B. Ratti (eds.), *Acordes y desacuerdos, Como y por qué los juristas discrepan*, Madrid, 2012. Si vedano tuttavia le analisi pionieristiche di A. Ross, *On Law and Justice*, London, 1958, cap. IV, e G. Tarello, *L'interpretazione della legge*, Milano, 1980, cap. III. L'equivocità, di cui si sta parlando, include l'ambiguità in senso stretto ma, come risulterà chiaro dagli esempi, non si riduce ad essa.

[26] Per non complicare il discorso oltre misura, ometto qui ogni riferimento ai problemi, anche più difficili, che possono nascere dalla successione di norme nel tempo, dai conflitti tra norme, dalle lacune. Problemi la cui soluzione appartiene al dominio della costruzione giuridica più che a quello della interpretazione strettamente intesa.

depositata nell'anno solare anteriore alla scadenza di una Camera (N1), o dobbiamo intendere che non può essere depositata nei 365 giorni antecedenti la scadenza (N2)?

(b) *Complessità*. Talvolta si conviene che un dato testo normativo esprime la norma N1, ma ci si domanda se esso esprima anche la norma N2.

Per esempio, la legge 352/1970, art. 38, dispone che «nel caso che il risultato del referendum sia contrario all'abrogazione [...] non può proporsi richiesta di referendum per l'abrogazione della medesima legge». Ora, il risultato del referendum può essere "contrario all'abrogazione" – o, per meglio dire, non sortire l'effetto abrogativo – per due ragioni o in due circostanze diverse: non solo quando la maggioranza dei votanti voti "no" (com'è ovvio), ma anche quando la maggioranza degli aventi diritto non voti affatto (art. 75, comma 4, cost.). Ebbene, non si dubita che, in virtù della disposizione menzionata, sia preclusa la richiesta di un nuovo referendum quando il precedente quesito referendario sia stato respinto dalla maggioranza dei voti validi (N1). Ma è dubbio se questa stessa disposizione precluda una nuova richiesta anche quando il referendum precedente abbia avuto esito negativo per il fatto che non abbia partecipato al voto la maggioranza degli aventi diritto (N2).

(c) *Implicazione*. Talvolta si conviene che un dato testo normativo esprime la norma N1, ma ci si domanda se N1 implichi, a sua volta, la ulteriore norma N2.

L'art. 94, commi 2 e 5, cost. prevede che ciascuna delle Camere possa votare la sfiducia al Governo (N1). Tale norma implica, o no, che una delle Camere possa votare la sfiducia anche ad un singolo ministro (N2) [27]?

O ancora: l'attribuzione al Capo dello stato del potere di grazia (art. 87, penultimo comma) implica, o no, che la controfirma ministeriale (richiesta dall'art. 89, comma 1) sia atto dovuto [28]?

---

[27] Vedi al riguardo Corte cost. 7/1996, che risponde affermativamente alla domanda.

[28] Vedi al riguardo Corte cost. 200/2006, che risponde affermativamente alla domanda.

(d) *Defettibilità*. Talvolta, si conviene che una data disposizione esprime la norma N1, ma ci si domanda se tale norma sia "defettibile" (*defeasible*), derogabile, cioè soggetta ad eccezioni implicite non specificate [29].

Per esempio: il Presidente della Repubblica può opporre il veto (sospensivo) alle leggi (art. 74, comma 1, cost.), ma può opporlo anche alle leggi di revisione costituzionale (di cui all'art. 138)?

La Corte dei conti esercita il controllo preventivo di legittimità sugli atti del Governo: su tutti? o solo su quelli privi di forza di legge [30]?

E ancora: la norma che vieta l'ingresso di veicoli in un parco – per fare un classico esempio di scuola [31] – è o no applicabile alle ambulanze?

2.2. *La vaghezza delle norme*

All'indeterminatezza dell'ordinamento si aggiunge la ulteriore indeterminatezza di ogni norma [32]. Ogni norma esistente è indeterminata nel senso che è dubbio, controverso, quali fatti-

---

[29] Sul concetto di "defettibilità" nel diritto il testo fondamentale è C.E. Alchourrón, "On Law and Logic", in *Ratio Juris*, 1996. Cfr. però anche M.C. Redondo, "Teorías del derecho e indeterminación normativa", in *Doxa*, 20, 1997; P. Navarro, J. Rodríguez, "Derrotabilidad y sistematización de normas jurídicas", in *Isonomía*, 13, 2000; J. Rodríguez, *Lógica de los sistemas jurídicos*, Madrid, 2002; J.C. Bayón, J. Rodríguez, *Relevancia normativa en la justificación de las decisiones judiciales*, Bogotá, 2003; C.E. Alchourrón, *Fundamentos para una teoría general de los deberes*, Madrid, 2010; J. Ferrer Beltrán, G.B. Ratti (eds.), *The Logic of Legal Requirements. Essays on Defeasibility*, Oxford, 2012; G.B. Ratti, *El gobierno de las normas*, Madrid, 2013, cap. VIII.

[30] Per la cronaca: no, secondo Corte cost. 406/1989.

[31] Vedi F. Schauer, "A Critical Guide to Vehicles in the Park", *New York University Law Review*, 4, 2008.

[32] Nella vasta letteratura, si può vedere: H.L.A. Hart, *The Concept of Law*, Oxford, 1961; G.R. Carrió, *Notas sobre Derecho y lenguaje*, IV ed., Buenos Aires, 1994; C. Luzzati, *La vaghezza delle norme. Un'analisi del linguaggio giuridico*, Milano, 1990; P.A. Coté, *Interprétation des lois*, III, ed., Montreal, 1999, spec. p. 353 ss.; E. Diciotti, *Interpretazione della legge e discorso razionale*, cit., spec. p. 367 ss.; T.A.O. Endicott, *Vagueness in Law*, Oxford, 2000.

specie ricadano nel suo campo di applicazione. Ciò dipende dalla ineludibile vaghezza dei predicati in ogni linguaggio naturale[33].

Si dicono "predicati" tutti i termini che si riferiscono non ad una entità individuale ("Pinco Pallino", "l'accusato", "la Corte costituzionale", etc.), ma ad una classe ("contratto", "impresa", "associazione", "tribunale", etc.)[34].

Il significato dei predicati può essere analizzato in due componenti: il senso (o intensione: "Che cosa vuol dire?") e il riferimento semantico (o estensione, o denotazione: "A che cosa si riferisce?"). Il senso è l'insieme di attributi (proprietà o relazioni) che un oggetto deve possedere perché il predicato possa essergli applicato. Il riferimento è la classe di oggetti cui il predicato può essere applicato. Così, ad esempio, il senso di "pianeta" è (grosso modo) corpo celeste opaco (proprietà) che ruota intorno ad una stella (relazione); il suo riferimento è a tutti gli oggetti che presentano questi attributi (Venere, Marte, Terra, etc., ma non Luna). Evidentemente il riferimento dipende dal senso; quanto meno è preciso il senso tanto più esteso è il riferimento, e viceversa[35].

Orbene, tutti predicati hanno un riferimento dubbio o aperto (*open textured*, come si suol dire), sicché sono affetti da vaghezza estensionale[36]. D'altro canto, la vaghezza estensionale dipende dalla incertezza circa gli attributi che un oggetto deve possedere per appartenere a quella data classe: dipende cioè dalla vaghezza intensionale del predicato in questione.

---

[33] F. Waismann, "Verifiabillity" (1945), in F. Waismann, *How I See Philosophy*, London, 1968.

[34] Una classe è un insieme di entità individuali che condividono un medesimo attributo o insieme di attributi (un attributo può essere una proprietà o una relazione).

[35] Quanto più si precisa il senso di un predicato – ossia quanti più attributi vi si includono – diminuisce il suo riferimento; quanto meno si precisa il senso – quanti meno attributi vi si includono – aumenta il riferimento. Se, ad es., definissimo "pianeta" come corpo celeste opaco (senza precisare: che ruota intorno ad una stella), il riferimento del predicato includerebbe anche Luna.

[36] Per semplificare, ometto di distinguere tra vaghezza senza ulteriori specificazioni e vaghezza potenziale (*open texture*, o trama aperta, propriamente detta).

Pertanto, data una norma qualsivoglia, vi sono fattispecie cui essa è certamente applicabile, fattispecie cui certamente non può essere applicata, e finalmente casi dubbi o "difficili" (*hard cases*, come si usa dire) per i quali l'applicabilità della norma è discutibile.

Per esempio, uno scambio di merce contro denaro al prezzo medio di mercato è senza dubbio una compravendita; uno scambio ad un prezzo irrisorio è una donazione dissimulata; ma a che prezzo dobbiamo fissare la linea di confine tra compravendita e donazione? Si può convenire che la somministrazione di antibiotici e analgesici costituisca "trattamento sanitario" (ai sensi dell'art. 32, comma 2, cost.), ma costituiscono trattamento sanitario anche la nutrizione e l'idratazione forzate?

La vaghezza, a differenza della equivocità, è una proprietà oggettiva del linguaggio, e non solo del linguaggio giuridico: tutti i predicati (in senso logico) condividono, almeno potenzialmente, questa proprietà. La vaghezza, pertanto, non dipende dalle tecniche interpretative o dalla dogmatica: non può essere soppressa (anche se può essere ridotta mediante definizioni.)

La vaghezza delle espressioni usate nel linguaggio delle fonti – che non si risolve mediante interpretazione in astratto – fa sì che l'interprete, di fronte a un caso "marginale", ossia un caso che cade nell'"area di penombra", ai margini della trama, possa decidere discrezionalmente se la fattispecie in questione debba, o no, essere inclusa nell'ambito di applicazione della norma [37].

L'interpretazione in concreto riduce – in relazione all'una o all'altra fattispecie concreta – l'indeterminatezza delle norme.

3. *Tecniche di interpretazione e di costruzione giuridica*

Nella cultura giuridica occidentale moderna, è abituale per i giuristi e obbligatorio per i giudici "motivare" le loro decisioni interpretative, ossia addurre (non propriamente "motivi", mal-

---

[37] Ciò non esclude, s'intende, che vi siano casi pradigmatici che senza dubbio sì ricadono nel campo di applicazione della norma.

grado sia questa la parola comunemente usata, ma) *ragioni*[38]. Detto altrimenti: ogni decisione interpretativa – "La disposizione D esprime la norma N1 (e non la norma N2)" – si presenta normalmente come conclusione di un ragionamento.

I "metodi" o "tecniche" di interpretazione altro non sono che l'insieme di ragioni che, nell'ambito di una determinata cultura giuridica, possono essere addotte a sostegno della interpretazione prescelta. Nelle culture giuridiche occidentali moderne, tali tecniche sono innumerevoli: nel seguito, si segnalano solo alcune tra quelle più diffuse nella pratica giuridica[39].

3.1. *Tecniche di selezione delle norme espresse*

Una disposizione normativa è ambigua (nel senso ampio che abbiamo detto), cioè può essere intesa in due (o più) sensi diversi: può esprimere la norma N1 o la norma N2. Si tratta di un problema caratteristico di interpretazione in astratto. Ebbene, vi sono numerose tecniche per scegliere tra queste due norme. Non sembra possibile farne un inventario completo. Tuttavia, si possono segnalare le seguenti.

(i) *Il senso comune delle parole*. In primo luogo – interpretazione letterale o *prima facie* – si può sostenere molto semplicemente che l'una (e non l'altra) delle due norme in competizione corrisponde al senso comune delle parole, quale si evince dal dizionario e dalla sintassi della lingua in cui la disposizione è formulata.

---

[38] I motivi sono i fatti psicologici che *causano* una decisione. Le ragioni sono argomenti, ossia enunciati, che fanno parte di un ragionamento nelle vesti di premesse, e che (non già causano, ma) *giustificano* una decisione. Cfr. A. Ross, *On Law and Justice*, cit., p. 152 ss.

[39] Cfr. G. Tarello, *L'interpretazione della legge*, cit.; W. Twining, D. Miers, *How to Do Things with Rules*, London, 1982; J. Evans, *Statutory Interpretation. Problems of Communication*, Auckland, 1989; N. MacCormick, R. Summers (eds.), *Interpreting Statutes. A Comparative Study*, Aldershot, 1991; E. Diciotti, *Interpretazione della legge e discorso razionale*, cit.; G. Sartor, *Legal Reasoning. A Cognitive Approach to the Law*, Dordrecht, 2005; P. Chiassoni, *Tecnica dell'interpretazione giuridica*, cit.; R. Guastini, *Interpretare e argomentare*, cit.

Si osservi, tuttavia, che spesso questo argomento risulta non persuasivo o non concludente. Risulta non persuasivo (almeno) tutte le volte che nella disposizione interpretata si impiegano termini tecnici o semi-tecnici del linguaggio giuridico (per esempio: "usucapione"). Risulta non concludente perché il senso comune delle parole consente di identificare e mettere in evidenza le ambiguità e la vaghezza delle formulazioni normative, ma non di risolverle.

Inoltre, il senso comune delle parole è instabile. Non sempre il senso comune che le parole avevano nel momento in cui la disposizione fu emanata o promulgata coincide con il senso che quelle stesse parole hanno nel momento dell'applicazione. E questo, anzi, è certo quando si applicano testi normativi risalenti (o anche molto risalenti) nel tempo[40], nonché quando si applicano testi che includono espressioni valutative[41]. Per questa ragione, esistono, a ben vedere, due tipi di interpretazioni egualmente letterali: l'interpretazione "originalista" e l'interpretazione "evolutiva". L'una attribuisce alle parole il senso che esse avevano nel momento della formulazione del testo; l'altra sceglie il senso che le parole acquistano nel momento dell'applicazione.

Gli argomenti rimanenti, di cui ora diremo, servono sia per scegliere tra due (o più) significati in competizione, sia per scartare il significato letterale.

(ii) *L'intenzione dell'autorità normativa*. In secondo luogo – interpretazione intenzionale o psicologica – si può sostenere che l'una (e non l'altra) delle due norme in competizione corrisponde all'intenzione dell'autorità normativa: la sua intenzione "semantica", ciò che voleva dire. Intenzione che si può evincere – almeno, così si suppone – dai "lavori preparatori". Questo argomento presuppone, da un lato, una concezione imperativistica del diritto (il diritto come l'insieme dei comandi del "sovrano") e, dall'altro lato, un atteggiamento di deferenza verso la volontà del "legislatore" (in senso materiale).

---

[40] Si pensi alla costituzione degli USA (1787).

[41] Espressioni valutative si incontrano, tipicamente, nelle cosiddette "clausole generali" e in molti principi costituzionali.

Anche questo argomento, tuttavia, risulta spesso non persuasivo. Le autorità normative – solitamente organi collegiali – non hanno una "intenzione" nello stesso senso in cui può averla un individuo. Per questo, l'intenzione delle autorità normative – se mai esiste una cosa del genere – non è suscettibile di conoscenza empirica: può solo essere oggetto di congetture. Pertanto, l'ascrizione di una intenzione ad una autorità normativa può facilmente essere contestata, e persino squalificata in quanto tale (quale che sia, cioè, l'intenzione ascritta).

Ad ogni modo, l'argomento della intenzione dell'autorità normativa serve non tanto per scegliere (in positivo) il significato di una disposizione, quanto piuttosto per scartare (in negativo) altri significati possibili: in particolare, il significato letterale ("Il significato S, letterale, *non* corrisponde all'intenzione dell'autorità normativa"). Detto altrimenti: in questi casi, l'argomento in questione non è, in quanto tale, concludente: è solo un passo nell'ambito di una strategia argomentativa più ampia. Scartato il significato letterale, quale altro significato dobbiamo scegliere? Qui si apre lo spazio per altri argomenti interpretativi.

(iii) *Il fine dell'autorità normativa*. In terzo luogo – interpretazione "teleologica" – si può sostenere che l'una (e non l'altra) delle due norme in competizione corrisponde al fine dell'autorità normativa, alla *ratio legis*: all'intenzione non semantica, questa volta, ma "pratica" dell'autorità normativa, ciò che intendeva non dire, ma fare od ottenere. Si suppone che il fine dell'autorità normativa possa essere ricavato dai "lavori preparatori", guardando alle circostanze sociali in cui il testo normativo fu emanato o promulgato [42].

Ma, naturalmente, l'ascrizione di un fine all'autorità normativa è frutto di una mera congettura, che solleva gli stessi problemi di cui abbiamo detto parlando di intenzione [43].

Si osservi, inoltre, che l'osservanza o l'applicazione di una norma produce normalmente una pluralità di effetti pratici, e cia-

---

[42] Non esiste, tuttavia, una chiara distinzione tra l'intepretazione intenzionale e l'intepretazione teleologica.

[43] A. Ross, *On Law and Justice*, cit., p. 146 ss.

scuno degli effetti che una norma può produrre può essere considerato come fine della norma in questione. Una norma che stabilisce una imposta sul reddito può essere intesa, indifferentemente, come diretta ad aumentare le entrate dello stato, a redistribuire la ricchezza, o anche (perché no?) a scoraggiare la produzione di reddito. Di una norma penale si può pensare, indifferentemente, che sia diretta a reprimere, o invece a prevenire, il comportamento qualificato come reato, ma anche (perché no?) ad aumentare la popolazione carceraria. Questi esempi illustrano bene, mi pare, il carattere valutativo delle congetture intorno alla *ratio legis*. Probabilmente, a molti sembrerà "irragionevole" che il legislatore voglia disincentivare la produzione di reddito, e sembrerà "ragionevole" invece che voglia redistribuire il reddito prodotto. Molti riterranno "irragionevole" lo scopo di incrementare la popolazione carceraria, e riterranno "ragionevole" lo scopo di reprimere le condotte indesiderate. Ma, ovviamente, "ragionevole" e "irragionevole", riferiti alla scelta di fini, sono concetti valutativi.

(iv) *Le esigenze sociali*. In quarto luogo, si può sostenere che l'una (e non l'altra) delle due norme in competizione risponde meglio alle "esigenze della società" (o alcunché del genere [44]).

Questo tipo di argomento può essere usato per scegliere tra due significati in competizione, o per sostenere una interpretazione che attribuisce al testo normativo un significato distinto da quello letterale, ma anche (e forse soprattutto) per attribuire al testo un significato "nuovo", diverso dai significati già stabiliti. È, quest'ultima, una interpretazione "evolutiva", in un senso leggermente diverso da quello già incontrato.

Inutile dire che l'identificazione delle "esigenze sociali" – ciò che la società richiede – non è e non può essere il risultato di un accertamento empirico: è piuttosto il risultato di una valutazione politica dell'interprete.

(v) *Il "sistema" del diritto*. In quinto luogo, si può sostenere

---

[44] Ad es., la "natura delle cose", la "natura delle relazioni sociali", la "coscienza sociale", etc.

che l'una (e non l'altra) delle due norme in competizione si accorda – o si accorda meglio – con il "sistema del diritto". Questo argomento (senza dubbio uno dei più utilizzati) serve a preservare sia la coerenza logica, sia la congruenza (l'armonia) assiologica dell'ordinamento.

Di fronte ad una disposizione che ammette due interpretazioni alternative, si usa questo argomento per scegliere quella che *non* crea contraddizioni logiche (antinomie) o disarmonie assiologiche con altre norme:

(a) sia, e soprattutto, con norme superiori nella gerarchia delle fonti (per esempio, antinomie o disarmonie tra legge ordinaria e costituzione: interpretazione sistematica "verticale" o "adeguatrice") [45];

(b) sia con norme dello stesso livello gerarchico (per esempio, incongruenze o antinomie tra una regola ed un principio generale: interpretazione sistematica "orizzontale") [46].

(vi) *La ragionevolezza.* In sesto luogo, si può sostenere che l'una (e non l'altra) delle due norme in competizione non è una interpretazione "ragionevole", giacché produce risultati "assurdi" [47]. Questo argomento, che normalmente suppone una congettura intorno alla *ratio legis*, può essere impiegato soprattutto per rigettare l'interpretazione letterale.

Però, come già si è detto altrove, la "ragionevolezza" di una norma, o dell'effetto che una norma può produrre nella società, dipende interamente dai giudizi di valore dell'interprete. I giudizi di ragionevolezza sono giudizi di giustizia mascherati.

---

[45] La interpretazione adeguatrice o "conforme" della legge rispetto alla costituzione (ad una costituzione rigida) svolge un ruolo fondamentale nella giurisprudenza di tutti i tribunali costituzionali.

[46] P.A. Coté, *Interprétation des lois*, cit., p. 388. Per es., una disposizione di legge (non penale) che può essere intesa sia come retroattiva, sia come non retroattiva, la si interpreta preferibilmente come non retroattiva, per conformarla al principio generale di irretroattività, che (fuori della materia penale) ha rango meramente legislativo, ed è sovraordinato alle leggi solo in senso assiologico.

[47] Si presume dunque che le autorità normative siano agenti "razionali". Cfr. N. Bobbio, "Le bon législateur", in *Actes du Congrès Mondial de Philosophie du Droit et de Philosophie Sociale*, Bruxelles, 1971.

3.1.1. *Un problema pervasivo*

Vi è peraltro un problema di interpretazione in astratto che merita un trattamento indipendente a causa della sua pervasività: è un problema che affligge, si può dire, quasi tutti i testi normativi.

Può accadere (ma accade molto raramente) che una disposizione normativa contenga nell'antecedente l'avverbio "solo" (o un'espressione equivalente): "*Solo* se F (fattispecie), allora G (conseguenza giuridica)". In queste circostanze, la fattispecie è condizione non solo sufficiente, ma anche necessaria della conseguenza G [48]. In altre parole, vi è corrispondenza biunivoca tra fattispecie e conseguenza, nel senso che non si dà la fattispecie F senza la conseguenza G, e neppure la conseguenza G senza la fattispecie F. Ne segue logicamente – si tratta di una inferenza deduttiva indiscutibile – che alla classe di fattispecie complementare [49] a quella disciplinata (ossia non-F) non si applica la conseguenza G ("Se non-F, allora non-G") [50].

Però, data una disposizione che abbia la forma "Se F, allora G" – di talché la classe di fattispecie F parrebbe, alla lettera, conseguenza solo sufficiente, non necessaria, della conseguenza G – che cosa dobbiamo pensare della classe complementare non-F? Si aprono qui due possibilità interpretative, e ciascuna di esse si avvale di una variante dell'argomento *a contrario*.

(i) In primo luogo – argomento *a contrario* in funzione interpretativa – si può interpretare alla lettera: la disposizione *non dice nulla* delle fattispecie diverse da F, le quali risultano pertanto semplicemente prive di qualsivoglia disciplina. La dispo-

---

[48] Tecnicamente, un enunciato di questo tipo è un bi-condizionale: l'antecedente implica il conseguente e il conseguente a sua volta implica l'antecedente: "Se F, allora G" e "Se G, allora F" (quest'ultima formula implica per *modus tollens* "Se non-F, allora non-G").

[49] Due classi di fattispecie sono complementari allorché la loro congiunzione esaurisce l'intero universo delle fattispecie. Data una classe C di entità qualsivoglia, la classe complementare è quella che include tutte le entità che non appartengono a C. Sul punto cfr. P. Chiassoni, *Tecnica dell'interpretazione giuridica*, cit., p. 222 ss.

[50] A. García Amado, "Sobre el argumento a contrario en la aplicación del derecho", in *Doxa. Cuadernos de filosofía del derecho*, 24, 2001.

sizione si applica "solo" alle fattispecie del tipo F nel senso che *tace* su tutte le altre.

(ii) In secondo luogo – argomento *a contrario* in funzione costruttiva – si può interpretare la disposizione come se *tacitamente* contenesse la clausola "solo", e pertanto implicasse logicamente la norma "Se non-F, allora non-G". La disposizione si applica "solo" alle fattispecie del tipo F nel senso che tutte le altre fattispecie hanno la conseguenza giuridica opposta. Così facendo, a partire dalla norma espressa "Se F, allora G", si costruisce la norma inespressa "Se non-F, allora non-G".

Immaginiamo una disposizione costituzionale che attribuisca il diritto di voto ai cittadini: "Se cittadini, allora diritto di voto". Hanno, o no, diritto di voto gli stranieri? Questa domanda ammette due risposte, e ciascuna di esse utilizza precisamente una di queste due varianti dell'argomento *a contrario*.

(a) La disposizione costituzionale, nel menzionare solo i cittadini, non dice nulla degli stranieri. Cioè la costituzione è lacunosa sul punto. Conseguenza: il legislatore ordinario può conferire, così come denegare, il diritto di voto agli stranieri, senza violare la costituzione.

(b) La disposizione costituzionale, nel menzionare solo i cittadini, esclude positivamente – ancorché tacitamente – gli stranieri. Cioè gli stranieri non hanno diritto di voto. Conseguenza: il legislatore ordinario, conferendo il diritto di voto agli stranieri, violerebbe la costituzione.

3.2. *Tecniche di riduzione della vaghezza delle norme*

Prendiamo ad esempio una disposizione che si riferisca alla fattispecie "rovina di edificio". Questa locuzione è vaga: indiscutibilmente il concetto comprende il crollo totale di un immobile, ma è discutibile se si estenda anche, per esempio, al crollo di un balcone. Ebbene: come ridurre la vaghezza e risolvere il problema?

Le strategie fondamentali di riduzione della vaghezza sono due: l'argomento dell'analogia (o "eguaglianza sostanziale") e l'argomento della dissociazione (o "differenza sostanziale")[51].

(i) *Analogia*. Una prima strategia di riduzione della vaghezza consiste nel sostenere che – alla luce di una supposta *ratio legis* (il fine della norma, o il risultato pratico che la norma intendeva conseguire) – il crollo di un balcone è in tutto analogo, "sostanzialmente eguale", alla rovina di un edificio. Se ne può concludere che la norma si applica anche alla fattispecie "crollo di balcone": "lex minus dixit quam voluit".

È, questo, un esempio di interpretazione estensiva, fondata sull'argomento analogico. Così facendo, si riduce l'area di "penombra" della norma, *includendo* nel suo campo di applicazione la classe di fattispecie marginali "crollo di balcone".

(ii) *Dissociazione*. Una seconda strategia consiste nel sostenere, al contrario, che crollo di balcone e rovina di edificio – sempre alla luce di una supposta *ratio legis* – sono fattispecie diverse, "sostanzialmente distinte". Con la conclusione che la norma sulla rovina di edificio *non* si applica alla fattispecie "crollo di balcone".

È, questo, un esempio di interpretazione restrittiva, fondata sull'argomento della dissociazione (in tutto analogo al *distinguishing* dei giudici di *common law*). Di nuovo, per questa via, si riduce l'area di "penombra" della norma, *escludendo* dal suo campo di applicazione la classe di fattispecie marginali "crollo di balcone".

3.3. *Tecniche di costruzione giuridica*

Ho detto altrove che le principali operazioni di costruzione giuridica sono: (i) la costruzione di lacune (normative e assiologiche); (ii) la costruzione di gerarchie assiologiche; (iii) la costruzione di eccezioni implicite; e soprattutto (iv) la costruzione

---

[51] A. Ross, *On Law and Justice*, cit., p. 148 ss. Cfr. anche F. Schauer, *Playing by the Rules. A Philosophical Examination of Rule-Based Decision-Making in Law and Life*, Oxford, 1991. Dire che due fattispecie sono "sostanzialmente eguali" equivale a dire che meritano la stessa conseguenza giuridica; dire che sono "sostanzialmente diverse" equivale a dire che esigono conseguenze giuridiche distinte.

di norme inespresse. Vediamo di analizzare (sommariamente) queste diverse operazioni.

3.3.1. *Costruzione di lacune*

Esistono due tipi fondamentali di lacune: normative e assiologiche [52].

(i) *Lacune normative*. Sussiste una lacuna allorché una fattispecie F non è disciplinata in alcun modo da alcuna norma espressa dell'ordinamento.

Accade però spesso che le fonti del diritto possano essere interpretate sia nel senso che, no, la fattispecie F è priva di disciplina, sia nel senso che, sì, F è disciplinata [53]. La prima interpretazione produce una lacuna, la seconda la evita. Detto altrimenti, le lacune non sono difetti "oggettivi" dell'ordinamento: dipendono dall'interpretazione. L'interpretazione può crearle, così come evitarle [54]. Una lacuna normativa può essere creata, per esempio, nell'uno o nell'altro dei due modi seguenti [55].

(a) Usando l'argomento *a contrario* in funzione interpretativa e respingendo così qualunque interpretazione estensiva: di fronte ad un insieme di disposizioni – al limite, l'ordinamento nella sua interezza – che regolano un insieme (per quanto ampio) *finito* di fattispecie, argomentando *a contrario* si può con-

---

[52] Esistono in effetti lacune di un terzo tipo: le lacune c.d. "tecniche". Una lacuna tecnica è la mancanza di una norma che sarebbe condizione necessaria di efficacia di un'altra norma. Ad es., una legge (o una costituzione) istituisce un organo elettivo, ma non definisce alcun sistema elettorale, sicché l'organo in questione non può essere eletto in alcun modo fino a che un qualche sistema elettorale non sia prescritto da norme ulteriori.

[53] In altre parole, le norme espresse sono il risultato di una determinata interpretazione.

[54] Si pensi all'esempio del "crollo di balcone". Se si interpreta la disposizione sulla rovina di edificio nel senso che essa si applica anche al crollo di balcone, tale fattispecie risulta disciplinata, e nessuna lacuna si presenta. Se, per contro, si interpreta la stessa disposizione nel senso che essa non si applica al crollo di balcone, ecco la stessa fattispecie risulta priva di disciplina, e il diritto appare lacunoso.

[55] Talora anche la semplice interpretazione letterale può creare una lacuna normativa, mentre l'interpretazione estensiva consentirebbe di evitarla.

cludere che tutte le fattispecie non espressamente incluse in questo insieme sono prive di disciplina [56].

(b) Usando l'argomento della dissociazione: in presenza di una disposizione che regola la classe di fattispecie F, si può sostenere che tale classe comprende due sottoclassi, F1 e F2, "sostanzialmente diverse", e che l'intenzione dell'autorità normativa era regolare una sola di queste sottoclassi (F1, poniamo) di talché l'altra sottoclasse (F2) resta priva di disciplina: *lex magis dixit quam voluit.*

(ii) *Lacune assiologiche.* Vi sono due tipi di lacune assiologiche [57].

(a) A volte, banalmente, una fattispecie non è disciplinata in alcun modo [58], ma secondo l'interprete *dovrebbe* esserlo.

Per esempio, il legislatore ha conferito un diritto ad una classe di soggetti S1 (i professori universitari, poniamo), senza estendere lo stesso diritto ad un'altra classe di soggetti S2 (i professori di liceo). Tuttavia, queste due classi di soggetti appaiono all'interprete "sostanzialmente eguali". Manca dunque una norma che attribuisca lo stesso diritto ai soggetti S2. O, ancora, altro esempio: il diritto conferisce un certo potere ad un dato organo dello stato senza stabilire alcun limite al suo esercizio. Tuttavia, all'interprete non sembra ammissibile (o "ragionevole") che non vi siano limiti sostanziali all'esercizio di quel potere. Manca dunque una norma che stabilisca tali limiti [59].

---

[56] Cfr. A.G. Conte, "Décision, complétude, clôture", in Ch. Perelman (ed.), *Le problème des lacunes en droit*, Bruxelles, 1968. L'insieme di fattispecie non regolate dal diritto sarebbe il c.d. "spazio giuridico vuoto": K. Bergbohm, *Jurisprudenz und Rechtsphilosophie*, Leipzig, 1892; S. Romano, *Osservazioni sulla completezza dell'ordinamento statale*, Modena, 1925.

[57] G. Parodi, "Lacune e norme inespresse nella giurisprudenza costituzionale", in P. Comanducci, R. Guastini (eds.), *Struttura e dinamica dei sistemi giuridici*, Torino, 1996; R. Guastini, *Interpretare e argomentare*, cit., parte II, cap. III.

[58] Sicché, si potrebbe sostenere, essa cade nello "spazio giuridico vuoto".

[59] Così ragiona, ad es., M. Luciani, "L'emanazione presidenziale dei decreti-legge. (Spunti a partire dal caso E.)", in *Politica del diritto*, 3, 2009 a proposito della emanazione presidenziale dei decreti-legge.

(b) Altre volte, una fattispecie è sì disciplinata da una norma, ma, secondo l'interprete, è disciplinata in modo assiologicamente inadeguato. Il legislatore ha disciplinato una classe di fattispecie, che include tuttavia due sottoclassi "sostanzialmente diverse". Il legislatore, insomma, non ha preso in considerazione una distinzione che avrebbe dovuto considerare: se l'avesse considerata, avrebbe disciplinato diversamente una delle due sottoclassi [60]. Una lacuna di questo tipo, dunque, non è una fattispecie priva di conseguenza giuridica: è piuttosto una fattispecie regolata in modo insoddisfacente.

Per esempio, il legislatore ha dettato una certa disciplina previdenziale per i professori tutti, senza distinguere tra professori universitari e professori di liceo. L'interprete ritiene tuttavia che le due sottoclassi di professori richiedano discipline previdenziali distinte. Manca dunque una norma che stabilisca un regime previdenziale diverso per l'una o l'altra sottoclasse di soggetti.

Entrambi i tipi di lacune assiologiche dipendono da giudizi di valore dell'interprete: è l'interprete che "costruisce" tali lacune con sue valutazioni [61].

Quelle del secondo tipo, in particolare, si producono precisamente per mezzo della dissociazione [62], ossia derogando a (includendo una eccezione implicita in) una norma, in modo tale che la norma in questione si applichi non a tutte le fattispecie letteralmente previste, ma solo ad una sottoclasse di esse, mentre l'altra sottoclasse rimane non disciplinata.

Le lacune normative e assiologiche si risolvono elaborando norme inespresse atte a regolare le fattispecie non previste.

3.3.2. *Costruzione di gerarchie assiologiche*

Una gerarchia assiologica è una relazione di valore tra norme, creata non dal diritto stesso (come ad esempio la gerarchia

---

[60] C.E. Alchourrón, E. Bulygin, *Introducción a la metodología de las ciencias jurídicas y sociales*, Buenos Aires, 1974, p. 158.

[61] Non sfuggirà che in entrambi tipi è coinvolto il principio di eguaglianza, inteso nel senso che i casi eguali devono essere trattati in modo eguale e, simmetricamente, i casi diversi devono essere trattati in modo diverso.

[62] C.H. Perelman, L. Olbrechts-Tyteca, *Trattato dell'argomentazione, La nuova retorica* (1958), Torino, 1966.

delle fonti) ma dagli interpreti, mediante un giudizio di valore, espresso o tacito: "La norma N1 ha più valore della norma N2"[63].

Un modo caratteristico di creare una gerarchia siffatta tra due norme è attribuire ad una di esse il valore di "principio", considerando l'altra come mera regola di dettaglio. I principi sono, per definizione, più "importanti" delle regole, giacché caratterizzano la fisionomia dell'ordinamento, e ciascuno di essi offre fondamento assiologico, giustificazione, ad una pluralità di regole.

Le gerarchie assiologiche orientano l'interpretazione: in particolare, come già si è detto, guidano la selezione tra due significati egualmente ammissibili di una data disposizione. Poniamo che una disposizione ammetta due interpretazioni, N1 e N2; poniamo inoltre che una delle due, N1, sia conforme ad una norma assiologicamente superiore (un principio generale), mentre N2 è in conflitto con essa; ebbene, l'esistenza di una gerarchia assiologica è un argomento abbastanza persuasivo per scegliere N1[64].

D'altra parte, si incontrano esempi molto importanti di gerarchie di questo tipo nella giurisprudenza di tribunali costituzionali.

(a) Alcuni tribunali costituzionali – tra cui la Corte costituzionale italiana – assumono che le norme costituzionali non abbiano tutte lo stesso valore, nel senso che alcune di esse (non necessariamente espresse) hanno più valore delle altre[65]. Con la conseguenza che le norme in questione non possono essere modificate, derogate, o abrogate in alcun modo: neppu-

---

[63] G. Tarello, *L'interpretazione della legge*, cit., cap. VII; R. Guastini, "Gerarchie normative", in *Materiali per una storia della cultura giuridica*, 1997, p. 467 ss.

[64] Vedi l'es., già menzionato, di una disposizione di legge (non penale) che può essere intesa alternativamente sia come retroattiva, sia come non retroattiva.

[65] Corte cost. 175/1971: «È da condividere l'assunto della sussistenza di una gerarchia fra norme e norme della stessa Costituzione, rispetto alla quale è individuabile (come del resto in ogni corpo di disposizioni ordinate in sistema) un ordine che conduce a conferire preminenza ad alcune di esse rispetto ad altre».

re mediante il procedimento di revisione costituzionale [66].

(b) Tutti i tribunali costituzionali senza eccezione si imbattono, spesso, in un conflitto tra principi costituzionali, i quali per l'appunto hanno la deprecabile tendenza a contraddirsi quando debbano essere applicati a casi concreti. Esempio classico, comune a molte costituzioni: il conflitto tra libertà di stampa e taluni diritti della personalità (il diritto all'onore, all'intimità della vita privata, all'identità personale). Un altro buon esempio è il conflitto tra il diritto di sciopero nei servizi pubblici e i diritti costituzionali degli utenti.

Le antinomie normative di questo tipo non possono essere risolte impiegando i criteri standard di soluzione dei conflitti tra norme. Non si può usare il criterio *lex posterior* giacché i principi in questione sono (di regola) coevi. Non si può usare il criterio *lex superior* giacché i principi in conflitto hanno lo stesso rango nella gerarchia delle fonti. Neppure si può usare il criterio *lex specialis* giacché tra le classi di fattispecie disciplinate dai principi di cui trattasi non sussiste una relazione da genere a specie [67].

Ebbene, la tecnica normalmente impiegata dai giudici costituzionali per risolvere i conflitti tra principi costituzionali è quella che si usa chiamare "ponderazione" o "bilanciamento" [68]. La metafora è trasparente: si tratta di mettere i due principi in conflitto sui piatti di una bilancia, e dunque "pesarli", per vedere quale "pesi" di più, ossia quale abbia maggior valore in relazione al caso concreto. Il risultato della ponderazione è un giudizio di valore comparativo, che istituisce precisamente una ge-

---

[66] Corte cost. 1146/1988.

[67] Nella terminologia di A. Ross, *On Law and Justice*, cit., si tratta di un'antinomia del tipo "parziale-parziale".

[68] Nella vasta letteratura si può vedere: R. Alexy, *Teoría de los derechos fundamentales* (1986), Madrid, 1993; B. Celano, "Come deve essere la disciplina costituzionale dei diritti?", in S. Pozzolo (ed.), *La legge e i diritti*, Torino, 2002; L. Prieto Sanchís, "El juicio de ponderación constitucional", in F.J. Laporta (ed.), *Constitución: Problemas filosóficos*, Madrid, 2003; D. Martínez Zorrilla, *Conflictos constitucionales, ponderación, e indeterminación normativa*, Madrid, 2007; G. Pino, *Diritti e interpretazione. Il ragionamento giuridico nello Stato costituzionale*, Bologna, 2010.

rarchia assiologica. Il principio con più valore sarà applicato; quello con minor valore sarà accantonato.

3.3.3. *Costruzione di eccezioni inespresse*

Spesso la costruzione giuridica assume la forma di elaborazione di eccezioni inespresse, per mezzo della dissociazione, ossia introducendo nella classe di fattispecie prevista dal legislatore una distinzione che il legislatore non ha fatto per nulla. Questa tecnica argomentativa, infatti, può essere utilizzata non solo per ridurre la vaghezza – cioè per restringere il riferimento di un predicato (interpretazione restrittiva) – ma anche per derogare ad una norma, costruendo eccezioni implicite (che a loro volta possono dar luogo a lacune, normative o assiologiche).

Torniamo ad un esempio (alquanto stucchevole) che sempre si incontra in letteratura: la norma che proibisce l'ingresso di veicoli nel parco.

In presenza di una norma siffatta, qualcuno può argomentare – invocando una presunta *ratio legis* – che essa è soggetta ad (almeno) una eccezione: quella delle ambulanze, che pure senza dubbio sono veicoli, giacché non pare "ragionevole" che il legislatore voglia impedire l'ingresso nel parco anche alle ambulanze (quando ciò sia necessario, s'intende, perché c'è, ad esempio, un ferito da portare all'ospedale). In altre parole, il divieto *non* si applica a questa fattispecie.

Si noti che qui non si tratta della "normale" interpretazione restrittiva (non si può seriamente argomentare che il termine "veicolo" non si applichi alle ambulanze): si tratta di una cosa diversa. La struttura logica della norma originaria era (N1): "Se veicolo, allora proibito l'ingresso". Ora, per contro, abbiamo una norma (N2) con la struttura seguente: "Se veicolo e non ambulanza, allora proibito l'ingresso". Come si vede, trattasi di due norme diverse. In altre parole, la norma originaria N1 è stata sostituita con una norma diversa, N2. Per questo, abbiamo a che fare non con "normale" interpretazione (attribuzione di significato ad un testo), ma con un'opera di costruzione giuridica.

3.3.4. *Costruzione di norme inespresse*

Tra le molteplici operazioni di costruzione giuridica, riveste una importanza speciale la costruzione di norme inespresse. Con la espressione "norme inespresse" mi riferisco a tutte quelle norme che nessuna autorità normativa ha formulato: norme, cioè, che non possono essere considerate significati (plausibili) o come implicazioni logiche di alcuna disposizione normativa determinata. Costruendo norme inespresse, gli interpreti compiono una attività legislativa dissimulata. E ciò costituisce la parte quantitativamente e qualitativamente più importante del lavoro dei giuristi.

Spesso (ma non sempre, come vedremo subito) una norma inespressa è la conclusione di un ragionamento che include norme esplicite nelle premesse. Ragionamenti siffatti, però, primo, non sono logicamente validi o stringenti (non hanno carattere deduttivo) e, secondo, includono anche premesse che non sono norme esplicite, ma sono invece definizioni, schemi concettuali, dottrine, elaborati arbitrariamente dalla dogmatica [69]. Qualche esempio dovrebbe chiarire il punto.

L'art. 139 della costituzione italiana proibisce qualunque revisione della "forma repubblicana" dello stato. Molti costituzionalisti, tuttavia, assumono che uno stato repubblicano sia, per definizione, anche democratico, e ne concludono che non è ammessa neppure la revisione della forma democratica dello stato. Inutile dire che questa conclusione, il cui solo fondamento è un discutibile concetto dogmatico di "repubblica", ha il notevole effetto di sottrarre alla revisione costituzionale quasi l'intero testo della costituzione.

La Corte di giustizia dell'Unione europea assume, da un lato, che il diritto comunitario [70] e il diritto degli stati membri costituiscano un sistema giuridico unico e, dall'altro lato, che le norme comunitarie siano sovraordinate alle norme interne degli stati membri. Da ciò trae la conclusione che la legislazione sta-

---

[69] R. Guastini, *L'interpretazione dei documenti normativi*, Milano, 2004, p. 104 ss.

[70] Oggi si dovrebbe ormai dire "diritto europeo". Il Trattato di Lisbona ha infatti sostituito la Comunità europea con l'Unione europea.

tale è invalida (o comunque non applicabile) quando sia incompatibile con il diritto comunitario [71].

La Corte costituzionale italiana assume, al contrario, che il diritto comunitario e il diritto degli stati membri siano sistemi giuridici indipendenti, e ne trae la conclusione che il diritto comunitario non può né abrogare né invalidare la legislazione statale incompatibile [72]. Anche questa assunzione è priva di qualunque base testuale nel Trattato.

Secondo la teoria costituzionale "classica" dell'Illuminismo, la funzione di ogni costituzione è limitare il potere politico [73]; questo modo di vedere implica che le norme costituzionali siano rivolte (solo) ai supremi organi dello stato e non siano in alcun modo soggette ad applicazione giurisdizionale. Oggidì, al contrario, molti costituzionalisti pensano che funzione della costituzione sia (anche o persino essenzialmente) modellare le relazioni sociali tra i cittadini [74]; da questa opinione essi traggono la conclusione che le norme costituzionali debbano essere applica-

---

[71] Corte di giustizia europea, 15 luglio 1964, causa 6/64, *Costa*: «A differenza dei comuni trattati internazionali, il Trattato CEE ha istituito un proprio ordinamento giuridico, integrato nell'ordinamento giuridico degli stati membri, [...] che i giudici nazionali sono tenuti ad applicare. [...] La integrazione nel diritto di ciascuno stato membro di norme che promanano da fonti comunitarie e, più in generale, lo spirito e i termini del Trattato hanno per corollario l'impossibilita per gli Stati di far prevalere, contro un ordinamento giuridico da essi accettato a condizione di reciprocità, un provvedimento unilaterale successivo, il quale pertanto non può essere incompatibile con l'ordinamento comunitario. Scaturito da una fonte autonoma, il diritto nato dal Trattato non potrebbe, in ragione appunto della sua specifica natura, trovare un limite in qualsiasi provvedimento interno senza perdere il proprio carattere comunitario e senza che ne risultasse scosso il fondamento giuridico della stessa Comunità. Il trasferimento, effettuato dagli Stati a favore dell'ordinamento giuridico comunitario, dei diritti e degli obblighi corrispondenti alle disposizioni del Trattato implica quindi una limitazione definitiva dei loro poteri sovrani». Cfr. anche Corte di giustizia europea, 9 marzo 1978, causa 106/77, *Simmenthal*.

[72] Corte cost. 170/1984.

[73] Si ricordi l'articolo 16 della *Déclaration des droits de l'homme et du citoyen*: «Toute société dans laquelle la garantie des droits n'est pas assurée, ni la séparation des pouvoirs déterminée, n'a point de constitution».

[74] G. Bognetti, "Teorie della costituzione e diritti giurisprudenziali", in Associazione italiana dei costituzionalisti, Annuario 2002, *Diritto costituzionale e diritto giurisprudenziale*, Padova, 2004.

te direttamente da qualunque giudice in qualunque controversia (ciò che si chiama "Drittwirkung" nella dottrina tedesca)[75].

3.3.4.1. *Tecniche di costruzione di norme inespresse*. – Sono tecniche caratteristiche per la costruzione di norme inespresse: l'argomento *a contrario* in funzione (appunto) costruttiva, l'argomento analogico, e l'argomento *a fortiori*.

(i) *Argomento a contrario*[76]. Come già abbiamo visto, l'argomento *a contrario* conosce due varianti, e pertanto può essere usato per fare due cose abbastanza diverse.

In una prima variante – meramente interpretativa – l'argomento serve a creare una lacuna (normativa). Si ricordi l'esempio già menzionato: la costituzione, attribuendo il diritto di voto ai cittadini, non dice nulla circa il diritto di voto degli stranieri.

In una seconda variante – non meramente interpretativa, ma costruttiva – lo stesso argomento risolve, se così possiamo dire, questa stessa lacuna, costruendo la norma inespressa secondo cui gli stranieri *non* hanno diritto di voto: "ubi lex voluit dixit; ubi tacuit noluit", ovvero "inclusio unius est exclusio alterius".

(ii) *Argomento analogico*[77]. L'argomento analogico può essere usato non solo come tecnica di riduzione della vaghezza – per estendere il riferimento di un predicato al di là del suo significato comune, come già abbiamo visto (interpretazione estensiva) – ma anche per costruire norme inespresse. L'argomento si sviluppa più o meno così.

---

[75] Vedi ad es. G. Zagrebelsky, *Il diritto mite. Legge, diritti, giustizia*, Torino, 1992.

[76] G. Carcaterra, "L'argomento a contrario", in S. Cassese, G. Carcaterra, M. D'Alberti, A. Bixio (eds.), *L'unità del diritto. Massimo Severo Giannini e la teoria giuridica*, Bologna, 1994.

[77] La letteratura in materia di analogia è molto vasta. Un lavoro fondamentale è N. Bobbio, *L'analogia nella logica del diritto* (1938), Milano, 2006. Si veda però anche M. Atienza, *Sobre la analogía en el derecho. Ensayo de análisis de un razonamiento jurídico*, Madrid, 1986; L. Gianformaggio, "Analogia", in *Digesto delle discipline privatistiche*, Sez. civile, I, Torino, 1987; G. Carcaterra, "Analogia", in *Enciclopedia giuridica*, II, Roma, 1988.

(a) La fattispecie F1 non è disciplinata da alcuna norma: in altre parole, vi è nel diritto una lacuna (normativa).

(b) Esiste tuttavia la norma N1 che disciplina la fattispecie F2: "Se F2, allora G".

(c) La fattispecie F1 è analoga alla fattispecie F2.

(d) Pertanto – conclusione – esiste una norma inespressa (N2) che connette alla fattispecie F1 la medesima conseguenza giuridica di F2: "Se F1, allora G".

Due passaggi di questo ragionamento occorre sottolineare.

Primo: l'identificazione di una lacuna suppone evidentemente una determinata interpretazione, ad esempio restrittiva delle fonti. Nel senso che una interpretazione diversa, ad esempio estensiva, potrebbe concludere che dopo tutto la fattispecie F1 sì è disciplinata, e dunque non vi è lacuna.

Secondo, l'identificazione di un'analogia tra due fattispecie suppone un enunciato controfattuale [78] del tipo: "Se il legislatore avesse previsto la fattispecie F1, l'avrebbe disciplinata nello stesso modo di F2". Questo enunciato, a sua volta, presuppone l'ascrizione al legislatore di una intenzione o di un fine: la cosiddetta *ratio legis*.

(iii) *Argomento a fortiori* [79]. L'argomento *a fortiori* si distingue da quello analogico (solo) perché non suppone alcuna assunzione circa la somiglianza delle fattispecie. La sua struttura è più o meno la seguente.

(a) La fattispecie F1 non è disciplinata da alcuna norma: in altre parole, vi è nel diritto una lacuna (normativa).

(b) Esiste tuttavia la norma N1 che disciplina la fattispecie F2: "Se F2, allora G".

(c) La fattispecie F1 merita *a maggior ragione* la medesima disciplina di F2.

(d) Pertanto – conclusione – esiste una norma inespressa N2 che connette al caso F1 la stessa conseguenza giuridica di F2: "Se F1, allora G".

---

[78] Si dice "controfattuale" un enunciato con antecedente falso.

[79] C.E. Alchourrón, "Los argumentos jurídicos 'a fortiori' y 'a pari'", cit.

Come si intuisce, il nocciolo del ragionamento è l'espressione "a maggior ragione", la quale suppone evidentemente una congettura (valutativa, come già sappiamo) intorno alla "ragione", la *ratio*, della norma espressa che si usa come premessa. Anche questo argomento, come quello analogico, sottintende un enunciato controfattuale del tipo: "Se il legislatore avesse previsto la fattispecie F1, l'avrebbe disciplinata nello stesso modo di F2". E di nuovo questo enunciato, a sua volta, presuppone l'ascrizione al legislatore di una intenzione o di un fine: la cosiddetta *ratio legis*[80].

3.3.4.2. *Concretizzazione di principi.* – D'altro canto, le norme inespresse servono non solo per colmare lacune (vere o presunte), ma anche per concretizzare principi.

I principi, essendo altamente indeterminati (fattispecie aperta, contenuto generico, derogabilità, etc.), non sono atti a fornire direttamente la soluzione di una controversia[81]. Nel senso che non possono fungere da premesse in ragionamenti deduttivi – "Gli assassini devono essere puniti. Tizio è un assassino: Quindi Tizio deve essere punito" – la cui conclusione è un precetto individuale e concreto. Per contribuire alla soluzione di controversie, i principi devono essere "concretizzati".

Concretizzare un principio consiste nell'usarlo come premessa – in un ragionamento normalmente non deduttivo – per costruire una regola inespressa, essa sì idonea a risolvere la controversia.

---

[80] Notoriamente, si danno due varianti dell'argomento *a fortiori*. (i) *A minori ad majus*: per es., sé è proibito intodurre nel parco gatti, *a fortiori* – a maggior ragione – è proibito introdurre tigri (che sono più pericolose). (ii) *A majori ad minus*: per es., se la legge non ha effetto retroattivo, *a fortiori* – a maggior ragione – non può avere effetto retroattivo il regolamento (che è fonte subordinata alla legge).

[81] R. Dworkin, *Taking Rights Seriously*, II ed., London, 1978; G.R. Carrió, *Notas sobre Derecho y lenguaje*, cit., p. 197 ss.; R. Alexy, *Teoría de los derechos fundamentales*, 1993; L. Prieto Sanchís, *Sobre principios y normas. Problemas del razonamiento jurídico*, Madrid, 1992; M. Atienza, J. Ruiz Manero, *Las piezas del derecho. Teoría de los enunciados jurídicos*, Barcelona, 1996; G.B. Ratti, *Norme, principi e logica*, Roma, 2009, cap. III; G. Pino, *Diritti e interpretazione*, cit., cap. III.

Per esempio: "La difesa è un diritto inviolabile in ogni stato e grado del procedimento (principio: art. 24, comma 2, cost. italiana). L'interrogatorio dell'imputato costituisce parte del procedimento. Non vi è vera difesa senza la presenza del difensore. Pertanto il difensore deve essere presente all'interrogatorio dell'imputato (regola inespressa)". Altro esempio: "La sovranità nazionale appartiene al popolo (principio: art. 3, comma 1, cost. francese). La sovranità si esprime attraverso l'esercizio del diritto di voto. Pertanto gli stranieri non hanno diritto di voto".

Le conclusioni di ragionamenti di questo tipo sono precisamente regole inespresse che "concretizzano" – o "specificano" – il principio in questione.

4. *Disposizioni positive sull'applicazione del diritto*

Nel mondo di *civil law* molti codici civili (e a volte penali[82]) tentano di limitare la discrezionalità giudiziale, dettando – spesso in un "titolo preliminare" – disposizioni sulle tecniche interpretative e costruttive che possono e/o debbono essere impiegate dai giudici (e dagli altri organi dell'applicazione[83].

La interpretazione in senso stretto, tuttavia, è un'attività mentale, in quanto tale non suscettibile di regolamentazione. Ne segue che, malgrado le apparenze, le disposizioni positive che pretendono di disciplinarla sono, in realtà, non già regole "sull'interpretazione", ma piuttosto regole *sull'argomentazione* dell'interpretazione prescelta, quale che sia il processo mentale (del resto inconoscibile) attraverso cui l'interprete è pervenuto a quella conclusione.

---

[82] Tuttavia, in materia penale quasi sempre vi sono regole di interpretazione distinte da quelle che valgono in materia civile: per es., è proibita l'analogia.

[83] G. Tarello, *L'interpretazione della legge*, 1980, cap. VI. Secondo alcuni autori, le norme sull'applicazione sono norme "materialmente constituzionali": cfr., per es., F. Sorrentino, *Le fonti del diritto amministrativo*, Padova, 2004, p. 22 ss. È dubbio se le norme in questione valgano anche per l'interpretazione dei testi costituzionali. Sostiene di sì A. Vignudelli, *Interpretazione e costituzione. Miti, mode e luoghi comuni del pensiero giuridico*, Torino, 2011.

D'altra parte, come ora vedremo, molti codici civili autorizzano i giudici a usare non una qualche tecnica interpretativa determinata, bensì un insieme di tecniche distinte, senza un preciso ordine di preferenza tra di esse: interpretazione letterale, intenzionale, teleologica, sistematica, etc. Di talché, alla fine, il tentativo di circoscrivere la discrezionalità giudiziale pare del tutto inefficace [84].

Inoltre, quasi tutti i codici autorizzano il giudice ad usare una pluralità di tecniche costruttive – l'argomento analogico, la formulazione di norme inespresse a partire da principi, l'equità, e (in un caso) persino il cosiddetto "diritto naturale" – che sono intrinsecamente discrezionali.

4.1. *Metodi interpretativi*

Quasi tutti i codici civili – l'italiano, lo spagnolo, il colombiano, etc. – dispongono che i testi normativi siano interpretati alla lettera, cioè secondo "il senso proprio (o comune) delle parole", secondo il loro senso "naturale e ovvio", in accordo con "l'uso generale", tenendo conto del contesto. S'intende che questa regola di interpretazione – alcuni codici (il colombiano, per esempio) lo dicono espressamente – non si applica in presenza di termini tecnici dell'una o dell'altra scienza o arte, così come in presenza di termini espressamente definiti dallo stesso legislatore [85].

Si incontra una eccezione nel codice portoghese, il quale richiede al giudice di non fermarsi alla lettera del testo, e di ricostruire invece "il pensiero" del legislatore, precisando tuttavia, al tempo stesso, che l'interprete deve presumere che vi sia corrispondenza tra testo e intenzione, e che comunque non è autorizzato ad attribuire al legislatore una intenzione che non trovi alcuna corrispondenza nel testo.

Quasi tutti i codici, però, dettano anche altri metodi di interpretazione. Molti di essi – per esempio, l'italiano, l'austriaco, lo spagnolo, etc. – dispongono che le leggi devono essere interpre-

---

[84] H. Kelsen, *Dottrina pura del diritto*, cit., p. 385 s.

[85] Sui problemi teorici sollevati dalle definizioni legislative, si veda cfr. A. Belvedere, *Il problema delle definizioni nel codice civile*, Milano, 1977.

tate anche secondo l'intenzione o i fini del legislatore. Non risulta chiara, tuttavia, la relazione di preferenza tra i due metodi, quello letterale e quello intenzionale, che evidentemente possono condurre a conclusioni diverse: ogni volta che il significato letterale e quello intenzionale sono (o appaiono) distinti, risultano ammissibili entrambi, e non vi è alcun criterio stabilito per scegliere tra i due [86].

Il codice colombiano, per contro, stabilisce che, quando il senso della legge è chiaro, non si può disattendere il suo tenore letterale con il pretesto di consultare "il suo spirito", e solo si può ricorrere alla intenzione del legislatore per interpretare espressioni oscure. Lo stesso codice, d'altra parte, ammette il ricorso allo "spirito generale della legislazione" e alla "equità naturale" in quanto metodi di interpretazione sussidiari.

Analogamente, il codice della Louisiana proibisce la ricerca della intenzione quando il testo è chiaro [87], però ammette la interpretazione teleologica (secondo il fine della legge) per risolvere le oscurità del testo.

Molto diverso è il codice brasiliano, che, senza menzionare in alcun modo la lettera della legge, comanda al giudice di considerare "i fini sociali" della legge e "le esigenze del bene comune". Il che equivale a dire, più o meno, che i giudici possono fare quel che vogliono.

4.2. *Metodi costruttivi*

Vari codici – a cominciare dal *Code Napoléon* (tuttora vigente in Francia), art. 4 – proibiscono le decisioni di *non liquet*, cioè obbligano il giudice a risolvere qualunque controversia sia sottoposta alla sua decisione [88].

---

[86] Cfr. A. Ross, *On Law and Justice*, cit., p. 152 ss.; P. Chiassoni, *La giurisprudenza civile. Metodi d'interpretazione e tecniche argomentative*, Milano, 1999, p. 496 ss.; P. Chiassoni, *Tecnica dell'interpretazione giuridica*, cit., p. 147 ss.

[87] Evidentemente, una disposizione di questo tenore suppone (ingenuamente) che chiarezza e oscurità siano proprietà "oggettive" dei testi normativi, antecedenti qualsivoglia interpretazione ("interpretatio cessat in claris").

[88] Il divieto di *non* liquet agisce come una causa potente di lacune assiolo-

Ora, questo obbligo può essere adempiuto solo se si dà l'una o l'altra di queste condizioni:

(a) l'ordinamento (o almeno il codice di cui si tratta) è davvero completo, privo di lacune; oppure

(b) l'ordinamento non è completo, è lacunoso, ma il giudice, quando incontri una lacuna, è autorizzato a risolverla creando norme nuove *ad hoc* (sebbene efficaci solo *inter partes*[89]).

Spesso, disposizioni di questo genere sono state intese come auto-dichiarazioni di completezza: i codici, così disponendo, pretenderebbero di essere completi[90]. Nondimeno, sembra più plausibile intenderle invece come autorizzazioni (tacite), rivolte al giudice, a risolvere le lacune – quando di fatto si manifestino – mediante "legislazione interstiziale", ossia mediante diritto giurisprudenziale (o "diritto libero", come a volte si dice)[91].

Come che sia, l'esistenza di lacune è espressamente prevista dal codice civile svizzero, il quale, inoltre, autorizza il giudice a risolverle usando "la regola che egli adotterebbe come legislatore". Il che equivale a conferire esplicitamente al giudice un potere genuinamente normativo – malgrado il principio di separazione dei poteri – e quindi una discrezionalità totale[92].

Peraltro, molti codici – lo spagnolo, l'italiano, il portoghese,

giche del primo tipo: una data fattispecie non è disciplinata dal diritto, ma per il giudice "dovrebbe" esserlo, giacché egli è comunque obbligato a risolvere il caso.

[89] Così stabilisce espressamente (tra gli altri) il *Code Napoléon*, art. 5.

[90] Cfr. N. Bobbio, *Teoria dell'ordinamento giuridico*, Giappichelli, Torino, 1960, p. 129.

[91] Così pensava lo stesso Portalis, autore principale del *Code Napoléon*: J.-E.-M. Portalis, *Discours et rapports sur le Code civil*, Caen, 1989, p. 26 ss.; J.-E.-M. Portalis, *Ecrits et discours juridiques et politiques*, Aix-en-Provence, 1998, p. 75 s.; F. Ewald (ed.), *Naissance du Code civil. La raison du législateur*, Paris, 1989, p. 119. Cfr. anche J. Ghestin, G. Goubeaux, *Introduction générale*, Traité de droit civil, dirigé par J. Ghestin, Paris, 1977, p. 326.

[92] Secondo Kelsen, tuttavia, poiché le lacune sono mere "finzioni", questa autorizzazione ha piuttosto un effetto psicologico (paradossalmente) inibitorio sui giudici, i quali, a suo avviso, normalmente non desiderano assumere la grave responsabilità di creare lacune e poi risolverle in veste di "legislatori" (H. Kelsen, *Dottrina pura del diritto*, cit., p. 279 ss.).

il belga, l'argentino, il peruviano, il messicano, il brasiliano, etc. – ammettono, benché solo tacitamente l'esistenza di lacune, e autorizzano il giudice a risolvere le controversie (civili, non quelle penali) che non sia disciplinate da alcuna norma espressa (a) mediante la analogia ovvero (b) ricavando norme inespresse dai principi generali del diritto.

III.

L’applicazione del diritto

SOMMARIO: 1. “Applicazione”. – 2. Giurisdizione, legalità, motivazione. – 3. Il ragionamento del giudice.

1. *“Applicazione”*

L’espressione “applicazione del diritto” denota genericamente l’uso di materiali giuridici – ossia: disposizioni, norme espresse, norme inespresse – per argomentare o giustificare una decisione giuridica (giurisdizionale, amministrativa, etc.) [1]. Così dicendo, però, ci si riferisce ad operazioni intellettuali alquanto diverse, tra le quali conviene distinguere.

Per chiarire il punto, occorre tenere a mente tre distinzioni introdotte in precedenza.

(a) Anzitutto, la distinzione tra disposizioni e norme (le disposizioni sono enunciati del discorso delle fonti, le norme sono i significati ad esse attribuiti mediante interpretazione).

(b) Inoltre, la distinzione tra norme espresse e norme inespresse (le norme espresse sono quelle che trovano formulazione in una specifica disposizione, le norme inespresse sono frutto di costruzione giuridica degli interpreti).

---

[1] Sono “organi dell’applicazione” tutti gli organi che, per l’appunto, applicano il diritto: i supremi organi costituzionali (il parlamento, il governo, il capo dello stato, la corte costituzionale), la pubblica amministrazione, i giudici. Nel seguito, tuttavia, il discorso sarà circoscritto per semplicità all’applicazione giudiziale, con particolare riguardo ai giudici di merito.

(c) Infine, la distinzione tra due tipi di norme (espresse o inespresse che siano): regole e principi (le regole sono norme relativamente precise, con antecedente chiuso, non soggette ad eccezioni; i principi sono norme con antecedente aperto e/o generiche e/o defettibili).

Orbene, conviene distinguere tra l'applicazione di disposizioni, l'applicazione di regole, e l'applicazione di principi [2].

(1) *Applicazione di disposizioni.* Applicare una disposizione – o usarla – vuol dire interpretarla, attribuirle significato, così da trarne una norma [3]: "L'enunciato normativo E significa S", ovvero "La disposizione D esprime la norma N".

(2) *Applicazione di regole.* Applicare una regola vuol dire usarla quale premessa in un ragionamento deduttivo la cui conclusione è un precetto individuale e concreto: "I contratti devono essere adempiuti. Questo è un contratto. Quindi questo deve essere adempiuto", "Gli assassini devono essere puniti. Tizio è un assassino. Quindi Tizio deve essere punito", etc.

(3) *Applicazione di principi.* Applicare un principio vuol dire concretizzarlo, ossia usarlo quale premessa in un ragionamento la cui conclusione è (la formulazione di) una regola inespressa, che ne costituisce "attuazione" o "specificazione", e che è suscettibile a sua volta di applicazione nel senso precedente. Per esempio: "La difesa è diritto inviolabile in ogni stato e grado del procedimento [principio]. L'interrogatorio dell'imputato costituisce parte del procedimento. Non c'è difesa senza presenza del difensore. Pertanto il difensore deve essere presente all'interrogatorio dell'imputato [regola inespressa]. Questo è l'interrogatorio dell'imputato Tizio. Pertanto Il difensore di Tizio deve essere presente [precetto individuale e concreto]"; "La salute è diritto inviolabile [principio]. Il danno alla salute costituisce

---

[2] G. Pino, *Diritti e interpretazione. Il ragionamento giuridico nello stato costituzionale*, Bologna, 2010, p. 15 ss.

[3] Intendo dire: una data norma e non un'altra. Si sta parlando, ovviamente, di interpretazione *decisoria* in astratto.

pertanto danno ingiusto. Quindi il danno alla salute deve essere risarcito [regola inespressa]". Etc.

Ciò detto, circoscriviamo il discorso all'applicazione *giurisdizionale* del diritto.

2. *Giurisdizione, legalità, motivazione*

Generalmente parlando (e semplificando alquanto le cose), il contenuto di una decisione giurisdizionale è una prescrizione individuale e concreta, del tipo: "Tizio deve essere punito con la reclusione così e così", "Caio deve pagare a Sempronio la tale somma di denaro", etc.

D'altra parte, negli ordinamenti giuridici moderni, l'attività giurisdizionale si caratterizza per due tratti essenziali: la soggezione del giudice alla legge (i.e. l'obbligo di applicare il diritto, corollario del principio di legalità) [4] e l'obbligo di motivazione delle decisioni [5].

Ciò vuol dire che le decisioni giurisdizionali devono essere

(i) motivate-argomentate, giustificate – e precisamente
(ii) motivate sulla base di norme giuridiche preesistenti (la "legge" in senso materiale o generico).

Una sentenza consta dunque di due parti costitutive: dispositivo e motivazione. Il dispositivo costituisce la decisione in senso stretto. La motivazione costituisce l'insieme degli argomenti addotti in favore della decisione.

---

[4] L'obbligo di applicare il diritto – ossia di decidere in conformità a norme preesistenti – è un corollario del principio di legalità (parte terza, cap. II), giacché tende a garantire (a) certezza del diritto, ossia prevedibilità delle decisioni giudiziali, (b) eguaglianza, ossia eguale trattamento di eguali fattispecie.

[5] Vedi, nell'ordinamento vigente, gli artt. 101, comma 2, e 111, comma 6, cost. Si ricordi che la "motivazione" di una decisione giurisdizionale non è, malgrado il nome, una esposizione dei *motivi* (psicologici) che hanno indotto il giudice a prendere quella decisione; è invece l'esposizione delle *ragioni* che sorreggono la decisione in questione.

Ora, nella cultura giuridica moderna, una decisione giurisdizionale si considera fondata o giustificata se, e solo se, è inferita logicamente (ossia dedotta) da una norma generale, in congiunzione con una proposizione fattuale che descrive le circostanze del caso (debitamente provate) [6].

Non sarebbe giustificata una decisione priva di motivazione, né sarebbe giustificata una decisione semplicemente fondata – invece che su una norma – sul capriccio del giudice, sui suoi sentimenti di giustizia, su un qualche obiettivo di politica sociale che egli intenda perseguire, e via dicendo.

3. *Il ragionamento del giudice*

Nel ragionamento del giudice [7] si possono distinguere due livelli, che si usa chiamare rispettivamente "giustificazione interna" (o di primo livello) e "giustificazione esterna" (o di secondo livello) [8].

---

[6] C. Beccaria, *Dei delitti e delle pene*, § IV.

[7] La letteratura in argomento è molto vasta. Tra i lavori più significativi: A. Aarnio, *The Rational as Reasonable. A Treatise on Legal Justification*, Dordrecht-Boston, 1987; A. Aarnio, N. MacCormick (eds.), *Legal Reasoning*, 2 voll., Aldershot, 1992; R. Alexy, *Teoria dell'argomentazione giuridica* (1978), Milano, 1998; M. Atienza, *Las razones del derecho. Teorías de la argumentación jurídica*, Madrid, 1991; N. MacCormick, *Legal Reasoning and Legal Theory*, Oxford, 1978; N. MacCormick, *Rhetoric and the Rule of Law. A Theory of Legal Reasoning*, Oxford, 2005; A. Peczenik, *On Law and Reason*, Dordrecht-Boston, 1989; J. Wróblewski, *The Judicial Application of Law*, Dordrecht, 1992; P. Comanducci, *Assaggi di metaetica*, Torino, 1992, p. 195 ss.; P. Comanducci, *Assaggi di metaetica due*, Torino, 1998, parte II; P. Comanducci, *Razonamiento jurídico. Elementos para un modelo*, México, 1999; E. Diciotti, *Interpretazione della legge e discorso razionale*, Torino, 1999; P. Comanducci, *Hacia una teoría análitica del derecho. Ensayos escogidos*, Madrid, 2010, p. 159 ss.

[8] Trattasi di due livelli di linguaggio, poiché la giustificazione esterna, come vedremo subito, ha ad oggetto precisamente (le premesse de) la giustificazione interna. Cfr. J. Wróblewski, "Livelli di giustificazione delle decisioni giuridiche", in L. Gianformaggio, E. Lecaldano (eds.), *Etica e diritto. Le vie della giustificazione razionale*, Bari, 1986.

(1) *Giustificazione interna.* La giustificazione interna è un ragionamento deduttivo, mediante il quale il giudice applica una regola. Il ragionamento è strutturato nel modo che segue.

(i) Una prima premessa è la regola – frutto, secondo i casi, di interpretazione decisoria in astratto o di costruzione giuridica – cui si dà applicazione ("Gli assassini devono essere puniti").

(ii) Una seconda premessa è una proposizione fattuale, empirica, che descrive i fatti del caso ("Tizio ha compiuto l'atto x [ha tagliato la gola a Caio]").

(iii) Una terza premessa è un enunciato sussuntivo (interpretazione in concreto: "L'atto x costituisce assassinio").

(iv) La conclusione è un precetto singolare e concreto ("Tizio deve essere punito").

(2) *Giustificazione esterna.* La giustificazione esterna è l'insieme dei ragionamenti – più meno persuasivi, ma solitamente *non* deduttivi – mediante i quali il giudice giustifica le premesse della giustificazione interna. La quale, come si è detto, include: due premesse normative, la (i) e la (iii); e una premessa fattuale, la (ii).

Quanto alla giustificazione delle premesse normative, possono trovar posto nella giustificazione esterna le cose più varie, tra cui le seguenti.

(i) Gli argomenti ("interpretativi") che giustificano l'interpretazione prescelta – in astratto e in concreto – di una o più disposizioni, che vengono in tal modo applicate. ("La disposizione D esprime la norma N [non la norma Z], perché ...", "La norma N si applica alla fattispecie F, perché ...") [9].

(ii) Gli argomenti ("costruttivi") che giustificano l'uno o l'altro tipo di costruzione giuridica, come ad esempio:

---

[9] Vedi in proposito Ch. Perelman, *Logique juridique*, Paris, 1976; G. Tarello, *L'interpretazione della legge*, Milano, 1980; P. Chiassoni, *La giurisprudenza civile. Metodi d'interpretazione e tecniche argomentative*, Milano, 1999; E. Diciotti, *Interpretazione della legge e discorso razionale*, cit.; J.J. Moreso, *Logica, argumentación e interpretación en el derecho*, Barcelona, 2005; P. Chiassoni, *Tecnica dell'interpretazione giuridica*, Bologna, 2007.

(a) l'esistenza di una lacuna assiologica [10];

(b) la formulazione di norme inespresse, onde colmare una lacuna e/o concretizzare un principio, il quale in tal modo riceve applicazione [11];

(c) la soluzione di un'antinomia [12], ivi inclusa eventualmente

(d) la ponderazione di principi costituzionali in conflitto [13] e, più in generale,

(e) la creazione di gerarchie assiologiche tra norme [14].

Non sfuggirà che la giustificazione interna costituisce, di per sé, applicazione di una regola. L'applicazione di disposizioni e di principi, per contro, appartiene piuttosto alla giustificazione esterna.

Quanto alla giustificazione della premessa fattuale [15], in questa sede è sufficiente dire questo.

In linea di principio, la verità di una proposizione fattuale (del tipo: "Tizio ha tagliato la gola a Caio") non può essere argomentata se non adducendo osservazioni empiriche (nonché congetture sui nessi di causalità tra eventi). A questo riguardo si devono tuttavia osservare due cose.

I procedimenti di accertamento fattuale impiegati da un giudice, a differenza di quelli impiegati da uno scienziato empirico (un fisico, un biologo, etc.), non sono interamente "liberi". Sono variamente condizionati da norme giuridiche: in particolare, dalle norme che disciplinano la raccolta, l'uso, e la valutazione delle prove. Ad esempio, le regole sull'onere della prova, le

---

[10] Sopra, parte seconda, cap. V.

[11] Cap. IV di questa parte.

[12] Sopra, parte seconda, cap. IV.

[13] Cap. IV di questa parte.

[14] Sopra, parte seconda, cap. II.

[15] Il tema del ragionamento probatorio, qui appena sfiorato, è molto complesso, e su di esso si trova una ricchissima letteratura. Vedi ad es.: M. Taruffo, *La prova dei fatti giuridici*, Milano, 1992; M. Gascón Abellán, *Los hechos en el derecho*, Madrid, 1999; J. Ferrer Beltrán, *Prueba y verdad en el derecho*, Madrid, 2002; J. Ferrer Beltrán, *La valoración racional de la prueba*, Madrid, 2007.

presunzioni legali (e, tra queste, la presunzione di non colpevolezza), il principio del "libero convincimento" del giudice (vigente in molti ordinamenti), e così avanti.

Inoltre, i "fatti" che il giudice accerta direttamente sono soltanto le *prove* (ad esempio, le testimonianze), non *i fatti provati*: a questi il giudice – non diversamente da uno storico – non ha accesso diretto.

Una prova – ad esempio, una testimonianza – è un fatto (direttamente osservato), che induce a ritenere avvenuto un altro fatto: quest'ultimo, però, è dal giudice non già osservato direttamente, bensì inferito dalle prove. Una prova autorizza il giudice a ritenere vera una certa proposizione circa il presente e ad inferire da questa un'altra proposizione circa il passato. Questa inferenza non ha carattere deduttivo: tra le due proposizioni vi è non già un nesso di implicazione logica, ma piuttosto un più debole nesso di "congruenza narrativa" (così la si è chiamata) [16].

Si prenda ad esempio il seguente ragionamento: "Tutte le sette mogli del signor Barbablù sono morte nella vasca da bagno, mentre il signor Barbablù era in casa. Il giorno antecedente la morte della prima moglie, il signor Barbablù si è informato da un avvocato circa la possibilità di ereditare le di lei sostanze. Se ne deve concludere che il signor Barbablù ha ucciso tutte le sue sette mogli nella vasca da bagno". In un ragionamento siffatto le premesse paiono sufficienti a giustificare la conclusione: la quale è non solo coerente (ossia non contraddittoria) con le premesse, ma altresì "congruente" con esse; certo, appare più persuasiva di una conclusione diversa, del tipo: "Tutte le mogli del signor Barbablù sono morte accidentalmente". Nondimeno, è evidente che la conclusione *non* è logicamente implicata dalle premesse, e malgrado tutto potrebbe essere falsa.

---

[16] N. MacCormick, "Coherence in Legal Justification", in A. Peczenick *et al.* (eds.), *Theory of Legal Science*, Dordrecht, 1984; N. MacCormick, "Coherence in Legal Justification", in W. Krawietz *et al.* (eds.), *Theorie der Normen. Festgabe für Ota Weinberger zum 65. Geburtstag*, Berlin, 1984.

IV.

Applicare principi costituzionali

SOMMARIO: 0. Introduzione. – 1. Identificazione. – 2. Interpretazione. – 3 Bilanciamento. – 4. Concretizzazione.

0. *Introduzione*

L'applicazione giudiziale di principi costituzionali coinvolge (almeno) quattro tipi di operazioni intellettuali:

(1) l'identificazione dei principi in quanto tali, ossia l'ascrizione dello status (del "valore") di principio a una determinata disposizione costituzionale;

(2) l'interpretazione di – cioè l'ascrizione di significato a – una disposizione costituzionale (previamente o contestualmente identificata come) esprimente un principio;

(3) il bilanciamento o ponderazione di tale principio con altri principi confliggenti così da selezionare il principio applicabile;

(4) la specificazione o concretizzazione di tale principio così da costruire una regola idonea a risolvere il caso di cui si tratta.

Per quanto posso vedere, queste diverse operazioni non possono essere nettamente distinte dal punto di vista psicologico. Probabilmente, nella mente degli interpreti esse sono del tutto confuse: diversi aspetti di un unico processo mentale. Questo è particolarmente vero per ciò che concerne il bilanciamento e la concretizzazione. Nondimeno, dal punto di vista logico, ciascuna di queste operazioni merita un'analisi separata.

1. *Identificazione*

Talvolta, i redattori di testi costituzionali etichettano espressamente talune disposizioni come "principi" ("principi fondamentali", "principi generali", e simili)[1]. Ma, per ogni disposizione costituzionale che non sia espressamente qualificata come principio, gli interpreti possono domandarsi se essa esprima una regola o un principio.

Fatte salve le norme della costituzione "materiale" – ossia le norme di organizzazione e le norme sulla produzione giuridica, alcuni – da Dworkin a Zagrebelsky[2] – ritengono che le (rimanenti) norme "sostanziali" della costituzione siano essenzialmente principi. Altri – per esempio Pace e Ferrajoli[3] – pensano invece che le norme costituzionali, quelle in particolare che conferiscono diritti, siano regole, e considerano principi solo le norme programmatiche.

Come che sia, per quanto posso vedere, giudici e giuristi accademici non condividono un preciso concetto di principio. Voglio dire che, nella pratica giuridica, distinguere tra regole e principi non dipende da un qualche concetto di principio previamente accettato. Gli interpreti sembrano distinguere tra regole e principi intuitivamente e caso per caso[4].

---

[1] È il caso, ad esempio, degli articoli 1-12 della Costituzione italiana ("Principi fondamentali"); degli articoli 1-11 (etichettati come "Principi fondamentali") e degli articoli 12-23 (etichettati come "Principi generali" nella sezione dedicata ai "Diritti e doveri fondamentali") della Costituzione portoghese; e così avanti.

[2] R. Dworkin, "Introduction: The Moral Reading and the Majoritarian Premise", in R. Dworkin, *Freedom's Law. The Moral Reading of the American Constitution*, Oxford, 1996; G. Zagrbelsky, *Il diritto mite. Legge, diritti, giustizia*, Torino, 1992.

[3] A. Pace, "Metodi interpretativi e costituzionalismo", in *Quaderni costituzionali*, 1, 35, 2001; L. Ferrajoli, "Costituzionalismo principialista e costituzionalismo garantista", in *Giurisprudenza costituzionale*, n. 3, 2010, p. 2771 ss.; L. Ferrajoli, "El constitucionalismo garantista. Entre paleo-iuspositivismo y neo-iusnaturalismo", in *Doxa*, 34, 2011; L. Ferrajoli, "Diritti fondamentali e democrazia. Due obiezioni a Robert Alexy", in *Rivista di filosofia del diritto*, 2015, pp. 37-52.

[4] Cfr. G. Pino, "Principi e argomentazione giuridica", in *Ars interpretandi*, XIV, 2009, p. 147 ss.

E dunque quali sono – se vi sono – i criteri impiegati dai giuristi per asserire enunciati del tipo: "La disposizione costituzionale D esprime (non una regola, ma) un principio"?

Secondo il pensiero giuridico comune, i principi sembrano condividere (forse insieme ad altre) le seguenti caratteristiche.

(i) I principi sono norme "fondamentali", nel senso che (a) sono idonee a giustificare una pluralità di regole e (b) non hanno (non richiedono) a loro volta alcuna giustificazione. Inutile dire che il preteso carattere "fondamentale" di certe norme in seno all'ordinamento è una proprietà assiologica, non fattuale. L'attribuzione a una norma di questo carattere dipende da una valutazione, in particolare da un giudizio di valore intorno alla importanza (relativa) di quella norma entro l'ordinamento giuridico nel suo complesso e/o entro una qualche sua parte (il diritto penale, il diritto civile, il diritto dei contratti, etc.).

(ii) I principi sono sovente formulati come norme categoriche, ossia non condizionali [5]. Mentre le regole possono (sempre, si suppone) essere ricostruite come enunciati condizionali che connettono una conseguenza giuridica a una determinata classe di fattispecie, i principi no: non si prestano a essere analizzati in termini di protasi e apodosi, o comunque, se mai hanno un antecedente, si tratta di un antecedente aperto. In questo senso le condizioni di applicazione dei principi sono largamente, per non dire totalmente, indeterminate [6].

(iii) I principi sono "ragioni *prima facie*". In altre parole, essi sono defettibili o derogabili (*defeasible*, *derrotables*), cioè soggetti a una serie di eccezioni inespresse ("implicite"), che si

---

[5] Ad esempio, "La libertà personale è inviolabile" (art. 3, Costituzione italiana); "La dignità umana è inviolabile", "Tutti sono eguali di fronte alla legge" (artt. 1 e 3, Legge fondamentale della Germania); "La sovranità appartiene al popolo" (art. 3, Costituzione francese); e così via; M. Atienza, J. Ruiz Manero, *Las piezas del Derecho. Teoría de los enunciados jurídicos*, Madrid, 1996, cap. 1; G. Zagrbelsky, *Il diritto mite. Legge, diritti, giustizia*, cit., cap. 6.

[6] Per una critica puntuale della tesi che i principi siano norme categoriche vedi G.B. Ratti, *Norme, principi, e logica*, Roma, 2009, cap. III, nonché G.B. Ratti, *El gobierno de las normas*, Madrid, 2013, cap. VII.

manifestano solo in occasione della loro applicazione a un caso concreto. Detto altrimenti: i principi «rappresentano ragioni che possono essere superate da altre ragioni», cioè sono soggetti a essere bilanciati con – ed eventualmente derogati (*defeated*) da – altri principi confliggenti, mentre ciò, almeno *prima facie*, non vale per le regole [7].

(iv) A differenza delle regole, i principi non sono adatti a risolvere controversie mediante ragionamenti in *modus ponens*. A causa della loro forma logica, della loro defettibilità, e del fatto che sono soggetti a bilanciamento, i principi non possono essere applicati direttamente a casi individuali "concreti" senza una previa specificazione o concretizzazione.

Orbene, quali di queste caratteristiche sono *argomenti* per asserire che una data disposizione costituzionale esprime un principio, e quali di esse sono invece *conseguenze* del considerare quella data disposizione un principio e non una regola?

Pare a me che nel pensiero giuridico comune la differenza essenziale tra regole e principi stia nel carattere (si suppone) fondamentale dei principi e, forse, nella loro forma (si suppone) categorica. Tuttavia, non è affatto chiaro se le altre caratteristiche menzionate siano ulteriori ragioni per assumere che una data disposizione esprima un principio o, al contrario, conseguenze di tale assunzione.

Si prenda, ad esempio, la defettibilità. Dobbiamo pensare che una norma sia un principio a causa della sua (presunta) defettibilità, o al contrario che essa sia defettibile perché si suppone che sia un principio? *Non liquet*: a mio modo di vedere, la pratica effettiva dei giuristi non offre una chiara risposta a questa domanda.

Ad ogni modo, considerare una disposizione costituzionale come un principio (o no) è cosa gravida di importanti conseguenze pratiche nei giudizi di legittimità costituzionale. Si prendano, ad esempio, quelle disposizioni costituzionali che

---

[7] Che le regole non siano *defeasible* e soggette a bilanciamento è smentito con dovizia di esempi, desunti dalla giurisprudenza brasiliana, da H.B. Ávila, *Teoria dei principi*, Torino, 2014.

richiedono il pareggio di bilancio, come l'art. 81, comma 1, della costituzione italiana («Lo Stato assicura l'equilibrio tra le entrate e le spese del proprio bilancio»). Trattare clausole siffatte come regole sembra implicare che esse non siano defettibili, cioè che non possano assolutamente essere derogate, neppure applicando altri principi costituzionali, per esempio quei principi (quelle direttive, o norme programmatiche) che raccomandano al legislatore di dare attuazione a certi diritti sociali. Trattarle come principi, per contro, consente ai giudici costituzionali di bilanciarle con altri principi e decidere che, dopo tutto, quella norma sul pareggio di bilancio non è strettamente vincolante e che il soddisfacimento di un dato diritto sociale deve prevalere.

D'altro canto, poiché i principi non hanno un preciso campo di applicazione, quanto più le disposizioni costituzionali sono trattate come principi tanto più la costituzione appare come "completa", priva di lacune, nel senso che la costituzione appare capace di disciplinare qualsiasi materia (qualunque possibile fattispecie), così da condizionare qualunque possibile decisione futura del legislatore. L'ovvio risultato è una drastica riduzione del potere discrezionale dell'organo legislativo e, simmetricamente, una eguale estensione del potere discrezionale dei giudici costituzionali.

2. *Interpretazione*

Una volta stabilito che una data clausola costituzionale esprime non una regola, ma un principio, una parte significativa del lavoro "interpretativo", latamente inteso, è ormai fatta [8]. Tuttavia, malgrado il comune modo di esprimersi dei giuristi, nel quale il vocabolo "interpretazione" si riferisce normalmente a

---

[8] Per inciso: io intendo la tesi di Alexy, secondo cui i principi sono "precetti di ottimizzazione" (R. Alexy, *A Theory of Constitutional Rights*, trad. J. Rivers, Oxford, 2002, p. 47 ss.), non come uno speciale concetto di principio, ma come il risultato di una certa interpretazione di talune disposizioni costituzionali (previamente o contestualmente) identificate come esprimenti principi.

tutte le operazioni intellettuali degli interpreti senza ulteriori distinzioni, conviene adottare un concetto ristretto di interpretazione: diversamente, risulta impossibile distinguere l'attribuzione di significato ad un testo, per esempio, dalle costruzioni inferenziali di norme inespresse (che si pretendono "implicite"), dal bilanciamento di principi, e così via.

"Interpretare", strettamente inteso, vuol dire ascrivere significato – senso e riferimento – a un testo giuridico. In particolare, l'interpretazione cognitiva (o "scientifica", nel linguaggio di Kelsen) è la neutra (libera da valori) esegesi di un testo, compiuta da giuristi accademici disinteressati, mentre l'interpretazione giudiziale ("autentica", nel linguaggio di Kelsen) consiste nel decidere un determinato significato, considerato come quello (l'unico) corretto [9].

Orbene, secondo un modo di vedere diffuso, l'interpretazione costituzionale sarebbe un'impresa del tutto diversa dalla comune interpretazione delle leggi e di altri testi normativi [10]. Tuttavia, un'analisi, anche sommaria, delle tecniche interpretative impiegate da giuristi accademici e giudici costituzionali (o corti supreme) sembra mostrare che questa tesi è semplicemente falsa. Di fatto, l'interpretazione costituzionale condivide con l'interpretazione della legge gli stessi metodi e argomenti: il significato comune (secondo i casi "originario" o "attuale") delle parole, l'intenzione e/o lo scopo dell'autorità normativa, i lavori preparatori, la coerenza e l'armonia sistemica, gli argomenti *a simili* e *a contrariis*, e così via.

Nondimeno, le disposizioni costituzionali che (si suppone) esprimono principi sono spesso [11] formulate in linguaggio "morale" (così si usa dire), ossia per mezzo di espressioni valutative e/o che sottintendono dottrine (io direi) politiche (piuttosto che

---

[9] H. Kelsen, *The Law of the United Nations*, London, 1950, Introduction; H. Kelsen, *Théorie pure du droit* (1960), trad. Ch. Eisenmann, Paris, 1962, titolo VIII.

[10] Di fatto esiste in Italia, Germania, Spagna, U.S.A., etc. una estesa letteratura specificamente dedicata all'interpretazione *costituzionale*. Critiche in R. Guastini, *Interpretare e argomentare*, Milano, 2011, parte quarta.

[11] Spesso, ma, di fatto, *non* così frequentemente come ritengono molti filosofi del diritto.

morali). Sicché ascrivere significato a tali disposizioni richiede – per dirlo con Dworkin – dei «fresh moral judgments» da parte degli interpreti, e in particolare da parte dei giudici costituzionali [12]. A dire il vero, lo stesso accade per molte disposizioni legislative. Ma, secondo un'opinione diffusa, quando si tratta di disposizioni costituzionali, il problema è pervasivo.

Ciò induce molti filosofi del diritto – cosiddetti positivisti "soft" o "inclusivi" – a sostenere che le clausole costituzionali in questione "incorporano" la morale [13]. Quale morale, tuttavia? La morale sociale o la morale critica degli interpreti? *Tertium non datur* [14].

Prima facie, la morale sociale sembra un buon candidato. Ma l'accertamento delle idee morali socialmente diffuse è questione di indagine empirica (sociologica), mentre giudici e giuristi accademici non sono scienziati sociali: non sono intellettualmente attrezzati per compiere indagini di questo tipo, e comunque il processo non è il luogo adeguato per compierle. Inoltre, di fatto, in società pluralistiche, su molte questioni morali seriamente controverse non esiste consenso sociale. I giudici costituzionali a volte fanno riferimento alla morale sociale, ma si tratta della morale sociale come essi la immaginano, o come essi la percepiscono attraverso il filtro della loro morale critica.

De facto, per quanto posso vedere, l'interpretazione dei principi costituzionali dipende largamente dalla morale critica degli interpreti: dai loro "fresh moral judgments". E, se ciò è vero in punto di fatto, allora le clausole costituzionali [15] in questione sono ovviamente soggette a un alto grado di discrezionalità interpretativa.

---

[12] R. Dworkin, "Introduction: The Moral Reading and the Majoritarian Premise", cit.

[13] Vedi ad esempio J. Coleman, *The Practice of Principle*, Oxford, 2001; W.J. Waluchow, *Inclusive Legal Positivism*, Oxford, 1994.

[14] R. Guastini, "Dei rapporti tra liberalismo e non cognitivismo", in *Teoria politica*, 2, 2012, pp. 137-142.

[15] Non diversamente dalle clausole generali. Cfr. V. Velluzzi, *Le clausole generali. Semantica e politica del diritto*, Milano, 2010.

Come scrisse Kelsen (nel 1928), «Les conceptions de la justice, de l'égalité, de la moralité, etc., diffèrent tellement selon le point de vue des intéressés, que, si le droit positif ne consacre pas l'une d'entre elles, toute règle de droit peut être justifiée par l'une de ces conceptions possibles [...]. Mais, précisément dans le domaine de la justice constitutionnelle, elles [le formule costituzionali che si riferiscono all'eguaglianza, etc.] peuvent jouer un rôle extrêmement dangereux», a causa del «déplacement de pouvoir», dal parlamento alla corte costituzionale, che esse implicano. L'opinione di Kelsen era che «la Constitution doit, surtout si elle crée un tribunal constitutionnel, s'abstenir de ce genre de phraséologie, et, si elle veut poser des principes relatifs au contenu de lois, les formuler d'une façon aussi précise que possible» [16]. Tuttavia, se sia possibile una formulazione più precisa dei principi costituzionali appare questione altamente discutibile [17].

3. *Bilanciamento*

La tecnica del bilanciamento è analizzata in modo magistrale da Alexy nel libro sui diritti costituzionali [18]. Vi è qualcosa da aggiungere al riguardo? Io non credo. Benché io sia solito esprimermi in un linguaggio diverso (forse più approssimativo), l'analisi di Alexy mi pare perfetta [19].

Nella prassi effettiva delle corti costituzionali (e/o supreme) [20], i conflitti tra principi costituzionali sono comunemente risolti per mezzo di un "enunciato di preferenza", come lo chia-

---

[16] H. Kelsen, "La garantie juridictionnelle de la Constitution (La justice constitutionnelle)", in *Revue de droit public et de la science politique en France et à l'étranger*, XXXV, 1928, p. 240 ss.

[17] Non rientra nell'oggetto di questo saggio l'analisi del modo in cui i principi costituzionali influenzano, a loro volta, la legislazione ordinaria.

[18] R. Alexy, *A Theory of Constitutional Rights*, cit., cap. 3.

[19] R. Guastini, *Interpretare e argomentare*, cit., p. 197 ss. Diverse concezioni della tecnica del bilanciamento sono analizzate da D. Martínez Zorilla, *Conflictos constitucionales, ponderación, e indeterminación, normativa*, Madrid, 2007.

[20] Lascio qui da parte l'analisi del test di proporzionalità.

ma Alexy, la cui forma logica è: "Il principio P1 ha più peso (ossia più valore) del principio P2 nel contesto X".

Il "contesto", cui l'enunciato si riferisce, è un "caso", ma naturalmente i casi sono diversi nelle diverse giurisdizioni costituzionali.

(a) In un modello di giustizia costituzionale a controllo "accentrato", nel quale solo la corte costituzionale esercita il controllo di legittimità costituzionale sulle leggi, ogni caso ha ad oggetto una norma legislativa, la cui legittimità costituzionale è apprezzata *in abstracto*: la corte non risolve direttamente alcuna specifica controversia. Il contesto è dunque un caso "astratto", ossia una classe di casi.

(b) In un modello di giustizia costituzionale a controllo "diffuso", nel quale per contro qualunque giudice può esercitare il controllo di legittimità costituzionale, ogni caso è una specifica controversia tra due parti processuali, di tal che la legittimità costituzionale di una norma di legge è apprezzata *in concreto*, alla luce dei suoi effetti sui diritti e gli obblighi delle parti. Il contesto è dunque un caso individuale "concreto", e il giudice risolve quella particolare controversia.

Ciò detto, è opportuno fare quattro osservazioni.

(i) L'enunciato di preferenza, di cui sopra, è un giudizio di valore comparativo, la cui (per lo più tacita) giustificazione va ricercata in un altro giudizio di valore comparativo relativo alla giustizia delle opposte soluzioni del caso offerte rispettivamente dai due principi coinvolti. Il principio P1 condurrebbe alla decisione D1, mentre il principio P2 condurrebbe alla decisione D2, e D1 è più giusta o corretta di D2 (o viceversa).

Così facendo, i giudici costituzionali o supremi creano una relazione gerarchica tra i principi confliggenti coinvolti. Siffatta gerarchia ha natura *assiologica*: non ha nulla a che fare con la gerarchia delle fonti, giacché nel sistema delle fonti, i principi in questione sono di pari rango. Mentre la gerarchia delle fonti, ad esempio tra costituzione e legislazione ordinaria, è stabilita dal diritto stesso [21], questo diverso tipo di ge-

[21] In particolare, da quelle disposizioni costituzionali che rendono "rigida"

rarchia è frutto di "libera" creazione degli interpreti.

(ii) Per questa ragione, bilanciare due principi – contrariamente ad un modo di vedere diffuso – non è "riconciliarli" o trovare, tra di essi, un "equilibrio" o una "via mediana"[22]. Il risultato del bilanciamento, nel contesto di cui si tratta, è che un principio è applicato, mentre l'altro è messo da parte. Beninteso, il principio scartato non è annullato né abrogato: è semplicemente non-applicato in quel dato contesto.

(iii) La "preferenza" stabilita dall'enunciato di preferenza si riferisce ad un determinato caso (una specifica norma legislativa o una controversia concreta, secondo le diverse giurisdizioni). Ciò significa che la prevalenza del principio P1 sul principio P2 (o viceversa) vale solo in quel caso – quella particolare norma legislativa o quella particolare controversia, secondo la giurisdizione – mentre in contesti diversi il principio ora disapplicato ben potrebbe prevalere sull'altro (come di fatto accade).

In altre parole, la gerarchia assiologica stabilita dalla corte non è assoluta, non vale ora e per sempre. Al contrario, essa è flessibile, mobile, instabile: dipende dal caso in discussione[23]. Come ben dice Alexy, l'enunciato di preferenza stabilisce una «relazione di precedenza *condizionale*»[24]: se si danno le condizioni C1, P1 prevale su P2; se si danno le condizioni C2, P2 prevale su P1.

In questo modo, bilanciare due principi si risolve – come ora diremo – nel concretizzare o specificare uno di essi (o entrambi): in un determinato caso, un certo principio è concretizzato derivandone la regola R1 (il cui antecedente, o fattispecie, è C1); in un diverso caso, lo stesso principio è concretizzato derivandone la regola R2 (il cui antecedente è C2)[25].

---

la costituzione, impedendo qualunque mutamento costituzionale per via di legislazione ordinaria, e/o da quelle disposizioni costituzionali che assoggettano la legge ordinaria al controllo di legittimità costituzionale.

[22] G. Pino, *Diritti e interpretazione. Il ragionamento giuridico nello Stato costituzionale*, Il Mulino, Bologna, 2010, p. 182 ss.

[23] F. Modugno, *Scritti sull'interpretazione costituzionale*, Napoli, 2008, p. 25.

[24] R. Alexy, *A Theory of Constitutional Rights*, cit., p. 52.

[25] «Le circostanze in cui un principio prevale su di un altro costituiscono l'antecedente di una regola che ha le medesime conseguenze giuridiche del

(iv) È precisamente questo carattere condizionale, e pertanto instabile, della gerarchia assiologica che produce l'apparenza (o l'illusione) di una "via mediana" tra i principi confliggenti.

Occorre distinguere tra l'effetto sincronico del bilanciamento tra due dati principi in una singola decisione e l'effetto diacronico del bilanciamento tra quegli stessi principi in una serie di decisioni della medesima corte. In ciascuna decisione, un principio è sacrificato, mentre l'altro è applicato: sarebbe fuori luogo dire che i principi coinvolti siano in qualche modo "riconciliati". Se invece si guarda allo sviluppo delle decisioni giudiziali in quella materia, si trova che in una serie di casi P1 è stato preferito e P2 è stato accantonato, mentre in altri casi P2 è stato preferito e P1 accantonato. Per esempio, in certi casi la libertà di stampa prevale sui diritti della personalità (intimità della vita privata, identità personale, etc.), mentre in altri casi accade l'opposto.

In altre parole, sul lungo periodo entrambi i principi sono "parzialmente" applicati ed entrambi "parzialmente" disapplicati. Ma "parzialmente" non nel senso che in ciascun caso un principio sia in parte applicato e in parte sacrificato (non so neppure che cosa mai ciò possa significare), bensì nel senso banale che ciascun principio talvolta è applicato e talvolta no.

4. *Concretizzazione*

Il bilanciamento e la concretizzazione dei principi in conflitto sono spesso considerati come un'unica operazione intellettuale. Dal punto di vista psicologico ciò può essere vero. Ma, dal punto di vista logico, direi piuttosto che bilanciare consiste nello scegliere il principio applicabile, mentre concretizzare con-

---

principio prevalente»; «il risultato di ogni corretto bilanciamento [...] può essere formulato come una norma [...] derivata, che ha la forma di una regola sotto la quale può essere sussunto il caso» (R. Alexy, *A Theory of Constitutional Rights*, cit., pp. 54, 56).

siste nella (susseguente) applicazione, strettamente intesa, del principio prescelto.

Come ho detto in precedenza, i principi costituzionali, non avendo precise condizioni di applicazione ed essendo quindi altamente indeterminati, non possono essere direttamente applicati a specifiche controversie. Anzi, è frequente che, nei giudizi costituzionali, i principi debbano essere confrontati con regole, ossia con norme dotate di una diversa struttura logica, il che rende difficile (se non impossibile) il confronto.

Per esempio, il principio «la salute [è] un diritto fondamentale dell'individuo» (art. 32, comma 1, cost.), per sé, non dice nulla intorno al risarcimento dei danni alla salute. Il principio «la difesa è diritto inviolabile in ogni stato e grado del procedimento» (art. 24, comma 2, cost.) nulla stabilisce intorno alla presenza di un avvocato all'interrogatorio dell'accusato. Il principio dell'eguaglianza tra i sessi (art. 3, comma 1, cost.) non disciplina in alcun modo il lavoro notturno delle donne. Il principio «La souveraineté nationale appartient au peuple» (art. 3, cost. francese) non risponde alla domanda se una legge possa, o no, attribuire agli immigrati il diritto di voto nelle elezioni dei consigli comunali. E così via esemplificando.

Applicare una regola consiste nel dedurre da essa, per *modus ponens*, una prescrizione individuale (la soluzione di una controversia). Per contro, l'applicazione dei principi esige concretizzazione o specificazione: anzi, in un senso consiste proprio in questo.

Nel ragionamento del giudice si possono distinguere due livelli di discorso, che si usa chiamare rispettivamente "giustificazione interna" (o di primo livello) e "giustificazione esterna" (o di secondo livello). Grosso modo: una decisione è "internamente" giustificata quando *segue deduttivamente* dalle premesse ("Gli assassini devono essere puniti. Tizio è un assassino. Pertanto Tizio deve essere punito"); è "esternamente" giustificata quando le stesse premesse, a loro volta, *sono fondate*[26].

---

[26] J. Wróblewski, "Livelli di giustificazione delle decisioni giuridiche", in L. Gianformaggio, E. Lecaldano (eds.), *Etica e diritto. Le vie della giustificazione razionale*, Bari, 1986.

Ebbene, le regole sono le premesse normative della giustificazione "interna" delle decisioni giurisdizionali; l'applicazione di principi appartiene piuttosto alla giustificazione "esterna" delle decisioni. Mentre le regole si applicano per via di sussunzione[27], i principi si applicano – non mediante bilanciamento, come alcuni dicono, ma – ricavando da essi regole: precisamente regole *inespresse* (dette "implicite", ma niente affatto implicite in senso stretto, cioè logico)[28]. Concretizzare un principio consiste precisamente nel ricavare da esso una *regola*.

Queste regole inespresse sono regole *costituzionali* giacché sono derivate da principi costituzionali: si tratta dunque di regole che, negli ordinamenti a costituzione rigida, non possono essere derogate o abrogate dalla legislazione ordinaria. Pertanto, la derivazione giudiziale di regole, a partire da principi costituzionali, sviluppa ed espande il diritto costituzionale.

Il ragionamento mediante il quale una regola è derivata (costruita) da un principio ha il principio come premessa (una delle premesse) e la regola come conclusione. Nella maggior parte dei casi, si tratta di un ragionamento non deduttivo. In tutti i casi, esso richiede alcune premesse "arbitrarie": arbitrarie nel senso che sono non norme giuridiche positive, ma assunzioni degli interpreti, come asserti fattuali, definizioni, e costruzioni dogmatiche.

Per esempio: "La salute è un diritto fondamentale dell'individuo" (art. 32, comma 1, cost.: principio); qualunque violazione di un diritto fondamentale è un danno ingiusto; qualunque danno ingiusto deve essere risarcito (art. 2043, cod. civ.); pertanto i danni alla salute devono essere risarciti (prima conclusione: regola); pertanto Tizio deve pagare a Caio 1.000 euro (ulteriore conclusione: soluzione giudiziale della controversia).

Altro esempio: "La sovranità nazionale appartiene al popo-

---

[27] Tecnicamente: ragionando in *modus ponens*.

[28] È sciocco pensare (come molti pensano) che i principi non ammettano e non richiedano sussunzione. Data, per esempio, una disposizione costituzionale che proibisce qualunque «trattamento sanitario» obbligatorio (art. 32 cost.), la sussunzione è ovviamente necessaria per decidere, ad esempio, se il concetto si riferisca, o no, alla nutrizione forzata dei pazienti.

lo" (art. 3, cost. francese); il popolo è l'insieme dei cittadini; gli immigrati non sono cittadini secondo la legge in materia di cittadinanza; la sovranità si esprime mediante il voto; pertanto la legge ordinaria non può validamente attribuire agli immigrati il diritto di voto (prima conclusione: regola); pertanto la legge che attribuisce agli immigrati il diritto di voto nelle elezioni comunali è incostituzionale (ulteriore conclusione: decisione costituzionale).

Questi semplici esempi sono intesi a mostrare che la concretizzazione di principi è un'operazione genuinamente creativa di diritto: in particolare, creativa di *regole*. In un senso, «the Constitution is what the judges say it is» (Charles Evans Hughes, 1907).

V.

L'etica del giudice nel diritto costituzionale vigente

SOMMARIO: 1. Premesse. – 2. La soggezione del giudice alla legge (e ad essa sola). – 3. I giudici comuni di fronte alla costituzione. – 4. Dubbi intorno all'applicazione giudiziale della costituzione.

1. *Premesse*

Conviene iniziare introducendo alcune premesse concettuali.

(1) *Etica*. Un'etica è, secondo l'accezione comune della parola, un insieme di norme o regole di condotta: dunque un discorso prescrittivo.

(2) *Metaetica*. Possiamo convenire di chiamare "metaetica" qualunque discorso che verta sull'etica[1]: dunque un discorso che verte (non sulla condotta, ma) sopra un altro discorso, un metalinguaggio il cui linguaggio-oggetto è costituito dall'etica.

Ora, se applichiamo alla metaetica la tradizionale coppia oppposizionale descrittivo vs. prescrittivo, possiamo distinguere due tipi di discorso sull'etica: un discorso descrittivo e un discorso prescrittivo. Distingueremo dunque due tipi di metaetiche: metaetiche descrittive e metaetiche prescrittive.

---

[1] Qui si adotta una nozione di metaetica assai più ampia di quella corrente nel linguaggio della filosofia analitica (dove pure il termine stesso è nato), nella quale si dice comunemente 'metaetica' l'analisi logica del discorso etico (o morale che dir si voglia).

(a) *Metaetiche descrittive*. Una metaetica descrittiva consiste in un insieme di proposizioni (i.e., enunciati veri o falsi) aventi ad oggetto norme etiche. Per esempio, proposizioni le quali descrivano il contenuto di norme etiche, del tipo "Secondo l'etica cristiana, nella circostanza x, si deve tenere la condotta y", "Secondo l'etica liberale, nella circostanza z, non si deve fare w", etc.

(b) *Metaetiche prescrittive*. Una metaetica prescrittiva, per contro, consiste in un insieme di metanorme, ossia di norme (i.e., enunciati né veri né falsi) aventi ad oggetto (altre) norme etiche; tipicamente, metanorme le quali prescrivano donde trarre norme etiche. Una metaetica prescrittiva, si osservi, non dice ciò che si deve fare od omettere: dice, piuttosto, dove cercare – donde trarre – norme etiche di condotta.

In verità, le metanorme che costituiscono una metaetica prescrittiva sono essenzialmente metanorme di rinvio (mobile) – in tutto analoghe a quelle che si incontrano ad esempio nel c. d. diritto internazionale privato – del tipo: "Si deve obbedire ai comandi della divinità", "Si deve obbedire ai comandi del sovrano", etc.

(3) *Metaetica giusnaturalistica e metaetica legalistica*. Si può dire che, nella cultura giuridica moderna, due metaetiche prescrittive fondamentali si contendano il campo: una metaetica giusnaturalistica ed una metaetica giuspositivistica (o sedicente tale). Grosso modo:

(a) *Metaetica giusnaturalistica*. Il tratto caratterizzante della metaetica giusnaturalistica[2] è l'idea che si debba obbedire al diritto (positivo) solo se giusto o, detto altrimenti, che si debba disobbedire al diritto (positivo) se ingiusto. L'obbedienza al diritto è così affidata ai soggettivi giudizi di valore di ciascuno.

(b) *Metaetica legalistica*. La metaetica giuspositivistica – detta anche "positivismo ideologico"[3] o "quasi-positivi-

---

[2] Il giusnaturalismo inteso come metaetica (N. Bobbio, *Giusnaturalismo e positivismo giuridico*, Torino, 1965, p. 179 ss.) è altra cosa, beninteso, dalle eventuali etiche giusnaturalistiche, quale ad esempio l'etica dei diritti umani (R. Guastini, "Préface", in N. Bobbio, *Essais de théorie du droit*, Paris, 1998, p. 6 ss.).

[3] N. Bobbio, *Giusnaturalismo e positivismo giuridico*, cit., p. 110 ss. Nella

smo" [4] – prescrive di obbedire comunque al diritto positivo, del tutto indipendentemente dal suo essere giusto o ingiusto. L'obbedienza al diritto, pertanto, è dovuta quali che siano i giudizi di giustizia di ciascuno. Questo modo di vedere va altresì sotto il nome di "legalismo (o formalismo) etico".

(4) *La metaetica del giudice.* Nella cultura giuridica moderna, d'altra parte, è del tutto scontato che il giudice non possa avere altra metaetica (prescrittiva) che quella giuspositivistica o (meglio) legalistica. Si parla ovviamente della metaetica "pubblica" del giudice, ossia della sua metaetica in quanto giudice, che può ben essere cosa diversa dalla sua metaetica in quanto privato cittadino. Il giudice, insomma, deve obbedienza incondizionata al diritto.

Da questo punto di vista, l'etica di ciascun giudice – cioè l'insieme delle norme che hanno ad oggetto la pronuncia di provvedimenti giurisdizionali decisori delle controversie a lui sottoposte – è una variabile dipendente dell'ordinamento nel quale egli è giudice, e si identifica perfettamente con l'insieme delle norme di diritto positivo che a lui sono rivolte.

Per chi accetti questo modo di vedere discorrere dell'etica del giudice non è cosa diversa dal parlare, molto banalmente, del diritto positivo vigente (in un ordinamento determinato), o di una sua parte. L'etica del giudice non è materia di filosofia morale: è materia di dogmatica o, se si preferisce, di scienza giuridica.

2. *La soggezione del giudice alla legge (e ad essa sola)*

Nella costituzione italiana vigente, il nucleo centrale dell'etica del giudice – mi riferisco, beninteso, ai giudici comuni: per i giudici costituzionali occorrerebbe un discorso totalmente di-

---

letteratura recente: T.D. Campbell, *The Legal Theory of Ethical Positivism*, Brookfield, 1996.

[4] Così A. Ross, "Validity and the Conflict between Legal Positivism and Natural Law" (1961), ora in S.L. Paulson, B. Litchewski Paulson (eds.), *Normativity and Norms. Critical Perspectives in Kelsenian Themes*, Oxford, 1998, p. 147 ss.

verso – è l'insieme delle norme che possono ricavarsi dall'art. 101, comma 2, cost. Le richiamo succintamente[5]:

(a) In primo luogo, i giudici sono soggetti alla legge nel senso che ogni provvedimento giurisdizionale deve essere fondato su una specifica norma di legge.

(b) In secondo luogo, i giudici sono soggetti alla legge nel senso che i provvedimenti giurisdizionali devono essere materialmente conformi alle leggi.

(c) In terzo luogo, i giudici sono soggetti alle leggi nel senso che devono limitarsi ad applicarle: non sono cioè autorizzati a crearne di nuove.

(d) In quarto luogo, i giudici sono soggetti alle leggi nel senso che hanno l'obbligo di conoscerle.

(e) In quinto luogo, i giudici sono soggetti alle leggi nel senso che non sono in alcun caso autorizzati a rifiutarne l'applicazione.

(f) In sesto luogo, i giudici sono soggetti *solo* alla legge nel senso che non sono vincolati dai "precedenti" (i.e., dalle precedenti decisioni) giurisprudenziali.

(g) In settimo luogo, i giudici sono soggetti *solo* alla legge nel senso che non sono incondizionatamente obbligati a dare applicazione agli atti della Pubblica amministrazione, ivi inclusi gli atti a contenuto normativo, ossia i regolamenti.

(h) In ottavo luogo, i giudici sono soggetti *solo* alle leggi nel senso che godono di totale autonomia di giudizio: cioè non sono soggetti a ordini o direttive politiche di chicchessia circa il modo di giudicare in concreto.

3. *I giudici comuni di fronte alla costituzione*

L'art. 101, comma 2, cost. non implica che i giudici, essendo soggetti solo alla legge, non siano perciò soggetti anche alla co-

---

[5] Cfr. R. Guastini, "Commento all'art. 101", in *Gli organi ausiliari. La magistratura*, I, *Commentario della Costituzione*, a cura di G. Branca e A. Pizzorusso, Bologna-Roma, 1994.

stituzione. Al contrario, essendo la legge formale fonte gerarchicamente subordinata alla costituzione, è ovvio che la soggezione alla legge implichi *a fortiori* (più precisamente: *a minori ad maius*) la soggezione alla costituzione (e, s'intende, alle leggi di rango costituzionale). E del resto la soggezione dei giudici alla legge è un principio costituzionale: sicché, se i giudici non fossero soggetti alla costituzione, la loro soggezione alla legge, di cui si è detto, non avrebbe alcun fondamento. La costituzione – è opportuno ricordarlo – in virtù della sua stessa formula di promulgazione deve essere «fedelmente osservata» non solo da «tutti i cittadini», ma anche da (tutti) gli «organi dello Stato».

Dicendo che i giudici sono soggetti (anche) alla costituzione si vuol dire, molto banalmente, non solo che essi non sono autorizzati a violarla, ma anche che non possono negare ad essa applicazione nei casi e nei limiti in cui la costituzione è suscettibile di applicazione diretta da parte di giudici comuni. In particolare, i giudici comuni hanno l'obbligo di sollevare eccezioni di illegittimità costituzionale (di fronte alla Corte costituzionale) ogniqualvolta si trovino a dover applicare una disposizione di rango legislativo per la quale sussista un dubbio di non conformità con la costituzione (art. 23 legge 87/1953).

Nondimeno, l'applicazione della costituzione *non* pare compito caratteristico dei giudici comuni.

Intanto, larga parte della costituzione (grosso modo, la parte seconda, «Ordinamento della Repubblica») è certo suscettibile di applicazione giurisdizionale da parte della Corte costituzionale, specialmente in sede di giudizio su conflitti di attribuzione, ma non sembra suscettibile di applicazione giurisdizionale da parte dei giudici comuni.

Soprattutto, è lecito sostenere che l'applicazione giurisdizionale della costituzione consista tipicamente – benché non esclusivamente – nel giudicare della legittimità costituzionale di leggi: la qual cosa, però, è sottratta alla competenza dei giudici comuni ed è riservata alla Corte costituzionale (art. 134 cost.). Ogni decisione intorno alla legittimità costituzionale di leggi è infatti inibita ai giudici comuni (art. 1, legge cost. 1/1948; art. 23, legge 87/1953), i quali possono, al massimo, respingere per irrilevanza o per manifesta infondatezza le eccezioni di illegittimità costituzionale avanzate dalle parti (art. 24 legge 87/1953).

Tuttavia, è ormai opinione largamente consolidata – in dottrina e in giurisprudenza – che la costituzione sia suscettibile di applicazione anche da parte dei comuni organi giurisdizionali.

Quanto alla dottrina, valga per tutti il seguente passo di Gustavo Zagrebelsky: «Dove la struttura della norma costituzionale è sufficientemente completa per poter valere come regola di casi concreti, essa deve essere utilizzata direttamente da tutti i soggetti dell'ordinamento giuridico, siano essi i giudici, la pubblica amministrazione, i privati. La costituzione è insomma fonte diretta di posizioni soggettive per i soggetti dell'ordinamento, in tutti i tipi di rapporto in cui essi possono entrare. [...] Oggi la costituzione si dirige anche, direttamente, ai rapporti tra i singoli ed ai rapporti sociali. Perciò le norme costituzionali possono essere invocate, dove sia possibile, come regola, ad esempio, dei rapporti familiari, dei rapporti nelle imprese, nelle associazioni e così via» [6].

D'altro canto, secondo la giurisprudenza della Corte costituzionale (a partire almeno dalla sentenza 122/1970) [7], i diritti soggettivi garantiti dalla costituzione – ivi inclusi i diritti di libertà – non sono dei "diritti pubblici" nel senso della dottrina tedesca del XIX secolo, ossia dei diritti rivolti (solo) "contro lo stato": al contrario, sono diritti garantiti *erga omnes*, nei confronti di chiunque. Ciò significa che le norme costituzionali sono applicabili non solo nelle controversie che oppongono un cittadino ad un pubblico potere, ma anche nelle relazioni "interprivate", tra cittadini. Per conseguenza, tutti i giudici hanno il potere – e il dovere – di applicare direttamente le norme costituzionali nelle controversie che si trovano a giudicare.

---

[6] G. Zagrebelsky, *Manuale di diritto costituzionale*, I. *Il sistema delle fonti del diritto*, rist. aggiornata, Torino, 1991, p. 105.

[7] Cfr. anche Corte cost. 156/1971, 88/1979, 177/1984.

4. *Dubbi intorno all'applicazione giudiziale della costituzione*

Di fatto, se si guarda alla prassi giurisprudenziale, l'applicazione giudiziale della costituzione – se intendiamo questa espressione in un senso convenientemente ampio – assume non meno di cinque forme distinte.

(i) In primo luogo, ogni giudice applica la costituzione allorché – di sua iniziativa, e non per impulso di parte – solleva, di fronte alla Corte costituzionale, una questione di legittimità costituzionale (art. 23, comma 3, legge 87/1953).

(ii) In secondo luogo, ogni giudice applica la costituzione quando è chiamato a giudicare della "non manifesta infondatezza" di una questione di legittimità costituzionale sollevata con istanza di parte (art. 23, comma 2, legge 87/1953). È ovvio, infatti, che il giudizio di non manifesta infondatezza esige l'interpretazione e l'uso della costituzione.

(iii) In terzo luogo, ogni giudice applica la costituzione quando – cosa peraltro assai rara – dichiara l'illegittimità costituzionale di un regolamento dell'esecutivo (giacché il controllo di legittimità costituzionale sui regolamenti è affidato, appunto, ai giudici comuni [8]).

(iv) In quarto luogo, ogni giudice applica, in un certo modo, la costituzione allorché pratica un'interpretazione adeguatrice della legge, ossia attribuisce alla legge un significato conforme a costituzione. Nel senso che, di fronte ad una disposizione legislativa che ammette due confliggenti interpretazioni, l'una conforme alla costituzione, l'altra difforme da essa, presceglie la prima.

(v) In quinto luogo, i giudici danno applicazione diretta alla costituzione quando usano senz'altro una norma costituzionale – e non una norma di rango legislativo – per decidere una controversia loro sottoposta.

Peraltro, sia l'interpretazione adeguatrice della legge, di cui al punto (iv), sia l'applicazione diretta della costituzione stret-

---

[8] Cfr. Corte cost. 484/1993 e 436/1997.

tamente intesa (la *Drittwirkung*, come si usa dire nella dottrina di lingua tedesca), di cui al punto (v), si prestano a critica.

(1) *Interpretazione adeguatrice*. L'interpretazione adeguatrice della legge – ossia la scelta, tra i diversi possibili significati di una legge, di quello *conforme a costituzione* – è pratica costante dei giudici comuni[9], e, del resto, è espressamente richiesta ai giudici comuni dalla Corte costituzionale.

Il fenomeno è particolarmente evidente allorché una delle parti del processo principale solleva una questione di legittimità costituzionale (sopra una legge applicabile in quel processo: diversamente la questione non sarebbe "rilevante", ai sensi dell'art. 23, comma 2, legge 87/1953) e il giudice respinge l'istanza di parte – rifiuta cioè di sottoporre la questione alla Corte costituzionale – adducendo che la questione è "manifestamente infondata" dal momento che la legge di cui si tratta può essere interpretata in modo conforme alla costituzione: sicché basta "a-

[9] L'interpretazione adeguatrice – una specie del genere interpretazione sistematica latamente intesa – è quella interpretazione che previene le antinomie tra norme espresse da testi normativi *diversi* e *gerarchicamente ordinati*, evitando di ricavare da una data disposizione (poniamo l'art. x di una certa legge) una norma che sarebbe in conflitto con un'altra norma, previamente ricavata da una disposizione appartenente ad un testo normativo diverso e gerarchicamente *superiore* (diciamo l'art. y della costituzione). Accade spesso, ad esempio, che una disposizione di legge sia suscettibile di due interpretazioni alternative, ciascuna delle quali ricava, da quell'unica disposizione, due norme distinte – diciamo N1 e N2 – e che una di queste norme, poniamo N1, sia conforme a costituzione, mentre l'altra, N2, è incompatibile con la costituzione. Ebbene, si fa interpretazione adeguatrice scartando la seconda interpretazione (N2), e scegliendo la prima (N1). Si trovano esempi macroscopici di interpretazione adeguatrice in tutte le sentenze c.d. "interpretative" della Corte costituzionale (specialmente nelle interpretative "di rigetto"). Ma, sebbene l'interpretazione della legge conforme a costituzione sia l'esempio paradigmatico di interpretazione adeguatrice, questo tipo di interpretazione ha un raggio d'azione vastissimo. Si fa interpretazione adeguatrice quando (nel dubbio) si interpreta: una legge in modo conforme a (anziché contrastante con) un regolamento comunitario; un decreto legislativo delegato in modo conforme alla legge di delegazione; una legge regionale in conformità alle leggi statali che esprimono i principi fondamentali della materia di cui trattasi; un regolamento di esecuzione in modo conforme alle disposizioni di rango legislativo alla cui esecuzione esso è preordinato; e così via.

deguare" il significato della legge alla costituzione – armonizzarlo con la costituzione – perché la questione di legittimità costituzionale si dissolva[10]. A questo riguardo, si possono fare quattro osservazioni.

In primo luogo, alla stregua del diritto positivo vigente, l'interpretazione adeguatrice – lungi dall'essere doverosa, come taluni ritengono – parrebbe anzi vietata. L'art. 12, comma 1, disp. prel. cod. civ., infatti, statuisce che, nell'interpretare la legge, i giudici non hanno altro obbligo se non quello di attribuire ad essa il senso «fatto palese dal significato proprio [i.e., comune] delle parole secondo la connessione di esse, e dalla intenzione del legislatore». Sicché i casi sono due, e solo due.

(a) Se il significato conforme a costituzione si accorda con il significato comune delle parole o con l'intenzione del legislatore – insomma se la legge appare conforme a costituzione in virtù solo del significato comune delle parole o dell'intenzione del legislatore – allora l'interpretazione adeguatrice semplicemente non ha ragion d'essere.

(b) Se il significato conforme a costituzione *non* si accorda con il significato comune delle parole o con l'intenzione del legislatore, la scelta del significato conforme – ossia di un significato che per l'appunto *non* si accorda con il significato comune delle parole o con l'intenzione del legislatore – costituisce violazione dell'art. 12, comma 1, disp. prel. cod. civ.

In secondo luogo, è lecito sostenere che, di fronte ad una disposizione di legge che ammetta anche una sola interpretazione difforme dalla costituzione, il giudice – lungi dall'avere l'obbli-

---

[10] Questa pratica, d'altronde, è incoraggiata dalla Corte di cassazione (ad es., Cass. 674/1971, in *Giustizia civile*, 1971, I, p. 1096; Cass. 2342/1975, in *Giustizia civile*, 1975, I, p. 1663; Cass., S.U., 661/1986, in *Foro italiano*, 1986, I, p. 1898), dal Consiglio di Stato (ad es., Cons. Stato, Sez. VI, 100/1977, in *Consiglio di Stato*, 1977, I, p. 222), e dalla stessa Corte costituzionale (ad es., Corte cost. 63/1989, 177/1993). Tuttavia, per le ragioni che ora si diranno nel testo, un obbligo di fare interpretazione adeguatrice – adombrato da molte pronunce giurisprudenziali – non pare sussistere (neppure in presenza di una sentenza "interpretativa di rigetto" della Corte costituzionale, stante l'efficacia *inter partes* di tali decisioni).

go di fare interpretazione adeguatrice – abbia anzi l'obbligo di sollevare questione di legittimità costituzionale di fronte alla Corte. Ciò per la semplice ragione che, evidentemente, non può dirsi «manifestamente infondata» (art. 1, legge cost. 1/1948; art. 23, comma 2, legge 87/1953) una questione di legittimità costituzionale sopra una disposizione che, in ipotesi, *è* suscettibile di esprimere anche una sola norma in contrasto con la costituzione: una questione di legittimità costituzionale è manifestamente infondata solo allorché nessun serio argomento si possa addurre per sostenere l'illegittimità costituzionale della norma di cui trattasi.

In terzo luogo, sotto il profilo della opportunità politica, l'interpretazione adeguatrice (specie se compiuta dai giudici comuni, ma anche se compiuta dalla Corte costituzionale con decisioni "interpretative di rigetto") appare assai discutibile, se non decisamente dannosa, per chiunque abbia a cuore la legalità costituzionale. Essa, infatti, non sortisce altro esito se non quello di conservare in vita disposizioni legali che *possono* esprimere norme incostituzionali, e la cui interpretazione conforme a costituzione da parte della generalità dei giudici e soprattutto degli organi amministrativi non può dirsi assicurata.

In quarto luogo, l'interpretazione adeguatrice è diretta – almeno così si suppone – a conservare la coerenza (assenza di antinomie) dell'ordinamento e, in particolare, a salvaguardare i principi costituzionali. Ma, se è vero quanto si è detto al punto precedente, essa è un mezzo del tutto incongruente rispetto allo scopo suo proprio, giacché non ha altro effetto che quello di lasciare nell'ordinamento disposizioni suscettibili di interpretazioni incostituzionali.

(2) *Drittwirkung*. L'applicazione diretta della costituzione, strettamente intesa, ossia l'uso di una norma costituzionale per risolvere una controversia tra privati, può aver luogo – mi pare – in due circostanze distinte:

(a) in presenza di una lacuna della legge, ossia qualora manchi qualsivoglia norma di rango legislativo regolatrice della fattispecie (lacuna *normativa*); oppure

(b) quando una norma legislativa regolatrice della fattispecie vi sia, ma – per qualche ragione – la soluzione che essa offre appaia al giudice insoddisfacente (lacuna *assiologica*).

(i) Nella prima circostanza – la legge presenta una lacuna normativa – l'applicazione diretta della costituzione è discutibile sotto un duplice aspetto.

In primo luogo, occorre sottolineare che le lacune normative *non* sono indipendenti dall'interpretazione, ma al contrario ne dipendono: ogni lacuna è frutto di una decisione interpretativa, sicché, interpretando in altro modo, la lacuna semplicemente non sussisterebbe.

Esempio banale. Poniamo di avere a che fare con una disposizione che impone un obbligo tributario ad una certa classe di soggetti: "Se S1, allora obbligatorio T" (dove S1 sta per una qualunque classe di soggetti, e T per il versamento di un qualsivoglia tributo). Ebbene: la (diversa) classe di soggetti S2 è, o no, soggetta al medesimo obbligo tributario? Questa domanda ammette non meno di tre risposte [11].

(a) Alla luce della *ratio legis*, la classe S2 è simile sotto un aspetto essenziale alla classe S1. Pertanto anche i soggetti S2 sono soggetti (si perdoni il bisticcio) al medesimo obbligo tributario T. La legge *non* presenta lacune in relazione alla classe S2 (sottintende una norma implicita che estende l'obbligo tributario anche ai soggetti S2).

(b) La disposizione in esame obbliga *solo* i soggetti S1. Pertanto implica che i soggetti S2 siano esclusi dall'obbligo tributario T. Di nuovo, la legge *non* presenta lacune in relazione alla classe S2 (al contrario, sottintende una norma implicita che solleva i soggetti S2 dall'obbligo tributario).

---

[11] La prima risposta utilizza l'argomento analogico. La seconda e la terza utilizzano – entrambe, ma in modi diversi – l'argomento "a contrario". Cfr. R. Guastini, *Il giudice e la legge*, Torino, 1995, p. 173 ss.; Id., *Distinguendo. Studi di teoria e metateoria del diritto*, Torino, 1996, p. 175 ss. Ma per un'analisi approfondita dell'argomento *a contrario* si veda G. Carcaterra, "L'argomento a contrario", in S. Cassese, G. Carcaterra, M. D'Alberti, A. Bixio (eds.), *L'unità del diritto. Massimo Severo Giannini e la teoria giuridica*, Bologna, 1994.

(c) La disposizione in esame menziona *solo* i soggetti S1. Pertanto *nulla* dispone intorno ai soggetti S2. La legge è *lacunosa* in relazione ai soggetti S2.

Insomma, il "riconoscimento" (si fa per dire) di una lacuna nella legge è un atto interpretativo discrezionale. Sicché il giudice potrebbe benissimo decidere nel senso che la lacuna non sussiste: in questo caso, ovviamente, non vi sarebbe ragione di ricorrere all'applicazione diretta della costituzione. Vero è che le norme implicite – ricavate mediante analogia e/o "a contrario", onde evitare o colmare la lacuna – potrebbero apparirgli incostituzionali. Ma, se ritiene – lui – che l'una o l'altra di queste norme sia implicita nell'ordinamento, il giudice non ha per nulla la facoltà di disapplicarle: ha invece il dovere di sottoporle al giudizio della Corte costituzionale.

In secondo luogo, l'uso della costituzione per colmare la eventuale lacuna normativa presenta il grave difetto di essere una operazione altamente discrezionale. Le disposizioni costituzionali, infatti, esprimono (per lo più) principi, non regole circostanziate. E d'altra parte i principi non sono per sé idonei ad offrire soluzioni *univoche* di specifiche controversie: sempre essi richiedono, come si usa dire, "concretizzazione". Concretizzare un principio significa elaborare, costruire, a partire da esso una regola specifica idonea, essa sì, a colmare la lacuna. Ma non vi è regola specifica che possa essere ricavata da un principio con un ragionamento deduttivo, e pertanto stringente, senza l'aggiunta di ulteriori premesse. La scelta delle premesse è frutto di discrezionalità. Detto altrimenti: da uno stesso principio possono essere ricavate regole molteplici, diverse se non confliggenti, e la scelta tra di esse è, per l'appunto, operazione discrezionale: simile alla legislazione più che alla giurisdizione [12].

(ii) Nella seconda circostanza – la legge disciplina sì la fattispecie, ma la disciplina in modo insoddisfacente – occorre distinguere. In che senso la legge disciplina il caso in modo "insoddisfacente"? Si possono immaginare due ipotesi.

---

[12] Cfr. R. Guastini, "Principi di diritto e discrezionalità giudiziale", in *Diritto pubblico*, 3, 1998.

Prima ipotesi: la disciplina legislativa è "insoddisfacente" nel senso che è contraria a costituzione. Ma – di nuovo – il giudice, se così ritiene, non ha facoltà di disapplicare la norma di cui si tratta: deve rimettere la questione alla Corte costituzionale.

Seconda ipotesi: la disciplina legislativa è "insoddisfacente" nel senso che è (dal giudice) percepita come ingiusta. Ma può il giudice sovrapporre un suo giudizio di valore ad una valutazione del legislatore? Ovviamente no, secondo la costituzione vigente, poiché – come ormai sappiamo – egli è soggetto alla legge e ad essa sola.

In entrambe le ipotesi, l'applicazione diretta della costituzione costituisce, banalmente, *disapplicazione* (omessa applicazione) della legge regolatrice della fattispecie. E la disapplicazione della legge costituisce violazione di legge, ai sensi dell'art. 111, comma 7, cost., ed è motivo di ricorso per cassazione.

VI.

Interpretazione giudiziale e creazione di diritto

SOMMARIO: 1. "I giudici creano diritto": quattro tesi. – 2. Critica. – 3. Una tesi alternativa.

1. *"I giudici creano diritto": quattro tesi*

In teoria del diritto si discute interminabilmente se i giudici creino diritto [1]. Ora, la tesi affermativa – tipicamente "realistica" – secondo cui, sì, i giudici creano diritto conosce almeno quattro varianti.

(1) Una prima variante, debolissima (e, in verità, niente af-

---

[1] Contributi fondamentali sul tema sono: G.R. Carrió, *"I giudici creano diritto"*, in U. Scarpelli (ed.), *Diritto e analisi del linguaggio*, Milano, 1976; E. Bulygin, *Sentenza giudiziaria e creazione di diritto*, in P. Comanducci, R. Guastini (eds.), *L'analisi del ragionamento giuridico. Materiali ad uso degli studenti*, vol. I, Torino, 1987.

Beninteso, si sta parlando qui della tesi teorico-generale secondo cui i giudici creano diritto in ogni ordinamento possibile. Una tesi siffatta non descrive il diritto vigente in un ordinamento determinato, ma descrive (o pretende di descrivere) la funzione giurisdizionale in quanto tale, la sua struttura profonda, la sua natura riposta. Che i giudici creino diritto, peraltro, può essere sostenuto anche in sede dottrinale o dogmatica, con riferimento ad uno specifico ordinamento.

In un senso, ad esempio, si può dire che i giudici creino diritto negli ordinamenti di *common law*, in virtù della regola del precedente vincolante. In un altro senso si può dire che, nei sistemi di controllo accentrato, creino diritto i giudici costituzionali, dal momento che annullano norme di legge con effetti *erga omnes*, e l'annullamento di una legge è atto "sostanzialmente" legislativo. In un altro senso ancora si può dire che creino diritto i giudici costituzionali quando pronunciano sentenze "additive" e "sostitutive". Cfr. R. Guastini, *Teoria e dogmatica delle fonti*, Milano, 1998, cap. IX.

fatto realistica), è la tesi che i giudici creino diritto solo occasionalmente, quando "manipolano" i testi normativi, allontanandosi dal loro significato "naturale"[2].

(2) Una seconda variante, ancora debolissima, è la tesi che i giudici contribuiscano alla creazione del diritto solo occasionalmente: in modo "interstiziale", come si usa dire, quando incontrino e colmino lacune[3].

(3) Una terza variante, debole, è la tesi che i giudici, concretizzando norme generali, creino norme individuali e, per questa via, contribuiscano sempre alla creazione del diritto, inteso, appunto, come insieme di norme generali e individuali[4].

(4) Una quarta variante, forte, è la tesi che i giudici, decidendo il significato dei testi normativi, creino tutto il diritto, inteso per l'appunto come insieme (non di testi, ma) di significati, sicché non vi è alcun diritto preesistente alle decisioni giurisdizionali: non vi è, per così dire, altra fonte di diritto che la giurisprudenza[5].

Tuttavia, nessuna di queste quattro tesi[6] è persuasiva.

---

[2] Questo modo di vedere è implicito nella diffusa dottrina cognitivistica dell'interpretazione: la dottrina, cioè, secondo cui l'interpretazione giudiziale è atto di conoscenza, non di volontà.

[3] Cfr. ad es. la *dissenting opinion* di Justice Holmes in *Southern Pacific Co. v. Jensen*, U.S. Supreme Court, 1917 (244 U.S. 205), in M.R. Cohen, F.S. Cohen (eds.), *Readings in Jurisprudence*, Boston-Toronto, 1951, p. 455: «I recognize without hesitation that judges do and must legislate, but they can do so only interstistially». Cfr. anche B.N. Cardozo, *The Nature of the Judicial Process*, New Haven-London, 1921 (reprinted 1991), p. 113: «He [the judge] legislates only between gaps. He fills the open spaces in the law».

[4] È la tesi di Kelsen: cfr. H. Kelsen, "Sulla teoria dell'interpretazione" (1934), in P. Comanducci, R. Guastini (eds.), *L'analisi del ragionamento giuridico*, II, Torino, 1989; Id., *Introduction to the Problems of Legal Theory* (1934), trad. inglese di B. Litschewski and S. L. Paulson, Oxford, 1992, cap. VI; Id., *Théorie pure du droit* (1960), trad. francese di Ch. Eisenmann, Paris, 1962, titolo VI.

[5] J.C. Gray, *The Nature and Sources of the Law*, Second edition from the author's notes, by R. Gray, New York, 1948, p. 102, 125, 170; M. Troper, *Pour une théorie juridique de l'État*, Paris, 1994, p. 332 ss.; M. Troper, "Una teoria realista dell'interpretazione", in *Materiali per una storia della cultura giuridica*, 1999; M. Troper, *La théorie du droit, le droit, l'État*, Paris, 2001, cap. V. Cfr. R. Guastini, "Michel Troper sur la fonction juridictionnelle", in *Droits*, 37, 2003.

[6] Stranamente tutte e quattro le tesi enumerate sono state sostenute da Alf

2. *Critica*

(1) La prima tesi assume che i testi normativi siano dotati di un significato intrinseco oggettivo, e afferma che i giudici creano diritto quando disattendono tale significato, offrendo interpretazioni "false". Ma disgraziatamente non esiste affatto una cosa come il significato oggettivo dei testi normativi. Ogni testo normativo è almeno potenzialmente equivoco[7]: sicché risulta semplicemente impossibile distinguere tra interpretazioni "vere" e interpretazioni "false".

Privata del suo presupposto, la tesi in esame risulta del tutto inconsistente.

(2) La seconda tesi – i giudici creano diritto quando colmano lacune – è, a ben vedere, un'ovvietà. È ovvio, infatti, che per creare una lacuna occorra creare diritto: colmare una lacuna può solo consistere nel creare una norma fino a quel momento "mancante", e dunque una norma "nuova". Tuttavia, la tesi in esame omette di precisare che le lacune non precedono l'interpretazione, ma al contrario ne dipendono[8].

(i) In primo luogo, l'interpretazione può *prevenire* una lacuna, evitarla: nel senso che i testi normativi a disposizione possono essere interpretati in modo tale che la lacuna neppure si presenti[9].

Ross in opere diverse corrispondenti a fasi diverse del suo pensiero: rispettivamente *Theorie der Rechtsquellen. Ein Beitrag zur Theorie des positiven Rechts auf Grundlage dogmenhistorischer Untersuchungen*, 1929, rist. Aalen, 1989, e *On Law and Justice*, London, 1958. Cfr. R. Guastini, "Ross sul diritto giurisprudenziale", in P. Comanducci, R. Guastini (eds.), *Analisi e diritto 2002-2003. Ricerche di giurisprudenza analitica*, Torino, 2004.

[7] Cfr. R. Guastini, "Realismo e antirealismo nella teoria dell'interpretazione", in *Diritto privato*, VII-VIII, 2001-2002.

[8] Cfr. R. Guastini, *Il diritto come linguaggio. Lezioni*, Torino, 2001, p. 163 ss.

[9] Quando ad una *prima interpretazione* (o interpretazione *prima facie*) nessuna disposizione esprime una norma idonea a regolare la fattispecie in esame, spesso l'interprete procede ad una *seconda interpretazione* (o *re-interpretazione*) attribuendo ad una qualche disposizione un significato diverso in modo tale che nessuna lacuna si presenti. Cfr. P. Chiassoni, *L'interpretazione della*

(ii) In secondo luogo, l'interpretazione, come può evitare le lacune, così può anche *produrle*[10]: nel senso che i testi normativi a disposizione possono essere interpretati in modo tale che una lacuna si presenti[11].

Ciò sconsiglia di escludere, troppo frettolosamente, che i giudici creino diritto in assenza di lacune: come se, in assenza di lacune, le norme giuridiche fossero integralmente già date al giudice prima di ogni interpretazione.

(3) La terza tesi – i giudici, concretizzando norme generali, creano norme individuali – malgrado la sua apparente ragionevolezza è, a ben vedere, fallace[12].

La "concretizzazione" di una norma generale, ossia l'applicazione di una norma generale ad un caso concreto, consiste banalmente in un ragionamento deduttivo del tipo seguente:

(i) I contratti devono essere adempiuti;
(ii) x è un contratto;

---

legge: normativismo semiotico, scetticismo, giochi interpretativi, in *Studi in memoria di Giovanni Tarello*, II. *Saggi teorico-giuridici*, Milano, 1990.

[10] Beninteso, la creazione interpretativa di una lacuna, da parte di un giudice, non prelude ad una sentenza di *non liquet*, ma è preordinata alla costruzione di una norma inespressa idonea a dare soluzione al caso (in questo senso tutte le lacune sono, come dice E. Diciotti, *Interpretazione della legge e discorso razionale*, Torino, 1999, p. 454, "effimere": sono create solo per essere immediatamente colmate). D'altro canto, la creazione interpretativa di una lacuna da parte di un giurista prelude ad un'operazione di politica del diritto: secondo i casi, una raccomandazione *de lege ferenda* o *de sententia ferenda*.

[11] Esempio paradigmatico: si considerino le possibili interpretazioni dell'art. 89, comma 1, cost. il quale esige che gli atti del Capo dello Stato siano controfirmati dai «ministri proponenti». Se si intende questa disposizione nel senso che si riferisca solo a quegli atti che il Capo dello Stato adotta, per l'appunto, a seguito di proposta ministeriale, ecco che si presenta una lacuna: la costituzione non disciplina in alcun modo gli atti che il Presidente adotta di sua propria iniziativa (in assenza di proposte ministeriali). Ma, se per contro la si interpreta nel senso che si riferisca a tutti gli atti presidenziali senza eccezioni, ecco che la lacuna magicamente si dilegua: giacché, da questo punto di vista, semplicemente non si danno atti presidenziali che non siano preceduti da proposta ministeriale. Cfr. F. Sorrentino, "I principi generali dell'ordinamento giuridico nell'interpretazione e nell'applicazione del diritto", in *Diritto e società*, 1987.

[12] E. Bulygin, *Norme, validità, sistemi normativi*, Torino, 1995, p. 7 ss.

pertanto

(iii) x deve essere adempiuto.

L'enunciato (i) costituisce la norma generale applicata. L'enunciato (ii) sussume la fattispecie concreta sotto la norma generale. L'enunciato (iii) infine costituisce la norma individuale che, per l'appunto, concretizza la norma generale in relazione al caso di specie.

Ebbene, all'evidenza, la norma individuale (iii) è dedotta dalla norma generale (ii) in congiunzione con l'enunciato sussuntivo (ii) Ma, francamente, non sembra appropriato chiamare "creazione" una semplice deduzione [13].

Sicché, se mai il giudice crea qualcosa, non è già la norma individuale (contenuta nel dispositivo), ma piuttosto la norma generale (contenuta in motivazione) che fonda la sua decisione [14].

(4) La quarta tesi si regge su un'assunzione ineccepibile e su un'assunzione evidentemente falsa.

È ineccepibile che i testi normativi siano equivoci, esprimano cioè una pluralità di significati alternativi, e che pertanto il significato dei testi normativi non preesista all'interpretazione, ma sia – in un senso – il suo risultato [15]. D'altra parte, se si conviene che le norme siano non enunciati, ma significati, allora si dovrà pure convenire che le norme siano il prodotto non della legislazione (in senso "materiale"), ma dell'interpretazione.

---

[13] In tal senso, del resto, si esprime anche H. Kelsen, *Théorie pure du droit*, p. 338. Cfr. M. Troper, *Pour une théorie juridique de l'État*, p. 77.

Analogamente, non diremmo che costuisca una genuina "scoperta scientifica" l'inferenza "Socrate è mortale", a partire dall'enunciato "Gli uomini sono mortali" in congiunzione con l'enunciato "Socrate è un uomo".

[14] Se la norma individuale non fosse dedotta da una norma generale (in congiunzione con un enunciato sussuntivo), la decisione sarebbe arbitraria. In questo caso, e solo in questo caso (sentenza arbitraria), si potrebbe sensatamente dire che il giudice ha "creato" la norma individuale contenuta nel dispositivo. Cfr. ancora E. Bulygin, *Norme, validità, sistemi normativi*, cit., p. 7 ss.

[15] È tesi ricorrente nei lavori di G. Tarello (*Diritto, enunciati, usi. Studi di teoria e metateoria del diritto*, Bologna, 1974; *L'interpretazione della legge*, Milano, 1980).

Ma è falsa l'assunzione che tutti testi normativi siano soggetti ad interpretazione giudiziale e che, pertanto, tutto il diritto sia il prodotto dell'interpretazione giudiziale.

È certo sostenibile che le norme di diritto civile e penale siano rivolte, in ultima istanza, ai giudici, malgrado ciò non sempre risulti evidente dalla loro formulazione [16]. Ma è insostenibile che siano rivolte ai giudici, ad esempio, tutte le norme costituzionali, *ivi incluse quelle che istituiscono i giudici stessi* [17]. Inoltre, non tutti i testi normativi sono soggetti ad applicazione giurisdizionale: in particolare, di regola non sono soggetti ad applicazione giurisdizionale i testi costituzionali o larghe parti di essi. Se mai si dovrebbe dire non che tutto il diritto sia creato dai (soli) giudici, ma che tutto il diritto sia creato dagli organi dell'applicazione (giurisdizionali, amministrativi, politici) [18].

Quel che è peggio, la tesi in esame è destinata a perdersi in un circolo vizioso [19]. Se tutto il diritto è creato dai giudici, la conoscenza del diritto suppone la previa identificazione dei giudici in quanto giudici. Ma "giudice" è esso stesso un concetto giuridico. Sicché l'identificazione dei giudici suppone, a sua volta, la conoscenza previa del diritto vigente, o almeno di una sua parte [20]. A questo circolo vizioso non si vede come si possa sfuggire.

---

[16] A. Ross, *On Law and Justice*, cit., p. 33.

[17] Ed è egualmente insostenibile che norme siffatte, non essendo rivolte ai giudici, siano mere declamazioni morali prive di qualsivoglia rilevanza giuridica (così pensa A. Ross, *On Law and Justice*, cit., p. 33).

[18] Peraltro, questo modo di vedere ha il grave torto di trascurare il contributo alla creazione del diritto che è dato dai giuristi: non tanto attraverso direttive *de sententia ferenda*, quanto soprattutto attraverso la costruzione di concetti e dottrine che condizionano il modo di pensare – la stessa *forma mentis* – dei giudici e degli operatori giuridici in genere.

[19] A. Ross, *Towards a Realistic Jurisprudence. A Criticism of the Dualism in Law*, Copenhagen, 1946, p. 62.

[20] Cfr. W. Twining, "The Bad Man Revised", in *Cornell Law Review*, 1973, p. 284.

3. *Una tesi alternativa*

Il diritto, si usa dire, è un insieme di norme. Ma il vocabolo 'norma', nel linguaggio dei giuristi come in quello dei teorici del diritto, è soggetto ad un uso ambiguo [21]. È usato: ora, per designare enunciati del discorso delle fonti (formali); ora, per designare i loro significati (e spesso per designare indistintamente l'una e l'altra cosa insieme). Ecco dunque che il vocabolo 'diritto' può, a sua volta, designare: ora, un insieme di enunciati; ora un insieme di significati [22].

Per conseguenza, anche l'espressione 'creazione di diritto' può essere usata per riferirsi: ora alla produzione di enunciati, tipica della legislazione (in senso "materiale"); ora, alla produzione di significati, che è propria dell'interpretazione. In altre parole: in nessun caso si può dire che i giudici creino diritto *nello stesso senso* in cui diciamo che crea diritto la legislazione. L'espressione 'creazione di diritto' acquista due significati distinti nei due contesti, giacché produrre un testo e attribuirgli significato sono attività evidentemente diverse.

Se si concepisce il diritto (non come un insieme di testi [23], ma) come un insieme di significati, si può ben dire (anzi si deve dire) che il diritto è una variabile dipendente dell'interpretazione. Ma non si può dire – intendendolo alla lettera – che il diritto sia creato dagli interpreti, *e da essi soli*. Perché non vi è interpretazione senza un testo da interpretare. Sicché il diritto nasce dalla combinazione di legislazione (ancora in senso "materiale") e interpretazione.

A ben vedere la produzione di diritto è un fenomeno alquan-

---

[21] R. Guastini, "Disposizione vs. norma", in *Giurisprudenza costituzionale*, 1989.

[22] R. Guastini, "L'ordre juridique. Une critique de quelques idées reçues", in P. Comanducci, R. Guastini (eds.), *Analisi e diritto 2000. Ricerche di giurisprudenza analitica*, Torino, 2001.

[23] Così lo concepisce, ad es., R. Hernández Marín, *Teoría general del derecho y de la ciencia jurídica*, Barcelona, 1989; Id., *Interpretación, subsunción, y aplicación del derecho*, Madrid-Barcelona, 1999.

to complesso. Per descriverlo, sia pur sommariamente, occorre introdurre anzitutto tre definizioni preliminari [24].

(a) Disposizione: un enunciato delle fonti "formali" del diritto.

(b) Norma espressa: un enunciato che costituisce il significato (o per meglio dire: uno dei significati) di una disposizione (o di una combinazione di disposizioni o di frammenti di disposizioni).

(c) Norma inespressa: un enunciato normativo, costruito dagli interpreti, che non costituisce significato di una disposizione [25].

Orbene:

(1) I legislatori (in senso "materiale") producono disposizioni. La legislazione costituisce, all'evidenza, attività "creativa", ma creativa appunto di disposizioni, non di norme.

Così dicendo, non si vuol dire che le disposizioni prodotte dal legislatore non esprimano alcuna norma, siano prive di qualsivoglia significato. Si vuol dire che ogni disposizione ha significato equivoco e indeterminato. Pertanto, ammette una pluralità di interpretazioni, ossia esprime potenzialmente non già una sola norma dai confini determinati, ma – secondo la felice espressione di Kelsen [26] – una "cornice" di significati, una molteplicità di norme alternative, ciascuna di contenuto indeterminato.

(2) L'interpretazione cognitiva (o "scientifica" nel senso di Kelsen) consiste nel determinare – applicando le diverse tecniche interpretative in uso – tutte le norme espresse, ovvero la "corni-

---

[24] Nozioni più articolate possono vedersi in P. Chiassoni, *La giurisprudenza civile. Metodi d'interpretazione e tecniche argomentative*, Milano, 1999, p. 261 ss.

[25] La terminologia qui impiegata ("disposizione", "norma") è di V. Crisafulli, *Disposizione (e norma)*, in *Enciclopedia del diritto*, XIII, Milano, 1964, ma il modo in cui i concetti sono modellati rinvia piuttosto alla teoria dell'interpretazione di G. Tarello (cfr. in particolare *Diritto, enunciati, usi*, cit., parte II).

[26] E, prima ancora, di A. Verdross, "Das Problem des freien Ermessens und die Freirechtsbewegung", in *Österreichische Zeitschrift für öffentliches Recht*, 1914. Cfr. anche A.J. Merkl, "Sul problema dell'interpretazione", (1916), in A.J. Merkl, *Il duplice volto del diritto. Il sistema kelseniano e altri saggi*, Milano, 1987.

ce" di significati potenzialmente espressi, da una disposizione.

Non sarebbe appropriato dire che l'interpretazione cognitiva costituisca "creazione" di significati, neppure in un senso debolissimo della parola.

(3) L'interpretazione decisoria – quando sia compiuta da un organo dell'applicazione (e sia dunque "autentica" nel senso di Kelsen) – consiste nella scelta di un significato, e dunque di una norma espressa, a preferenza delle altre potenzialmente espresse dalla disposizione, così da utilizzarla quale giustificazione (eventualmente anche tacita) di una decisione.

Di questa attività si può dire, volendo, che costituisca "creazione" di un significato, ma evidentemente abbiamo a che fare con un senso alquanto debole della parola.

(4) Talora, gli organi dell'applicazione attribuiscono ad una disposizione un significato che non ricade nella "cornice" dei significati possibili, usando poi questo significato – questa norma inespressa – per giustificare una decisione.

Tale operazione non può dirsi "interpretazione" se non in un senso latissimo di questa parola. Costituisce piuttosto "creazione" – in senso forte, stavolta – di una norma inespressa: un'operazione, dunque, in tutto analoga alla legislazione (in senso "materiale"), sebbene non ne assuma la forma, non consista cioè nella formulazione "ufficiale" di una disposizione.

(5) Talora, gli organi dell'applicazione "trovano" – in realtà costruiscono essi stessi (mediante opportune tecniche argomentative) – una lacuna nell'ordinamento, e provvedono a colmarla elaborando una norma inespressa che, a differenza di quanto accade nel caso precedente, non tentano neppure di presentare come significato di una disposizione.

Un'operazione siffatta non può, in alcun senso ragionevole della parola, essere detta "interpretazione": costituisce anch'essa "creazione" – in senso forte – di una norma inespressa.

Fin qui non ho definito espressamente la nozione di 'produrre diritto', e ho tacitamente assunto che – il diritto essendo un insieme di disposizioni e/o norme (espresse e inespresse) – produrre diritto consista nell'introdurre nuove disposizioni e/o norme nell'insieme preesistente. Ma naturalmente questa nozione di 'produzione di diritto' è troppo ristretta.

Si deve considerare genuina produzione di diritto non solo l'addizione (l'introduzione) di nuove disposizioni e/o norme all'insieme, ma anche la sottrazione (l'eliminazione) di disposizioni e/o norme preesistenti [27]. Addizione e sottrazione, infatti, presentano un ovvio tratto in comune: l'una e l'altra modificano l'insieme – ossia il diritto – esistente.

D'altro canto, in molti ordinamenti, l'eliminazione di disposizioni e/o norme preesistenti può avvenire in almeno due modi distinti: abrogazione espressa e annullamento [28]. L'abrogazione espressa è atto del legislatore (ancora: in senso "materiale"). L'annullamento è atto giurisdizionale, che in molti ordinamenti compete al giudice costituzionale (e in alcuni ordinamenti anche al giudice amministrativo).

Pertanto all'analisi che precede si deve aggiungere almeno questo:

(6) I legislatori creano diritto – a livello di disposizioni – non solo producendo (introducendo) disposizioni nuove, ma altresì eliminando disposizioni preesistenti mediante abrogazione espressa.

(7) Taluni giudici, specie i giudici costituzionali (quando giudicano *a posteriori*), talora creano diritto – a livello di disposizioni – eliminando disposizioni preesistenti, e precisamente pronunciandone l'invalidità o illegittimità, mediante sentenze del tipo di quelle che noi chiamiamo "di accoglimento" (senza ulteriori specificazioni).

(8) Gli stessi giudici costituzionali talora creano diritto – a livello di norme – lasciando intatte le disposizioni esistenti, ma eliminando norme (espresse o inespresse) preesistenti, di cui pro-

---

[27] Quanto alla sostituzione di disposizioni e/o norme preesistenti, essa consiste evidentemente in una combinazione di addizione e sottrazione.

[28] Per non appesantire l'analisi, tralascio l'abrogazione per incompatibilità.

nunciano l'invalidità o illegittimità, mediante sentenze del tipo di quelle che noi chiamiamo "interpretative di accoglimento".

(9) E ancora: in taluni ordinamenti, i giudici costituzionali talora creano diritto – a livello di norme – aggiungendo all'ordinamento norme inespresse, ovvero sostituendo norme espresse con norme inespresse, mediante sentenze del tipo di quelle che noi chiamiamo, rispettivamente, "additive" e "sostitutive".

Ristampa effettuata nel mese di giugno 2022
nella Stampatre s.r.l. di Torino
Via Bologna, 220

Volumi della collana:

Serie teorica:

1. R. GUASTINI, *Dalle fonti alle norme, prima edizione*, 1990, pp. 346; seconda edizione, 1992, pp. 328.
2. L. GIANFORMAGGIO (ed.), *Hans Kelsen's Legal Theory. A Diachronic Point of View*, 1990, pp. 194.
3. M. BARBERIS, *Il diritto come discorso e come comportamento. Trenta lezioni di filosofia del diritto*, 1990, pp. 318.
4. G. PARODI, *Tecnica, ragione e logica nella giurisprudenza amministrativa*, 1990, pp. 210.
5. R. GUASTINI, *Quindici lezioni di diritto costituzionale, prima edizione*, 1991, pp. 172; seconda edizione, 1992, pp. 228.
6. P. COMANDUCCI, *Contrattualismo, utilitarismo, garanzie*, seconda edizione, 1991, pp. 272.
7. L. GIANFORMAGGIO (a cura di), *Sistemi normativi statici e dinamici. Analisi di una tipologia kelseniana*, 1991, pp. 496.
8. A. RUGGERI, *"Itinerari" di una ricerca sul sistema delle fonti. Studi degli anni 1987/91*, 1992, pp. 316.
9. P. CHIASSONI, *Law and economics. L'analisi economica del diritto negli Stati Uniti*, 1992, pp. 362.
10. P. COMANDUCCI, *Assaggi di metaetica*, 1992, pp. 264.
11. L. GIANFORMAGGIO (a cura di), *Le ragioni del garantismo. Discutendo con Luigi Ferrajoli*, 1993, pp. 520.
12. A. MELA, *Il concetto di possesso. Un'indagine di teoria generale del diritto*, 1993, pp. 236.
13. P. CIARLO, *Logiche e culture del revisionismo costituzionale* (in preparazione).
14. G. UBERTIS, *Sisifo e Penelope. Il nuovo codice di procedura penale dal progetto preliminare alla ricostruzione del sistema*, 1993, pp. VI-272.
15. N. BOBBIO, *Contributi ad un dizionario giuridico*, 1994, pp. XIV-370.
16. B. CELANO, *Dialettica della giustificazione pratica. Saggio sulla legge di Hume*, 1994, pp. 768.
17. R. GUASTINI, *Il giudice e la legge*, 1995, pp. 180.
18. L. GIANFORMAGGIO - S.L. PAULSON (eds.), *Cognition and Interpretation of Law*, 1995, pp. 316.

19. E. Bulygin, *Norme, validità, sistemi normativi*, 1995, pp. XIV-314.
20. V. Ottonelli, *L'ordine senza volontà. Il liberalismo di Hayek*, 1995, pp. X-242.
21. L. Gianformaggio, *Filosofia e critica del diritto*, 1995, pp. 276.
22. A. Moscarini, *Ratio legis e valutazioni di ragionevolezza della legge*, 1996, pp. X-214.
23. P. Comanducci - R. Guastini (a cura di), *Struttura e dinamica dei sistemi giuridici*, 1996, pp. 264.
24. E. Vitale, *Il soggetto e la comunità. Fenomenologia e metafisica dell'identità in Charles Taylor*, 1996, pp. VIII-212.
25. T. Mazzarese, *Forme di razionalità delle decisioni giudiziali*, 1996, pp. 228.
26. A. Ruggeri, *"Itinerari" di una ricerca sul sistema delle fonti. II. Studi degli anni 1992/95*, 1996, pp. VIII-432.
27. C.S. Nino, *Introduzione all'analisi del diritto*, 1996, pp. XIV-406.
28. M. Bessone (a cura di), *Diritto giurisprudenziale*, 1996, pp. VIII-348.
29. R. Guastini, *Distinguendo. Studi di teoria e metateoria del diritto*, 1996, pp. XIV-346.
30. M. Bessone (a cura di), *L'attività del giudice. Mediazione degli interessi e controllo delle attività*, 1997, pp. X-358.
31. A. Schiavello, *Diritto come integrità: incubo o nobile sogno? Saggio su Ronald Dworkin*, 1997, pp. VIII-288.
32. M. Barberis, *L'evoluzione nel diritto*, 1997, pp. VIII-328.
33. P. Comanducci, *Assaggi di metaetica due*, 1998, pp. VIII-202.
34. M. Bessone (a cura di), *Interpretazione e diritto giudiziale. I. Regole, metodi, modelli*, 1999, pp. X-302.
35. M. Bessone (a cura di), *Interpretazione e diritto giudiziale. II. Questioni di giurisprudenza costituzionale, civile e processale*, 1999, pp. X-298.
36. A. Ruggeri, *"Itinerari" di una ricerca sul sistema delle fonti. III. Studi degli anni 1996/98*, 1999, pp. VIII-456.
37. E. Diciotti, *Interpretazione della legge e discorso razionale*, 1999, pp. VIII-616.
38. V. Villa, *Costruttivismo e teorie del diritto*, 1999, pp. X-334.
39. L. Ferrajoli - P. Di Lucia (a cura di), *Diritto e democrazia nella filosofia di Norberto Bobbio*, 1999, pp. VI-298.
40. E. Diciotti, *Verità e certezza nell'interpretazione della legge*, 1999, pp. X-322.

41. V. VELLUZZI (a cura di), *Significato letterale e interpretazione del diritto*, 2000, pp. XII-192.

42. A. RUGGERI, *"Itinerari" di una ricerca sul sistema delle fonti. IV. Studi degli anni 1999/2000*, 2000, pp. VIII-460.

43. A. VIGNOLA, *L'intervento dei terzi nel giudizio di legittimità costituzionale in via incidentale*, 2000, pp. XII-300.

44. D.N. MACCORMICK, *Ragionamento giuridico e teoria del diritto*, edizione italiana a cura di Vittorio Villa, traduzione e introduzione di Aldo Schiavello, 2001, pp. XLVI-338.

46. R. GUASTINI, *Il diritto come linguaggio. Lezioni*, prima edizione, 2001, pp. X-202; seconda edizione, 2006, pp. X-222.

47. S. POZZOLO, *Neocostituzionalismo e positivismo giuridico*, 2001, pp. X-202.

48. G. DE SIMONE, *Dai principi alle regole. Eguaglianza e divieti di discriminazione nella disciplina dei rapporti di lavoro*, 2001, pp. XII-276.

49. J.L. MACKIE, *Etica: inventare il giusto e l'ingiusto, traduzione e introduzione di Barbara de Mori*, 2001, pp. VIII-268.

50. P. CHIASSONI (ed.), *The Legal Ought. Proceedings of the IVR Mid-Term Congress in Genoa (June 19-20, 2000)*, 2001, pp. VIII-176.

51. L. TRIOLO (a cura di), *Prassi giuridica e controllo di razionalità*, 2001, pp. VI-254.

52. R. GUASTINI, *Lezioni di teoria costituzionale*, 2001, pp. X-250.

53. A. RUGGERI, *"Itinerari" di una ricerca sul sistema delle fonti. V. Studi dell'anno 2001*, 2002, pp. X-614.

54. V. VELLUZZI, *Interpretazione sistematica e prassi giurisprudenziale*, 2002, pp. XVI-224.

55. S. POZZOLO (a cura di), *La legge e i diritti*, 2002, pp. VI-282.

56. T. MAZZARESE (a cura di), *Neocostituzionalismo e tutela (sovra)nazionale dei diritti fondamentali*, 2002, pp. XII-276.

57. A. RUGGERI, *"Itinerari" di una ricerca sul sistema delle fonti. VI, 1. Studi dell'anno 2002*, 2003, pp. XII-464.

58. A. RUGGERI, *"Itinerari" di una ricerca sul sistema delle fonti. VI, 2. Studi dell'anno 2002*, 2003, pp. VI-430.

59. M. BARBERIS, *Filosofia del diritto. Un'introduzione teorica*, terza edizione, 2008, pp. XIV-278.

60. P. DI LUCIA, *Normatività. Diritto linguaggio azione*, 2003, pp. XII-244.

61. E. DICIOTTI - V. VELLUZZI (a cura di), *Ordinamento giuridico, sovranità, diritti*, 2003, pp. XIV-214.

62. A. SCHIAVELLO, *Il positivismo giuridico dopo Herbert L.A. Hart. Un'introduzione critica*, 2004, pp. XII-236.

63. A. RUGGERI, *"Itinerari" di una ricerca sul sistema delle fonti. VII, 1. Studi dell'anno 2003*, 2004, pp. XIV-506.

64. A. RUGGERI, *"Itinerari" di una ricerca sul sistema delle fonti. VII, 2. Studi dell'anno 2003*, 2004, pp. VI-526.

65. F. POGGI, *Norme permissive*, 2004, pp. IV-320.

66. A. RUGGERI, *"Itinerari" di una ricerca sul sistema delle fonti. VIII. Studi dell'anno 2004*, 2005, pp. XII-564.

67. P. CHIASSONI, *L'utopia della ragione analitica. Origini, oggetti e metodi della filosofia del diritto positivo*, 2005, pp. XVI-408.

68. G. GOMETZ, *La certezza giuridica come prevedibilità*, 2005, pp. VIII-316.

69. C.E. ALCHOURRÓN - E. BULYGIN, *Sistemi normativi. Introduzione alla metodologia della scienza giuridica*, a cura di P. Chiassoni e G.B. Ratti, 2005, pp. XXVIII-268.

70. A. RUGGERI, *"Itinerari" di una ricerca sul sistema delle fonti. IX. Studi dell'anno 2005*, 2006, pp. XII-540.

71. R. GUASTINI, *Lezioni di teoria del diritto e dello stato*, 2006, pp. XIV-294.

72. G. ITZCOVICH, *Teorie e ideologie del diritto comunitario*, 2006, pp. XX-540.

73. G. TUZET, *La prima inferenza. L'abduzione di C.S. Peirce fra scienza e diritto*, 2006, pp. XVIII-362.

74. A. RUGGERI, *"Itinerari" di una ricerca sul sistema delle fonti. X. Studi dell'anno 2006*, 2007, pp. XIV-586.

75. L. GIANFORMAGGIO, *Filosofia del diritto e ragionamento giuridico*, a cura di V. Velluzzi ed E. Diciotti, 2008, pp. X-230.

76. A. RUGGERI, *"Itinerari" di una ricerca sul sistema delle fonti. XI. Studi dell'anno 2007*, 2008, pp. XII-516.

77. G.B. RATTI, *Sistema giuridico e sistemazione del diritto*, 2008, pp. XX-384.

78. G. MANIACI, *Razionalità ed equilibrio riflessivo nell'argomentazione giudiziale*, 2008, pp. XII-396.

79. I. FANLO CORTÉS, *Bambini e diritti. Una relazione problematica*, 2008, pp. X-262.

80. A. RUGGERI, *"Itinerari" di una ricerca sul sistema delle fonti. XII. Studi dell'anno 2008*, 2009, pp. X-494.

81. P. CHIASSONI, *L'indirizzo analitico nella filosofia del diritto. I. Da Bentham a Kelsen*, 2009, pp. XVIII-406.

82. T. MAZZARESE - P. PAROLARI (a cura di), *Diritti fondamentali. Le nuove sfide. Con un'appendice di carte regionali*, 2010, pp. VI-314.

83. A. RUGGERI, *"Itinerari" di una ricerca sul sistema delle fonti. XIII. Studi dell'anno 2009*, 2010, pp. X-558.

84. E. VITALE (a cura di), *Norberto Bobbio e Alessandro Passerin d'Entrèves. Profili intellettuali a confronto*, 2010, pp. XIV-134.

85. R. GUASTINI, *La sintassi del diritto*, 2011, pp. XX-476; seconda edizione, 2014, pp. XX-460.

86. A. RUGGERI, *"Itinerari" di una ricerca sul sistema delle fonti. XIV. Studi dell'anno 2010*, 2011, pp. XIV-570.

87. M. BARBERIS, *Manuale di filosofia del diritto*, 2011, pp. XIV-282.

88. D. CARUSI, *L'ordine naturale delle cose*, 2011, pp. XVI-520.

89. E. VITALE (a cura di), *Quale federalismo?*, 2011, pp. XXII-202.

90. N. BOBBIO, *Saggi sulla scienza giuridica*, 2011, pp. XXII-154.

91. A. RUGGERI, *"Itinerari" di una ricerca sul sistema delle fonti. XV. Studi dell'anno 2011*, 2012, pp. XII-588.

92. V. VILLA, *Una teoria pragmaticamente orientata dell'interpretazione giuridica*, 2012, pp. XIV-242.

93. T. MAZZARESE (a cura di), *Teoria del diritto e filosofia analitica. Studi in ricordo di Giacomo Gavazzi*, 2012, pp. VIII-256.

94. G. MANIACI, *Contro il paternalismo giuridico*, 2012, pp. XVIII-206.

95. A. RUGGERI, *"Itinerari" di una ricerca sul sistema delle fonti. XVI. Studi dell'anno 2012*, 2013, pp. XII-564.

96. T. MAZZARESE (a cura di), *Diritto, tradizioni, traduzioni. La tutela dei diritti nelle società multiculturali*, 2013, pp. X-310.

97. S. PAJNO, *Giudizi morali e pluralismo nell'interpretazione costituzionale. Un percorso tra Hart e Dworkin*, 2013, pp. X-246.

98. A. RUGGERI, *"Itinerari" di una ricerca sul sistema delle fonti. XVII. Studi dell'anno 2013*, 2014, pp. XIV-506.

99. M. BARBERIS, *Introduzione allo studio del diritto*, 2014, pp. XIV-246.

100. H. ÁVILA, *Teoria dei principi, con prefazione di Riccardo Guastini*, 2014, pp. XX-204.

101. A. RUGGERI, *"Itinerari" di una ricerca sul sistema delle fonti. XVIII. Studi dell'anno 2014*, 2015, pp. XII-658.

102. A. RUGGERI, *"Itinerari" di una ricerca sul sistema delle fonti. XIX. Studi dell'anno 2015*, 2016, pp. XII-684.

103. P. CHIASSONI, *Da Bentham a Kelsen. Sei capitoli per una storia della filosofia analitica del diritto*, 2016, pp. XVIII-446.

104. A. RUGGERI, *"Itinerari" di una ricerca sul sistema delle fonti. XX. Studi dell'anno 2016*, 2017, pp. XIV-544.

105. V. VILLA, *Disaccordi interpretativi profondi. Saggio di metagiurisprudenza ricostruttiva*, 2017, pp. XIV-258.

106. R. GUASTINI, *Saggi scettici sull'interpretazione*, 2017, pp. VIII-168.

107. M. BARBERIS, *Una filosofia del diritto per lo stato costituzionale*, 2017, pp. XII-236.

108. R. GUASTINI, *Filosofia del diritto positivo. Lezioni*, a cura di V. Velluzzi, 2017, pp. XVIII-406.

Serie storica:

1. G.G. FLORIDIA, *La costituzione dei moderni. Profili tecnici di storia costituzionale. I. Dal medioevo inglese al 1791*, 1991, pp. 240.

2. A. FACCHI, *Diritto e ricompense. Ricostruzione storica di un'idea*, 1994, pp. XIV-202.

3. R. FERRANTE, *La difesa della legalità. I sindacatori della Repubblica di Genova*, 1995, pp. XII-364.

4. D. IPPOLITO, *Mario Pagano. Il pensiero giuspolitico di un illuminista*, 2008, pp. XXII-330.

5. F. CATTANEO, *L'idea di Repubblica. Da Kant a Habermas*, prefazione di Ermanno Vitale, 2013, pp. XVIII-174.

6. L. NIVARRA, *La grande illusione. Come nacque e come morì il marxismo giuridico in Italia*, 2015, pp. XIV-122.